朱九江评传

佛山歷史文化叢書

第七辑

『佛山历史文化丛书』编委会 编

邓菀莛 著

广东人民出版社

·广州·

图书在版编目（CIP）数据

朱九江评传 / 邓菀莛著. —广州：广东人民出版社，
2022.11
（佛山历史文化丛书. 第七辑）
ISBN 978-7-218-16015-3

Ⅰ. ①朱… Ⅱ. ①邓… Ⅲ. ①朱次琦（1807—1882）—
评传 Ⅳ. ①K825.1

中国版本图书馆CIP数据核字（2022）第175828号

ZHU JIUJIANG PINGZHUAN

朱九江评传

邓菀莛 著

版权所有 翻印必究

出 版 人：肖风华

责任编辑：林斯澄　古海阳
责任技编：吴彦斌　周星奎
封面设计：集力书装　彭 力
装帧设计：友间文化

出版发行：广东人民出版社
地　　址：广州市越秀区大沙头四马路10号（邮政编码：510199）
电　　话：（020）85716809（总编室）
传　　真：（020）83289585
网　　址：http://www.gdpph.com
印　　刷：佛山市高明领航彩色印刷有限公司
开　　本：787毫米×1092毫米　1/16
印　　张：26.75　字　数：383千
版　　次：2022年11月第1版
印　　次：2022年11月第1次印刷
定　　价：92.00元

如发现印装质量问题，影响阅读，请与出版社（020-85716849）联系调换。
售书热线：（020）87716172

"佛山历史文化丛书"编辑委员会

成员单位

中共佛山市委宣传部　　佛山市文化广电旅游体育局

佛山市社会科学界联合会　　佛山市文学艺术界联合会

佛山传媒集团　　佛山日报社

顾　问

岑　桑　　罗一星

学术委员会

（按姓氏笔画顺序排列）

龙建刚　任　流　巫小黎　杨河源

肖海明　陈　希　陈忠烈　陈恩维

罗一星　钟　声　凌　建　黄国扬

戴斗勇　温春来

佛山——站在文明续谱的
桥头堡上

罗一星

假如把两千年来的岭南历史文化比喻为一串人文项链，那么在这串人文项链上就有几颗耀眼的明珠，秦汉时期的南越国文明、隋唐时期的广州贡舶贸易、宋元时期的珠玑巷南迁、明清时期的佛山崛起和珠江三角洲的开发、清代的广州中西贸易、近代中华民国政府的建立，都是既有地方特色也有全国意义的"和璧隋珠"。

"未有佛山，先有塔坡"的谚语，浓缩了"佛山"之名的渊源。据说东晋时有西域僧到塔坡冈结茅讲经，不久西还。唐贞观二年（628），乡人见塔坡冈夜放金光，掘地得铜佛像三尊和圆顶石碑一块，碑有联云："胜地骤开，一千年前青山我是佛；莲花极顶，五百载后说法起何人。"乡人十分诧异，遂建塔崇奉，并因此名其乡曰"佛山"。唐宋时期，中国的经济重心不断南移。尤其是北宋末年以来，建炎南渡、元兵入主，大批的士民渡岭南来。佛山也在此时形成聚落，史称"乡之成聚相传肇于汴宋"。明清时期佛山迅速崛起，成为举世闻名的"四大名镇"和"天下四聚"之一，以出产精美的"广锅"而誉满天下。时人"春风走马满街红，打铁炉过接打铜"的诗句，就是对佛山冶铁业盛况的生动写照。佛山在制造业上的成就和中心市场功能，决定了她在中国城市发展史上的重要地位。然而，佛山所具有的价值还不仅在于此。佛山是明清时期因经济因素发展起来的中心城市，不同于传统的郡县城市。在其兴起发展的过程中，传统社会结构与新兴经济因素之间相互调适，兼容发展，透射着理性之光。因此，研究佛山都市化的过程与社会结构的互动变迁，有助于我们理解和把握传统中国城市发展的多样性，有助于我们摒弃概念化的中国城市发展形态的认知模式。此外，佛山还集中了岭南传统社会的各种文化现象，它们五色杂陈，大放异彩，其典型性远胜于广州，这又使研究佛山的文化现象具有非同一般的意义。

纵观佛山的历史地位和文化价值，每一点都离不开岭南独特地缘人文的滋养，每一页都关联着中华悠久文化的传承。如此既有结构性因素又有精致性内容的文明篇章，值得每一位热爱佛山历史文化的人士投身书写、共同编织。笔者在此仅发其端要，以就教于方家。

佛山是"广佛周期"的双主角之一

历史是时间和空间发展次序的结合体。自17世纪初至19世纪末，岭南区域出现了一个经济发展的高峰期——广佛周期。在广佛周期存在的时间内，以广州、佛山为中心的城市体系得到空间的迅速布局和层级的系统发展，其城市化的程度居全国领先地位。广州、佛山两大中心城市外贸和内贸互补功能的发挥，使因地理和人文环境差异而形成的岭南独特的三种市镇空间结构整合为一体。此时佛山扮演着双重城市角色，既是岭南二元中心市场体系的中心城市，承担广货与北货宏大交流的商贸枢纽；又是国内最大的综合型民生日用品生产基地，满足国内及海外的产品多样性需求。从佛山运出的精美广货及其丰厚利润，吸引了十八省商人和四远来谋生的手工业者。"走广"成为全国商人的时髦行动和共同追求。当时"汾江船满客匆匆，若个西来若个东"的大规模商品流转的盛况，常年不辍。

在广佛周期，佛山商业繁荣远胜于广州的情景见诸中外史籍。法国传教士道塔·塔鲁塔鲁和道·冯塔耐，分别于1701年和1703年到过佛山，他们描述佛山是一个约有100万人口的巨大聚落，并称佛山既没有城墙也没有特别长官，在汾江河上的大船有5000艘以上。康熙时人吴震方《岭南杂记》记载："佛山镇……天下商贾皆聚焉。烟火万家，百货骈集，会城百不及一也。"《南越游记》的作者陈徽言也说："俗称天下四大镇，粤之佛山与焉。镇属南海，商贾辐辏，百货汇集，夹岸楼阁参差，绵亘数十里。南中富饶繁会之区，无逾此者。"徐珂的《清稗类钞》也说：佛山的"汾水旧槟榔街，为最繁盛之区。商贾丛集，阛阓殷厚，冲天招牌，较京师尤大，万家灯火，百货充盈，省垣不及也"。清代到佛山的徽州商人也记载："佛山，居天下四镇之一，生意比省城大。"这里说的"会城""省垣""省城"均指广州。在此举例说明清代佛山商业规模比广州大的历史事实，并不是刻意夸大佛山的历史地位，而是指出，佛山的历史地位显然被长期低估，应该给予应有的重视和正确评价。

只要对广州、佛山两个市场的商品结构、商人组织和市场网络进行比较研究，就可知广州市场上各省运来的货物绝大多数是清朝允许出口的商品；各省运回的商品更是清一色的洋货，这说明广州商品与对外贸易相联系。佛山市场上，洋货寥寥，广货（或称"南货"）充斥，生产用品和民生日用品占主导地位，这表明佛山市场的商品与国内、省内贸易相联系。各省商人运来的"北货"（或称外江货）在佛山市场与广货大规模交流。佛山林立的外省商人会馆和形成的外省商人聚居区，都表明佛山与广州是两个功能不同的中心市场。

广佛周期开始于17世纪初的明朝末年，迄于19世纪末的清朝末年，历时三百年左右。这一周期以广州、佛山为中心形成一个地跨两广、河海相连的岭南市场体系。如果把岭南中心市场比喻成一座巨大的中外贸易桥梁，那么，广州和佛山，就犹如这座桥梁的两个桥头堡，一头连接海外市场，一头连接国内市场，它们功能各异，自成一体，然又互相联系、互相配合。这种二元中心市场模式，是因佛山城市地位的迅速上升并成为双主角之一而确立的。

佛山是中华铸造文明的重要支点

冶铁业是明清时期佛山的支柱产业，带动了佛山众多制造行业的共同发展。但是佛山冶铁业的真正贡献，却是对中华铸造文明的传承和支撑。人类从史前时代进入文明时代，是以金属的发现、金属工具的制作使用为标志的。有了对冶金术的规律性把握和持续控制的技能，人类才能从自在走向自为。世界文明史上，古埃及、古巴比伦、古印度和中国是四大铸造文明古国，也是东方铸造文明的典型代表。他们以其先进的铸造技术成为所在区域的核心国家，并依靠铸造技术优势与周边国家进行交流。中国在夏代开始进入青铜时代。铸造技术支撑了礼仪大国的呈现，西周铸造的大型礼器作为镇国之宝，把礼仪文字和刑法文字铸在鼎上，形成了中华独特的铸造文明。中国在战国时期进入铁器时代，锐利的刀剑和犁耙，高大的铁塔和钟鼎，每一件铸铁品，都记录了华夏文明的历程。西汉时中国的生铁冶铸技术传到中亚地区，东汉三国时中国的刀剑制作技术传到日本并发展为倭刀锻造技术。日本、越南的铸钟、铸镜、失蜡法、生铁冶铸等技艺也是从中国传入的。正如华觉明先生指出："中国以生铁铸造为基础的整个钢铁生产，产生了焕发异彩的钢铁文化。在世界文化史上，青铜礼器制作和两千年的铁水长流，均为中国所独有。所以说，中国的文明是铜和铁浇灌的文明。"

唐代以后冶铁技术不断南移，南汉时广州光孝寺的东西两铁塔的铸造技术已臻完美，塔身铸有上千个佛像，称为千佛塔。南宋著名学者洪咨夔的《大冶赋》这样讴歌了南方冶铸产品运输的盛况："铁往铜来，锡至铅续。川浮舳舻之衔尾，陆走车担之襁属。出岭峤，下荆蜀。绝彭蠡洞庭而星驰，泝重淮大江而电逐。"这里所说的"岭峤"，指的就是五岭山脉。明代后起的广铁誉满天下，佛山承接了中华传统失蜡法铸造技术，又独创了"红模铸造法"，成为与遵化齐名的两大冶铁中心之一。遵化冶铁业在正德八年（1513）被明王朝停办后，佛山更是后来居上，一枝独秀。祖庙现存的大型铜铁礼器中，有明景泰年间铸造的北帝铜像，重2.5吨，是明代国内最大的青铜造像；有明成化年间的铜钟，重约1吨，钮钟设计为精细的龙身造型，独具匠心，造型精美；有明嘉靖年间的铜镜，铜质光泽如新，形制巨大，为祖庙重器，是明代国内最大的铜镜；有铸于嘉庆年间的大铁鼎，该鼎通高2.6米，以镂空金钱图案装饰，铭文工整古朴，全鼎浑然一体，气势非凡。明清两代，中国铁钟为东南亚诸国所追求。作为庙宇的镇庙之宝，佛山铸造的铁钟尤为当地寺庙首选，占据了东南亚诸国寺庙梵钟的主导地位。佛山的大铁锅更是备受欢迎。明清时期，广锅出口日本，大获盈利，大者一口价银一两。雍正年间，佛山铁锅大量销往外洋，洋船每船所载多者两万斤，少者五六百斤。"其不买铁锅之船，十不过一二。"清中叶后，出国谋生的广府华侨群体，也把广锅传入美国旧金山、澳大利亚墨尔本。两广总督张之洞就曾在给光绪皇帝的奏折中称：佛山铁锅每年出口新加坡、新旧金山约五十万口。从此英语出现了"WOK"（粤语"镬"音）一词，专指圆形尖底的中国锅（Chinese Wok）。

《左传》有云："国之大事，在祀与戎。"除了礼器、民生用品和生产器具外，佛山铸造还担负起了皇朝的国防任务。明清两朝均用佛山铸造的铁炮在全国布防，从辽东到宣大边塞，从虎门到广州城防，从水师战船到海关缉私艇，比比皆然。佛山生产的铁炮从五百斤到一万斤皆有，清道光年间，佛山成为国内供应海防大炮的最大军火基地，广东官府曾一次性订购铜铁炮2400余门。作为支柱产业，佛山铸造业带动了佛山手工业体系的其他上百个金属加工业的发展。佛山的铜铁铅锡金等锻造行业，门类齐全，制造精细，所出产品涵盖了建筑装饰、民生日用的各个方面。入清以后，佛山的手工业进入全面发展阶段，以冶铁业为主干，以陶瓷业和纺织业为辅助，带动了造纸业、成药业、颜料业、爆竹业、衣帽业、扎作门神业的百业兴旺。多样性、派生性、互补性，构成了此时佛山手工业体系的有机结合形态。

世界科技史泰斗李约瑟认为，欧洲的生铁铸造技术是从中国传入的。因为在中世纪，只有中国能提供数量庞大的铁和钢。由此可见，中国的铸铁技术在古代和中世纪曾长期处于领先地位。而自16世纪至19世纪持续兴旺的佛山制造业，既是中国铸造技术和产品输出的高地，更是中华铸造文明的重要支点。它支撑着几千年来中华铸造文明的光荣延续，支撑着中国作为东方铸造文明大国地位的世代辉煌。

佛山既是岭南文化的核心基地，也是中华传统文化的宝库所在

岭南文化有四大内容在佛山诞生发展，它们是明儒心学、状元文化、祖庙文化和粤剧文化。

明儒心学发端于江门，而传播于西樵。明儒心学为明代广东新会学者陈献章（号白沙）所创，陈白沙提倡"道心合一"，以静坐体认天理为宗旨。湛若水（号甘泉）师从陈献章十余年，成为白沙先生最有成就的学生。弘治十八年（1505）湛若水会试第二，授官翰林院编修，当时王守仁（号阳明）在吏部讲学，湛若水"与相应和"。其后各立宗旨。"守仁以致良知为宗，若水以随处体认天理为宗。"时称"王湛之学"，分执明中叶理学之牛耳。正德年间，湛若水到西樵山筑舍讲学。当时致仕归家的方献夫、霍韬也相继进入西樵山与湛若水切磋砥砺，日研经书，讲学授徒。湛若水建大科书院，方献夫建石泉书院，霍韬建四峰书院，西樵山中三院鼎峙，藏修讲学，四方士子入山求学者甚众。霍韬在此时撰著了《诗经注解》《象山学辨》《程朱训释》等书，后刊行于世。当时方献夫致信王阳明说："西樵山中近来士类渐集，亦颇知向方……甘泉大有倡率讲明之意。近构学舍数十于山，以延学者，将来必有成就，此亦一盛事也。"王阳明对此嘉许，称"英贤之生，同时共地，良不易得。乘此机会，毋虚岁月，是所望也"。西樵山中的书院，培养出一批像霍与瑕这样的佛山子弟。湛若水在嘉靖初年复回朝，历任礼、吏、兵三部尚书。方献夫、霍韬亦踵其后，于嘉靖年间分别继任吏部、礼部尚书。此时的南海士大夫均以理学相高，如梁焯（曾任兵部职方司员外郎）成进士后，即游学于王阳明处，并录有《阳明先生问答传习录》传世；庞嵩（曾任应天通判）早年亦游学王阳明门下，以后复从湛若水游。湛若水曾说"北有吕泾野，南有庞弼唐，江门之学遂不坠"。何维柏（曾任南京礼部尚书）年轻时负笈于西樵山，与湛若水、霍韬论学"多所默契"，致仕后创立天山书院，"阐发陈白沙绪论，四方从游者甚众"。冼桂奇（曾任南京刑部主事）登第前即"师事湛甘泉"，致仕归家后筑精舍讲学，遂"以一代理学为世儒宗"。南海士大夫在西樵山研讨理学的学术圈子，还吸引了当时当政的两广官员。例如广东巡按御史洪垣，嘉靖十一年（1532）进士，湛若水在京师讲学时，"垣受业其门"，后出按广东，经常到西樵山求学。这样，湛若水、方献夫、霍韬以及南海士大夫群体，以西樵山为平台，传播易理，弘扬白沙心学，并以其理学上的学问和为官实践，深刻地影响了中国的儒家文化。五百年来，西樵山一直作为中华士子见贤思齐的文化名山而存在。正如明代学者方豪所言："西樵者，天下之西樵，非岭南之西樵也。"

　　状元文化不属佛山独有，但以佛山最为杰出。佛山自古科甲鼎盛，南汉的状元简文会和南宋的状元张镇孙名节自持，是佛山士子中初露头角者；而明代不断涌现的状元和会元，则令佛山科名雄视岭南。明成化年间石硔乡的梁储考中会元（官至内阁首辅），明弘治年间黎涌乡的伦文叙状元及第，明正德年间石头乡的霍韬亦夺魁会元。其后，伦文叙之子伦以训亦中会元。黎涌、石硔、石头相隔不到五里，人称"五里四会元"。而伦文叙一家父子四人，文叙连捷会元、状元，以训连捷会元、榜眼，以谅为解元、进士，以诜亦为进士，因而又有"父子四元双进士"之誉，人称"海内科名之盛，无出其右，所谓南伦北许也"。还有明万历年间状元黄士俊亦蟾宫折桂，清末时状元梁耀枢也独占鳌头。明清两代，佛山一共出了五个状元、三个会元。清代佛山科名依然头角峥嵘，时人有"广郡科第之盛甲于粤中，南海科第之盛甲于广郡，佛山科第之盛又甲于南海"之说。以科举出仕的有湖南巡抚吴荣光，四川总督骆秉章，咸丰探花李文田（礼部右侍郎），梁僧宝（鸿胪寺少卿兼军机），戴鸿慈（协办大学士、法部尚书，出洋五大臣之一），张荫桓（户部左侍郎、驻美国公使）。还有在三湖书院就读的康有为和在佛山书院就读的梁启超、署理邮传部大臣梁士诒等。这些人才的出现，使佛山成为名副其实的"气标两广的人文之邦"。为什么佛山状元、会元在明代中叶呈群体性涌现？为什么明代佛山籍大吏在嘉靖朝宠命优渥？状元文化留下了何种文化基因？要回答这些问题，就要对科举制度进行探讨，对皇权体制进行分析，对中华传统文化进行整体把握。唯其如此，研究佛山的状元文化，就具有了特殊的价值。

祖庙文化为佛山所独有。在中国城市发展史上，如果说有一座庙宇与一座城市的命运休戚相关，那就是佛山祖庙。明清时期的祖庙，是当时佛山人的信仰高地和心灵归宿。可以这样形容两者之间的关系：祖庙之于佛山镇，事事相关；祖庙之于佛山人，代代相系。明正统十四年（1449）发生的一场长达半年的佛山保卫战，把祖庙和北帝深植在佛山先民心中。当时为了保卫佛山自明初以来积累的劳动成果，佛山先民有二十二老以祖庙为指挥部，罄其财产，分铺防卫，万人一心，众志成城，终于保住佛山不受掠夺。事平之后，明王朝敕赐祖庙为灵应祠，列入官府谕祭。佛山先民遂把佛山全境分为二十四铺，分区管理，从此佛山脱离乡村形态，走上了城市化的发展之路。祖庙也成为珠江三角洲最大的北帝庙，并诞生了出秋色、烧大爆、北帝坐祠堂等民俗庆会和祖庙建筑群。明清时期，祖庙还是佛山士绅议事决事的中心，佛山民间自治组织明代的"嘉会堂"和清代的"大魁堂"均设此。至今悬挂于祖庙大殿外的"廿七铺奉此为祖，亿万年惟我独尊"的对联，就是对祖庙在佛山地位的精辟写照。千百年来，祖庙以其独特的人文之光滋养着佛山这片土地，也给这片土地留下了享誉千年的人文瑰宝和古建华章。因此，研究祖庙千百年来亦庙亦祠的发展脉络，可以发现岭南人文的精彩篇章。从这个意义上说，解读了祖庙的文化内涵，就可以理解佛山的民间信仰；解读了佛山的民间信仰，就可以理解中华文化之博大。

粤剧文化的诞生和发展与佛山有直接的关系。粤剧行语有云："未有吉庆，先有琼花。""吉庆"是指同治年间设在广州的粤剧吉庆公所，"琼花"是指雍正年间设在佛山的琼花会馆，两个都是粤剧的行会组织。琼花会馆在前，吉庆公所在后，二者有明显的承继关系，然时间相差上百年。粤剧在佛山的诞生，并不是偶然的。戏剧的发展与社会经济发展密切相关。首先，佛山神庙和宗族祠堂众多，需要大量的神功戏酬神；其次，商人和侨寓的大量涌入，使会馆以及单身汉的数量迅速增加，需要演剧酬谢行业神和丰富业余生活；再者，数量庞大的手工业者常常要庆贺师傅诞和满师礼。土著的祭祀需要、侨寓的文化生活需要和工商业者的行业惯例需要三者相结合，为粤剧的诞生提供了"肥沃的土壤"。雍正年间，北京名伶张五，号称"摊手五"，南来佛山，寄居佛山镇大基尾。张五以京戏昆曲授诸红船子弟，变其组织，张其规模，创立琼花会馆。琼花会馆建立于雍正年代的事实，可以在乾隆十七年（1752）陈炎宗修《佛山忠义乡志》之《佛山总图》中标出的"琼花会馆"一建筑得到证实。琼花会馆建立后，规范了粤剧剧种和十行角色，培养了大批粤剧人才，从而使粤剧走向蓬勃发展的阶段。粤剧宛如逾淮之橘、出谷之莺，从而独树一帜，向广州、珠江三角洲乃至广西东南部迅速发展。张五从此被粤剧艺人尊奉为"张师傅"。咸丰四年（1854），因琼花会馆戏班参加红巾军起义，清军平毁了琼花会馆。此后粤剧班子均散向四乡及流集于广州谋生，同治年间遂在广州设立吉庆公所。由此可见，佛山是粤剧诞生的地方，又是粤剧发展的基地。粤剧与佛山社会生活息息相关，互相依存，共同发展，并成为中华传统戏剧的重要剧种。

上述岭南文化的四大内容都在佛山诞生或发展，其成长过程中的"佛山"烙印固然明显，而其对中华文化的影响也是显而易见的。此外佛山收藏的木鱼书、木版年画、扎作工艺品、石湾瓦脊、石湾公仔等文物作品，现存的祠堂和锅耳形建筑，以及北帝巡游、出秋色、行通济等习俗庆会和武术、中药、传统广府菜肴等，都具有典型的岭南特色，其中不少属于非物质文化遗产。所以说佛山既是岭南文化的核心基地，也是中华传统文化的宝库所在。

唯书有华，赠人如锦。"佛山历史文化丛书"将以各位著者多年的研究成果和独特视角，为您展开丰富多彩、颇具价值的佛山历史文化长卷，让海内外朋友捧如甘饴，感受佛山的内涵与精彩；让生于斯长于斯的老佛山人重拾瑰宝，不忘初衷；让来自他乡的新佛山人感受传统，仰之爱之。笔者身非佛山公，却心萦佛山乡，几十年来对佛山历史文化持续关注与爱护，情有独钟，从未释怀。因为笔者深深地知道，从古到今，佛山一直站在文明续谱的桥头堡上。

（作者系历史学博士、中国社会经济史学者、佛山史专家、广州市东方实录研究院院长，著有《明清佛山经济发展与社会变迁》）

"佛山历史文化丛书"
编撰凡例

一、国家历史文化名城佛山，明清时期与汉口镇、景德镇、朱仙镇并称全国"四大名镇"，与北京、汉口、苏州并称"天下四聚"，文化积淀深厚。"佛山历史文化丛书"（简称丛书）于2016年启动，每年一辑，每辑10种，是佛山市一项系统性大型文化工程。

二、丛书以习近平新时代中国特色社会主义思想为指导，坚持以人民为中心的创作导向，坚持为人民服务、为社会主义服务的根本方向，坚持百花齐放、百家争鸣的方针，深入反映佛山历史文化的总体风貌，多角度、多层面地发掘佛山多姿多彩的历史文化，全面、系统地解读佛山优秀历史文化的底蕴和创造力。

三、丛书旨在用当代眼光审视佛山历史，开掘源远流长、积淀深厚的佛山历史文化内蕴，揭橥历史上的佛山如何得天时、出地利、尽人和地创造，为佛山经济社会的可持续发展，提供可借鉴的文化资源。

四、丛书的写作，基于丰富深厚的历史文献、历史文物，并配以彩图，图文并茂，力争兼具学术性与通俗性，将佛山优秀历史文化的诸多层面，立体呈现出来，激励兹土兹民以及关注佛山在中国历史文化和现实改革开放版图地位的各界贤良，让他们更深入地理解和认同佛山。

五、丛书所称"佛山"，指今天广东省佛山市行政区划而不限于历史上的佛山镇，包括禅城、南海、顺德、高明、三水五区约3800平方公里范围内与历史文化相关的人、地、物、事。如果课题内容与相邻区域有交叉，撰稿人应根据史实，酌情处理。

六、丛书内容大致可分为：佛山历史环境地理、佛山工商业、岭南文化遗产、佛山历史人物。具体展开为八大方面：（1）红色文化主题：对新中国成立和建设作出较为重要贡献的人物和群体，需要关注；（2）变革与创新主题：在政治、经济和社会创新变革等方面有重大的贡献，推动中国历史进程的历史人物和事件，应该总结；（3）历史地理主题：近海水文化环境格局，以及和广州的双城面貌，对于成陆的佛山和佛山产业布局、产业调整，关系极大，因而佛山水环境、地名、地理、古人类活动等，均需梳理；（4）生态文明主题：佛山先民创造性地利用湿热低洼的地理气候条件，广筑堤围，在地少人稠的佛山，以可持续、立体种养的"基塘"农业，率先实现农桑的商品化生产，一些世家大族、名村名镇应运而生，其成就和遗产对于今天乃至未来，仍不乏启示，理应关注；（5）工商业主题：以工商业著称的佛山，其丰富的工商业史料、商业伦理、工商业品牌、企业、产业、行业、行会等，都在网罗之内；（6）岭南文化主题：作为广府文化重镇，广府文化的代表性符号诸如粤剧、南音、南狮、粤语、粤菜、广锅、石湾瓦、秋色、剪纸、武术等，或者由佛山发轫，或者由佛山光大，正该系统整理；（7）历史名人主题：佛山百业兴旺，名匠作手代不乏人，而且科甲之盛，傲视岭南，名医留下的验方良药、名师传下的武功招式、大家留下的丹青墨迹、名人书写的诗文传说，至今还滋养着这块土地，甚至进入中国文化的谱系，应予整理；（8）对外交流主题：佛山是海上丝绸之路的重要节点之一，更是重要的产品制造输出地，从佛山出发以及归往、过境佛山的客流物流，在一个覆盖南洋群岛、遍及全球的范围内，留下了鲜明印迹，值得挖掘。

七、丛书立传所涉人物，原则上为历史上的佛山籍优秀先贤，包括原籍佛山者、入籍佛山者和寄籍佛山者，他们在经济、政治、文化、社会、科技等领域为本土、为国家作出过重大和杰出贡献。

八、丛书以研究性著述为主，凡引用佛山历史文献和其他历史文献，均须经由作者消化释读，转换为作品论证说明的有机成分。

九、丛书属原创性研究论著，原则上不主张集体作品。著述者必须严格遵守《中华人民共和国著作权法》等相关规定，在引用文献和使用图片时，不得引用版权不明或有争议的作品。

十、除学术委员会指定邀请的相关学者撰述外，丛书绝大多数课题，都面向全社会公开征集作者。作者根据丛书编辑部所悬标的，提出书面申请，完成作者学术履历、团队构成、先期成果和著述大纲等内容的填写，经学术委员会审定通过后，与编辑部签约，进入课题调研和文本写作程序。

十一、丛书所用文字，除引用古籍而又无相应简化汉字的特殊情况外，行文一律使用通用规范汉字，避免异体字和繁体字。例外而非用不可时，须出注说明。

十二、丛书使用的标点符号和数字，须遵照国家相关出版法规的规定。

十三、丛书所用人名、地名、书名、民族名、外文名、机构名、专业术语、专有名词等，全书应统一。外来译名，应注明原文，以便核查、检索。

十四、丛书从第三辑开始，回溯提供已出版书目，供公众参考，提供线索，不断丰富课题、及时调整选目，裨益丛书。

目 录

绪 论

人类文明，源远流长，代代相传，永续永存。文明，是人类智慧之结晶、精神之财富、发展之明灯。而任何文化，"都有自身的时空连续性"①。就中国文化来看，"中"与"国"，合为"中国"一词，至迟在西周初年已出现。周朝天子胜战归来，昭告祖先神灵，宣称"余其宅兹中国"②。意思是说，我住在这个区域，管理广土众民，使天下太平和乐。"中国文明"，则合"中国"与"文明"一体。以"中国"为中心，周朝强大的文化凝聚力、文明吸引力，使大量外围族群、外围文化被吸纳进华夏文化圈。据冯天瑜先生考论，"中国"一词，经历从古代"城中"之义到"天下中心"之义的流变，至近代演进为与世界各邦并立的民族国家之名。而其"文化中心"之义，则一直贯穿古今③。因此，对中国文明的基本价值、对中国传统德性智慧的传承，是中华民族文化发展及民族复兴的必经途径，也是世世代代生活在中华大地的华夏子民之共同坚守。在二十世纪二十年代，当古老的中国被全盘欧化的喧嚣所扰动之际，在大师云集的国学与国粹讲坛，有"发现于国体，输入于国界，蕴藏于国民之原质，具一种独立之思想者，国粹也；有优美而无粗粝，有壮旺而无稚弱，有开通而无锢蔽，为人群进化之脑髓者，固粹也"④一说。二十世纪一二十年代，面对国学如何保护、研究与发扬，康有为、梁启超、王国维、黄节等学者用国学与国粹，激发中国民众情感，增进其爱国热诚。文人以学术救国，

---

① 朱维铮：《走出中世纪》，上海人民出版社，1987年，第170页。

② 于省吾：《释中国》，王元化主编《释中国》，上海文艺出版社，1998年，第1515—1523页。

③ 冯天瑜：《中国文化生成史》（上册），武汉大学出版社，2013年，第47页。

④ 邓实、黄节主编：《政艺通报》，政艺通讯社，1902年，第181页。

化笔成缳，在当时泽被社稷、在当下予人启益。文化记忆，承载国民心理、意识及个人与社会之互动关系。在数千年中华文化中孕育成长的中国人，一直坚定并曲折地探索民族发展与繁荣之可能。而诚如王国维先生在《殷商制度论》一文当中指出的："古之所谓国家者，非徒政治之枢机，亦道德之枢机也。"[①]在中国古代，道德教化一直是政治治理、国家稳定的重要根基。无论是儒家主张的仁爱、道义，还是道家倡导的俭朴、少欲，抑或墨家强调的兼爱、济众，都给予中国当下的政治道德、社会伦理、族群规范、生态治理以重要启引和深远影响。以孔子、孟子学说为代表的中华儒家思想精要，尤其成为古代中国人正确处理人与人、人与自我、人与社会等关系的基本准则，也是当下中国人确立与西方不同的社会核心价值体系，引领人们思想道德修炼提升和自我反思心理发展的重要文化渊源。对于中华传统优秀文化的研读与传承，是为必要。

晚清岭南学说崛起，诚如桑兵先生指出："影响较大的学者有二，一为陈澧、一为朱次琦，均主汉宋不分或汉宋兼采。"[②]两人门下，各形成一支学说流派。陈澧形成东塾学派；至于朱九江一脉，"虽然没有官威作后台的显赫，对于中国近代思想学术界的影响却比东塾门下有过之无不及"[③]。朱次琦（1807—1882[④]），字效虔，一字子襄，号稚圭，广东南海九江上沙里人（即今广东佛山南海九江下西太平村人），岭南大儒，理学宗师，学问博大，品行方正，乃为人为师为学的一代典范，世称"九江先生"。清道光二十七年（1847），朱次琦中进士分发山西，摄襄陵县

---

① 王国维：《殷商制度论》，谢维扬、房鑫亮主编《王国维全集》第8卷，浙江教育出版社，2010年，第302页。

② 桑兵：《晚清民国的国学研究》，上海古籍出版社，2001年，第29页。

③ 桑兵：《晚清民国的国学研究》，第30页。

④ 有关朱次琦的逝世年份，存在不同说法，分别是1880、1881、1882年三种说法。本书根据简朝亮、关殊钞等朱次琦门人同乡后学等的考证与分析，以1882年为信。朱次琦病逝于清光绪六年农历十二月十九日，换算为公历，为1882年1月7日。

事；光绪七年（1881），赏五品卿衔。他主张"学孔子之学"和"四行五学"，倡导治身之道、治用之章，影响深远。梁耀枢（广东最后一位状元）、简朝亮（岭南鸿儒）、康有为（国学大师、维新运动领袖）等人，均出于其门下。宣统元年（1909），经由梁鼎芬向朝廷奏请，清廷国史馆正式为朱次琦立传，将其生平事迹编入《清史稿》卷四百八十《列传二百六十七·儒林》。

1840—1842年的鸦片战争，不仅使西方列强以野蛮的方式打开古老中国的大门，也使中国自此进入半殖民地半封建社会，中国的文化、学术、思想、道德不得不面临千年未有之大变局与大转型。朱次琦的学说主张，不仅是清咸丰、同治年间岭南学术史的重要组成部分，而且也是中国近现代学术思潮历史大递嬗中的重要一环。有关朱次琦生平事迹及其学说主张的评传，对研究晚清民国时期岭南的士风学风，审视中国近现代文化及社会变迁等问题，均具重要和积极作用。当中，以朱次琦的学孔子之学和四行五学为代表的学说，表现出对中华优秀传统精神的传承与创变，尤其不容忽略。朱次琦学说中展现出的救治苍生之担当、惇行孝弟（悌）之操守、崇尚气节之品性等，均值得参鉴与推扬。

朱次琦生前撰述、手定或参与编纂的著述，包括如下四种：《朱氏传芳集》（八卷，朱次琦与朱宗琦共同编纂，咸丰十一年刊行）、《南海九江朱氏家谱》（十二卷，朱次琦监修、朱宗琦纂修，同治八年刊成）、《九江儒林乡志》（二十一卷，朱次琦与他人共同倡修，光绪九年刊刻）、《是汝师斋诗》（一卷，朱次琦于早年自行编撰，光绪十一年学海堂刊刻）。然而，朱次琦弥留之际，自焚书稿。除参编之作得以留存之外，其本人论著几近焚尽。这给后来学者研究他的生平事迹和思想主张等，带来了相当的困难。因此，以朱次琦命名的"九江学术""九江学派"，虽然受到世人的普遍关注，并且其学说主张也名传百年，但相关问题仍沉晦难解、争议不断、难得定论。就目前研究成果来看，前辈学者用功不少，发表有一定的重要论说，给予后人以积极、必要的启引。但是，有关朱次琦生平及其学说的论析，仍然存在诸多的空白与缺漏，乃至出现误评、错论。近些年来，学者对相关议题开拓有功，予人以进一步的启益并展示更多开拓的可能。前辈所提出问题，有待后来学人发奋努力，进行更加细致的厘定、更加客观的辨正。对朱九江先生作评传，当为中国文化界义不容辞的使命与职责。

百年来，有关朱次琦的论著，后人陆续补辑为集，刊刻成重要文集数种。其中，《朱子襄先生讲义》（一卷，手抄本，今藏于广东省立中山图书馆）由朱次琦弟子据其生前讲学内容，经由刘燸芬于清光绪十一年（1885）整理并作跋文。文中，记录四行五学的学说要旨，具体包括如下九部分内容：惇行孝弟、崇尚名节、变化气质、检摄威仪此四行内容，以及经学、史学、掌故之学、性理之学、辞章之学此五学要略。另有如《焚余集》①。根据《九江儒林乡志》一书中的《朱次琦传》一文记载："（朱次琦传）没后，其门人于灰烬之余，捆摭都为四卷，名曰《焚余集》。"又有如，《朱九江先生燔余集》一种，光绪十九年（1893）刊成。朱晋度在《为采臣师编子襄先生〈燔余集〉跋》一文当中，回忆道："余与梁君巨川及族中人士，捆拾丛残，得《大雅堂诗集》一本，《是汝师斋诗钞》一本。凡故纸堆中，字可辨认，手摅而抄录之，又得文数首。与人所流传者，共得文若干首，诗若干首，都为《燔余集》……乃为十卷，命族孙伯灵编校而付梓焉。"②《朱九江先生燔余集》，后来成为简朝亮收集编成《朱九江先生集》的重要文献来源。简朝亮是朱次琦晚年招收的入室弟子，一生服膺其师之为人为学，数十年来不辍耕耘，收集整理其师遗作，对其师学术思想作大力传承与终生发扬。1897年，也即在朱次琦去世十五年后，简朝亮编成《朱九江先生集》。是书收集文献，包括《朱九江先生

---

① 又名为《燔余集》。

② 关殊钞、余敏佳等编辑：《朱九江先生行谊辑述》，旅港南海九江商会（香港），1976年，第14—15页。

年谱》《朱九江先生讲学记》及"朱次琦作品集"这三大部分内容。当中，收入《朱九江先生年谱》一种，为日后学者进一步深入研究朱次琦，提供了非常重要的参考文献；收入《朱九江先生讲学记》一种，由简朝亮本人撰写；至于朱次琦作品的收录情况，分别是诗歌二百七十余首、文四十余篇。1930年，简朝亮弟子张启煌，另外撰《朱九江先生年谱注》《朱九江先生集注》并刊刻面世。1962年，关殊钞点校并刊印《朱九江先生集》。关殊钞点校的别集，由旅港南海九江商会刊刻面世，流行甚广，对于研究工作，起到重要作用。另外，《是汝师斋遗诗》一卷本，收入朱次琦所作七十九题、一百三十六首诗歌。此种别集，由陈璞、钱仪吉分别作序，范公诒作校，并由学海堂于清光绪十一年（1885）刊刻，收入"学海堂丛刻"之十二。这成为朱次琦殁前焚稿后，目前存世中可以看到的、最早的朱次琦诗歌别集。而且，《是汝师斋遗诗》所收诗歌，后来可能为简朝亮辑《朱九江先生集》时参引，两者所收的部分诗作，存在一定的版本与内容差异。

朱次琦的门人、后学及同好，对朱次琦作品，另集佚、汇编有相关文献。其中：

清光绪三十四年（1908），康有为另外编成《康氏先世遗诗朱师九江佚文合集》。这是现存较早的朱次琦文章别集，共收录三十一篇文章。其中，有三篇文章，未见于简朝亮所编的《朱九江先生集》，分别为《籛金集序》《答门人康达节书》《胡侃诚先生家传》。此种别集当中的一部分内容，与简朝亮所编的《朱九江先生集》，亦存在部分题目、内容的出入。是书经由康有为弟子蒋贵麟整理，于1983年由台北成文出版社刊刻出版。后人对朱次琦作品的集佚、补正，还包括有如：邱炜萲辑成的《朱九江先生论史口说》，于光绪二十六年（1900）刊行，收录朱次琦讲史时，弟子所记录的《汉书》《后汉书》《三国志》笔记三种；朱杰勤撰述的《朱九江先生经说》《朱九江先生谈诗》《朱九江先生论书》，于1936年由中山大学刊行，收录朱次琦弟子朱桥舫记录的朱次琦讲学内容；蒋志华编撰的《朱次琦札记补正》，于《广东社会科学》2007年第6期刊载；等等。

　　此外，李辰点校的《朱次琦集》一种，在前人工作的基础上作进一步文献补充与版本完善，于2020年经由上海古籍出版社出版，是目前收录朱次琦文章较为全面的一种。该集被收入景海峰先生主编的"岭南思想家文献丛书"，分上、下两集，凡四十四万余字。全集收入如下四种重要别集：一是《朱九江先生集》十卷，收录简朝亮整理的朱次琦遗世之作，以光绪二十三年刊本为底本；二是《朱九江先生论史口说》，收录朱次琦门人辑录的《汉书》《后汉书》《三国志》三种论史课堂语录，此别集是以笔记的形式辑入，并以光绪庚子年刊本为底本；三是《讲学笔记》，收入朱杰勤先生所撰的《朱九江先生经说》《朱九江先生谈诗》《朱九江先生论书》三种，并以民国刊本为底本；四是《朱氏传芳集》，收入正集四卷、外集四卷，是朱次琦及其胞弟朱宗琦所编纂的朱氏宗亲、亲友、故交的交游诗文集，并以咸丰十一年本为底本。于此四种别集之外，李辰点校的《朱次琦集》，另辑入《附录》内容。这一部分，收入朱次琦及其亲友故交的相关诗歌、文赋、序作、跋文等佚作。具体包括：《是汝师斋诗》九首及《〈是汝师斋诗〉序》一篇（序文由陈璞撰）、赋一篇（《鱼生赋（并序）》）、序一篇（《纂金集序》）、跋二篇（《沛国世纪跋》《恰恰堂集跋》）、书二篇（《答康述之书》《答门人康达节书》）、传一篇（《胡侃诚先生家传》）、殿试卷一篇（《朱九江先生殿试卷》，同时附录《殿试策问》）、传记一篇（王筠撰《记朱子襄》）、墓表一篇（康有为撰《南海朱先生墓表》）、碑文一篇（梁炳堃撰《朱九江先生祠堂碑文》）、学记一篇（简朝亮撰《朱九江先生讲学记书后》）。

　　有关朱次琦生平事迹、思想主张等的传录，有如：康有为撰写的《南海朱先生墓表》和《朱九江先生佚文序》、简朝亮撰写的《朱九江先生讲学记》、黄节撰写的《谒九江先生祠》、邓方撰写的《谒朱子襄先生祠》、邓实撰写的《朱九江先生联》、关绍渠撰写的《朱九江先生纪念碑

记》、孙海波撰写的《朱九江学记》^①、关殊钞撰写的《朱九江先生纪念史话》^②、朱杰民撰写的《洪秀全从师朱次琦的史实考源》^③和《岭南人文图说之二十四——岭南大儒朱次琦》^④等文章。除此之外，陈衍、曾习经、朱汝珍、朱子侨等人，亦分别撰述追忆朱次琦的文章，经由何藻翔等人编定，集为《礼山遗泽录》一种，刊行于1917年。此外，《清史稿》《广东省志·社会科学志》《九江儒林乡志》《岭南历代思想家评传》^⑤《岭南思想史》^⑥《近代文学大辞典》^⑦，以及《国粹学报》《九江侨刊》等，亦收录朱次琦传记或作相关介绍。

有关朱次琦的生平事迹、道德学问等的研究，除以上列述的一系列文章著作之外，又有如刘师培、钱穆、朱杰勤、丁宝兰、左东阳、冯炳奎、蒋志华、张纹华、别府淳夫等学者的相关研究。具体而论，研究与集刊方面，有如：《朱次琦先生事实考》，于清光绪年间以抄本形式出现；《朱九江先生纪念堂落成特刊》，于1936年由九江中学编成；《朱九江先生行谊辑述》，于1976年由关殊钞等人编写，旅港南海九江商会刊行；《纪念朱九江先生诞辰一百八十九周年特辑》，于1995年由广东省南海市政协文史和学习委员会编辑刊行；《朱九江先生诞辰二百周年纪念特刊》，于2007年刊行。其中，《报告及儒林乡声》（合订本），刊行于1949年，是为纪念朱次琦诞辰的纪念特刊，此部合订本不仅在附录中，收录朱次琦的遗像、遗墨及珍贵的历史照片，而且还刊载介绍了朱次琦的系

① 孙海波：《朱九江学记》，《中和》1940年第2期。

② 关殊钞：《朱九江先生纪念史话》，《九江侨刊》，1996年。

③ 朱杰民：《洪秀全从师朱次琦的史实考源》，《中国理学一代宗师朱次琦——朱次琦思想文化与岭南学研究文献集》，香港中华文化传播中心，2007年。

④ 朱杰民：《岭南人文图说之二十四——岭南大儒朱次琦》，《学术研究》2005年第12期。

⑤ 丁宝兰主编：《岭南历代思想家评传》，广东人民出版社，1985年。

⑥ 李锦全、吴熙钊、冯达文编著：《岭南思想史》，广东人民出版社，1993年。

⑦ 孙文光主编：《近代文学大辞典》，黄山书社，1995年。

列文章十数篇：吴鼎新撰写的《朱九江先生诞辰纪念特刊记》、梁士诒撰写的《敬述朱九江先生学行政绩之大概》、卢子骏撰写的《九江先生生朝纪念会感赋》、左东阳撰写的《朱九江与陈东塾》、李景康撰写的《九江先生颂》，等等。另外，《纪念朱九江先生诞辰一百八十九周年特辑》，为《南海文史资料》第二十七辑，收入关性乔、关尧均、关祥、李玉江、方志钦、关殊钞、朱允朴、潘新安、朱德基、钟卓安、李鸿烈、林雅杰、凌风、黄家锐、方刚、冯植、康有为、简朝亮、冼玉清、朱杰勤的文章二十篇。同时，此书还附录朱次琦诗文、遗墨、年表，从其生平、家世、为官、教育、诗文、书法等角度，进行较为全面介绍。《朱九江先生诞辰二百周年纪念特刊》作为专刊，收入方志钦、赵立人、钟卓安、汪叔子、李吉奎、朱万章、蒋志华七位学者的文章，从不同角度论述朱次琦的生平、思想和学术贡献等。复次，钱穆在《中国学术思想史论丛》一书中，对于朱次琦与陈澧之间的学缘关系，进行比较深入的阐述。钱氏提出："是子襄虽亦主融汉、宋，而与陈东塾之见复异。东塾之旨，在融朱子于康成；九江之论，则在纳康成于朱子。"①朱杰勤撰写的《朱九江先生学述》②一文，则对以朱次琦为代表的九江学术的生成、内容及影响等，作较为系统的论析；冼剑民、叶兰美的《九江学派及其影响》一文，则将论析角度由九江学术而周及至九江学派，对朱次琦研究展开相关拓展。再者，仇江选注的《岭南历代文选》③、陈永正选注的《岭南历代诗选》及其主编的《岭南文学史》④等，或选录、介绍朱次琦创作的诗文作品，或对其相关诗文作综合论定。例如，《岭南历代文选》一书，介绍了朱次琦的《澹

---

①　钱穆：《中国学术思想史论丛》（卷八），安徽教育出版社，2004年，第314页。

②　朱杰勤：《朱九江先生学述》，《学术研究》1987年第4期。

③　仇江选注：《岭南历代文选》，广东人民出版社，1993年。

④　陈永正选注：《岭南历代诗选》，广东人民出版社，1993年。陈永正主编：《岭南文学史》，广东高等教育出版社，1993年。

泊斋记》一文；《岭南历代诗选》一书，选入朱次琦的《春怀》（八选一）、《七月十四夜大堤上作》、《答李秀才》等五首诗歌。此外，国外学者亦有关注朱次琦，例如，别府淳夫的《朱次琦和康有为——晚清的朱子学研究》[1]一文，将朱次琦和康有为的学缘关系，置于晚清朱子学脉络中展开相关论析。

有关朱次琦研究的学位论文、专著，亦于最近二三十年陆续出现。学位论文方面，有如张惠雁撰写的《论朱次琦及其诗文创作》（1995年华南师范大学硕士学位论文）、杨翔宇撰写的《朱次琦学术思想研究》（2005年华东师范大学硕士学位论文）、白红兵撰写的《中国近代文学观念的传承与裂变——以朱次琦、康有为、梁启超为线索》（2008年中山大学博士学位论文）。在这些学位论文中，《论朱次琦及其诗文创作》一文，对朱次琦其人其事其文，分为三部分展开讨论。《朱次琦学术思想研究》一文，除了对朱次琦生平进行概要介绍之外，还对其家族渊源、师学承传等问题进行了梳理，并且将其学术思想与岭南学术传统、南海九江文化结合展开探研。有关朱次琦的研究专著方面，有如：蒋志华撰写的《晚清醇儒：朱次琦》于2007年经由广东人民出版社出版，张纹华撰写的《朱次琦研究》于2012年经由广东高等教育出版社出版。蒋志华的专著，对朱次琦的生平事迹及学术思想，展开更为详细的介绍，就相关问题也作了新的辨正。全书完成于朱次琦诞辰二百周年之际，作者参考有关的方志资料、纪念文章等文献，在掌握第一手材料基础上，以通俗易懂的方式，介绍朱次琦的家乡、身世、读书、科举、仕途、授学等内容，向世人呈现了一个较为真实、生动、立体的朱次琦形象。此外，作者通过参研《九江儒林乡志》和《南海县志》等文献，重点考证朱次琦的交友情况，对于后人考溯朱次琦生平及其学缘关系，也起到重要的参鉴作用。在此研究成果基础之

---

[1]　别府淳夫：《朱次琦和康有为——晚清的朱子学研究》，《孔子研究》1987年第2期。

上，张纹华的论著《朱次琦研究》，进一步从朱次琦其人其文其史和九江学术的历史渊源、地理因素、主要内容、发展阶段及其学术精神与影响贡献等角度，展开专题研究。尤其就九江学术的讨论，是《朱次琦研究》一书中的重点内容——这是朱次琦研究中，学界面临的重点与难点。正如作者在后记所指出，朱次琦的研究十分重要，但由于"缺乏必要的文本支撑，使朱次琦研究的任何推动都显得步履维艰"。是书作者在参阅大量史料基础上，对诸多问题进行论辩，有破有立。然而一如作者所称，有关朱次琦的研究的确"相当容易产生以偏概全、概而论之的弊端"。笔者作为同道中人，深味当中研究与考辨的艰辛、困苦。对于从事朱次琦研究的同仁，肃然起敬、感佩良深。在本书写作过程中，笔者诚惶诚恐、如履薄冰，所以仍斗胆为之，乃受朱次琦研究之必要性与必然性的驱动；希冀能就朱次琦学说研究，尽绵薄之力，并以此就教于方家。

基于上述，本部《朱九江评传》，在感佩前辈研究之甘苦及以其作相关参鉴基础上，在中国岭南文化与中华千年儒学传承与创变的视域下，进一步深入地考察朱次琦的生平及其学术主张、文化影响；进而另辟新径，以九江学说为论，围绕朱次琦学说核心——学孔子之学展开讨论。本书进一步探寻学孔子之学之下所产生的四行五学，以及由此流衍产生的九江学说。笔者在具体讨论中，由朱次琦而上溯朱熹、孔子学说，下溯康有为、简朝亮、梁启超、黄节、邓实、麦孟华等人学说。行文中，又以学孔子之学及九江学说的流变为中心，探索四行五学主张的缘起、表征、承传、裂变等问题，以对朱次琦尽可能作客观评价、历史论定与文化传承。当中，主要探研三个问题：

其一，进一步考溯朱次琦的生平事迹及学说要旨；

其二，提出并论析九江学说的生成及裂变；

其三，重审朱次琦及其九江学说对岭南文学及中国近现代社会转型所产生的影响。

概而论之，在中国历史发展至晚清这千年未有之大变局时期、在这

中国传统价值观从传统向现代转换的重要时期，朱次琦总结中国传统儒家价值观念及旧学体系，倡导学孔子之学，以四行五学提炼和归纳儒学精要，形成复古宗经、实学济世、融通达变的九江学说。他的努力给后来学者整理和传扬中国价值体系带来了宝贵启示和重要经验。自其入室弟子简朝亮、康有为起，九江学说经由半个世纪的传承与发展，形成两支非常重要的学系：一系以简朝亮为代表，在对朱次琦的遗著进行收集、整理基础上，尽可能还原其学说要旨，并且进行较为忠实的传承。这对后来学者研究朱次琦及九江学说，起到非常重要、无以替代的文献存留作用；另外一系以康有为为代表，以朱次琦学孔子之学主张为基础，以复古方式创新，将学孔子之学发展为孔子改制、"孔子以人道为教"等主张，于师古法古问题上对朱次琦学说作重大调整与推衍，并由康有为弟子梁启超、麦孟华等人在传承中作进一步创变。这也有发掘与发扬了朱次琦及九江学说实质性的、无以替代的济世作用。九江学派之称，自十九世纪已为人所道，但由于朱次琦自焚论著及其学说在后世之裂变，学界质疑并认为此一派学脉体系难以成立。本书就现存文献作分析，对相关问题尽可能地展开平议，专门另外提出九江学说之称。笔者指出：朱次琦学说及其流变，以学术救国经世为根，以学孔子之学为本，以四行五学为核心，以简朝亮、康有为这一脉二系为中心，在学说的文献存留、经世济用两个方面，体现了旧学与新学、古学与今学、中学与西学的融通与递嬗，典型地代表了中国近现代转型时期传统学说的传承和创变特质。此是为九江学说及其价值所在。

具体而言，本书措意于辨正朱次琦及其九江学派，进而另外提出九江学说之称。

朱次琦学说一开始传播衍化之礼山草堂，地处佛山南海的九江流域一带。朱次琦的受业弟子、再传弟子，也大多来自南海九江流域。他们的学说主张，既受到南海九江文化的深远影响，又是岭南文化、广府文化的重要组成和典型代表。

早在晚清民初，已产生九江学派这一称号。但对这一称呼，历来存在一定的争议。代表性观点主要表现有两种。一种意见认为朱次琦的学说，在传至入室弟子时，已经发生了比较大的递嬗。所谓九江学派，难以符合中国传统中对学派的论定标准。因此，所谓九江学派这一说法，不能成立。而另一种意见认为九江学派可以成立。但是，持这一种意见的学者，就相关问题有一定的学理阐释与必要开拓，却在论说上仍然缺乏更清晰的系统性、更辩证的学理性。在参鉴前辈成果的基础上，本书进一步开拓，另外提出：以朱次琦而至其受业弟子、再传弟子，这一脉三代学人的思想主张，可以"九江学说"概称之。

笔者在对朱次琦生平做研究基础之上，以九江学说为探研角度，从学说而非学派角度，对朱次琦的学说主张、学说演变，作尽可能可行的概念界定与内涵阐释，进而指出：朱次琦倡导复归上古实学，将学孔子之学看作学者治学的根柢，将传统儒学整合提炼，推扬四行五学主张。他的受业弟子、再传弟子，普遍接受了四行五学思想的深刻影响，对于他强调的学孔子之学作进一步的发展和变化。朱次琦弟子们所创建的学说，尤其以康有为这一系学说为代表，大量地掺入了新学、西学的内容，以此对中国传统的儒学和道统作更多的新变和调整，并产生了深刻且广泛的学术影响、社会效应。从朱次琦到康有为，再到梁启超，这一脉三代学人所形成的九江学说之变化，是传统旧学的偏离歧出，也是必要变革与文化承传。这一脉三代学人的学说理路，从旧学变为新学、从儒学变为西学，却最终返归到国学，展现了晚清民初传统学术的流变与往复、裂变与传承。

本书内容上主要就朱次琦生平事迹及思想主张作评传。鉴于朱次琦临终之前自焚著述以致文献匮乏缺失，为让世人更进一步地认识朱次琦学说思想的丰富性及重要性，本书同时论及康有为这一系与之的学缘关系。对康有为及其受业弟子梁启超等人的学说思想，笔者展开相较深入的考辨。而对于朱次琦与简朝亮等人的学缘关系，行文中将有针对性地部分交代（限于篇幅，另有论析）。本书提出新的认识：从朱次琦到康有为，再到梁启超，九江学说这三代学人的学术流变，表现了体

与用、变与不变的复杂性与丰富性。九江学说以学孔子之学为体，以四行五学为用，表现出三个方面的学说共通性：一是在旧学与新学之间，对学孔子之学化用；二是在入世与出世之间，对四行五学之实学济世精神作践行；三是在审美与功利之间，对四行五学之变化气质作坚守。

九江学说，产生于广东南海九江流域一带，是近现代中国岭南所产生的特定的地域性学说。但是，基于康有为及其弟子、简朝亮及其弟子在全国的学术影响力，九江学说的影响，又远远并非止于岭南一带。随着近代以来岭南在全国政治、经济、外交领域的地位崛起，岭南文化同样成为了研究中国近现代问题的重要内容。为此，探究朱次琦学说的渊源及其传承裂变，不仅仅是对朱次琦及九江流域一带所形成学说的研究，而且也是对岭南乃至中国近现代重要学说的考察。当中，既展现了创造主体的身份变化，又呈现出文本创作时代内容和形式之转型；既体现了岭南学说的深旨，又反映了中国近现代文化递嬗及学说变迁。

概而论之，本书以朱次琦生平事迹及其学孔子之学为要点加以展开，对当中表现的学术思想精神、道德品性涵养、价值意义及其历史演变展开深入溯源。为此，本书是对朱次琦生平的专门评传，亦是对中国精神、中国传统的一种审视。这种研究回顾历史，服务当下，以一个具象的研究，反观传统道德的价值、表达形式、传承方式与当下意义。笔者在此基础上展开的一系列探研，期待能予人以进一步认识和了解中华文明、中国精神的门径。

要之，文明与野蛮相对，是指文采光明、文德辉耀、文教昌明，包括人类物质创造、精神追求、发明创造、公序良俗等内容。从广义的角度来说，中华文明表现了数千年来中华民族的共有生活、心理意识、审美主张等重要元素，是中华民族智德进步的集中体现，与其他文明共同构成了人类心能、智慧之共有价值，并且互为参鉴、彼此影响。梁启超在《欧游心影录》一文中，对比中国与西方文化陈述有一番言语：

从前西洋文明总不免将理想与实际分为两极，唯心唯物，各走极端，宗教家偏重来生，唯心派哲学家高谭玄妙，离人生问题都是很远，科学一个反动，唯物派席卷天下，把高尚的理想又丢掉了……所以最近提倡的实用哲学创化哲学，都是要把理想纳到实际里头，图个心物调和。我想我们先秦学术，正是从这条路上发展出来的，孔、老、墨三位大圣，虽然学派各殊，"求理想与实用一致"，却是他们共同的归着点。如孔子的"尽性赞化""自强不息"，老子的"自归其根"，墨子的"上同于天"，都是看出有个"大的自我""灵的自我"和这"小的自我""肉的自我"同体，想要因小通大，推肉合灵。我们若是跟着三圣所走的路，求"现代的理想与实用一致"，我想不知有多少境界可以辟得出来哩！①

早在先秦两汉时期，九州归一、天下会同的理念，就已经深入华夏。据《尚书·禹贡》记载，相传大禹治水成功，"九州攸同，四奥既居，九山刊旅，九川涤原，九泽既陂，四海会同"，乃制"五服"②之治。《礼记》"大道之行，天下为公"，《春秋公羊传》"王者欲一乎天下"，《管子》"以天下之财，利天下之人"，《墨子》"今天下无大小国，皆天之邑也。人无幼长贵贱，皆天之臣也"，等等，都在诉说"天下"认同与价值追求。老子于《道德经》当中倡导："以身观身，以家观家，以乡观乡，以邦观邦，以天下观天下。""以天下观天下"是将天下视为最高思维与最高价值，而非局限于邦国。列文森直言："在早期'国'是一个权

---

① 梁启超：《欧游心影录节录》，林志钧编《饮冰室合集》专集之二十三，中华书局，1989年，第36页。

② 以五百里为一区划，由近及远分为甸服、侯服、绥服（一曰宾服）、要服、荒服，合称"五服"。

力体，与此相比较，天下则是一个价值体。"①故之，中华文明以黄河流域为中心，将周边文化不断吸纳、融合、迎拒，形成一个复杂而庞大、丰富而多元的"天下"价值体，这使得数千年来，无论面临几层困难、几许磨难，中国人总能以坚韧不拔、孜孜不辍的毅力，传承中华优秀传统文化。这个民族的文明根脉，在这片古老的中华大地，始终能生根不断、焕发生机、绵延璀璨。但是，由于历经千年的封建统治，中国走向闭关锁国，自此墨守成规，故步自封，在近代渐趋落后。近百年来，仁人志士致力于光复旧物。1894年，孙中山在《兴中会章程》就已经提出是会之设"专为振兴中华、维护国体"②。六年以后，梁启超发表《少年中国说》，主张以"少年中国"取代"老大中国"③，以文艺救国、学术救国，期待中国的重新奋发。十数年后，李大钊频频发文，以"中华再造""中华再生""青春中华""中华民族之复活"④等语，热情地呼唤民族复兴的到来。"中华民族复兴"，即指曾经繁荣伟大的中华民族在落后以后的奋起直追、重新雄起、再度强大。新儒学代表之一的贺麟指出："民族复兴本质上应该是民族文化的复兴。"⑤以此回看梁启超的《欧游心影录》，其在中国面临千年未有之大变局之际，从中华文化存续角度探讨如何面对东西文化的问题。他指出"大的自我""灵的自我""小的自我""肉的自我"，四者之间如何同体融合，从而实现理想与现实相结合的发展，避免非黑即白、非是即否的两端思维与极端做法。他所追求的，是对孔子、老子、墨子这三大圣贤所代表的学说的传承与发展，从而"求现代的理想与实用一致"。

---

① ［美］约瑟夫·列文森著，郑大华、任菁译：《儒教中国及其现代命运》，中国社会科学出版社，2000年，第84页。

② 孙中山：《孙中山选集》，人民出版社，1981年，第10页。

③ 梁启超：《少年中国说》，《饮冰室合集》文集之七，第1页。

④ 李大钊：《青春》，《李大钊选集》，人民出版社，1959年，第65—70页。

⑤ 贺麟：《文化与人生》，商务印书馆，2005年，第4页。

梁启超提出的问题，也是生于新时期的我们，同样要思考与解决的重要问题。当下文化发展，如何在性质、结构、方法、心态等方面，实现与中华传统优秀文化的关联与传承？1958年，唐君毅、张君劢、牟宗三、徐复观四位先生，联名发表《为中国文化敬告世界人士宣言》①一文。在这篇长达四万余字的文章中，他们发表对中国文化、世界文化前途的认识，深入思考儒学的发展与创变，提炼出中国文化当中的五种智慧，期待世人予以关注与重视。这一篇文章，被人视为是"新儒家思想的总纲"，代表了现代新儒学的里程碑式的发展成果。文中，四位先生指出中华文化的重要价值与当下意义，也指出中华文化中蕴含的智慧："当下即是"之精神和"一切放下"之胸襟；"圆而神"的智慧而非西方式的"私直而方"；"温润而恻"之情而非西方式的"私心与有"；"天下一家"之情怀而非西方式的个人关怀。②如此智慧，恰恰是对梁启超所思考问题的另一种方式的继续思考与积极回应。

青毡旧物，理当传扬。以朱次琦为代表的九江学说，提倡的学孔子之学和四行五学，将大我与小我、当下与理想、学术与政治、修身与立国相结合，对于对抗人类社会发展当中所出现的利己主义、拜金主义等问题，从中国传统智慧、传统德性角度，皆给予后人以启益。对朱次琦——朱九江先生作专题评传，是为必要。

---

① 汤一介、杜维明主编：《百年中国哲学经典：五十年代后卷》，海天出版社，1998年，第225页。

② 汤一介、杜维明主编：《百年中国哲学经典：五十年代后卷》，第225—278页。

第一章

历史文化

九江朱氏，绵泽四朝，
南海明珠，渊怀珠玉

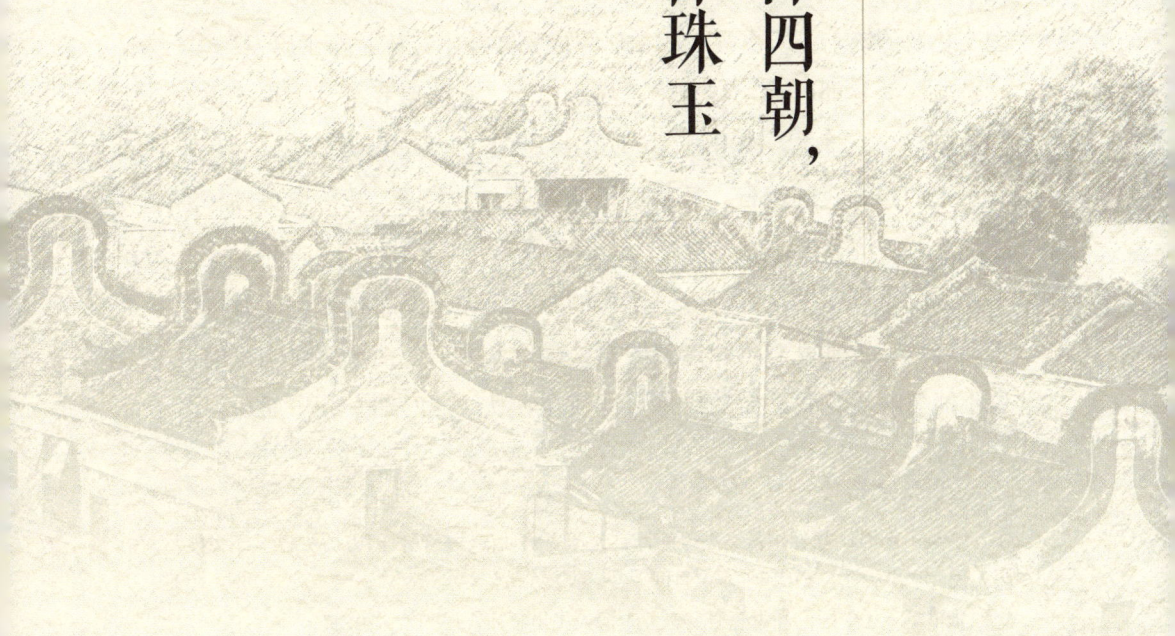

东汉的许慎于《说文解字》中释"史"字，称"记事者也"。史学家康尼尔·李德另外提出："历史，是指记录下来的或未记录下来的对人类往昔经验的记忆。"①人类文明史，除了知识的积累之外，还离不开对于道德的经营与品性的倡导。而道德与品性的修为，又离不开传统的浸润与培育——无论大传统、小传统，"百虑而一致，殊途而同归"。在中国传统社会与文化承传当中，"道德"一词，是为"道"与"德"的结合。其中之道，是总体义、根源义；至于德，乃为本性义、内具义，"道是行为应当遵循的原则，德是实行原则而有所得，亦即道的实际体现"②，故而有内化于心、外化于行之称。对于道德本体、价值、实施的讨论，历来也为中国文化及传统士人所重视，相关研究成果亦汗牛充栋、富于启发③。《易》"益卦"爻辞即已称："有孚惠心，勿问之矣。惠我德。大得志也。"注就此曰："莫益之，或击之，立心勿恒，凶。"④亦即诚信惠心是用不着问的，人们报答我的德行，德就可以达到更大的发展。《诗·鲁颂·泮水》亦称："济济多士，克广德心，桓桓于征，狄彼东南。"⑤此即知识开拓着一个人的眼界，德义滋润着一个人的心灵，做人要有恒德，才有可能立于不败之地，否则就有可能遭遇凶事。因此，人们不能放弃对知识的追求，也不能忽略对自我品质的修炼。即使在春秋战国时期，礼乐崩坏，诸子百

---

① ［英］汤因比等著，张文杰等编译：《历史的话语——现代西方历史哲学译文集》，中国人民大学出版社，2012年，第244页。

② 张岱年：《中国伦理思想研究》，上海人民出版社，1989年，第2页。

③ 有关论著详参王小锡：《中国伦理学70年》，江苏人民出版社，2019年。

④ 王弼等注，孔颖达等正义：《周易正义》，《十三经注疏》（上），上海古籍出版社，1997年，第54页。

⑤ 郑玄笺，孔颖达等正义：《毛诗正义》，《十三经注疏》（上），第61页。

家仍然非常重视知识传承与道德涵养。比如，老子称："道生之，德畜之。"①孔子谓："志于道，据于道。""恭而无礼则劳，慎而无礼则葸，勇而无礼则乱，直而无礼则绞。"②孔子认为，一个人如果态度容色庄严，但是不以礼仪行世，就会产生劳倦之感；立身处事谨慎有度，但不以礼仪约之，就会容易胆怯；赴战场杀敌的勇猛，不以礼节规范，就会难免闯祸；作文说话直快而不以礼束之，则会变得尖酸刻薄。总之，一个人追求知识与智慧，讲求礼节与大道，就要敬诚、修德、慎独、克己，使个人的修养不断提升，由此不断成德成性。虽然在不同社会历史语境下，中国传统对个体素质的要求不尽相同，但以礼和德为核心，对仁、义的培育和实施起重要作用。

南海九江，地处南疆，北负五岭，南临大海。相较中原而言，岭南开化得比较晚。但是，到了明清时期，随着广东在全国政治、经济、文化地位的不断提升，南海走出不少显赫一时的官宦人士，也诞生了一大批著名的当地宗族。他们建塾学、修家谱、立家训，教育本族童生，绵延功勋世德，不仅对家族后辈产生深刻影响，也带动了当地的文化教育发展。其中所产生的家学沉淀，又对本族文化的绵泽发展，起到基础性与根本性的导引。正如陈寅恪先生在《唐代政治史述论稿》一书中，谈及中国的士族文化时提出："所谓士族者，其初并不专用其先代之高官厚禄为其唯一之表征，而实以家学及礼法等标异于其他诸姓。"陈先生亦强调："夫士族之特点，既在其门风之优美，不同于凡庶，而优美之门风，实基于学业之因袭。"③家学，是在家族内部由父祖子孙世代相承的学业。家学及其族中礼法，影响着门风家业的承袭，对一个人的成长起到非常重

---

① 王弼、魏源注：《老子道德经》，上海书店，1986年，第31页。

② 何晏等注，邢昺疏：《论语注疏》，《十三经注疏》（下），上海古籍出版社，1997年，第2481、2486页。

③ 陈寅恪：《唐代政治史述论稿》，上海古籍出版社，1982年，第69页。

要的塑造与启引作用。朱氏作为南海九江当地的望族，流泽宋、元、明、清四个朝代，共历十数世代。其族人把讲礼、崇德放在修身处世的首位，以此绵泽一方。这既与中国儒学的传承与发展紧紧关联，又与涵养丰富的岭南文化直接相系。在家学传统的发扬光大、家业主张的推陈出新中，广东南海九江朱氏的扬厉宗功、才德馨香，孕育出晚清一代名儒巨硕：朱次琦——朱九江先生。朱次琦病逝之前，自焚论著，使后来学者难以深入研究。但他留存的论著当中，记载了不少朱氏族人、族学。本章介绍九江朱氏，尽量征引与朱次琦相关的文献材料，以尽可能对朱次琦及九江学说的形成与特征寻根溯源。另外，朱氏家学，对朱次琦产生实质性的深远影响，要尽可能还原朱次琦学说，也需要对其族人、族学有较为全面的认识。

一、朱氏传统：美矣世家乔木，洵兮南海明珠

清嘉庆十二年（1807）的八月，朱次琦出生于广东南海九江上沙里（今广东省佛山市九江镇下西太平村）。因此，朱次琦被人称为朱九江或九江先生。他创立的学说，亦被人传为九江学术和九江学派。

南海这一地名称谓，最早出现在春秋时期。秦朝设立了南海郡；隋开皇十年（590），另外设立南海县。当时的九江，为南海县管辖的一部分区域。到了北宋开宝五年（972），南海九江这一称谓，开始见于史料记载当中。而九江这一区域之所以得名，源自其地处西江下游九江大洋河段。

在唐代以前，南海九江的人口，仍然比较稀少，当地的土著居民，大多数是倚水而生、以渔为业。直至南宋咸淳十年（1274），中原人士由于政治纷争及避祸之需，携家带小，翻山越岭，大批南迁，自此与当地人杂居共处。南海九江的文化，也因为中原移民的大量南移及文化的直接带

入，开始肇兴，其后有"九江丁共宋，有剩南雄种"①之说。民国《佛山忠义乡志》一书亦有载述："东粤之雄，莫先于穗石之岑也；南海之饶，莫过于禅山之浔也。"②又有："佛山当八府之冲，西樵为群峰所萃，南邑奥区也。"③由于历史悠久，南海九江成为了千年的"儒林乡"④，又有"小广州"之称。当时，社学、私塾、书院、学堂等各种类型的教学机构、教育场所遍布于九江各地。其中，当地开设的社学达到二十八所；至于书院，则达至十八所。因此，历来又有"岭以南冠冕，南服者，南海也。冠冕南海者，九江实称最"⑤的说法。

正如有的学者指出的，中国的岭南社会，"有着高度发展的结构和复杂的社会组织。三角洲地区是自我意识极强的父系家族堡垒。有少数家族能将其居住地的开基始祖追溯到宋代，但大多数只能追溯到明代和清代"⑥。南海九江朱氏，起源古老。两千多年的历史中，朱氏主要源自姬姓、祁姓、子姓及少数民族改姓等，称王称帝共二十五人，曾建立后梁、明朝。秦汉时期，朱姓遍布于中原、华东一带。到了隋唐时期，朱氏日益繁盛壮大，形成了所谓的"朱氏十一派"，遍布山东、吴郡（姑苏）、庐岭、鄱阳、建阳、曲江、南阳、冀州、汴梁、扬州、濮阳等地。到了明朝，朱姓发展鼎盛，族人遍布全国。南宋时期，朱氏族人进一步往南转移迁徙。据《莆田朱氏通谱》载：

---

① 邝倩主编：《西樵文物钩沉》，广西师范大学出版社，2016年，第302页。

② 清道光《佛山忠义乡志》卷十一《艺文下》。

③ 袁昶：《广东便览·广州府序》，广东省立中山图书馆、中山大学图书馆编《清代稿钞本》第146册，广东人民出版社，2010年，第361页。

④ 1450年，明代宗皇帝赐九江为"儒林乡"。引自南海县政协文史资料委员会：《南海文史资料》第18辑，南海县政协文史资料委员会，1991年，第104页。

⑤ 朱次琦等修，朱宗琦纂：《南海九江朱氏家谱》卷十一，《北京图书馆藏家谱丛刊·闽粤（侨乡）卷》第23册，北京图书馆出版社，2000年，第1961页。

⑥ ［美］韩书瑞、罗友枝著，陈仲丹译：《十八世纪中国社会》，江苏人民出版社，2008年，第176页。

　　入莆朱氏源远流长，是炎黄子孙中的重要一支。自唐武后宰相朱敬则公之后，至唐末的澥公、光启公以及玬公、玑公，相继自中原南迁，辗转入闽，成为八闽大地各姓氏大家庭中的重要一族，为福建的开发与发展作出了重大贡献。入莆的朱姓后裔，如今已分布于莆田城乡各地，总人口已不下数万人，而外迁异地他乡及海外、国外的宗亲，亦已远超本地朱氏之人口了。[①]

　　依据朱氏族谱记载，所有广东朱姓人氏，都是同一祖宗，始祖朱伯璇，其于宋朝在福建开族。朱伯璇死后与妻子黄氏合葬于福建兴化府仙游县太平山[②]。广东朱氏的入粤始祖，即为朱伯璇六世之孙朱文焕。朱文焕，名炳，讳浚，字表怀，号漱石，自小就聪明过人，在族亲的教育下刻苦学习。他在二十一岁那年，考中进士，授大理寺评事，历任朝散大夫、右文殿修撰、两浙转运使、吏部侍郎。朱文焕因进谏，得罪奸臣贾似道，被贬谪到了广东。宋度宗咸淳年间，朱文焕携同家眷，乘船抵达南雄府保昌县沙水村珠玑巷。须以指出的是：朱氏定居南雄珠玑巷历史，极为复杂。由于文献不足征，相关人事往往扑朔迷离，难以考证论定。因为目前可考的相关材料，均为明清留存下来的文献，而无宋朝时期的文献可以考证。现存朱氏族谱中有关珠玑巷的记录，亦存在文献之间彼此抵牾、错误之处。因此，南海九江朱氏先祖来自南雄珠玑巷，可以视为一种历史记忆，以为学术研究之参鉴。

　　综观文献，大抵可以推断南雄珠玑巷朱氏的相关事迹：南宋德佑二年（1276），蒙元大举兵力，南下攻城，临安被元军攻破，宋恭帝被俘，南宋灭亡。此后，宋王室和军民辗转南逃，抵抗元军。赵昰在福州即位，为

① 朱玉龙主编：《莆田朱氏通谱》（第2卷），2005年，第1页。

② 广东南雄珠玑巷后裔联谊会、南雄市政协文史资料委员会编：《南雄珠玑巷南迁氏族谱、志选集》，2003年，第8页。

宋端宗，改元"景炎"。朱文焕在福建举兵勤王，与文天祥、陆秀夫等将士，共同护卫皇帝到达广东。景炎三年（1278）四月，年仅十一岁的宋端宗赵昰卒。陆秀夫等人拥立年仅八岁的赵昺为王，五月改元"祥兴"。六月，小朝廷迁居崖山（今广东新会大山）。朱文焕身为将领，抗击元兵于广东的北江一带。朱文焕勇敢带领部下，进行激烈战斗，最后在大庙峡以身殉职。

朱文焕生子三人，名元龙、元凤、元虎（一说名人龙、人凤、人虎）。当时其子在军中，闻父噩耗，悲痛欲绝。子负父之尸，乘夜潜奔到了广东清远横石一带（现广东省清远市清郊区升平镇瞰鱼嘴村勒竹地），将父安葬。而后继续率领残兵三千余人，在清远英德一带，继续抗击元军。朱文焕的家人，受到元兵的追捕，在广州、佛山、清远、新会、开平、台山等地四处逃亡避难。现今广东清远朱姓族人，相当一部分皆为朱文焕的后裔。恩平一带，亦为朱文焕后人朱源达所繁衍之地。至今，恩平于每年农历九月九日，仍会举办庆典，纪念朱氏当年落脚安居于此。清远市佛冈县龙山镇的上岳古围村，至今也仍存留七百余年前所建的古民居，亦是朱文焕后人所居住之地。目前普遍的说法是，珠玑巷的朱氏族人，遍布美国、加拿大、澳大利亚、新西兰等地。五湖四海，亦仍流传有关珠玑巷朱氏的五言绝句："德业开世泽，英良启裔昌，箕求由自远，沛国家祯祥。"

（一）南海九江朱氏始祖朱子议

广东南海九江朱氏始祖朱子议，父名朱元龙（一说朱人龙）。朱元龙在宋朝末年，离开南雄府保昌县，避难于南海九江上沙里。依据清同治八年木刻本的南海九江《朱氏家谱》记载：

度宗咸淳末，保昌民因事移徙。有讳元龙者与弟元凤、元

虎浮桴南下，散居九江上沙及清远滈江铁头冈、新会水尾等处，而九江上沙乃元龙公之族也。九江于乡属南海，或相传公抵南海侨居邑东偏大良，宅定九江。厥墓在焉，是为上沙始迁之祖。代远存经世难齿历行实多弗详，旧谱称公配梁氏，生子二：长讳子志、次讳子议。子志别籍乡中洛口，数传或迁居东安。子议，字献谋，守庐墓，遂定著为广州府南海县九江乡上沙里人。次子别宗，不敢嗣初祖，后世以献谋府君为始祖。云府君际，元明革命，潜德邱园庆基弥固。数传以后，宦业、行艺，史志不绝书至，乃疾风板荡，忠孝弗隳，其家声廉里，让乡爱利，遵承乎庭诰君子之泽，百世仰之。是故朱氏一宗望于沛国，光烈于丹阳、钱塘、吴郡，裔于始兴放于南海，又五百有余岁。士食旧德之名氏，农服先畴之，畎亩生聚数万指，率亲念祖，绳绳不坠，以至于今。①

南宋咸淳十年（1274），宋度宗卒，其长子赵㬎即位，是为恭帝，后改元为"德祐"。朱元龙与弟弟朱元凤、朱元虎，应该就在这一年携带了家眷，乘坐船只，通过水路，离开南雄保昌县，分别奔逃到了南海九江、清远、新会等地。朱元龙逃到了太艮（今顺德大良）。他娶妻梁氏，育有两个儿子，大儿子名叫朱子志、二儿子名叫朱子议。朱子志别籍乡中洛口，数传或迁居东安。朱子议定居于南海九江乡上沙里，因此，南海九江朱氏以朱子议延宗。

南宋灭亡以后，元朝入主中原，统治九十八年后，被明朝所取代。朱次琦在《〈朱氏传芳集〉凡例》一文中，记载了朱子议在朝代兴替之际的处世选择。其中有称："我上沙始祖讳'子议'，为元时处士。明兴，不

---

① 广东南雄珠玑巷后裔联谊会、南雄市政协文史资料委员会编：《南雄珠玑巷南迁氏族谱、志选集》，第30—31页。

仕以终。"①又根据简朝亮所撰写的《朱九江先生年谱》记载："（朱次琦）先世子议居南海九江，方明祖龙兴，设不为君用之罚，子议终身称元处士，不改度焉。"②朱子议既绝意不为朱元璋政权服务，又"杜门不与人事"，过着处士隐居的日子，以此终生。由于年代久远，文献缺失，朱子议选择不仕明朝的真正原因，已难以确切考析。而且，明初年，士子不仕的缘由，又极其复杂。根据清朝的赵翼以及当代的钱穆、萧启庆、章毅等学者的相关研究，大致可以作如下两端推测。其一，易代事实，并未能完全割裂一代士人与前朝的精神联系。除了在元末起义中"以死节效命"的士人之外，一批士人隐逸山林，拒仕新朝，以保忠义节气，文人扼腕，慨青毡之未复。赵翼在《廿二史札记》中，即列有"元末殉难者多进士"一条。其云："元代不重儒术，延佑中始设科取士，顺帝时又停二科始复。其时所谓进士者，已属积轻之势矣，然末年仗节死义者，乃多在进士出身之人。"③其二，士子不仕，可能与新朝政策相关，或与对新朝的普遍不认同相关系。明洪武初年，朱元璋在取得皇朝政权以后，鉴于朝廷人才奇缺，多次下达诏令，征召归隐的读书人出来做官。朱元璋明确规定，被征诏而不愿出来当官的读书人，都要受到朝廷的处罚，是为"不为君用"者。朱元璋以此将拒绝出仕的行为系统化、制度化为刑罚，将"寰中士夫不为君用"之罪，编入了"真犯死罪"和"应合抄札家属"的条例当中，写进《大诰》。被征不仕者，"诛而籍其家"，比比皆是。例如，当时，江西贵溪县的夏伯启叔侄，就因为不愿意出来当官，被官差拘押到朝廷。朱元璋亲自参与到审讯工作中，最后竟将夏伯启叔侄枭首示众，以

---

① 朱次琦：《朱氏传芳集凡例》，李辰点校《朱次琦集》（下），上海古籍出版社，2020年，第345页。

② 简朝亮：《朱九江先生年谱》，李辰点校《朱次琦集》（上），上海古籍出版社，2020年，第7页。

③ 赵翼撰，曹光甫校点：《廿二史札记》（下），上海古籍出版社，2011年，第664页。

示警诫。

南迁后的朱子议，在广东南海九江生根落户、开枝散叶，传到朱次琦时，共历十五世。梁耀枢为《朱氏传芳集》作序文时指出："朱氏为四姓华宗，九江甲族。门成鼎贵，代产名德。人呼廉里，地涌忠泉。溯嘉、隆而崛起人文，汔启、祯而弥工著作。"①梁耀枢以"华宗"一词，尊称南海九江朱氏。他也以"美矣世家乔木，洵兮南海明珠"②，称赞朱氏。此称对于南海九江朱氏来说，名副其实。因为，自明嘉靖、隆庆朝开始，九江朱氏就在当地渐渐繁衍兴盛起来。逮至明晚期，天启、崇祯年间，九江朱氏族人中，多有著书立论、勤育学子者。这一氏族在当地文运兴盛，族人的修德立行也大多受到当地人的认可与尊重。朱氏自此成为当地有名的一支族系。以"美矣世家乔木，洵兮南海明珠"冠于南海九江朱氏，洵为实言。

综观南海朱氏，其后辈子孙，大多能尊祖敬宗，报本追远，倡导孝悌、敦义、睦族，以重德修礼传家。南海九江朱氏十数代族人的发展，大致呈现三条主线：一是从政为官，一是治学执教，一是亦耕亦读。他们不败家声庭训，使家业根基代代相续，家声清廉里，为人所尊爱。

（二）南海九江朱氏七世朱让

九江朱氏，七传至朱让（1536—1604）。朱让是孤儿，却是九江朱氏族人中第一位中进士的。其字次夔，号絅庵。明嘉靖三十七年（1558），朱让参加乡试，中举人。经过十六年赶考应试，他在万历二年（1574）考中进士，授福建南平知县，调繁江西临川，充丙子、己卯江西乡试同考官，擢南京户部河南司主事兼管江西司事，监督浙江北新关税务，迁员外郎、郎中，简四川夔州知府。朱让创作的诗歌，部分收录入《朱氏传芳集》。例如，他作《偶山钓台咏渔》一诗："羡尔逃名泛短槎，江湖随处

---

① 梁耀枢：《〈朱氏传芳集〉序》，《朱次琦集》（下），第339页。
② 梁耀枢：《〈朱氏传芳集〉序》，《朱次琦集》（下），第340页。

即为家。晚风杨柳千波月，秋水芙蓉两岸花。轻棹放歌群雁鹜，满瓢沽酒醉烟霞。会看汉节来相访，谁谓严滩负岁华。"① 又如，朱让的《迎曦楼花径次韵》一阕："三月残春花未催，雨余花气逐人来。惜春每为花移席，日暝花树劝酒栖。"② 复如其《初冬玄湖寓直次韵》："清时分直署玄洲，壁上寒光静不流。红树远觉蟾兔影，清风适过凤凰楼。亭虚夜迥千山寂，岸渺天空一镜浮。最是官闲堪养性，更从何处觅丹丘。"③

据史料或可推知，朱让长相过人，仪表堂堂：眉清目秀，额头宽广而方正，"宣发广颡，目秀而慈，未尝示肮脏之色"④。他为人友善亲和，与人说话，使对方感觉"不衣而暖，然通而有执"⑤。"通而有执"一词，肯定朱让既懂得变通，又能坚守原则。平素里，朱让严于修身；做官时，他勤于政事，善于用人，懂得为民解忧疏难。为救助灾民，他甚至私开粮仓，赈灾救民。朱次琦《明赠嘉议大夫兵部左侍郎原任四川夔州知府朱公神道碑》一文，转载朝廷下文，其中有称：

> 朕抚有方夏，轸念民艰，每思"良二千石"，布德宣化，嘉予天下维新，而于典郡尤亟。其有治行明章，荐剡茂腾者，特简其人而畀之，以旌前劳，而劝来勚，玺书岂有爱焉。尔四川夔州府知府朱让，惠从公溥，威以廉生，著钩距摘伏之神，塞奔竞夤缘之窦，荐书特最，朕用嘉焉。兹授尔阶中宪大夫，尔膺兹荣宠，益当励报称之能，果其绩并"龚黄"，将采一郡之政成而召卿

---

① 朱让：《偶山钓台咏渔》，《朱次琦集》（下），第486页。
② 朱让：《迎曦楼花径次韵》，《朱次琦集》（下），第514页。
③ 张杰龙主编：《南海诗征》（上），岭南美术出版社，2009年，第202页。
④ 朱次琦：《明赠嘉议大夫兵部左侍郎原任四川夔州知府朱公神道碑》，《朱次琦集》（上），第182页。
⑤ 朱次琦：《明赠嘉议大夫兵部左侍郎原任四川夔州知府朱公神道碑》，《朱次琦集》（上），第182页。

矣。子大夫其敬承之。①

汉朝时，郡守一级官员一年的俸禄为二千石，后以"二千石"代称某地的最高行政长官。"良二千石"，代表朝廷对郡守有功之臣的表彰。"轸念民艰，每思'良二千石'"大致意思是说：每年夏至日，皇帝祭祀地神，念及百姓生活艰辛，怀念造福一方的良官忠吏。所称龚黄一词，典出《汉书》卷八十九《循吏传序》一文，为汉循吏龚遂与黄霸的并称，后人以此二人之姓泛指循吏，指守法循理的良官、善吏。朱让曾任职于四川夔州，老百姓为纪念他在任时的突出政绩，"特祠崇祀"②。朱让告老还乡以后，又热诚地服务家乡村民，受到了当地民众的敬重与爱戴。他死后，入祀乡贤祠。朝廷表彰朱让的循吏之行，称其"治行第一，赐玺书褒美"③，以布德宣化，嘉予天下。南海九江下西村，至今仍然峙立着一座高达7米、占地24平方米的"良二千石"牌坊，即是明万历年间，朝廷御赐给夔州知府朱让的。

另外值得一提的，是在离"良二千石"牌坊不远的地方，至今仍存留着一座桥，当地人称之为"探花桥"。此桥得名因由南明东阁大学士、兵部尚书陈子壮。陈子壮（1596—1647），字集生，号秋涛，南海沙贝乡人（今广州市白云区石井镇沙贝村人）④。陈子壮是朱让的外孙，出生在南海九江，自小由朱让抚养教育。陈子壮在朱让的教导下读书识字，做人做事。朱让身上表现出来的儒风厚德，予陈子壮以终生影响。明万历四十七年（1619），陈子壮考中探花，被朝廷授为翰林院编修。崇祯年间，陈子

① 朱次琦：《明赠嘉议大夫兵部左侍郎原任四川夔州知府朱公神道碑》，《朱次琦集》（上），第182页。
② 朱次琦、朱宗琦编：《朱氏传芳集》，《朱次琦集》（上），第348页。
③ 朱次琦、朱宗琦编：《朱氏传芳集》，《朱次琦集》（上），第347页。
④ 李健儿：《陈子壮年谱》，广东文物展览会编《广东文物》（中），中国文化协进会（香港），1941年，第516页。

壮累迁礼部侍郎。南明弘光政权建立后，他出任礼部尚书。南明永历元年（1647），陈子壮累迁东阁大学士兼兵部尚书。清兵入关后，他联合陈邦彦、张家玉等人起兵抗清，坚持作战十个月，兵败被俘，宁死不屈。永历帝追赠陈子壮为"番禺侯"，谥号"文忠"。陈子壮与陈邦彦、张家玉，并称为"岭南三忠"。陈子壮当时建探花桥，正是为了纪念自己的外祖父朱让。

朱让在七十岁时去世，被安葬于家乡西南的马山。他育有儿子四人，孙子十五人。据朱次琦《明赠嘉议大夫兵部左侍郎原任四川知府朱公神道碑》记载：

> （朱让）配关恭人，阃德最著，生子畴，庠生，赠兵部左侍郎。侧室子田、甸、畯。田，庠生，赠中书舍人。甸，庠生，更名宾扬。孙十五人，实莲，户部郎中，恤赠兵部左侍郎。伯莲，户兵两科给事中。会莲，推官。叔莲，游击。协莲、仪莲、期莲，并庠生。公莲、保莲、观莲、现莲、觐莲、明莲、振莲、世莲。女六人，俱适名族。[①]

朱让原配夫人关氏，生子朱畴；朱让的侧室，另外生育了三个儿子，分别为朱田、朱甸、朱畯，朱田是庠生出身，任中书舍人；朱甸也是庠生。朱畴，字可叙，号箕作，廪生，生子朱实莲。朱实莲后来被朝廷任为浙江德清县知县。朱畴被赠兵部左侍郎，"谕赐祭葬"[②]，著有《期适亭稿》《骏发阁集》。

---

① 朱次琦：《明赠嘉议大夫兵部左侍郎原任四川夔州知府朱公神道碑》，《朱次琦集》（上），第183页。

② 朱次琦、朱宗琦编：《朱氏传芳集》，《朱次琦集》（下），第349页。

（三）南海九江朱氏八世朱实莲

朱实莲，字子洁，号微龛，著有《积雪轩集》《冬春草横云轩集》《春江咏西樵草》等别集。《朱氏传芳集》收录其诗歌《赠绥州罗才女》《得乡耗志喜二首》《佩刀妇》《赋得明妃梦回汉宫四首和李青来韵》《春塘五首》《樵阳杂咏》等二十余首。

有关朱实莲的生平及其事迹，《明史·列传》有载。朱次琦在《皇朝赐谥烈愍明赠嘉议大夫兵部左侍郎原任户部郎中奉敕团练水陆义师朱公神道碑》一文中，亦载述朱实莲生平事迹。其中有曰：

> 朱氏，讳实莲，字子洁，号微龛，祖让守夔州，治绩冠万历时。父畴，廪膳生，著文行。公颀身赪面，角犀隆起，腰腹十围，少须麋，大音声，顾盼伟如神人。七岁能属文，与姑子陈文忠公子壮并有圣童之目。未冠，举天启元年辛酉乡试第三人，分考江阴李忠毅公应升奇其文，拔冠一经。久在公车，时望益隆。巡按刘呈瑞提学魏浣初疏举境内人才，皆第一。[1]

朱实莲长相出众，相貌堂堂，威风凛凛：身材颀长，赤红脸庞，额角隆起，腰腹十围，蓄须美髯，音声洪亮，顾盼有神。他七岁能作文，与表弟陈子壮一起读书成长，被当地人称为"圣童"。等到结发行冠礼（戴上表示已成人的帽子，以示成年，但体犹未壮）。朱实莲的才华更为出众，为人称赞。明天启元年（1621），他考中举人第三名。在明崇祯时期，巡按提学疏荐广东人才以第一名被推荐给朝廷被授为浙江德清县知县。在任期间，当地发生水灾，且灾荒严重，民不聊生，他同情百姓，向朝廷申请赈荒免征，因此被弹劾下狱。但在监狱里，他仍然不畏强权，将个人危难

---

[1] 朱次琦：《皇朝赐谥烈愍明赠嘉议大夫兵部左侍郎原任户部郎中奉敕团练水陆义师朱公神道碑》，《朱次琦集》（上），第185页。

荣辱置之度外，照旧上疏朝廷，"犹极陈地方荒苦状"，请求蠲免苛捐杂税。他上书皇帝，称道："天灾流行，何处蔑有，未有四五年来饥馑荐臻，旱魃嗣虐，孑遗靡定，降割继行，井邑为墟，民物将尽如浙西之甚者。"①崇祯皇帝为之"惊叹动容"②，受到感动，最终采纳朱实莲的意见并将之赦免。

朱实莲在出狱以后，被朝廷起为临淮县知县，后擢邢部广西司主事，兼兵部武选司，转户部郎中。清兵入关之后，明昭宗朱由榔流徙广西，居于梧州。后被丁楚魁、吕大器、陈子壮等人拥为监国。南明隆武二年（1646）十一月十八日，朱由榔在广东肇庆即皇帝位，次年改元"永历"。南明永历元年（1647），朱实莲奉诏任职监军副使，对此，朱次琦述载曰：

> 忠愍奔三水，故御史麦而炫破高明来迎，乃入摄县事，以待西师。九月，大兵逼高明，为十覆迭攻之。公激劝忠义，昼夜登陴，拒守五十日而城陷，文忠被执。公从容西向再拜，啮血题绝命词，遂握刀带双辔驰下，冒阵而死，年四十六。公族父摄训导事，曰名臣，亦不屈死。官生区怀炅举人区铣以下，从而死者二千人。城中男妇皆喋血迸命，无一生降者。难后其城遂空，实丁亥十月二十九日也。③

此时，南明与农民军联合，协同抗击清兵。李自成死后，他的余部

---

① 朱次琦：《皇朝赐谥愍明赠嘉议大夫兵部左侍郎原任户部郎中奉敕团练水陆义师朱公神道碑》，《朱次琦集》（上），第185—186页。

② 朱次琦：《皇朝赐谥愍明赠嘉议大夫兵部左侍郎原任户部郎中奉敕团练水陆义师朱公神道碑》，《朱次琦集》（上），第187页。

③ 朱次琦：《皇朝赐谥愍明赠嘉议大夫兵部左侍郎原任户部郎中奉敕团练水陆义师朱公神道碑》，《朱次琦集》（上），第187—188页。

先后进入湖南，与当地官兵联合抗清。广东、四川等地的抗清斗争再起，一时间，南明控制的区域扩大到云南、贵州、广东、广西、湖南、江西、四川七省。这也是第一次抗清斗争的高潮。当时，朱实莲为水陆义师练兵，从南海九江出发，伏兵隘口，斩杀清军千余人。他与表弟陈子壮两攻广州、转战三水。鏖战中，三水城不幸失陷，临难前，朱实莲写下了绝命书，谓："绨袍不染腥□血，世上男儿枉读书。"①在朱实莲勇赴国难之后，南明朝廷有感于朱实莲的忠烈行为，追赠他为光禄少卿，另加兵部左侍郎。

明崇祯十七年（1644）甲申之变后，大量明朝士大夫被迫转换身份，成为政治遗民。梁启超在《中国近三百年学术史》一书指出："从顺治元年到康熙二十年约三四十年间，完全是前明遗老支配学界。"②钱穆在《国史大纲》另外指出："然明末遗民，他们虽含荼茹蘗，赍恨没世，而他们坚贞之志节，笃实之学风，已足以深入于有清一代数百年来士大夫之内心，而隐然支配其风气。"③在明清易代之际，社会上同时也出现一股薄俗风气。孟森在《王紫稼考》一文，有言："易代之际，倡优之风，往往极盛。自命风雅者，又借沧桑之感，黍麦之悲，为之点染其间，以自文其靡荡之习，数人倡之，同时几遍和之，遂成薄俗焉……追怀明清间事，颇多相类。"④基于不同的价值立场、政治态度、情感状态，明遗民与清朝廷存在着尖锐的矛盾冲突。但是，诚如朱维铮先生指出的："按照以往的历史传统，无论统一的或者半统一的王朝，从来把表示对异域文化和异族文化的宽容，作为盛世的必有措施。"⑤清朝政府为巩固政权、稳定军心、粉

---

① 朱次琦等修，朱宁波琦纂：《南海九江朱氏家谱》卷十三，《北京图书馆藏家谱丛刊·闽粤（侨乡）卷》第23册，第2133页。

② 梁启超：《中国近三百年学术史》，《饮冰室合集》专集之七十五，第20页。

③ 钱穆：《国史大纲》，商务印书馆，1996年，第852页。

④ 孟森：《王紫稼考》，《心史丛刊》二集，中华书局，2006年，第105页。

⑤ 朱维铮：《走出中世纪》，第154页。

饰太平，从强硬征服到怀柔笼络，开展一系列抚民措施。顺治、康熙这两任皇帝异常重视文治、崇尚理学，把儒家传统思想运用于政府治理中，采取措施迎合明朝遗民的文化诉求，以消解其抵抗心理，推动全国统治政局安定。顺治元年（1644）五月，上谕兵部曰："山泽遗贤所在官司从实报名，当遣人征聘，委以重任。"[①]乾隆四十一年（1776），清廷下令，追谥朱实莲为"烈愍"，予祀府县忠义祠。

朱次琦《皇朝赐谥烈愍明赠嘉议大夫兵部左侍郎原任户部郎中奉敕团练水陆义师朱公神道碑》一文载曰：

> 大清乾隆四十一年丙申，高宗纯皇帝诏曰："崇奖忠贞，所以风励臣节，凡胜国死事之臣，或死守城池，或身殉行阵，事后平情而论，若而人者，皆无愧于疾风劲草，各能忠于所事，岂可令其湮没不彰。其如何分别定谥之处，著大学士九卿京堂翰詹科道集议以闻。"议上，我六世从祖原任户部郎中微龛公赐谥烈愍，予祀忠义祠。[②]

这段话的"高宗纯皇帝"就是乾隆帝。在这一年年初，他命令官员编写了一套表彰明末忠臣的书籍，以崇奖忠贞、风励臣节。那些在明朝末年或死守城池、或身殉行阵的将士，分别得到褒奖与封祀。也是在这时，朱实莲被"赐谥烈愍，予祀忠义祠"。有关朱实莲的忠贞不屈、殉节明志，南海九江当地人至今多有传唱。诗曰："书生矢志拯元元，复国扶明起一

---

① 王先谦：《东华录》，《续修四库全书》第369册，上海古籍出版社，2002年，第207—208页。
② 朱次琦：《皇朝赐谥烈愍明赠嘉议大夫兵部左侍郎原任户部郎中奉敕团练水陆义师朱公神道碑》，《朱次琦集》（上），第184—185页。

村。阁部赤心光史册，馆甥争美探花墩。"①朱实莲牺牲自己，拯救国家命运，救民众于倒悬，这一片赤诚之心光辉史册。他的事迹，无疑对九江朱氏后代子孙，产生强大影响。对于朱氏族人的气节涵养、品性修炼，也形成重要的家学传统。这种家族内的世德功勋，对后辈影响深远，此对于研究朱次琦的事迹和思想，同样是一个重要的进路。

当地宗族的发展，与明朝中叶兴起的南海士大夫集团，有着特别密切的关系。所谓南海士大夫集团，指的是在明弘治、正德和嘉靖年间，随着珠江三角洲经济发展和社会稳定，在现佛山一带及其周围，接连涌现出来的科举鼎甲人物和权倾朝野的名宦大吏。随着他们的崛起，在当时朝廷形成一个蔚为可观的广东南海籍官僚群体。他们以科举出仕、以宦绩成名，继而相连成势。在京城里，他们参与制定国典国策，实施重大政治、经济等措施（比如一条鞭法）。在家乡，他们大多整合宗族组织，制定宗族制度，成为明中叶以后广东宗族发展的重要推动力量。②清朝时的宋玮，在《修复旗带水记》中形容当时的南海，称："在昔有明之盛，甲第笼踔，一时士大夫之籍斯土者列邸而居，甍连数里。昔人所谓南海盛衣冠之气者，不信然欤。"③卢子骏（康有为弟子，亦即朱次琦再传弟子）在《潮连乡志》中也指出，当时南海父子四元、五里四元、七里八尚书的科名辈出和人才鼎盛："吾粤之科第仕宦，所为美谈者，则伦文叙、以谅、以训、以诜，所谓'父子四元'也；梁储、霍韬、伦文叙、论以训，所谓'五里四会元'也；戴缙、霍韬、潘浚、陈绍儒、方献夫、李待问、何维柏、陈子壮，所谓'七里八尚书'也。"④这里所提及的伦氏、方氏、霍氏、庞

---

① 朱次琦等修，朱宗琦纂：《南海九江朱氏家谱》卷十一，《北京图书馆藏家谱丛刊·闽粤（侨乡）卷》第23册，第2134页。

② 罗一星：《明清佛山经济发展与社会变迁》，广东人民出版社，1994年，第81页。

③ 宋玮：《修复旗带水记》，黎志添、李静编著《广州府道教庙宇碑刻集释》（上），中华书局，2013年，第631页。

④ 卢子骏：《杂录略·科第仕宦》，《潮连乡志》卷七，林瑞英印务局（香港），1946年。

氏，都是当地有名有望的大族。这些氏族厚德遵礼、严以治家、积极进取、经世济民，在当地难有出其右者。例如，明成化十四年（1478），梁储会试第一，登会元，官至内阁首辅，太子太师，文渊阁、华盖殿大学士。又比如，被誉称为"中原第一家"的伦氏。弘治十二年（1499），伦文叙殿试第一，登状元，官授翰林院修撰、侍讲。伦文叙的次子伦以训，于正德十二年（1517）登会元，官授南京国子监祭酒；长子伦以琼，又于正德十五年（1520）登进士；季子伦以洗，也于嘉靖十七年（1538）登进士。一门科名之盛，一时称誉海内。[①]再如，霍氏宗族，以"忠孝节烈""硕辅名儒"名扬于世。其族中的霍韬（1487—1540），字渭先，号兀崖（人称渭崖先生），南海石头乡（现属广东省佛山市禅城区澜石街道）人，正德七年（1512）中举人，正德八年（1513）考中进士，嘉靖十五年（1536）官至礼部尚书、太子少保，谥"文敏"。霍韬与梁储、方献夫三人，并称为明朝的"南海县三阁"。

　　根据南海《九江镇志》一书记载，明清两朝，南海九江中举人者，共有二百零九人，而进士及第者共三十四人。其中，南海九江朱氏，先后出过三位进士（朱让、朱伯莲、朱次琦）以及十七位举人。朱氏数代族人博取科举功名的成绩，在南海九江当地是比较突出的。朱氏家族崇儒重教、推重诗文，传承中国传统文化，涌现了一批才学兼优、品性双修的重礼之士。朱次琦与族中同辈不仅礼尊儒学，晨夕披衣、苦吟勤学，而且与胞弟朱宗琦共同编纂了一部《朱氏传芳集》，于清咸丰十一年（1861）行世。朱次琦还撰写了一系列文章，有如《明赠嘉议大夫兵部左侍郎原任四川夔州知府朱公神道碑》《〈沛国世纪〉跋》《十四世在椒公》《清故朱少府墓志铭》等一系列碑文、跋文。其先祖朱子议、朱让、朱完、朱实莲等人，皆为人所景仰与礼尊。试以南海九江朱氏部分族人的履历为例：

---

① 罗一星：《明清佛山经济发展与社会变迁》，第81页。

南海九江朱氏八世朱完，字季美，岭南著名的书法家，号白岳山人，廪生，选贡国学，不赴。品行闻名于时并擅长诗书，与欧大任、程可则等多有唱和，著有《说文解字石室志》《虹冈漫录》《续录》《初学记》《清晖馆稿》《白岳山人全集》《草堂诗馀》。《朱氏传芳集》收录其文赋《啬如园赋》以及诗作《感遇》《感兴》《卧游罗浮追和白沙先生》《逃庵秋夕》《小愚谷有题》《初春游环谷》《自题小像》《泊水口望西樵》《赠客》《奉和何古林宗伯西樵山居》等三十余首。

南海九江朱氏八世朱凌霄，字宏惠，号湛一，明万历年间举人，选广东新兴县教谕，充丁酉湖广乡试同考官，升湖广咸宁县知县，选云南宁州知州，改贵州安化县知县等职。朱凌霄出任官宦，以克己复礼、公正清廉为民众所推崇"政最擢升，士民乞留"。当时，安化县的老百姓，为朱凌霄立下了《遗爱碑》；赣州县的商民，也为朱凌霄树立了《德政碑》，以示嘉奖与纪念。《朱氏传芳集》中，收录其文《明故庠士宁宇关君墓志》《卢子觉圹志》《明处士可林朱公墓志铭》《祭陈淇涯司马祀乡贤文》以及其诗《喜陈淇涯前辈祀乡贤》。

南海九江朱氏九世朱伯莲，字子敬，号净燠，明崇祯六年（1633）举人，崇祯七年（1634）乙榜进士，选南直锡县教谕，升中书科中书舍人，特勒督理江西兵饷，擢户科右给事中，兼兵科给事中。著有《鉴咿集》。《朱氏传芳集》中，收录其文《明文林郎江西玉山县知县前知上犹县事昆泉陈公墓志铭》《明庠士涵宇朱公墓志铭》，以及诗歌《樵山老》《花恼歌》《春日友人偕游正觉寺》《偶成三首》。

南海九江十世祖朱元英，字澄脩，号啸峰，清康熙五十一年（1712）岁贡。擅诗、书、画艺，时人称之为"三绝"。著有《镂云斋集》。①

中华文化，源远流长，意蕴丰厚。两千多年历史演进中，中国形成

---

① 以上参可见朱次琦、朱宗琦编：《朱氏传芳集》，《朱次琦集》（下），第349—352页。

自己深沉的民族之魂、民族之脉和共同的精神追求。自先秦以来的儒家思想，讲究仁义礼智信，注重修家治平、经世治用，"穷则独善其身，达则兼济天下"。《管子·牧民》传扬春秋时期的"稷下之学"，提出"四维不张，国乃灭亡"[①]。四维所指，"一曰礼，二曰义，三曰廉，四曰耻"。国之四维，承载了一个民族、一个国家、一个社会的精神追求、道德标准、价值判断。换言之，如果礼、义、廉、耻不被重视，维系国家的基本道德准则就将不复存在，国家就会因此而遭遇灭顶之灾。如《论语》有载："慎终追远，民德归厚矣。"曾子称，要谨慎对待父母的丧事，要恭敬祭祀远代祖先，这样才能使民心归向淳厚，培育社会良风美俗。以南海九江八世朱完、凌霄，以及九世朱伯莲、十世朱元英为例，可见南海九江朱氏注重读书治学，讲究培育文化素养，形成了一种崇文重礼、修德重习的家风传承，这也在当地及广东一带产生一定影响。崇孝悌、饰节行、重养气的家族传统，对于此后朱次琦的家庭教育，也起到很好的孕育与必要的先导作用——这种遗风与世德的影响，无论在此后朱次琦的身上、亦是在其父兄身上，也得到鲜明展现。例如，清咸丰九年（1859），朱氏族人再议修谱，朱奎元三兄弟捐献梓刻费用，从襄陵卸官返乡的朱次琦监修了《南海九江朱氏家谱》。这是九江朱氏第三次修谱，该谱于清同治八年（1869）刊成。中国传统的宗法观念认为，"同姓则同德，同德则同心，同心则同志"[②]。中国传统社会的修族谱之举，是为彰显对祖宗及家学的尊崇与追慕，也是为表示对法度、法式的尊重与依循，反映"万世一系"的血缘与家学之关系，以为国之四维的根基。张载认为："宗法不立，则人不知统系来处……宗子之法不立，则朝廷无世臣。"[③]朱次琦与弟弟监修朱氏家谱，是对家族遗风的追慕与传承，可谓"咏世德之骏烈，诵先人之清芬"。

---

① 房玄龄注，刘绩补注，刘晓艺校点：《管子》，上海古籍出版社，2015年，第1页。

② 左丘明：《国语》，上海古籍出版社，2015年，第237页。

③ 张载：《张载集》，中华书局，1978年，第259页。

中国文化重天人合一，主张在天地之间思考人的立身处世。人与天、地，并列并举为"三才"。因此，"中国文化以人为中心。但这个'人'，又与文艺复兴之后的人不同，不是超越了宇宙万物的孤独的、自主的个人，而是与天地同等的人"①。有关人的全面发展，传统文化重六艺之学，以培育德才双馨之才。南海朱氏，秉承六艺传承，以诗书传家，生生不息。例如，《粤台征雅录》载述，九江朱氏中，八世朱畴，与族人朱继凤，在南海九江共同创立雅言诗社；朱畴之子朱实莲，又与南海人黄应秀，在南海九江正觉寺创立象山诗社；十世朱国材，则于广州镇海楼创立了浩社；十四世朱程万，另又创立通天社。再比如，十五世朱光宇、朱宗琦等人，与岭南诗家亦多有唱和之作。朱光宇与黄培芳、凌扬藻等人，多有诗作互赠。日后，朱次琦依宋濂家世之书《宋氏传芳集》之例，编纂《朱氏传芳集》。《朱氏传芳集》分正集四卷、外集四卷，收录九江朱氏族人所创作的诗文作品，由朱次琦撰写凡例，刊刻于咸丰十一年（1861）。朱次琦将族中三十七人所作七十八首诗文，收录其中，以慎终追远、诗书传家。

二、九江朱氏家风：敦励勤俭，厚德传家

（一）南海九江朱氏十四世朱成发

九江朱氏十四世朱成发，即是朱次琦的父亲。

朱成发（1761—1892），字镇元，别字奋之，清朝时期考取秀才，任南海九江地方商务主管。朱成发自小父母双亡、家道衰落，在族亲抚养下长大成人。他长年以经商为业，远至全国各地。南海朱氏家族的遗风，在他身上熏染出比较深的烙印。在他逝世之后，时任河南巡抚的潘铎，作墓志铭，称其为"厚德之君"，褒奖其敦励勤俭、严于律己、持家有法、重

---

① 许纪霖：《生活肌肤中的中国文化》，许倬云著《中国文化的精神》，九州出版社，2018年，第3页。

义重情。

　　晚清时期，中国社会发生深刻变化，传统的宗法经济、宗法结构、宗法文化，面临着极大的挑战。建立在宗法社会基础上的礼法与道德主张，也逐渐地丧失了原有的强大影响力。比如：家礼、族礼，就在中国社会各个层面上开始大面积松动，难以再依以往的族例、家规执行。随着伦理规范在各个层次的演化与削弱，社会商业发展程度也进一步提高。务农守农的传统观念动摇，弃农经商的人群渐渐增多，农本商末、农贵商贱观念逐渐被放弃。王阳明提出的"四民异业而同道"之说，就开了主张平等看待四民（士、农、工、商）的先河。而且，广东佛山是中国古代天下四大镇和天下四聚之一，是一个典型的以工商业闻名全国的城市。明末清初，佛山的经济发展仅次于广州，城镇人口达到四五十万。重农轻商的观念，在佛山一带，本来就比较淡泊，这从明代南海人霍韬、庞尚鹏等望族的家训中，即可窥知。以霍氏为例，其《南海佛山霍氏族谱》中，就有记载："士、农、工、商，所业虽不同，皆是本职。"当时的南海，士子读书成风，商人多出自诗书之家、热衷读书。例如，对于南海商人孔继宗，时人如此评价："公生平有懿德，临财廉取与主，更好读书，有古陶、谢之风。少时侍先父傅成公赴湘贸易，昕父追随，靡乖定省。日则整理店务，晚则伏案读书，十年来如一日。"[①]朱成发自小受着南海一带经商风气、儒商风范的影响，虽然以商业通达四方，但为人忠实宽厚，重视修礼崇德，并未受到社会上惯见的商人纤啬之风、好利之弊影响。

　　在日常生活中，朱成发遵守儒家伦理规范，乐于践礼。在经商之余，他关心国家时政，期盼社会父慈子孝、兄爱弟敬、夫和妇随、长幼有序。平素，他倾一己之所能，恤嫠哺孤，为乡亲修坟治道、救助亲友的婚丧等

---

① 《南海罗格孔氏家谱》卷十二，民国十八年刊刻。

活动，"所出恒逾其量，笃与友谊，所交必有始终"①。潘铎称其为"厚德之君"，是据实而论。

朱成发的忠厚笃悱、敦崇道德，在他与友人交往中得到表现。例如，根据《朱九江先生年谱》记载：

> 苏人有主于公者，年七十归休，以佗人所负三千金俾公自收之。公阳诺，四千里外，卒反其金。嗜观邸报，灾患必叹。尝谓诸子曰："凡人有力在己而不以及人，非天命富贵意也，汝曹识之矣。"②

据载，朱成发有一位好朋友，名叫唐景泰。唐景泰是当时苏州有名的富商。长期以来，他与朱成发进行生意往来，互相支持照应，成为莫逆之交。唐景泰到广东一带经商，经常借住在朱成发家。有一次，唐景泰急于回乡，但在广东还有三千两银的债务还没收回来。临行前，他声称自己已经七十多岁，回到苏州以后，就不大可能再到广东。他将自己持有的三千两银债条，作为礼物，都送给朱成发。朱成发默默收下借条凭证，送别老朋友。等到唐景泰离开以后，朱成发将欠债一项一项地如实收回。随后，他延请了一位值得信赖的亲戚，请其代为奔赴苏州，分毫不差地交到唐景泰手中。又如，朱成发还有一位朋友，姓韩，向他借了大约一千两银子，却一直还不起。韩某自觉食言，无颜再见朱成发，自己偷偷躲起来。朱成发听说此事，将韩某家人请到自己家里，当场把借款凭证烧了，以让朋友不因钱财之事自觉亏欠乃至避而不见。

---

① 朱次琦等修，朱宗琦纂：《南海九江朱氏家谱》卷十一，《北京图书馆藏家谱丛刊·闽粤（侨乡）卷》第23册，第2135页。
② 简朝亮：《朱九江先生年谱》，《朱次琦集》（上），第7页。

（二）朱成发之妻张茂兰

当时，衡量一个商人是否值得拥戴，一方面是看他拥有多少财富，另一方面则是看他富贵以后是否仍坚守道德规范、重义轻利。朱成发为人诚恳厚德，重义守道，名传于南海九江一带。九江当地的奇山冈南里，有一位名医，名叫张国沧。张国沧有一名爱女，叫茂兰（1767—1821），小名戌兰。张茂兰除了懂得一定的医术之外，小时候还读过一些书籍。这使她有胆有识，也使她受到父母的宠爱。张国沧将茂兰视为掌上明珠，用心为女儿挑选夫婿，将勤劳、忠正作为选择女婿的必需条件。最终，张国沧选中了朱成发，将女儿嫁给了他。张茂兰嫁给朱成发后，顺相丈夫、和处妯娌、女工习尚、持家有道。她团结亲朋、宽厚待人，受到邻里族亲的一致尊重。在张茂兰的辅佐之下，朱成发渐渐积蓄家产，达到当地中等以上水平。发家后的朱成发，仍是宽厚待人，多谨礼法。他积善救人的财力，是通过努力经商、勤俭节约来维持的。一方面，他仍继续救助孤老，视金如土；另一方面，他节约克制，居家不敢淫，饮食不敢过，摒弃虚荣和骄奢，粗布淡食，一件衣服往往一穿就是数十年。

朱成发夫妇的忠厚仁义，为南海九江人所赞许。当地妇人如果遇到什么问题，总会上门去找张茂兰，让她帮助出主意。包括当地士绅们，对张茂兰也很尊重。他们将张茂兰比作春秋时鲁国的季敬姜、魏晋时的辛宪英。季敬姜，博学知礼，《烈女传·母仪传》有载，是言传身教的典型；辛宪英，才女，曹魏卫尉羊耽之妻、名将羊祜之叔母，聪朗有才鉴，曾劝弟辛敞尽忠职守。

朱成发夫妇经营家业有方，也受到当地流寇、土匪的关注。《朱九江先生年谱》记载，当地有一位土匪，名叫"黄毛闰"。他听说朱成发在外经商赚钱，要准备回来家乡扫墓，于是动了歪念，打算向朱家勒索一大笔钱财：

（朱次琦之）母，张太宜人，知文史。族子为盗魁，睥赠公

归，扬言索之金。太宜人语赠公，请与诸子佗适。既行，盗夜呼叔门。太宜人扶媪持烛出，从容诘曰："呼叔者谁？何遽也？叔偶出，何入而待之？"开门纳盗魁，其党数十人竢于门外。盗魁踞上坐，解佩刀铮然。太宜人呼婢瀹茗，复诘呼叔何居。盗曰："将亡命，假数百金。"门外，盗皆噪应。太宜人正容曰："汝称叔属，虽远，犹骨肉也。有急当告我，何遽若是。"乃入探钗、珥数事，解腕中条脱益之曰："汝将去，不足可复来，何待叔也。"盗大惭，竟弃去。①

黄毛闰是朱成发的远房亲戚，称朱成发为叔。黄毛闰落为草寇，抢劫盗窃。他对外扬言，声称如果朱成发不给他钱，他就要杀人。张茂兰听说此事以后，劝说朱成发和儿子出外避一避，自己留下来，应对黄毛闰。当天晚上，黄毛闰果然如他所宣称的，带着几十个强盗来势汹汹地上门。张茂兰见状，镇定自若，开门迎盗。她将黄毛闰客气地请到了家里，请奴婢沏上茶水。黄毛闰带着大刀，大摇大摆地进了门，踞慢地坐上了上位，故意将佩刀发出很响亮的声音。张茂兰见此情状，并不惊慌。相反，她镇定自若，指斥黄毛闰，你称呼朱成发为叔，虽然是远房亲戚，但毕竟仍属于骨肉至亲。你有急事要用到钱，可以告知我们。但凡我们能帮助到你的，一定会尽力去帮的。可是，你为什么却采取如此手段。说完这一番话后，张茂兰进里屋，取出一些钗、珥，又将自己佩戴着的镯子取下来，都递给黄毛闰，让对方拿去。她还告知对方，如果钱不够用，还可以再来找她，而不用等叔叔回来。面对张茂兰的有勇有谋、有节有理，黄毛闰羞愧不已，竟然一毫不犯、一文不取，径直离去。

---

① 简朝亮：《朱九江先生年谱》，《朱次琦集》（上），第7—8页。

（三）南海九江朱氏十五世朱士琦、朱次琦、朱宗琦

正如《易经·蒙》所言，"蒙以养正，圣功也"①；亦乃如《颜氏家训·治家》所称，"夫风化者，自上而行于下者也，自先而施于后者也。是以父不慈则子不孝，兄不友则弟不恭，人不义则妇不顺矣"②。朱成发夫妇爱子，教之以义方、弗纳之于邪。在朱成发外出经商时，张茂兰对儿子们的管教，同样严格。她频频地教导儿子们为人处世的道理，以传统家教家训为本；她也不知疲倦地教育儿子们不要轻慢族人乡里，不能侮辱同辈小辈，不要在外惹是生非。而且，她教育儿子们从小要反对奢侈浪费、挥霍无度，居身务期俭朴、养身务求谨严、立志务求清远。在族人及双亲的影响下，朱成发的儿子们从小为人勤谨、恭俭、礼让、谦和。他们关心民谟、心系苍生，积极主动参与到乡村事务的建设中，成为受乡民尊重之人。他们也热心读书，积极修身养德，互相砥砺气节品性，日后，朱士琦成为举人，朱炳琦成为监生，朱次琦考中进士，朱宗琦成为贡生。

以下略举朱士琦、朱宗琦、朱次琦事迹为例。

1. 朱士琦、朱宗琦

朱士琦（1795—1856），是朱次琦的胞兄，字赞虔，号畹亭，道光十九年（1839）秋与朱次琦同时中举，时人赞为"南海明珠，同时入贡"③。朱士琦有《西江达海图》《怡怡堂集》《畹亭文存》等别集存留于世。《朱氏传芳集》中，收录朱士琦部分诗文赋创作。朱士琦有《落第后送子襄南还》："三杀搏风翮，重回积水滨。凄凉燕北树，迢递岭南人。出饯难为别，分飞更怆神。丈夫轻万里，握手订来春。"④又如朱士琦临终之前，作《绝笔作》一诗。诗题自叙："吾弟孝友成性，笔不及述。东

---

① 王弼等注，孔颖达等正义：《周易正义》，《十三经注疏》（上），第20页。
② 颜之推著，赵敬夫注，颜敏翔校点：《颜氏家训》，上海古籍出版社，2017年，第20页。
③ 简朝亮：《朱九江先生年谱》，《朱次琦集》（上），第15页。
④ 朱士琦：《落第后送子襄南还》，《朱次琦集》（下），第478页。

坡云：'与君世世为兄弟，又结来生未了因。'三复斯言，不知涕之何从也。"其诗另云："生无善状死何悲，化去翻令众垢离。独有深情忘未得，离魂常绕鹡鸰枝。"①

与其父朱成发一样，朱士琦重视修身束德。如其《唐复初处士赞》一文称：

> 公何人斯，葛巾野服。为君子儒，住愚公谷。人见其貌，形骸土木，不见其心，渊怀珠玉。秋月千舠，春风一曲。与我周旋，悠然意足。固宜其弗惊宠辱之场，而占尽山林之福。②

又如其《次韵关少白丈幽斋》：

> 山居寂寂酒初熟，山翁落落门不关。松花落地无人到，罢扫瑶琴飞鸟还。③

对于渊怀珠玉、归隐自怡的君子儒，朱士琦表达自己的深深钦慕。对于深山隐居、怡然自得的生活，他心生向往。复如组诗《述怀》其一、其二：

> 去圣日已远，轸辖互分张。重仞一栖心，美富空宫墙，沿流溯所归，中道颓波扬。委形邀闻见，阒寂闻微芳。隐索若有遇，汲深知所长。达道浩无期，浑噩远羲皇。
>
> 弧矢志四方，积学能愈愚。经术误苍生，不如无诗书。昔人

---

① 朱士琦：《绝笔作》，《朱次琦集》（下），第521页。
② 朱士琦：《唐复初处士赞》，《朱次琦集》（下），第414页。
③ 朱士琦：《次韵关少白丈幽斋》，《朱次琦集》（下），第522页。

慕良贾，深藏常若虚。儒林有根柢，弱冠足三余。出门展素抱，合辙犹攻车。七十老斫轮，运斤惟所如。士无尺寸阶，安知锤与输。大哉乾坤内，落落谁通儒。[①]

朱士琦受到父辈及族亲的影响，同样乐于践礼，博学多通，留意经济，"里居殷忧桑梓，沉虑有远识"[②]。《清江浦二绝句》称："桃花汛过喜匆匆，无复巡堤问土功。卯醉乍醒天欲晚，半楼明月半楼风。"[③]又如《村居》：

我里十万户，耕作仰鱼桑。桑土极樵南，余地皆陂塘。牂柯绕其腹，万里落炎荒。春夏成绛河，泥沙随波扬。巨鱼穴潜溪，窈邃如堂隍。春阳动蟊蟊，煦育在殊方。雷电变鲲鲡，亿万赴羚羊。乡人习水性，视水安鱼梁。椓杙列江浒，俨若田分秩。鳙鳊杂鲮鲤，豪发瞻之详。测电辨瀓潦，相风知土疆。百虑不爽一，鱼苗动连樯。四月桑叶肥，麦熟梅正黄。微雨扇和风，绿畴沃以光。南邻与北舍，轧轧巢丝香。土厚气亦燠，八蚕相递当。衣食有所归，在业贵不荒。行当勉归耕，面水规渔庄。[④]

中国是农业社会，重视农桑，"帝王之政，莫要于爱民；而爱民之道，莫要于重农桑。此千古不易之常经也"[⑤]。儒士以辅佐帝王之政、安邦安民为己任。自然灾害关系国计民生，自然为有责任心的儒士所关注与

---

① 朱士琦：《述怀》，《朱次琦集》（下），第448—449页。

② 朱次琦等修，朱宗琦纂：《南海九江朱氏家谱》卷六《恩荣谱·举人》，《北京图书馆藏家谱丛刊·闽粤（侨乡）卷》第22册，第2060页。

③ 朱士琦：《清江浦二绝句》，《朱次琦集》（下），第520页。

④ 朱士琦：《村居》，《朱次琦集》（下），第451页。

⑤ 《清高宗御制诗三集》卷六九，清乾隆五十六年武英殿刻本。

忧虑。佛山就处在珠江三角洲中北部的围田区内，四周堤围拱立。据罗一星先生《明清佛山经济发展与社会变迁》及相关典籍记载，早在北宋真宗年间，在佛山涌对岸就有罗格围建立。当时“堤高不满五尺”，至元英宗时期，又扩大范围及加高培厚。北宋徽宗年间，在南海县境内建立最大的基围——桑园围。该围经由历代加修，到乾隆五十九年（1794），基围长达14772丈，捍田面积1842顷[①]。基围改善了佛山及周围地区的农业生产环境，但是洪水高涨时，仍会决堤。珠江三角洲低势地平，河道纵横，水系复杂，因此，这一带流域水患频仍，百姓长期苦不堪言。仅仅道光十三年（1833）、道光十七年（1837）、道光十九年（1839），短短六年时间，南海九江就出现三次特大洪灾。而且，道光十五年（1835），还同时发生规模较大的旱灾、虫灾。而且，珠江三角洲属于副热带的海洋季风气候，位于北回归线以南，冬季极短，阳光充足。受海洋气候的影响，除山区外，大部分地区空气中的水汽多，热能消散慢，因此，一旦发生水灾，往往就会同时暴发疫情，引发大规模的民众生病受害。朱士琦不仅关心家乡公益之事，熟悉当地的江防水利，而且积极地投入到家乡的水利建设和防务工程中。他所作《西江达海图》《南顺十一堡御盗方略》《上粤中大府论西江水患书》诸文，提出水患洊至“在海口不在圩堤”，也批评近海豪户昔筑石坝以护沙导致海口不通，水患不止[②]。他多次赶赴南海、顺德、新会等地，考察当地的各种水文变化情况，提出积极的解决方案。他的诗文，描写了乡居生活及民生疾苦，记叙了九江大水、灾荒的情形，表达了社会和乐、安澜抚民的意愿。

朱宗琦，号宜城，朱次琦胞弟，生而颖敏，才识胆量过人，声音亮如

① 徐爽：《明清珠江三角洲基围水利管理机制研究——以西樵桑园围为中心》，广西师范大学出版社，2015年，第36页。罗一星：《明清佛山经济发展与社会变迁》，第16页。

② 朱次琦等修，朱宗琦等纂：《南海九江朱氏家谱》卷六《恩荣谱·举人》，《北京图书馆藏家谱丛刊·闽粤（侨乡）卷》第22册，第2060页。

洪钟。他以经学取，进邑庠，补增生，但是困于科举，屡荐不售。四十岁以后，他感喟命运际遇，称："穷达，命也。"[1]他从此淡然面对功名，不再参加科举赶考。他以贡生身份任南海县儒学训导，居乡授徒编书。著有《闲闲桑者诗集》（一卷）、《唱随诗集》（二卷）。

朱宗琦热心家乡公益，为乡里行义尽善。但凡能帮助到乡村邻里的，他都会竭尽一己之力，担之任之，不避艰险。清道光二十四年（1844），西潦骤涨，桑园围将溃，"宗琦赴救，值缺口开，宗琦素矫健便捷，一跃即攀登树上，回视，所乘舟已覆矣"[2]。其督修桑园围，数次修子围，对夫族中祖祠、坟茔，乡中社庙、桥路，也几于无役不从。又建探花桥、潭汇桥两水闸，乡人尤利赖焉。又据《九江儒林乡志》记载：

> 咸丰四年（1854），红巾乱。五年（1855），官兵至境剿捕，乡绅集儒林书院迎之时，官贼方相拒未决，而贼酋关钜率其党十余人至，宗琦厉色叱之曰："尔尚以尔巢穴为可据耶？尔不速倒忠良山之大旗，我立斩尔首。"关钜即低首听命。其生平胆量多类此。[3]

平乱过后，朱宗琦回到家乡。在朱次琦指导下，开始负责编纂《南海九江朱氏家谱》。在《序例》中，朱次琦对每一篇立篇原因和内容规范作说明。例如，首叙"名谱之例"，总结前人对族谱的命名，分帝系、世本、家谱、家牒、家史、家志等，介绍同姓不同地、同姓不同宗的家族情况。第二部分介绍"分编之例"，将族谱内容及编排秩序定为七类，包括：宗支、恩荣、祠宇、坟茔、艺文、家传、杂录。而第三部分介绍"宗

---

[1]　清光绪《九江儒林乡志》卷十三《列传·朱宗琦传》。
[2]　清光绪《九江儒林乡志》卷十三《列传·朱宗琦传》。
[3]　清光绪《九江儒林乡志》卷十三《列传·朱宗琦传》。

支谱之例"，介绍本宗得姓源起，按房派介绍宗族繁衍世系图；制世系图的方法是分别进行。第五、六部分，介绍"祠宇谱之例""坟茔谱之例"，说明宗族祠祀、墓祭、先人墓穴及方位等问题。此外，第七部分介绍"艺文谱之例"，说明族人著作经、史、子、集情况。从如上家谱序例及编录情况可见，朱次琦、朱宗琦编修族谱，是要对九江朱氏的宗族繁衍、成员事迹等进行忠实记录。朱宗琦用了十一年时间，于清同治八年（1869）完成《南海九江朱氏家谱》的编纂工作。而后，朱宗琦因长年劳累，"刊易再三，编摩况瘁"①。

2. 朱次琦

朱次琦受到族学传承、家学影响，自小尊奉礼仪道德、孝顺父母、关心桑梓。清嘉庆二十二年（1817），朱次琦十一岁。这一年，朱成发患病在家，而且久治不愈。年少的朱次琦终日担忧，愿代父身而受疾病之苦。为能让神灵有所感动，尽快使父亲的病能够治愈，朱次琦"惶恐，手疏祝灶陉，搏颡流血"②。他祷告祈求神灵保佑，以至不断地叩头，头部被磕破，流出鲜血。不久，朱成发的病康复了。道光元年（1821），朱次琦十五岁。这一年，母亲张茂兰去世，他严守古制，"杜门三年，默思而纯"③。道光九年（1829），朱次琦二十三岁。这一年春天正月，父亲去世，朱次琦行儒家三年之丧的古礼，"居先庙东厢，绝不为诗文。血诚致哀，三年如一日"④。

在朱次琦四五岁时候，已经表现出对苍生的悲悯之意。比如，嘉庆十五年（1810），朱次琦当时才四岁。有一天，母亲问他："儿愿多钱否？"朱次琦对答，称："不愿。"母亲又问："愿高官否？"朱次琦另

---

① 清光绪《九江儒林乡志》卷十三《列传·朱宗琦传》。

② 简朝亮：《朱九江先生年谱》，《朱次琦集》（上），第9页。

③ 简朝亮：《朱九江先生年谱》，《朱次琦集》（上），第10页。

④ 简朝亮：《朱九江先生年谱》，《朱次琦集》（上），第12页。

对，称："不愿。"母亲又问儿子："愿何？"朱次琦于是脱口而出，对称："人尽爱儿，儿则愿尔。"①又比如，次年冬天，上私塾的朱次琦，在夜寒中回到家里，一进门就看见母亲为自己准备了篝火。在母亲的照顾下，他一边在火边温衣，一边不禁长长叹息、深深感喟。母亲问他，因何发叹。他对曰："如今穷人可念也。"②

朱次琦心系桑梓，多次参与到家乡抗灾救险中，与父兄、族人共赴堤坝。他在诗文中，多次书写乡情、乡灾，表达出乡邦情怀。比如他的诗作《蝗虫叹》《守岁与闺人夜话》《蝗虫叹》等，表达出心系苍生苦乐之情。以朱次琦的《悯潦诗呈爱之、次卿两孝廉四首》组诗为例，诗中叙写九江所发一次水患前后过程，以诗史一般书写，表达民生疾苦及忧患。又如，道光十三年（1833）七月，南海九江桑园围崩溃，饥荒疫病流行。道光十九年（1839）夏天，两江洪水暴涨，珠江三角洲一带灾情严重。朱次琦与友人们奔赴抗灾前线，组织护堤。堤基一带，多为冢墓，乡人迷信，不敢动土。据《礼记·祭法》记载："山林川谷丘陵，能出云，为风雨，见怪物，皆曰神。有天下者祭百神。"③上天、山川、河流等神灵，因人们对灾害的不同遭遇，设立祭拜对象。当人们遇到来自上天的灾害，他们就祈祷天神，拜祭日、月、星、辰。当人们遇到来自地上的灾害，就改为祈祷山川、河流。古人相信，祷告虔诚，能够感动上天地灵。天，成为至高无上的象征，也成为对于民间道德奖罚的一种示意。泛天的一种信仰，使得河流、龙凤、麒麟等，都成为神物与信使，而大旱、大灾、地震、浇水等，成为天对民众恶孽的惩罚。面对乡亲的迷信行为，诗人激昂地宣称："堤决地且潴焉，冢骨何有，如彼不谅，惟予之崇。"④他声称：如果堤坝

---

① 简朝亮：《朱九江先生年谱》，《朱次琦集》（上），第8页。
② 简朝亮：《朱九江先生年谱》，《朱次琦集》（上），第9页。
③ 郑玄注，孔颖达等正义：《礼记正义》，《十三经注疏》（下），第1588页。
④ 简朝亮：《朱九江先生年谱》，《朱次琦集》（上），第16页。

被洪水冲决，冢墓更不复存在。倘若是因为抗洪得罪冢中先人，他来承担一切责任。在诗人的鼓动之下，乡民们终于行动起来，动土破墓，抗洪救险。

在洪灾过后，朱次琦作有《七月十四夜大堤上作》一诗，表达自己当时的焦虑心境：

> 万井苍凉又告灾，凭高小立一怀开。月华洞洞随行策，秋气微微荡劫灰。
> 海上云雷馀涨急，日南文物采风哀。豪吟巨壑笙钟应，恐有潜虬作和来。[1]

这首诗歌，记载了九江当地的水灾民患。诗人以"万井"二字比喻当地的万户人家，说明水患使大量民众受难。"又告灾"三字中"又"字，则点明家乡频繁发生洪灾，这使诗人沉痛无比、无奈非常。诗人说，灾情目前还没有过去，而江水却不断往上涨，这使我越来越忧伤、担心。诗人找不到有效的办法来消除灾害，他焦心如焚，只好站在大堤上放声高歌，以舒缓内心紧张与忧虑。而这时候，他却感觉到，在那深不见渊的壑穴里，发出一阵又一阵笙钟一般的声音。这些声音与诗人的歌唱此消彼长、彼此相应，就好像是潜藏在深水里的蛟龙与他一唱一和。诗人在这首诗歌中，用"恐有潜虬作和来"，生动传达出当时洪水泛滥，阔大汹涌的场景，又以神秘且具无比力量的潜虬，表现出对自然巨大破坏能力的敬畏与顾忌。

水势愈盛，民生疾苦愈甚。安澜安民，成为朱次琦最热切的期盼。他在《悯潦诗呈爱之次卿两孝廉四首》（其一）写道：

---

① 朱次琦：《七月十四夜大堤上作》，《朱次琦集》（上），第78页。

连宵发奇冻，中人毛发湿。预忧水气盛，西潦惊里社。数日闻讹言，满耳杂哆哆。忽传高涨及，羚峡三丈泻。倒屣往视之，骇目汗盈把。激荡风雷鸣，浑浊天日赭。古潭众窑户，灭没出寸瓦。一涨三日期，一日百忧写。几时誓安澜，刑牲斩白马。①

这一年，南海九江又发生一次全流域性的大洪水。受上游来水和潮汛的共同影响，流量迅速增加，形成外洪内涝的严峻局面。洪流自西江下游的肇庆羚羊峡，穿峡而出，水势汹涌。诗人在深夜时分，起视洪流，因操之过急，以致连鞋子也倒着来穿。洪水的激荡冲天、江河的澎湃不休、河峡的猛泻不止，使其大吃一惊，焦心不已。诗人不由得冷汗直流，顾虑重重。在这首诗歌中，他以"几时誓安澜，刑牲斩白马"，表达自己当时的祈祷与祝愿。蔡元培在《中国伦理学史》中，提到："五千年前，吾族由西方来，居黄河之滨，筑室力田，与冷酷之气候相竞，目不暇给。沐雨露之惠，懔水旱之灾，则求其源于苍苍之天，而以为是即至高无上之神灵，监吾民而赏罚之者也。"②自远古时期，先人就重视神灵。对"一涨三日期，一日百忧写"的灾害，使得诗人不得不对天对人间的惩罚之意，更进一步感到畏惧与害怕。他以"几时誓安澜，刑牲斩白马"，表达对神灵的祈求。

为抗洪抢险，救济灾民，朱次琦乃至典衣度岁。其诗《典衣四绝句》有载：

典衣原不损丰裁，尽箧筮笼取次开。我喜他家收拾好，未因金尽降颜来。

思量杂佩抛何所，约略陈书失已多。到底敝裘能恋主，岁寒

---

① 朱次琦：《悯潦诗呈爱之次卿两孝廉四首》，《朱次琦集》（上），第125页。
② 蔡元培：《中国伦理学史》，商务印书馆，2017年，第9页。

时节只饶他。

别久相逢意倍怜，记从何处话前缘。春衣与我同飘荡，南北东西寄岁年。

绨袍赎得当金貂，恰是杯觞不寂寥。袖底雨花襟上酒，可能留到上元宵。①

典当，是指押物借钱。历来文人，多有书写典当之事，他们或典衣沽酒，或为典衣换食，或典衣度日。诸如，苏轼《和陶贫士七首》，其中有谓："典衣作重阳，徂岁惨将寒。无衣粟我肤，无酒嚬我颜。贫居真可叹，二事长相关。"明陈鸿的《典衣曲》称："典尽衣难赎，邻家夜捣砧。那堪风露冷，儿女说秋深。"因此，这组诗中，诗人称典当衣物，本来就不是一件损折风纪之事。诗人打开了家里面大的笼、小的篚，把能典能当的衣物都拿了出来。等到天冷的时候，就只有破旧的皮衣、单薄的小衫，可以为诗人御寒了。但是，与解决自身生活之需不一样，朱次琦的典当衣物，是为了能帮助到更多的穷苦百姓，表现的是自孟子以来所强调的不忍人之心。孟子主张："人皆有不忍人之心。先王有不忍人之心，斯有不忍人之政矣。以不忍人之心，行不忍人之政，治天下可运之掌上。所以谓人皆有不忍人之心者，今人乍见孺子将入于井，皆有怵惕恻隐之心。非所以内交于孺子之父母也，非所以要誉于乡党朋友也，非恶其声而然也。"②朱次琦的典衣之举，正是表现了这样一种仁者之心，这样一种先天下之忧而忧，后天下之乐而乐的大爱情怀与担当精神。

即便朱次琦辞官归乡、潜心学术，仍关心国事民瘼。例如，在鸦片战争期间，他作诗指斥琦善，称其是"卖国通番贼"；又如，1876年，李鸿章因英国使馆职员马嘉理被杀一案，签订《烟台条约》，内有派员赴英道

---

① 朱次琦：《典衣四绝句》，《朱次琦集》（上），第105—106页。
② 赵岐注，孙奭疏：《孟子注疏》，《十三经注疏》（下），第2690—2691页。

歉的内容。朱次琦听闻此事，愤然而作《论派员往英事》，批评这是"损中国之威，长外人之气"。朱次琦又尝作《论马加利事》一文：

> 案：马加利之事，何难答之？应云：差官命吏中途遇寇之事，中国向来恒有。滇抚邓尔恒入觐为盗所害，咸丰初事也。江督马新贻阅操为贼所刺，同治初事也。当时不过命该省查办，必责以罪人斯得而已。马加利于云南、缅甸交界处，所勘实非云南地，突为山苗戕杀。朝廷震怒，不特严饬该省督抚急办，且特命湖督李瀚章驰往严诘真凶，尽法惩治，以慰马加利等枉死幽魂。此正朝廷一视同仁，视英使过于己使处，亦足见我皇太后、皇上至仁大公，不以远近异心也。假如英国境内或有此事，试问舍戕盗正诛，更有何法乎云云。果如此说，彼虽化外犷顽，亦复何辞以应？夷情无厌，得寸入尺，我既软弱如此，彼之要求将来何可复问？《易》所谓："自我致戎，又谁咎也。"（见所索七款中之第二款，"欲由紫禁城入内"一条尤堪发指）[1]

朱次琦认为，读书的目的在于明理，明理的目的又在于处事，"先以自治其身心，随而应天下国家之用"。对于当时清廷腐败、风俗颓敝，他感到极为愤慨。除了讲学以振俗之外，每谈及时政，他以纸扇击案，痛斥其非。他教门人摒弃虚名，认为文章不关学术政治则不必作。以文论马加利事，朱次琦以尖锐泼辣的笔锋，慷慨议论天下事，对于朝廷外交的屈辱行径进行猛烈抨击，字里行间洋溢着强烈的爱国情感。

综而观之，仁义礼智信，是中华传统价值观的核心、儒家文化的精髓，在于"人之道"，在于"仁者爱人"。孔子认为："知者不惑，仁者

---

① 朱次琦：《论马加利事》，《朱次琦集》（上），第138页。

不忧,勇者不惧。"①知、仁、勇,是三种重要的德性表现,也是一个人成为君子、圣人的必备素养。《中庸》又将知、仁、勇,称为"天下之达德"(亦即"三达德")。即使主张"逍遥游"的庄子,也间接记载了儒家仁义对个人立身之根基性意义。据《庄子·天下》载述,有一天,孔子前去拜见老聃,老聃对孔子的问题不作应答,孔子由是援引众多经书加以释说,老聃嫌孔子说得太复杂,让孔子简要介绍其中的思想大意。孔子于是说,他要讲的思想"重点就在于仁义"。老聃于是问仁义所指,是否为人之本性。孔子回答说是,并说君子不仁,名声就无法得以成就,如果不义,就不能在社会上立足。老聃又问什么叫仁义,孔子回答说是"中正而且与外物和悦,兼爱没有偏私"。从以上对话可见,孔子强调的是仁。以仁为儒家心术之本,《论语》多有记载。《论语》中,仁字出现一百多次,"志士仁人,无求生以害仁,有杀身以成仁"一类言语,俯拾皆是。孔子对仁的主张,其诸多弟子又进一步发扬,仁,也成为儒家思想的核心和基础。而仁的具体表现,包括对父母讲孝,对兄弟讲悌,对师长讲敬,对朋友讲信。所谓大爱无疆、大善无垠,仁推而广之,除了对家族成员亲善友和之外,也要"泛爱众"——这是对苍生黎民的关心,用对待家庭成员的友善关爱来对待一切人。南海九江朱氏族人的儒学传承与家族亲人的立身修行,对朱次琦产生深刻影响。年少的朱次琦,已懂得推己及人,设身处地为他人着想,乃至希望自己有能力去帮助百姓苍生,让老百姓能够安心生产,安居乐业。他心怀天下,身体力行,扶危济贫,匡济时艰,以实际行动书写着中国传统士人的家国情怀与安邦济民。

---

① 何晏等注,邢昺疏:《论语注疏》,《十三经注疏》(下),第2491页。

第二章

广东塾学，蓬勃发展，
诗书为训，重德修礼

历史
文化

中国传统社会，重视教化。教者，效也。《说文》释教，称"上所施，下所效也"。上施下效，"以教祇德"。《尚书·吕刑》记载："三后成功，惟殷于民，士制百姓于刑之中，以教祇德。"①说的是尧命令三位大臣谨慎地为民治事：伯夷颁布法典，用刑律制服人民；大禹平治水土，主管名山大川；后稷指导百姓播种，努力种植好谷。三后成功了，就富厚老百姓。士师又用公正的惩罚制御百官，教导臣民敬重德行。《尚书·尧典》又有记载，尧使舜推行的"五典"，是父义、母慈、兄友、弟恭、子孝这五种具体的伦常教育。汉儒认为，夏朝教化崇尚忠、商朝教化崇尚敬、周代教化崇尚文，三者各有偏正。班固在《白虎通义》中，将之统一称为三教，即"法天、地、人，内忠名敬，文饰之，故三而备也"②。三教，是当时官方规定的教育核心内容，也成为中国传统社会道德教化的主要依据，奠定了"以教祇德"的基本内涵和重要精神。唐朝时期，魏征上疏唐太宗，就通过溯源上古的道德教化，征引《潜夫论》的"人君治理，莫大于道德教化也"③，来推行德化。而在宋朝，苏轼反对王安石变法，上书神宗皇帝，也有一番关于道德教化与国家治理的有名言论："国家之所以存亡者，在道德之浅深，不在乎强与弱；历数之所以长短者，在风俗之厚薄，不在乎富与贫。"④因此，古代社会学而优则仕，不仅让精英管理治理国家，而且也是让知识和道德成为典范。而古代社会培育人才、传播知

---

① 孔安国传，孔颖达等正义：《尚书正义》，《十三经注疏》（上），第248页。

② 班固等撰，陈方疏证：《白虎通义》（第2册），商务印书馆，1937年，第201页。

③ 吴兢：《贞观政要》，中华书局，2009年，第146页。

④ 苏轼：《上神宗皇帝书》，孔凡礼点校《苏轼文集》（第1册），中华书局，1986年，第21页。

识、推行道德教化的主要途径，一是通过家庭教化，一是通过塾学、书院等教育机构。据典籍记载，比及明朝，广州府学已呈现出相当的规模与水平。根据《明朝时期的广州府学》一文记载，早在明洪武三年（1370），"广州东城外新建了府学，此后不断增修"。而到了明天顺年间，经由大规模改建、扩建，广州府学"新建了148间教室"；至弘治年间，"又新建了70间学生宿舍"。[1]广东教育，学制大备，"以教祗德"得到推广。以仁教化天下作为官员之大任、教育之主责的思想，对朱次琦起到重要影响。本章内容，溯源广东地域经济、教育、文化，以进一步从地域影响角度，考察朱次琦学说的形成与发展，尤其就当中理学思想的形成加以探讨。

一、广东经济发展与书院教育勃兴

明清时期，社会商业化程度进一步发展。以明代苏州地区为例，当时"列巷通衢，华区锦肆，坊市栉列，桥梁栉比"[2]。明万历年间，苏州城区更是内外衢巷，绵亘数十里，"民萌繁庶，物产浩穰"[3]。而作为"海上丝绸之路"起点之一的广州，在春秋战国到秦汉时期，已经开始对外贸易。发展到唐宋时期，广州成为中国第一大港、世界著名的东方港市[4]。到了清朝，政府在广州设立了海关。广州十三行兴盛，大大带动岭南经济的繁荣发展。即使在清朝海禁时期，广州也有"一口通商"的政策。当时的广州，有繁华非常的街道，熙熙攘攘的人群，朝气向上的生活，经济发展、社会富庶，推动其地位的迅速提升。广东的文化教育也由此受到带动，一日千里，快速发展。

---

① 《明朝时期的广州府学》，《羊城晚报》2011年11月23日。

② 清同治《苏州府志》卷二。

③ 明万历《杭州府志》卷三十四。

④ 有关"海上丝绸之路"的研究，详参沈高阳、蔺志强编著：《百川汇南粤——海上丝绸之路对岭南文化的影响·综合篇》，中山大学出版社，2017年。

在先秦时期，孟子已强调学校道德教化的重要意义及作用。孟子提出"善政不如善教"，强调："谨庠序之教，申之以孝弟之义，颁白者不负戴于道路矣。"[①]汉董仲舒，提出"宣化承流"："臣愿陛下兴太学，置明师，以养天下之士气，数考问以尽其材，则英俊宜可得矣。今之郡守、县令，民之师帅，所使承流而宣化也；故师帅不贤，则主德不宣，恩泽不流。"[②]"以教祗德"，首先体现在对少年儿童的教育。《礼记·学记》有载："古之教者，家有塾，党有庠，术有序，国有学。"[③]所指四类教学场地中，塾，指的是私学；庠、序，指的是地方学校；学，则指的是当时官办学校。其中所谓私学，又包括私塾书院等教学场所及相关教学。私塾，则指民间教育组织，一般由某一家庭或家族出资聘请教师，对子弟们进行授学。为了加强教育教化，传统社会流行的蒙学读本，有《三字经》《弟子规》《幼学琼林》《百家姓》《声律启蒙》《文字启蒙》《千字文》《千字诗》《古文观止》《朱子家训》等数十种。这些读本，有识字类、韵语类、典故类、诗词类，也有训诫类及经史简易读本。广东文教机构所教内容，大抵相类。

中国传统的"以教祗德""以诗书为训"，在晚清得以延续，大多以书院这一具体载体开展教育。书院，或由富商学者自行筹款，或于山林僻静之处建立学舍，或置学田收租以充教育经费。宋代著名书院，有如：应天书院、岳麓书院、白鹿洞书院、嵩阳书院、石鼓书院、鹅湖书院。岭南地区出现的真正意义的书院，是在南宋嘉定年间创建的禺山书院。明成化、弘治、正德时期，广东书院的数量并不多。在清朝初年，朝廷对书院采取抑制政策。顺治九年（1652），朝廷颁发《学校禁例十八条》及"不许别创书院"等政策，更是极大地限制了书院的自由发展。整个顺治时

---

① 赵岐注，孙奭疏：《孟子注疏》，《十三经注疏》（下），第2617页。
② 姚鼐纂集，胡士明、李祚唐校注：《古文辞类纂》，上海古籍出版社，1998年，第262页。
③ 郑玄注，孔颖达等正义：《礼记正义》，《十三经注疏》（下），第1521页。

期，广东只有四家新建书院。但是，到了康熙年间，朝廷对书院的管束渐渐地松动起来；逮至雍正时期，朝廷开始鼓励各地方开设书院，教书育才。例如，在雍正十一年（1733），官方下谕奖助书院。朝廷颁诏称："近见各省大吏渐知崇尚实政，不事沽名邀誉之为。"清世宗诏令督抚大臣于省会建设书院，诏曰："简士之文行兼优者，读书其中，所以树人储材用，宏万世太平之基业。"[①]广东珠江流域的书院，这时期在全国书院中占比上升至38%（长江流域占比约44%）。而且，当时大部分的新兴书院，都集中在南方，并且担任广东书院山长的，百分之九十也是本省籍人士。在清代全国新建书院中，"珠江流域所拥有的书院数已超过45%，而长江流域只占35%左右，黄河流域约占18%"[②]。日本京都学派的内藤湖南指出，自明朝以后，随着中国与海外通航的不断发展，文化、学术中心由江浙一带移到广东。二十世纪三十年代，陈寅恪先生也指出："中国将来恐只有南学，江淮已无足言，更不论黄河流域矣。"[③]就此问题，需要客观辩证理解。概而论之，岭南文化的生成及发展，有其独特性，既长期受到中原文化的影响与浸润，又形成自己的本土特色与坚守。无论是民系发展、神话传说，或是民居饮食、婚嫁习俗等方面，岭南文化与中原文化均同中有异、各具风采、各具风骚。因此，在近现代，中国南北文化的发展并非一方取代另一方，而是双峰共峙、共生共长的关系。

就教育方面情况来看，在康雍乾三朝，广州就形成了包括禹山、穗城、濂溪、粤秀、莲峰、越华等书院在内的、具有相当规模的一个地域性书院群体。到了光绪三十年（1904），广东的书院数量超过三百所。整个广东文化建设后来居上，以迅猛态势，形成全国罕见的、大规模的书院群。其中，粤秀书院、端溪书院、越华书院、羊城书院，是当时广东最好

① 清道光《广东通志》卷138《建置略十四》。
② 梁凤莲：《佛山状元文化》，广东人民出版社，2016年，第93页。
③ 陈智超编注：《陈垣来往书信集》，生活·读书·新知三联书店，2010年，第377页。

的地方书院，"粤东有粤秀书院，在肇庆者为端溪书院，移檄所属令，各举其邑之俊良而肄业焉"①。

粤秀书院，位于广州正南门内盐司街现广州市北京路书院街。因该书院建于广州粤秀山（现称越秀山）的南边，故名为"粤秀书院"。在清前期，粤秀书院是广东省诸多书院当中，藏书最多的书院，有经部139部41册2226卷，史部84部804册2282卷，子部17部433册214卷，集部46部296册401卷，合计286部1574册6224卷②。历任粤秀书院院长，皆为耆宿鸿儒。被称为"潜斋先生"的岭南大儒冯成修，即曾掌教粤秀书院。乾隆二十年（1755），冯成修撰《粤秀书院学约》，以朱熹《白鹿洞教条》及《论定程董二先生学则》为立教纲领，培育传承圣贤之道，通经致用的人才。学约将读书、作文、修身诸事等列入，以如下内容教导诸生："端士习""立志向""崇正学""重小学""敦实行""崇实学""重师友""立课程""看书理""习举业""正文体""正题目""习诗学"③。粤秀书院成立近三百年来，"人才辈出，日新月异，选拔萃，举贤书，登甲榜，中隽之彦，指不胜屈，大魁鼎甲，卓出其中，明验大效，彰彰如是"④。梁启超、梁廷枏、陈澧、宋湘、胡汉民、冯敏昌、杭世骏、岑仲勉、陈昌齐、黄焙南、吴兰修等名士名流，均曾讲学受学于粤秀书院。

端溪书院，坐落于广东肇庆米仓街鼓铸局万寿宫。明、清朝时期，肇庆书院林立，有星岩、嵩崖、崧台、铎阳、三都、桂林等诸多书院，但数端溪书院影响最大，与粤秀书院、越华书院、羊城书院并称广东四大书院。端溪书院于明万历元年（1573），由肇庆分巡岭西道副使李材创建。李材，人称见罗先生，"好讲学，所至辄聚生徒，辟书院"。端溪书院又

---

① 清道光《广东通志》卷138《建置略十四》。
② 黄泳添、杨丽君主编：《广州越秀古书院概观》，中山大学出版社，2002年，第39页。
③ 陈恩维、吴劲雄编著：《佛山家训》，广东人民出版社，2016年，第132页。
④ 梁廷枏：《粤秀书院志序》，《粤秀书院志》，清道光二十七年刻印本。

名天章书院，因创建不久后，两广总督殷正茂强拆端溪书院的匾额，改为他用，端溪书院自此停办；康熙四十七年（1708），两广总督赵宏灿在米仓街彭铸局旧址创办天章书院；乾隆三年（1738），两广总督马尔泰将天章书院改为端溪书院。端溪书院属官办，由政府拨款办理，以藏书、讲学、祭祀为三大事业。岭南近代四家之一的梁鼎芬，曾任端溪书院院长。他在任期间，发展端溪书院，捐赠书籍18种216册；两广总督张之洞，亦捐赠给端溪书院20种947册书籍[1]。端溪书院藏书丰富，达到八十余柜。而且，端溪书院严格选聘书院院长，履职者均为老成宿望。历任该院院长三十八位，其中进士出身三十三人。

梁凤莲的《佛山状元文化》一书介绍，广东书院的经费来源，大抵可分为两大类别。第一种，主要源自皇帝赏银、全省各地的官田租银借贷而生的利息（这一类官田，一般被称为学田）。《广东通志》记载：

> 粤秀书院，雍正十一年，世宗宪皇帝赏银一千两，交盐法道发商生息，并拨徐闻县入官田价银二千两，掣回洋商生息本息银及清远县义学积存，共银二千六百两。复交商生息，计每年得息银一千一百八十八两，遇闰加增银九十九两，外各县租银二千三百四十一两九钱八分六厘，共得息租银三千五百二十九两九钱八分六厘。[2]

以粤秀书院为例，租银来自广东各县，包括：南海、番禺、东莞、新会、香山、花县、从化、清远、开平等地。除了朝廷的赏赐银两借贷生息之外，学田获益是当时大多数书院的主要经济来源和保障。在清代，佛山的各书院各自拥有一大批学田，以为经济财源后盾。学田收入不菲，由

---

① 赵克生、谢光荣主编：《端州风物》，广西师范大学出版社，2015年，第145页。
② 清道光《广东通志》卷172《经政略十五》。

官府代表国家征收赋税，形成一套完整有效的运作机制。这保障了学院经费的充裕稳定，也促进了教育事业的平稳推进。比如，当时顺德县的凤山书院，在同治十二年（1873），官府拨横州洲嘴沙坦一顷四十三南七分二厘、租银七十两九钱给它作为膏火；又如，三水县的行台书院，在道光二年（1822），两广总督阮元拨狗腩沙田入院以充膏火；再如，南海县学有九江龙背等田地，共税六顷零七分七厘三毫三丝，共征收祖银八十八两二钱八分四厘，支给贫生灯油银四十七两一钱七分六厘，余下银两都作为岁科两试奖赏花红等支用。[①]

至于广东书院经费的第二种来源，为民间集资，大多由富商、官员等捐资。地方大族、富贾在拥有经济物质资源及其可支配权限后，为进一步发展与巩固本宗本族势力，培育本宗族年轻人上进科考，以私学形式开展各类教育。这一类书院招生更灵活，教学更有教而无类。由于广东经济发达，这一类经费来源的书院，获得快速发展。《广东通志》记载：

> 越华书院，乾隆二十年盐运司范时纪同各商捐建，并捐备书院经费本银七千四百两，每月一分五厘，交商生息。嘉庆十九年盐运司方应纶因经费不敷，复率各商筹捐银四千两，仍交商生息。前后共捐经费银一万一千四百两，递交共收息银二千五十二两，遇闰加增银一百七十一两。[②]

当时广州各大书院各具特色，面向社会，广泛授学，里巷弦诵之声相闻。广东原有的蛮荒之地之称，随着教育与文化兴盛，渐渐被淡化与摆脱。一种多元文化融合而成、独具魅力与特色的岭南区域文化，不断形成、迅速崛起。这对孕育继往开来的新文化、新学说，起到至关重要的推

---

① 梁凤莲：《佛山状元文化》，第94页。
② 清道光《广东通志》卷172《经政略十五》。

动作用。

二、佛山书院概况与学塾发展

十六世纪至十七世纪，是佛山书院创办和发展的鼎盛时期。

佛山书院发展，与时代政治、学说密切关联。明武宗朱厚照（1491—1521），是明朝第十位皇帝，年号"正德"。他在即位不久，便任用以刘瑾为首的宦官马永成、丘聚、谷大用、张永等人（时人称为"八党"）。皇帝荒嬉无度，八党之流恣意妄为，社会危机四伏，阶级矛盾不断被激化，农民起义接连不断。因此，在正德年间及嘉靖初年，增城人湛若水、南海人方献夫、南海人霍韬等广东籍仕宦人士，因官场政治黑暗而弃官治学、归隐家乡、设帐教徒。自此，广东书院、精舍如雨后春笋、与日俱增；广东教育，自此一日千里、扶摇直上。

根据屈大均《广东新语》一书记载：

> 其曰"石泉书院"者，方文襄所营，在紫云峰。曰"大科书院"者，湛文简所营，在大科峰。曰"四峰书院"者，霍文韬所营，在鸡冠、紫姑、龙爪、聚仙四峰之间。当时，三书院鼎足而立，三公讲学其中历十年。世宗御极，相与应诏而起，方为内阁辅臣，霍为太子少保礼部尚书，入弼东官，湛为南京兵部尚书，参赞机务，同时尊显。[①]

湛若水、方献夫、霍韬这三位声名远扬的理学名家，在广东讲学十数年，对广东书院的创设及教育发展，起到重要影响。湛若水与陈献章并举，是明代广东地区最具影响力的思想家、教育家、理学家。湛若水

---

① 屈大均：《官语》，《广东新语》，中华书局，1985年，第466页。

（1466—1560），字元明，号甘泉，广州府增城县甘泉都人（今广州市增城区新塘人），曾拜陈献章为师。陈献章（1428—1500），字公甫，别号石斋，人称白沙先生，广州府新会县白沙里人（今广东省江门市蓬江区白沙街道人），明朝杰出思想家、哲学家、教育家、书法家、诗人、古琴家，岭南地区唯一从祀孔庙的大儒，被后世尊为"圣代真儒""岭南一人"，谥号"文恭"。陈献章是心学的奠基者，他提出"学贵知疑"，推崇涵养心性、静养"端倪"，推动儒学由理学向心学转变。明中叶以来，广东理学经陈献章的推动，以书院为中心形成了有规模的讲学体系。具有全国影响力的"江门之学""白沙学说"，自此开创。

由于陈献章的耳提面命，湛若水的学识突飞猛进，成为白沙学说之衣钵传人。弘治十八年（1505），湛若水考中进士，自此先后被授为翰林院编修、侍读。嘉靖三年（1524），他升为南京国子监祭酒，后又历任南京礼部尚书、吏部尚书、兵部尚书，追赠太子少保。湛若水重视文化教育，在广东境内广设书院、扶持后学，"正德丁亥，奉母丧归，庐墓三年。卜西樵为讲舍，士子来学者，先令习礼，然后听讲，兴起者盛众"[①]。这有力推动了岭南文化的逐风追日、日新月异。湛若水有弟子四千人，在全国各地创办书院约四十所。仅据龚伯洪《越秀名人小记》记载，湛若水在广东创办的知名书院，就包括如下十六间：广州城的白云书院、天关书院、小禺书院、上塘书院，增城的龙潭书院、独冈书院、莲洞书院，西樵的大科书院、云谷书院、天阶书院，罗浮的朱明书院、青霞书院、天华书院，曲江的帽峰书院，英德的清溪书院、灵泉书院。当时佛山西樵是为典型，可谓日行千里，一跃成为全国著名的理学名山。

明朝的方豪，在《西樵书院记》一文中，记载了当时"天下之西樵"的文化盛况与学说流衍：

---

① 黄宗羲：《明儒学案》，中华书局，1985年，第876页。

天下之言山水者，其在岭南必曰罗浮，初不知有西樵也，自大宗伯方公书院之成也，天下之称公者，皆曰西樵先生，而后合华彝齐謦皓知天下又有西樵，顾弗知罗浮矣。其知者亦弗以罗浮为甲矣，故曰："西樵者，天下之西樵，非岭南之西樵也。"……既而予自湖南来归，果闻公以所学辅明王、定大礼、断大狱，允为一代名臣，将格君长民之德业，尚有未涯，百世而下皆知有西樵矣。故曰："西樵者，非天下之西樵，天下后世之西樵也。" 然则公之学有得于西樵者为多，而公之学以报之者亦不少矣。①

当时，云谷书院、大科书院、石泉书院、四峰书院，并称西樵四大书院。其中有如：云谷书院，由湛若水于明正德十二年（1517）创建，教人以体认大理为宗旨，是聚徒讲学、谈论心性的学术中心。大科书院，于明正德十四年（1519）创建，是湛若水一生创建众多书院中最为重要的一所，成为"甘泉学派"最为重要起源地。湛若水于此书院，讲授陈献章之学，从学者颇众。他制订《训规图》《堂训》，训导诸生正履行、敬学业。嘉靖年间，湛若水门徒正德贡生张希载掌教其中，于肄业者影响颇深，有所谓"性和蔼而不肯诡随，士薰基德，不严自化"之说。清朝的刘子秀评价："当湛子开讲席，五方问业云集山中，大科之名，几与岳麓、白鹿鼎峙，故西樵遂成道学之山。"②

又根据《南海文史资料》记载，清代九江书院和社学的数量，在全县乃至全省均位居前列。以道光年间为例，南海县属社学为岭海之冠，九江

---

① 任建敏：《从"理学名山"到"文翰樵山"——16世纪西樵山历史变迁研究》，广西师范大学出版社，2012年，第28页。

② 刘子秀：《西樵浏览记》卷二，《广州大典》第34辑史部地理类第22册，广州出版社，2015年，第26—27页。

当时就拥有社学十二间，占全县十分之一。较著名的书院则有如：儒林书院、震亨书院、文兰书院、文明书院、象山书院、樵阳书院、三姓书院、西成书院等①。这些书院、社学等教育机构的开办，进一步奠定了南海以崇文务实立身、以诗书耕作传家的醇厚风气。

南海九江儒学，同样因经济发展和文化兴盛、书院猛增而兴盛。以当时吴趼人、梁士诒、梁启超课读的佛山书院为例，据季啸风主编的《中国书院辞典》一书记载，该书院于清乾隆八年（1743），由知县黄兴礼倡建。嘉庆七年（1802），知县杨楷将书院地址移建于丰宁铺衙旁街分府署左，更名为"佛山书院"，岁拨灵应祠租银八十两、田心书院租银四十两，为延师脩脯及课士膏火费用。嘉庆二十四年（1819），同知王继嘉以院前地方狭隘，喧闹如市，乃捐俸五百两进行扩建，设壁、筑墙、置门，加之讲堂、斋舍、厅厨、浴室，一应俱全。咸丰四年（1854），佛山书院毁于火，考棚又于三年后在英法联军入侵广州时被毁。同治五年（1866），少府李大经、陈敏书捐俸并倡议复建佛山书院。光绪年间，陈梅坪主讲佛山书院，这时期书院百尺竿头，人才最盛，内、外课肄业者达到二百余人。光绪十五年（1889），佛山书院的中举者达十余人，及门多显达之士。②

另外，据清道光《广东通志》记载，当时广东社学，进入发展高峰。就广州社学总数来看，达到三百零一所。其中，南海拥有一百一二所社学、顺德七十四所、番禺四十七所、东莞十四所③。当时南海社学，占广州府社学总量的三分之一。而据康熙三十年（1691）的《南海县志》记载，

---

① 清代南海九江开设有书院十五间，包括礼山草堂、儒林书院、文澜书院、桐乡书院、敦根书院、显乡书院、河清书院、璇玑书院、烟桥书院、观澜书院、震亨书院、三姓书院、文明书院、西成书院、象山书院。见清光绪《九江儒林乡志》卷四。

② 季啸风主编：《中国书院辞典》，浙江教育出版社，1996年，第239页。

③ 清道光《广东通志》卷144《建置略二十学校八》。

南海县社学达到一百五十七所，书院十四所，义学二所。此外，家塾（宗族的）、义塾（超宗族的）、教馆（专业性的）这一类民间自办、较小规模的教育组织，成为各宗族教育子弟的重要途径。刘成禺在《世载堂杂忆》中记载："又有所谓朋馆，亦名村塾、义塾，市井乡村贫穷儿童往读之。其师开馆授徒，儿童之家，纳钱往读，所教为《千字文》及'四言杂字'之类。父兄所求者，不过能识日用字，写柴米油盐账而已，所谓'天地玄黄喊一年'也。"[①]村塾、义塾或乡塾，对学生进行初步教育。当时，南海的宗族、大族，都重视宗亲教育，几乎每个家族都会创建本族家塾，家塾之上往往另设社学。例如，霍氏是明清时期广东佛山当地大族。霍氏家风，鼓励勤俭，严以治家，重视子弟教育。嘉靖年间，霍韬就建立了两个书院，一是石头书院，即社学，为教育乡里子弟而设，另一是四峰书院，专霍氏子弟，乃家族学堂和宗族管理中心。[②]这一类教学机构，在明清时期，对于广东佛山一带教育发展，起到重要作用。

明清两朝，佛山高中的文状元，有伦文叙、黄士俊、梁耀枢三人。其中，梁耀枢，是朱次琦的入室弟子。这三人的高中，对佛山文化教育产生重要影响。

伦文叙（1466—1513），字伯畴，号迁冈，南海县魁岗堡黎涌村人（今佛山市禅城区石湾镇黎涌村人）。明弘治二年（1489），己酉科乡试举人，弘治十二年（1499），己未科会试会元，殿试一甲乙一名状元。授翰林院修撰，著有《迁冈集》《白沙集》。伦文叙为学重道修德、为人厚道稳重。他教子有方，三个儿子后来均进士。族人在黎涌村建"南伦世祠"，书联赞曰："文章四海无双士，翰苑中原第一家。""中原第一家"，乃皇帝御旨倡建。

黄士俊（1570—1655），字亮坦，号玉仑，一字象甫，号玉嵛，晚

---

① 刘成禺撰，钱实甫点校：《世载堂杂忆》，中华书局，1960年，第2页。
② 黄庆林：《明清佛山家风家训研究》，广东人民出版社，2020年，第35页。

号"碧滩钓叟",广州府顺德县甘竹人（今佛山市顺德区杏坛甘竹右滩乡人）。明万历三十一年（1603），癸卯科举人，万历三十五年（1607），丁未科一甲第一名，廷对第一。历任翰林院修撰、礼部右侍郎。崇祯九年（1636），升为礼部尚书，兼东阁大学士，入阁担任宰辅（行相事），历太子太保、文渊阁大学士、少傅兼太子太傅，谥"文裕"。著有《赉园诗集》等。

梁耀枢（1832—1888），字冠祺，号斗南、晚号叔简，顺德杏坛人。游学于朱次琦门下。同治元年（1862）壬戌科举人，同治十年（1871）辛未科状元。历任顺天府乡试同考官、乙亥恩科湖北正主考官、湖北学班提督、翰林院侍讲学士、山东学政提督等。其为文，"气势磅礴"①。慈禧太后称其为"金玉君子"，赠以寿屏及诗曰："及第芙蓉，冠众香国。校书天禄，为清平官。"故世人又称梁耀枢为"梁金玉""金玉状元"②。

综而观之，佛山历代进士，共1046人。除文武状元七人、唐代进士九人、五代进士四人③之外，其余均为自宋至清的进士④。其中，如下佛山籍人士，先后或主讲于羊城书院、或主讲于越华书院，与此后的朱次琦存在一定学缘沾溉（朱次琦先后肄业于广州羊城书院、越华书院）：

何梦瑶（1693—1764），字报之，又字赞调，号西池，晚号研农，南海西樵云津堡人（今佛山市南海区西樵镇崇北大沙村人），雍正七年（1729）己酉科举人，雍正八年（1730）庚戌科三甲第一百一十七名进士，"惠门八子"之一。先后任广西义宁、阳朔、岑溪、思恩等县知县，后调为奉天辽阳知州，又历任广州粤秀书院、广州越华书院、肇庆端溪书

---

① 梁燕编著：《佛山历代状元进士谱》，广东人民出版社，2020年，第2—15页。
② 梁燕编著：《佛山历代状元进士谱》，第6—11、14—15页。
③ 除状元之外，唐代佛山进士有区信、区册、邓信夫、卢宗回、周杰、韦滂、杨环、邓承勋、曹松；五代佛山进士有王翊、陈偓、黄损、邓逵。
④ 梁燕编著：《佛山历代状元进士谱》，第241页。

院院长。[1]

冯成修（1702—1709），岭南大儒，字达天，一作达夫，世称潜斋先生，南海丹灶梅庄人，与康有为同村。乾隆元年（1736）丙辰恩科举人，乾隆四年（1739）己未科二甲第五十三名进士。授翰林院庶吉士，散馆改吏部主事，迁文选员外郎，又任福建副主考、礼部祠祭司郎中等职。归乡后，主讲于广州越华书院、粤秀书院。[2]有《四书集要》《养正要规》《学庸集要》《人生必读书纂要》《文基文式》等著述存世，对广东教育产生重要影响。

龙廷槐（1749—1827），字沃堂，又字春岩，号亦谷居士、荫田居士，顺德大良人，乾隆四十四年（1779）己亥科举人，乾隆五十二年（1787）丁未科二甲第十六名进士（其父龙应时，字懋之，进士出身；其子龙元任，字仰衡，也是进士）。历任翰林院编修、左春坊赞善等职。归乡后，主讲于广州越华书院。[3]

邓士宪（1771—1839），字临之，一作临智，号鉴堂，南海沙头堡人（今佛山市南海区沙头镇大坑村人），乾隆五十四年（1789）己酉科举人，嘉庆七年（1802）壬戌科二甲第二十三名进士，选庶吉士，历任员外郎、云南临安府知府、贵州大定府知府等职。回乡后，主讲于广州羊城书院、越华书院。[4]

谢兰生（1760—1831），又名谢观生，字佩士，号澧浦，又号里甫，别号理道人，南海麻奢堡人（今佛山市南海区和顺鹤峰人），乾隆五十七年（1792）壬子科举人，嘉庆七年（1802）壬戌科二甲第二十八名进士，授翰林院庶吉士。归乡后主讲于广州粤秀书院、越华书院、羊城书院和肇

---

① 梁燕编著：《佛山历代状元进士谱》，第241页。
② 梁燕编著：《佛山历代状元进士谱》，第251页。
③ 梁燕编著：《佛山历代状元进士谱》，第272页。
④ 梁燕编著：《佛山历代状元进士谱》，第278页。

庆端溪书院。谢兰生是朱次琦的业师，对朱次琦学说产生重要影响。①

复次，黎荣翰，原名黎莹，字璧侯，又字笔侯，顺德昌教乡人，于光绪二年（1876）丙子科二甲第八十一名进士，与朱次琦为莫逆之交。

朱次琦门下弟子的佛山籍进士，除梁耀枢之外，还包括：卢庆云、罗传瑞、黄增荣、康有为。此外，晚清时期，著名的思想大师康有为、梁启超、梁鼎芬等人，都是广东籍，也都在广东当地受过严格的私塾教育与礼义道德的训练。康有为、梁启超等人，更成为影响中国社会发展的国学大师、思想家、政治家。除康有为是朱次琦的入室弟子及进士出身之外，清朝佛山进士江孔殷、罗惇㸌等人，是康有为的入室弟子（即朱次琦的再传弟子）。另外，简朝亮弟子岑光樾（亦即朱次琦再传弟子），也是清朝佛山籍进士。再如，光绪九年（1883），与康有为一起创办"妇女不缠足会"的区鄂良，字黼猷，号海峰，也是南海人，为同治十年（1871）辛未科二甲第一百零八名进士。

明朝共计二百七十七年，具体可考溯源的南海九江进士，有如：伦文叙、黄簏、戴缙、黄重、罗鸿、陈万言、朱让、陈超然、关骥、黄应举、陈子壮、关季益、朱伯莲、黄葵日、冯毓舜、黎春曦、关家炳。其中，两名是朱次琦先祖。到了清代，南海九江所出进士包括黄士俊、梁耀枢、程可则、张曰瑚、关陈、关上进、张斌授、关廷牧、陈书、关仕龙、关彪、何文绮、关朝邦、冯锡镛、朱次琦、明之纲、冯景略、冯杙宗、冯锡纶。

九江朱氏数代承先圣、仰后贤，对传统儒学进行精神承继与实际践行。一方面，他们积极开展书院创建与学校教育。比如，南海九江当时八大著名书院中的樵阳书院，就是由朱氏九世祖朱实莲的表弟陈子壮所创建。另一方面，历代南海九江朱氏族人，也多以教授为业者。朱氏族人中，任教谕者有朱大仕、朱龙龄、朱光允、朱道南、朱吉兆、朱程万、朱

---

① 梁燕编著：《佛山历代状元进士谱》，第279页。

锡光等人[①]。他们以授经史为要，门下多英才。其中，朱锡光教授三十余年、朱龙龄教授五十余年；名俊关家炳、黄葵日等人，皆出于朱光允门下；胡广文等人，则皆出于朱道南门下。再比如，朱程万好研史典，喜欢讲授《春秋左氏传》；朱廷昭聘名师督课子孙等。这些事例都反映出一个受到儒家思想浸润与濡染的家族，在文化底蕴方面的传承以及在当地教育传播上的影响力。而朱氏族亲中，朱祥麟、朱才贵、朱士琦等人，予朱次琦以持志自守之沾溉。日后，朱次琦于忠良山讲学二十四年。他以培育新学风、新人士为己志，以应天下之用和国家之需，体现了入世济民情怀。至今，南海九江当地人仍有称："乡人能破黄萧养，山号忠良倚海边。下有祠堂开讲舍，九江学派至今传。"[②]这是对朱次琦及其学说给予的肯定和传诵。

三、九江朱氏塾学的启蒙与引领

南海九江朱氏的崇文修德，也表现在对本族幼童教育重视上。

嘉庆十六年（1811），朱次琦五岁，进入九江朱氏族人所开设的塾学。像当时诸多族中同辈一样，他的主要任务，就是读书。

自宋代以来，儒家学说之所以在全国普及，除了得益于书院等场所开展教育之外，还得益于大小村落中族学的推广。例如，张载言："共买田一方，画为数井。上不失公家之赋役，退以其私正经界，分宅里，立敛法，广储蓄，兴学校，成礼俗，救灾恤患，敦本抑末，足以推先王之遗法，明当今之可行。"[③]其又谓："'蒙以养正'，使蒙者不失其正，教人

①　朱次琦等修，朱宗琦纂：《南海九江朱氏家谱》卷十一，《北京图书馆藏家谱丛刊·闽粤（侨乡）卷》第23册，第1911页。

②　见《九江侨刊》1988年第4期。

③　吕大临：《张横渠先生行状》，李敖主编《周子通书·张载集·二程集》，天津古籍出版社，2016年，第100页。

者之功也。"范仲淹也说："为其宗族者，宅于斯，学于斯。"所谓"塾学"，是指教授识字和日用基本知识的小学或蒙学。当时塾学，一般就设一至二位塾师，学生不过三五人（多或达至七八人）。塾学开授的课程，一般是传统的四书艺、经艺、孝经、性理、小学、策论、诗赋这一类必开的基础课。朱熹在《童蒙须知》中称："小学之事，知之浅而行之小者也。大学之道，知之深而行之大者也。"小学具体"教人以洒扫、应对、进退之节，爱师、敬长、隆师、亲友之道，皆所以为修身、齐家、治国、平天下之本"[①]。

一如清朝各地的书院一样，广东当时塾学的开设功能与目的，就是为了使学生们学以致用、学以实用。这样的用，主要表现在两个方面。第一种是应科举之用，例如，湛若水反复教导弟子："科举乃圣代之制，诸生若不遵习，即是生今反古，便非天理。"[②]科举在当时，仍被读书人视为正途要途。宗族试图通过教育科举，培育本族童生为官任宦，以显族扬威。另一种用，则是学以修养身心、涵养品德。国事、家事、天下事，事事关心的读书人，在年少之时，首要的就是应举和修身。塾学学生的目标，主要就是通过读书以修身养性，同时参加科举考试，考取功名礼禄，为家族添光增彩、光大门楣，为社会建功立业、报效桑梓。

那时，为朱次琦开笔启蒙的，是族叔朱祥麟。朱祥麟（1766—1845），字懿修，号在楖，是举人关斌元的弟子。关斌元是南海九江人，于嘉庆十八年（1813）钦赐举人，有《四书讲义》等存世。得其师亲炙，朱祥麟学养深厚，著有《沛国世纪续》。他在塾学教授的内容，目前难以具体考证。但朱熹编撰《小学》，对小学内容做了具体规定，对后来的塾

---

① 朱熹撰，朱杰人、严佐之、刘永翔主编：《朱子全书》第13册，上海古籍出版社、安徽教育出版社，2002年，第368页。

② 湛若水：《大科书堂训》，四库全书存目丛书编纂委员会编《四库全书存目丛书》集部第56册，齐鲁书社，1997年，第543页。

学教育，产生深刻影响。从朱熹的《小学》，大抵或可一窥朱次琦塾学时期的上课内容，分别是：（1）立教；（2）明伦：父子之亲、君臣之义、夫妇之别、长幼之序、朋友之交、通论；（3）敬身：心术之要、威仪之则、衣服之制、饮食之节；（4）稽古：立教、明伦、敬身、通论；（5）嘉言：广立教、广明伦、广敬身；（6）善行：实立教、实明伦、实敬身。这六部分内容，重点在于立教、明伦、敬身，又以明伦、敬身为根本，从而使学生能够从小立规矩、养品德。

自两岁说话以后，朱次琦就被母亲抱于膝上，授以唐人绝句。在母亲引导之下，他学习了一些唐诗、歌谣。在塾学，朱祥麟教学生以"孝子三有深爱者，必有各气，君子之行，静以修身，俭以养德"一类内容，也教导学生如何作诗对诗。朱次琦得到朱祥麟的悉心指导，很快就在同学中崭露头角。入读后第二年，朱次琦的属对已然工整得体，为人赏识。有一次，族人前往朱氏塾学，考察当时学塾儿童的对仗水平。族人出上句，称："老子龙钟"。小朱次琦当即就对下句，称："大人虎变"。他的才思敏捷，使在场的人们惊叹不已。

朱次琦在塾学接受教育，与族中朱庭桂、朱庭深、朱光宇、朱才贵等共同成长、切磋道学。朱次琦所作《和晓崖先生次羚羊峡之作》《至日怀族子廷光二首》《酬廷光见寄》《答廷光》《寄廷光村居》《春旱答廷光》《城市一首再寄廷光》《抵山西寄兄弟书》《寄伯兄书》《北行抵清远县与季弟宜城书》等作，均可见其与族人的同道交好。

在塾学，朱次琦还接受了思想品性的引领。朱祥麟是一位耿介孤洁之士，注重德性修养。在《哭曾政卫太学四首》其三、其四中，他写道：

推解寻常事，难君更乞怜。残年频累友，寒室借余春。此谊时时忆，浮生日日陈。老怀泥絮帖，感旧一轮囷。

自挽陶彭泽，酬章待友声。谁令称死后，反哭谋先生。剩叶

无停陨，离鸿有离鸣。述哀哀不极，天地日孤清。[①]

儒家重视"存养"，主张"存其心，养其性"，强调道德人格的修养要安贫乐道，要持"颜回之志""曾点之乐"。孔子称赞颜回"一箪食，一瓢饮，在陋室，人不堪其忧，回也不改其乐"。箪食、瓢饮、短衣、陋室却志存高远、独立于物、不喜不惧，这样的独立人格，是中国传统读书人向往与讴歌的。这样的行与道俱、甘于清贫，又以陶渊明为典型。他远离官场是非，过上田间诗意化的生活。"采菊东篱下，悠然见南山。山气日夕佳，飞鸟相与还"的心灵呵护与灵魂葆有，给予后人以深刻影响。朱祥麟这首诗中所提"曾政卫"，是诗人交往逾五十载的故人。他用"残年""寒室"诸词，形容友人生活的困厄清贫，但又以"自挽陶彭泽""天地日孤清"，表现其性情孤傲及持志不改。

中国传统读书人存养心性，方法多样、内容丰富，有如"集义""持敬""节欲"等。朱祥麟长期处于贫困交加，以持敬和节欲养成既狂且狷的性情。如其《哭维昌侄》一诗所咏：

> 达生岂不悟，哀恸难自持。颓龄逼桑榆，翻兴后死悲。缅怀事畴昔，出入相追随。狂狷虽各殊，坦怀两无欺。自谓猛著鞭，与子俱奋飞。奄忽五十载，弃我忽如遗。余近抱沉疴，困顿久不支。二子两蠢然，株守无能为。老去拙谋生，十旬恒九饥。[②]

达生一词，出自《庄子·达生》。该篇由篇首一段短论与十二则寓言故事组成，阐述养生之道，突出养神之要。庄子以达生强调对生命之实情的通达，说明"守气全神"的道理与作用。朱祥麟称"达生岂不悟"，即

---

① 朱祥麟：《哭曾政卫太学四首》，《朱次琦集》（下），第475—476页。
② 朱祥麟：《哭维昌侄》，《朱次琦集》（下），第447页。

谓自己已经参悟生死，之所以还为侄子朱维昌的死而哀恸难持，在于"狂狷虽各殊，坦怀两无欺。自谓猛著鞭，与子俱奋飞"。狂和狷这两个字，本来是指相反的意思。《论语·子路》记载，孔子称："不得中行而与之，必也狂狷乎？狂者进取，狷者有所不为也。"[①]孔子以狂字比喻志高激进的人，以狷字形容拘谨自守的人。后人遂将狂狷二字，引申为独立于世、桀骜不驯。朱祥麟以狂狷做他喻，也是在自喻。这使这一组诗歌一悼念侄子，一哀叹己身；既表达怀才不遇的慨叹，也表达持志自守克治的决心。

明清时期，随着宗法社会结构的松动，家教、塾学内容发生深刻变化。传统塾学，教导学生读书做官、修身养性、建功立业。但在明清，这种观念受到商业思想、市井文化的猛烈冲击。比如，《二刻拍案惊奇》谓："凡是商人归家，外而宗族朋友，内而妻妾家属，只看你所得归来的利息多少为轻重，得利多的，尽皆爱敬趋奉；得利少的，尽皆轻薄鄙笑。"[②]生产发展、商业发达，使人们渐渐变得重利轻义乃至爱富嫌贫。而与此同时，明代理学的发展，又使人关注性与理、心与性问题。以湛若水为例，在继承陈献章学说基础上，他以"随处体认天理"为宗，提出"格物为体认天理"与"为学先须认仁，仁与天地万物为一体"的理念。他创立的学说，与王阳明的阳明学被人并称为"王湛之学"。有关心与物、理与气知与行、虚与实的讨论，使读书人重视养气修心。这促进明代心学发展，也深刻影响了岭南文化。朱祥麟虽然屡试不第、潦倒清贫，但受到这种思想的浸润，为人为学，表现儒者风范性情，受到亲朋好友的普遍尊重。

与朱祥麟交往逾十数年的友人黄凤，称两人交往中，朱祥麟"谈诗论

---

① 何晏等注，邢昺疏：《论语注疏》，《十三经注疏》（下），第2508页。
② 凌濛初：《二刻拍案惊奇》，（台湾）世界书局，1977年，第500页。

文，常资启发，又慷慨直言，时时匡余以所不逮"①。黄凤撰《赠朱在楳先生初度》一诗，另谓：

> 此生何地赋凌云，守素甘穿犊鼻裙。一事未成方笑我，十年以长旧随君。沈渊岂是龙无角，隐雾依然豹有文。多恐征车来早晚，未容长傍白鸥群。②

气之存养，与人的理性克治相关系。对于德行操守的葆有，也往往与一个人对于名利、物质、金钱等的淡然处之相关。在这首诗中，诗人所用"犊鼻"一词，指古代服饰，是犊鼻裈的省略，亦省作犊裈，即短裤，后多将犊鼻一词借以比喻贫穷。朱祥麟身处贫穷之中却能淡泊存心、守素自惜。

除受到友人赞肯外，朱祥麟也获得族人的普遍尊重。例如，同辈中朱儒挺、朱云万等人，后辈中朱尧勋、朱大章、朱儒挺、朱光宇、朱深远等人，在朱祥麟六十岁寿辰作诗贺谓：

> 举士矜才望，如公有几人。气苍撑骨格，笔老健精神。理以研求熟，功因养到纯。论文尊酒夜，一筏渡迷津。（朱尧勋《在楳叔六十初度》）③
>
> 一响尊闾里，须眉绮季俦。林间增岁月，皮里有阳秋。窭以多文富，穷犹当世忧。平生饶可述，岂止足孙谋。（朱大章《在楳家叔六十初度赋呈》）④

---

① 黄凤：《朱在楳先生六十寿序》，《朱次琦集》（下），第549页。
② 黄凤：《赠朱在楳先生初度》，《朱次琦集》（下），第629页。
③ 朱尧勋：《在楳叔六十初度》，《朱次琦集》（下），第476页。
④ 朱大章：《在楳家叔六十初度赋呈》，《朱次琦集》（下），第482页。

　　浩气贯长空，中流砥柱风。文章暨风采，不与众人同。久抱藏山璞，何无琢玉工。（朱儒挺《在楲弟六十初度》）①

　　西亭绛帐忆从前，珍重肩随讲席边。叔侄更兼师友谊，诗书岂为利名缘。近持榔栗初娱老，旧种楩楠不计年。恰喜团圆桃李会，一家词赋写云笺。（朱光宇《在楲叔六十初度》）②

　　衡门之下有耆英，白雪阳春少继声。不是茂先矜博物，谁知剑气在丰城。（朱深远《在楲先生六十初度再呈》）③

　　朱尧勋认为，朱祥麟为人，气格苍劲，有骨有格；其为文，老健有力；其为学，研熟纯粹。朱大章将朱祥麟比作秦末"商山四皓"之一的隐士绮季，认为他聪慧多谋，藏有无尽的智慧与才华。朱儒挺指称，朱祥麟身上表现出浩然正气，而且文章风采出类拔萃。朱光宇指出，朱祥麟不慕虚名浮利，讲学育材，等等。

　　朱次琦的多篇文章，从不同角度表现出对这位族亲、师长的尊重与爱戴。《十四世在楲公》《叔懿修先生》等文，表现对朱祥麟怀才不遇的同情。《廖南村墓志铭》等文，在书写吏治之污时，表达对扼杀人才的世道的感叹和愤慨："予读欧阳子梅询墓志，以谓'士果能自为材耶？惟世用不用耳'，三复其言而悲之。窃慨生平旧游，多抑塞之士，而若廖南村、关璞轩两孝廉，尤有可悲者。"④

　　朱次琦在诗中，表现对朱祥麟品性操守的"心向往之"。其《叔懿修先生》一诗曰：

---

① 朱儒挺：《在楲弟六十初度》，《朱次琦集》（下），第484页。
② 朱光宇：《在楲叔六十初度》，《朱次琦集》（下），第501页。
③ 朱深远：《在楲先生六十初度再呈》（八首录一），《朱次琦集》（下），第519页。
④ 朱次琦：《廖南村墓志铭》，《朱次琦集》（上），第191页。

秋至瘦人知，岁尽贫家病。叔也苦节人，穷老益天性。七十抱一坛，坐深乡党敬。须眉出古异，知虑资神应。貌枯中不膏，晶精雪相映。虽比范叔寒，允执颜含正。析薪鲜克荷，守砚庶或称。老弃短后衣，窘藉长镵柄。每忧藜羹糁，食指矧蕃盛。今秋谷不登，衣典餐屡併。姝姝十余口，朝夕鸟共命。譬彼冈岭松，孤高风逾劲。叔言子也才，三试战不竟。人言叔者德，善修家不庆。上有沧浪天，何时问幽夐。①

这是一篇传记性的叙事诗，是了解朱祥麟的重要材料。朱次琦讲述朱祥麟的为人为学，将其样貌、学识、品性一一记录。诗中所称"苦节"，《易·节》有载："节，亨。苦节不可贞。"孔颖达疏："节须得中。为节过苦，伤于刻薄。物所不堪，不可复正。故曰'苦节，不可贞'也。"《说卦传》称："节，止也。"②节，就是节制、不过度。朱次琦认为，朱祥麟是"苦节人"，肯定他的性情孤高，甘心清贫，正直刚毅。节又与"德""贞"关联，与"名"相系。朱祥麟的苦节，与自己的品德修养密切关联。朱次琦以历史名人，比称朱祥麟。"虽比范叔寒，允执颜含正"一句提到的"范叔"，指战国著名辩士范雎。"范叔寒"，比喻、借称贫困之意。范雎后来成为一代名相，但他是性情中人，一饭之德必偿，睚眦之怨必报。诗人以范雎作比，认为朱祥麟与当年范雎一样穷困落泊，但比范雎更正直高洁，好比冈岭生长的青松。青松，通常长在地势险要的贫瘠之地，但生命顽强，不惧严寒酷暑，四季常青，被视作高洁有傲骨的植物。例如，李商隐《高松》颂："高松出众木，伴我向天涯。"皇甫松《古松感兴》称："寄言青松姿，岂羡朱槿荣。"朱次琦以青松品质，赞颂朱祥麟坚韧不拔、宁折不弯的品格。他此后性情，与朱祥麟多有相通。

---

① 朱次琦：《叔懿修先生》，《朱次琦集》（上），第76页。
② 王弼注，孔颖达等正义：《周易正义》，《十三经注疏》（上），第70页。

朱祥麟热衷读书、嗜书如命，朱次琦同样博览群书、爱书如命。日后，他在羊城书院修习课业，尤嗜读书，几近痴迷。说部、集部、杂史、经学、史学等，他都一一披览。经济条件所限，不能一一购置喜欢的书，他就想方设法创造条件，或典衣买书，或到处借书。以后，他自陈年少读书时的体会。《述怀二首》其二称：

> 少小学堂日，解道春华迟。揭来十余载，去日忽如遗。心迹两历历，回首空斋咨。人生无百岁，百岁将安施。昔闻齐景君，涕为牛山滋。贵游事刺促，几不徂年悲。我今守贫贱，僦室城西陲。作苦分则尔，日月若余私。庶云就省旷，亦美芳菲时。被褐何足贵，重以玉自怡。涤荡放情志，稳居江河麋。①

朱次琦回忆起小时读书生活称，春华无限好，但去日匆匆。而今守贫贱，在租赁的陋室中仍坚守情志、怡然自得。正所谓"书痴者文必工，艺痴者技必良"。年少的朱次琦才华横溢、慷慨有远志，以读书为报国门径。对于古人沉潜读书而成大业、惊动天下的事迹，他心向往之。他又以范仲淹、孙承宗等人的事迹，勉励自己上进读书：

> 以周公之上圣，日读百篇，以孔父之多能，韦编三绝。学者殖也，不殖将落，况庸虚如某者乎？某非不知迁地为良，或可多出儋石，然学子百辈，终日卒卒，岂复有须臾暇邪？今孝廉船便，冬杪复拟计偕，万一侥幸，此身遂非己有，尔时虽欲假片刻余闲，补平生所未及，那可复得？昔范希文以先忧后乐为己任，读书长白寺，垂十年，画鬻而餐，断齑而食，雪案无床，燔败叶

_____

① 朱次琦：《述怀二首》，《朱次琦集》（上），第88页。

自温。孙高阳作诸生，授书关外，年四十矣，布衣徒步，往来飞狐倒马间，数从塞下老兵，问阨塞险易士马强弱之数。是二君子者，伏则泥潜，出则霆震。发皇耳目，惊爆天下，非偶然也。某虽无似，志事岂后于古人，是用辞富居贫使故业可理，然且广厦细旃，峨冠坐论，供养过二公远甚，恐将来藉手不中，与二公作厮养仆耳。①

在这一段话的开篇，朱次琦援引了两个典故，以说明勤奋读书的重要性。作者征引的第一个故事，是墨子载书游卫国提及周公的典故。"子墨子南游使卫，关中载书甚多，弦唐子见而怪之，曰：'吾夫子教公尚过曰：揣曲直而已。今夫子载书甚多，何有也？'子墨子曰：'昔者周公旦朝读书百篇，夕见漆（七）十士，故周公旦佐相天子，其修至于今。翟上无君上之事，下无耕农之难，吾安敢废此？'"②意思是说墨子向南游历出使到卫国，车厢中载的书很多，弦唐子见了觉得奇怪，问："老师您曾对公尚过说：书不过是用来衡量是非曲直罢了。现在老师载书很多，有什么用处呢？"墨子回答说："从前周公旦早上读书百篇，晚上接见七十个士人，所以周公旦辅助天子，他的美善传到今天。我墨翟上没有国君的差事，下没有耕种的艰难，我怎么敢废弃这些书呢？"作者征引的第二个故事，是《史记·孔子世家》的韦编三绝。司马迁记载："孔子晚而喜《易》，序象、系、象、说卦、文言。读《易》，韦编三绝。曰：'假我数年，若是，我于《易》则彬彬矣。'"③韦，指熟牛皮；韦编，指古代用竹简写书，用熟牛皮把竹简串联起来。孔子勤读《易》，致使编联竹简的皮绳多次脱落。后人用韦编三绝比喻读书勤奋刻苦。朱次琦借周公、孔子

---

① 简朝亮：《朱九江先生年谱》，《朱次琦集》（上），第20页。
② 孙诒让撰，孙启治点校：《墨子间诂》，中华书局，1987年，第445页。
③ 司马迁撰，裴骃集解：《史记》卷四十七，中华书局，2014年，第2297页。

爱好读书的故事，说明"学犹殖也，不学将落"——把人学习喻为植物生长，不刻苦求学吸收养分就会枯萎凋落。他强调读书人不应该整天在琐碎纷杂的事务中匆促不安，而应该静下心好好读书。

这段话中，朱次琦还提到范仲淹、孙承宗这两位历史名臣。范希文，即范仲淹。据宋魏泰《东轩笔录》记载，年少的范仲淹，为了读书寄居于寺庙，"惟煮粟米二升，作粥一器，经宿遂凝，刀画为四块，早晚取二块，断齑数十茎，酢汁半盂，入少盐，暖而啖之。"[①]意思是说：范仲淹分开捣碎的腌菜和凝结的粥，按定量来吃，以贫苦力学。他经过苦读，中了进士，历任兴化县令、秘阁校理等职，发起庆历新政。他以天下忧乐为己之忧乐，对后世影响深远。朱次琦征引此故事，说明沉潜读书、修炼己身的必要性。孙高阳即孙承宗，因系北直隶保定高阳人，故称孙高阳，是明熹宗朱由校的老师，历任兵部尚书、辽东督师等职。在明朝与后金战争连遭败绩、边防危急情形下，孙承宗任蓟辽督师，统领军队十一万收复失地，安置难民近百万。朱次琦指出，范仲淹、孙承宗之所以能安邦济民、正义恒立，在于年轻时耐得住寂寞、熬得住艰难，在困境中不断鞭策自己读书自强。

朱次琦将沉潜读书与怀抱天下联系。科举赶考多次失败后，他在座侧上铭刻"我辈常人，分阴当惜。儒者所耻，一物不知"[②]诸语，以兹自励，既表明自己不迷恋功名利禄，又勉励自己读书治学修身养性。在他二十一岁时，同乡李鸣韶中举，想通过捐纳钱财方式获取官职。朱次琦听闻之后，赠诗李鸣韶，加以劝导。其《与李大鸣韶夜话有赠》一诗曰：

> 名士贫来有宦情，闻诸先辈李黼平。吾道贫非士也苦，苦以
> 无力振贫故。锦衣怒马仆曼胡，君昔视之不如奴。欤然欲起六月

---

① 朱熹撰，朱杰人、严佐之、刘永翔主编：《朱子全书》第12册，第208页。
② 简朝亮：《朱九江先生年谱》，《朱次琦集》（上），第20页。

息，身落南蛮心注北。芭蕉战雨碎可怜，仍扈江蓠障兰荪。宏奖之风近来少，休文休进弹蕉表。①

诗中所指李黼平（1770—1832），字绣子、贞甫，广东嘉应州人（今广东梅州人），《清史稿·儒林传》有传。朱次琦在这首诗的开篇，即对李黼平表示追慕与敬佩。"吾道贫非士也苦，苦以无力振贫故"一句，表明在他眼里，李黼平是忧道不忧贫、心怀民间疾苦的名士，能先天下之忧而忧、后天下之乐而乐。李鸣韶与朱次琦童年时期就结识，为总角之交。李鸣韶于诸多同辈中只佩服朱次琦，二人经常切磋道艺、相互砥砺。朱次琦感知到社会黑暗与危机重重，读书人难以获得救济天下的机会，但他仍劝诫好友要不忘坚守。"锦衣怒马仆曼胡，君昔视之不如奴"一句，表现朱次琦、李鸣韶彼此坚持节操、惺惺相惜的宝贵品质。李鸣韶在朱次琦建议下，放弃捐官。嘉庆十年（1805），李鸣韶考中进士，入选翰林院庶吉士。他十分关注民生实事，其《漕运行》称："书生一食恒三日，忍饥诵经门不出。仙家撒米狡狯多，饭甑空看梦中溢。一麾作宰居海滨，职有漕事当躬亲。手收七万八千石，但丐糠糇能肥人。连廒四开临水曲，负载遥来趁初旭。"②他多次上疏条陈，建议取道山东胶州、莱州，由海道运输漕粮，以改变江南漕运因河狭船多辗转困难的情况。阮元器重李黼平，聘请他到广州学海堂授课。他潜心课士，志行诚朴、自重自爱，教人学行并勖。

---

① 朱次琦：《与李大鸣韶夜话有赠》，《朱次琦集》（上），第66页。
② 李黼平：《著花庵集》，民国梅县古氏铅印本。

广府受学，亲近诸师，
心无旁骛，求知问道

广东地属岭南，长期远离政治、文化中心，早期学术氛围并不算突出。到了汉代，广东逐渐产生了一批有影响力的学者、思想者。到了唐代，随着广东经济发展，经由惠能①、张九龄等人的努力，岭南学术渐渐受到人们的重视。至明代，陈献章、湛若水将白沙学派与甘泉学派作一宗二脉发展，理学成为岭南显学。黄节称："有明中叶，新会陈献章公甫崛起，岭南学派至是而其流始畅，讲学之事亦至是而其风始开，是故岭学源流，肇于翟杰，而导于白沙。"②刘伯骥指出："自南宋以来的学术思想，其直接间接都与书院发生关系，宋明理学家到处开创书院，讲明正学。因此当时书院，多为理学的摇篮。元代书院虽然把它列入官学系统之中，但当时宋儒多入元不仕，退而建立书院，自动讲学。"③

清初，由于清廷文化管控，理学受到压制，"清代理学，最为不振"④。"清代统治者'以汉制汉'的首要鹄的，就是压制以江浙为重心的、以晚明王学为思想外壳的南国文化。他们用文字狱示儆，用朱子学诱导，用博学鸿词科之类迫令名士硕学就范，用收缴删禁图书以期消灭人们的历史记忆。"⑤十八世纪的中国学术界，诚如朱维铮先生指出："'复古'倾向迅速抬头。庋藏尘封的周秦古籍，久被遗忘的汉代经注，早已失传的古字古音，以及宋元时代的木刻本或手抄本，都成了学者争相研索的对象。这样的学术研究，到十八世纪中叶变得异常繁荣，唤做'汉

---

① 亦称慧能。

② 黄节：《岭学源流》，《国粹学报》第9册，广陵书社，2006年。

③ 刘伯骥：《广东书院制度沿革》，商务印书馆，1939年，第437页。

④ 贾丰臻《中国理学史》，商务印书馆，1936年，第237页。

⑤ 朱维铮：《走出中世纪》，第169页。

学'。"①而到了嘉庆、道光年间，由于中国社会内忧外患，传统结构解体，清代学术开始转向，从汉学、考据之学的隆盛向理学振兴转换。到咸丰、同治时期，崇尚理学的风尚在社会蔓延。但是，由于封建制度渐渐走向没落，"尽管清政府采取种种政策，力图摆脱困境，但就整体趋势而言，并未能阻止以程朱理学为核心的儒家学说的衰落"②。朱次琦青少年时期的教育，即处于中国学说自汉学大炽向理学中兴转变和封建社会走向覆灭的时期。

道光四年（1824），朱次琦离开家乡，踏上负笈求学征程，进入岭南文化传承的重要场域——书院，开启重要的人生经历。他在十八岁（道光四年），肄业于广州羊城书院；在二十六岁（道光十二年），肄业于广州越华书院。此一时期，岭南理学既受中原文化影响，又融入岭南实学的务实思想。梁启超在《近代学风之地理的分布》中，介绍了这一阶段的岭南学术变化：

> 康熙末，惠半农督广东学政，始以朴学厉士，其秀者有惠门四君子之目，然仍皆文士，于学无足述者。粤中第一学者，推嘉庆间之海康陈观楼（昌齐），观楼学甚博，于《大戴记》《老子》《荀子》《吕览》《淮南》皆有校注，又善算学，今著述存者甚稀，然大儒王石臞为其文集序，称其考证为能发前人所未发，石臞不轻誉人，则观楼之学可想也。时则阮芸台先生督两广，设学海堂课士，道咸以降，粤学乃骤盛，番禺侯君谟（康）、子琴（度）……番禺张南山（维屏）、番禺李恢垣（光庭）、南海邹特夫（伯奇）、番禺梁南溟（汉鹏）、顺德梁章冉（廷楠）、香山黄香石（培芳），咸斐然有述作。而君谟善

---

① 朱维铮：《走出中世纪》，第155页。

② 龚书铎主编：《清代理学史》（下），广东教育出版社，2007年，第2页。

治《谷梁传》，名其家，又为诸史作补注及补表志，月亭善《毛诗》，石华能说《南汉史》，玉生校刻《粤雅堂丛书》，每书为之跋。恢垣熟于地理，著《汉西域图考》，特夫、南溟则独精算学。特夫与湘之邹叔绩齐名，称"二邹"，又善光学，能布算以测光线曲折，南溟亦雅善制器。①

在阮元督建学海堂之前，各家书院，各有所长，但普遍仍施行的是山长负责制，通过聘请名流大儒任山长来吸引生源、提升教育。阮元任两广总督，创立学海堂之前，岭南学界也仍多秉承白沙心学。阮元抵粤以后，以朴学兴教、奖掖后学、招揽名士。自此，考据之学和桐城文派传入广东，"打破专作帖括学者的迷梦，而引导使之入于经史理文的范围"②。这使得当时相当一部分的广东学子，放弃理学而为汉学。由于阮元的政治及学说广泛且重要的影响，广东学风及其汉学研究，达至前所未有的隆盛境况。然而，在同治年间，程朱理学的社会地位也同时上升。这表现在："其一，理学名儒地位提高。庙堂之上，'正人立朝'，宗主理学的倭仁、李棠阶、李鸿藻、徐桐、吴廷栋等荣登权要；封疆大吏中，湘军集团以曾国藩、左宗棠居首，形成一个庞大的宣讲理学的士大夫群体。同时，民间的理学名士受到褒奖。"③汉学及理学，同时作用于这时的岭南书院。大抵而言，在学海堂创办之前，岭南学人普遍尊奉陈献章、湛若水学说，其在广州诸多书院中传承。以宋学为主流、兼设古学，这是羊城、越华书院相类处。同时商人富贾的崛起，使得实学精神对广州书院教育产生作用。羊城书院治学，偏重汉学；越华书院注重理学，又融通发展。在羊城书院和越华书院的学习经历，直接决定了朱次琦的治学选择与学说走向，

---

① 梁启超：《近代学风之地理的分布》，《饮冰室合集》文集第四十一，第76—77页。
② 王惠荣：《陈澧思想研究》，中国社会科学出版社，2008年，第19页。
③ 龚书铎主编：《清代理学史》（下），第8页。

使其日后成为理学中兴时期岭南领域的杰出代表，也启引着学孔子之学和四行五学思想的孕育与形成。

一、学海堂之学缘

经由在家乡私塾的学习，朱次琦的卓越天资得到发展，并且在不同场合得到表现。在十三岁那年，他与同乡曾钊结识，得到对方赏识。曾钊督学于南海九江著名书院儒林书院，虽然比朱次琦年长十四岁，但赏识其聪敏过人，引为忘年交。曾钊是除朱祥麟之外，朱次琦早年另一位极为重要的导师。

曾钊（1793—1854），南海九江人，字敏修，号勉士，道光五年（1825）拔贡生，任合浦教谕、钦州学正、学海堂学长等。著有《周礼注疏小笺》（五卷）、《面城楼集钞》（四卷）、《虞书命羲和章解》（一卷），辑著《杨议郎著书》（一卷）、《异物志》（一卷）等。《清史列传》卷六十九《儒林传》有传。嘉庆二十四年（1819），十三岁的朱次琦在曾钊的引荐下，见到阮元，获得对方的赞赏。阮元（1764—1849），字伯元，号芸台，先后在礼部、兵部、户部、工部供职，出任湖广总督、两广总督、云贵总督等职，晚年官拜体仁阁大学士，赐谥"文达"。阮元身历乾隆、嘉庆、道光三朝，以提倡学术、振兴文教为己任，治绩斐然。他提倡朴学，罗致学者编书刊印，主编《经籍纂诂》、校刻《十三经注疏》、汇刻《皇清经解》等。一如《清史稿》所评，阮元"身历乾嘉文物鼎盛之时，主持风会数十年，海内学者奉为山斗焉"[①]。阮元集封疆大吏、学术巨子于一身，博学淹通，崇尚汉学，实事求是。嘉庆二十二年（1817），阮元由湖广总督调补两广总督。当时，任兆麟居督署，在广州本地书坊看到曾钊所著《吕忱〈字林〉》，大为赏识。任兆麟认识曾钊

---

① 《清史稿》卷364《阮元传》。

后，将其推荐给阮元。阮元见到曾钊，相见恨晚，礼聘他为自己的家庭教师[①]，又推荐他担任钦州学政。曾钊成为岭南学者中，被阮元器重的一位。道光五年（1825），阮元在广州城北粤秀山创办学海堂书院。他主张通过音韵训诂来弄清古书的本来意义，从而探求圣贤之道。学海堂成为广东文化学术中心，曾钊被阮元聘为学海堂学长。阮元所编《学海堂集》中，亦收录曾钊的多篇作品。

在《籑金集序》一文中，朱次琦回忆当年与阮元相识之事，称：

> 年十三，谒制府阮芸台先生，命作《黄木湾观海诗》，大惊诧曰："老夫当让此子出一头地，过予彩旗门作矣。苟不懈以为之，匪止一代才也。"退而窃自喜，益发箧出汉魏以来名集读之，甘辛丹素，亦渐知此事之难。然当孤吟独往，精骛八极，心游万仞，蓦然有会，纵笔疾书，骋百韵之捷，斗一字之奇，四顾踌躇，睥睨今古，傲然自谓与古人并存。越日逾时焉，取而视之，则响之嚣字之脆，町畦未化，而宫商之失调，往往而是。如黄鹤楼可锤而碎也，如霸上棘门之师可袭而虏也。至于音声要眇，兴象深微，遽不逮古人远甚。于是泚汗自咎，至终夕不寝者有之，盖诗之存而惭、惭而焚者屡矣。[②]

此前，阮元作《自乍浦彩旗门观海至秦驻山》，曰："八月试新寒，苍茫海岸间。天风吹积水，落日满群山。潮汐防冲突，艨艟计往还。劳劳千里事，行路反成闲。"[③]他见到年少的朱次琦，出了一道命题作文，让

---

① 容肇祖：《学海堂考》，《岭南学报》第3卷第4号，1929年，第27页。

② 朱次琦：《籑金集序》，《朱次琦集》（下），第648页。

③ 阮元：《自乍浦彩旗门观海至秦驻山》，王云五主编《丛书集成初编·揅经室诗录》，商务印书馆，1936年，第45页。

对方作《黄木湾观海诗》。朱次琦就此撰写了一首诗，阮元读后，称赞不已。他鼓励朱次琦，说如果不懈努力，将成为一代之才。朱次琦大受激励，心中窃喜，更加刻苦地钻研历代名家诗作。他踌躇满志、睥睨今古。但是，等过一段时间，他将自己的诗作拿出来读，却发现并不好，未达到古人诗作的兴象深微、要眇蕴藉的境界，乃至连宫商声调亦有失恰当。不过据此也可知阮元对青年朱次琦的勉励之情。

曾钊将朱次琦介绍进阮元幕府学习。朱次琦在阮府学习六年，认识了阮元的弟子卢坤、钱仪吉等人。卢坤（1772—1835），字静之，号厚山，嘉庆四年（1799）进士，选庶吉士，历任兵部主事、兵部员外郎、兵部郎中、湖北按察使、甘肃布政使、广西巡抚、陕西巡抚、山东巡抚、山西巡抚、广东巡抚、湖广总督、两广总督等职。卢坤器识凝重，留心经世之学，谥"文肃"。钱仪吉（1783—1850），浙江嘉兴人，嘉庆十三年（1808）进士，选庶吉士，改户部主事，累迁至工科给事中，曾主讲大梁书院。他治经不持汉宋门户之见，治史精博，能通体要。

道光十四年（1834），钱仪吉受阮元的委托，来到广州，与学海堂学长们商量制定专经课士法，并请两广总督卢坤下谕设立"专课肄业生"制度。当时的书院，普遍实行山长制。山长是古代对书院讲学者的称谓。五代时，蒋维东隐居衡山讲学，弟子称其山长。后人承袭，称呼书院院长为山长。在元朝，山长是书院的首脑，"是属于'正员'的正式学官，其任免主于中央礼部及地方行省、宣慰司，按照国家的任官制度运作，山长与学正平级，上有教授，下有教谕、学录及直学，通过考核，可以升转，可谓标准化管理"①。学海堂则实行学长制，学长主要职责是出题评卷。书院内的大小事宜，均由八位学长共同商议决定。每年四课，每课设管课学长两人，兼管日常事务。刘伯骥在《广东书院制度沿革》一书中有载：

---

① 邓洪波：《中国书院史》，东方出版中心，2004年，第253页。

　　道光以前，每间书院只有一个院长，自道光六年学海堂创立后，改为学长制，设立学长八人，每人年薪三十六两，同司课事，其有出仕等事，再由七人公举补额，永不设山长，亦不允荐山长。当时所以不设山长的理由，像阮元谕云："学长责任与山长无异，惟此课既劝通经，兼赅众体，非可独理，而山长不能多设，且课业举者各书院已大备，士子皆知讲习，此堂专勉实学，必须八学长各有所长，协力启导，庶望人才日起，永不设立山长，与各书院事体不同也。"①

　　据《学海堂章程》规定：管理学海堂，本部堂酌派出学长吴兰修、赵均、林伯桐、曾钊、徐荣、熊景星、马福安、吴应逵共八人同司课事。②其有出仕等事，再由七人公举补额。永不设立山长，亦不允荐山长。另外，学海堂实行季课制。《学海堂章程》规定：每一年分为四课，由学长出经题文笔，古今诗题。限日截卷，评定甲乙，分别提供给学习的津贴。所谓季课，也就是按季节考试。卢坤在札谕学海堂订列应行事宜，对课程设置作详细规定，有经学、史学、小学、文学、理学，后来还增设数学一门，使学生"自择一书肄习"。学海堂增设专课肄业生，是为了提升学生学术研究的系统性。专课生选拔自优秀生徒，由八位学长从平日参加季课的学生当中，挑选心地淳良，品行端洁忠信之士。依例，专课生学制三年，学生进入到学海堂以后，可以在《十三经注疏》、前四史（《史记》《汉书》《后汉书》《三国志》）、《文选》、《杜诗》、《朱子全集》等书中，任选一门肄业。③专课生的导师，在八学长中任选一位。专课生一旦确定专业和导师之后，按日看书并且撰写读书心得。每逢季课时，专课生将

---

①　刘伯骥：《广东书院制度沿革》，第310—311页。
②　邓洪波：《中国书院史》，第253页。
③　张岱年主编：《中国哲学大辞典》，上海辞书出版社，2010年，第449页。

读书心得呈交导师，由导师负责具体指导。这从客观上，极大提高了学生的学习积极性。自此，广东学子"见闻日扩，而其文亦渐近纯熟，岭海人物，蒸蒸日上，不致为风气所囿者，学海堂之力也"。"粤人知博雅，皆自此堂启之。"①学海堂招收的第一批共十名专课肄业生中，就包括后来任菊坡精舍院长、岭南巨儒的陈澧，以及课业在家的朱次琦。

朱次琦与学海堂的关系，在一开始应该说是较为融洽的。青年时期的朱次琦，无论从治学路径还是学术思维上，都受到了曾钊、阮元等人的影响。王筠在《记朱子襄》一文有载述："子襄十二岁时，阮芸台相国节制两广，招致之，使入署读书，凡六年，相国移节乃出。相国有《国史》，子襄抄之，于是多识本朝名公巨卿之政绩。"②朱次琦对阮元十分尊敬，谓"先生以大儒师表当代，其开府吾粤也，喜造士、经训外，未尝不留意诗古文辞"③。在中年时期，朱次琦撰写《国朝名臣言行录》，就直接受到阮元编纂国史的影响。朱次琦对曾钊同样尊敬有加，其年诗集《是汝师斋集》录《曾丈勉士见过小斋不值》，就记载了对曾钊学说的肯定：

> 先生道广陈颍川，车如流水争造门。有时豪谈殷四壁，叫醒插架古墨魂。鄙人僻卧城西野，室是远宜趸足寡。昼长睡起庭无人，入户波光浩如泻。我走郊原饯余春，公亦惜春寻解人。冲风飞花尘十丈，咫尺对面成浮云。明岁春归春复好，明岁看花人恐老。百年过眼瞥风花，且侧金樽酹芳草。观生我尚梦蘸蘸，就公真胜带经锄。蕉叶塞窗我当到，坐雨读书新著书。④

---

① 《广州府志》卷六十六，中共广东省委组织部、广东省人民政府地方志办公室编《广东资政志鉴》，广东人民出版社，2015年，第74页。

② 王筠：《记朱子襄》，《清治堂文集》，齐鲁书社，1987年，第178页。

③ 朱次琦：《籀金集序》，《朱次琦集》（下），第648页。

④ 朱次琦：《曾丈勉士见过小斋不值》，《朱次琦集》（下），第644页。

朱次琦日后治学，主张修学习古，与希古堂文社、学海堂不无相关。希古堂文社由吴兰修发起，并由其与曾钊负责具体运作。吴兰修（1789—1839），字石华，号学博，广东嘉应人。嘉庆十三年（1808）进士，道光元年（1821）被任命为番禺县训导。他藏书数万卷，精通经史诗文，学问渊博、高才大学，平生以研究经史为主，还精通算学古法，在学术上非常有成就。他和曾钊均好古，希古堂创设目的在"课以古文相砥砺"①。吴兰修、曾钊先生任教于学海堂，以古学造士、奖劝后进。曾钊是"吾粤治汉学者最先"②者，在广东学术转折过渡时期，具有关键作用。从希古堂到学海堂，曾钊皆为起中坚作用的人物。

曾钊读书，"必将其伪字脱文校勘精审，而后博览传注，详细无遗害"③。他治学，主宗汉学，文字考之《说文》《玉篇》，训故稽之《方言》《尔雅》，虽经传简奥，隐晦难通，而因文得义，因义得音，触类引申，皆能以经解经而确有依据，不做缘饰附会。以声载义和即义寻声，是当时训诂学的主要方法，也是曾钊在音韵学、训诂学的主要造诣。这种治学倾向与方法路径，对学海堂的学子产生重要影响。学海堂以经史考据为学术价值取向。"虽始创于阮元，导之而成者，实为曾勉士钊。""故吾乡谈经术者，代不乏人，而以汉学为倡，断自钊始。"④曾钊认为学问之途有二，分别是著作之学和词章之学，"惟期贯通，故必求古人原书读之，以究其意旨所归，寻其义例善否，然后即古人所已发而未畅，或古所未发而实切于今兹者"。他主张学问著书，不能止于博诵古人书，而要在读古人原书中"既得其旨与例矣"⑤。这种主张，予朱次琦以深刻的启引。

---

① 容肇祖：《学海堂考》，《岭南学报》第3卷第4号，1934年。

② 陈璞：《〈面城楼集钞〉序》，曾钊著《面城楼集钞》，光绪十二年学海堂刻本，第1页。

③ 清光绪《九江儒林乡志》卷十四。

④ 刘成禺撰，钱实甫点校：《世载堂杂忆》，第156页。

⑤ 曾钊：《增补事类统编序》，光绪石印本。

除了受到曾钊的影响之外，朱次琦与钱仪吉等人，亦存在一定的学缘关系。钱仪吉刚刚到来广州时，卢坤向他介绍广府教育及地方人才，谈到朱次琦，予以高度评价。他认为："天下虽大，人才有数，敢不勤之乎？"[①]此前，卢坤也曾经专门命人征求朱次琦诗作。钱仪吉听闻卢坤此番言论之后，经曾钊等人介绍，与朱次琦见面。钱仪吉曾在为朱次琦所作卷首跋文中，交代了与朱次琦的相识过程：

> 仆甫至粤，访士于涿州卢后山制军，制军为言南海茂才朱次琦稚圭庄士也，顾才气无双，予闻而心数之。已而代校此邦文字，茂才率为举首，与乡者制军之言，若契箭之呼而春脦之应也。窃喜老眼颇未昏瞀，因介李绣子太史、曾勉士学博求与交。其为人伟瞻，视嶷嶷然，气纯以方。其论说纵恣谤葩，有晁、贾之核。其诗无弗学，亦无弗工，往往于转换顿挫处，得古大家神解。[②]

钱仪吉见到朱次琦时，已年逾七十。他对朱次琦大加赏识，认为这位年轻人品相伟瞻，为学醇厚方正，为文雄健奔放、翔实精当，有着贾谊、晁错一般的旷世高才，将成为领袖一般的人物。他们惺惺相惜，成为忘年交，一起登山赋诗、谈文论道。朱次琦撰有《和钱给事（仪吉）登镇海楼之作》《和钱给事春思曲》《宫保卢制府遣吏人征写拙诗述德摅情赋呈四律》等诗作。

然而考溯朱次琦此后与学海堂的关系，可以推知：朱次琦与对方保持着一种刻意的疏离态度。以《曾丈勉士见过小斋不值》一诗观之，可得其中端倪。从"我走郊原饯余春，公亦惜春寻解人"这一句话判断，朱次

---

① 简朝亮：《朱九江先生年谱》，《朱次琦集》（上），第14页。
② 钱仪吉：《诗序》，《朱次琦集》（上），第56页。

琦以自己的"饯余春"、曾钊的"亦惜春",形象地说明自己与对方有着共同的学说旨趣追求,也间接地肯定了曾钊的治学。可是,诗人更多通过对比,强调自己与对方的差别与距离。一则:诗人说明,曾钊名声大噪,来访者络绎不绝,车如流水,争与相见,豪杰盈门;强调自己住在荒凉寂寞的城西郊野,家中难得有来客。二则:诗人强调"观生我尚梦蘧蘧,就公真胜带经锄",以语出《庄子·齐物论》中的"蘧蘧"一词,形容自己家中无人来访、自己悠然自得于读书著述,而不在意对方似的"车如流水争造门"之炙手可热、人皆仰慕。从此大致推测,相较此前,朱次琦拜访曾钊的次数,应该变少了,所以才会自陈"室是远宜跫足寡"。而且,朱次琦虽然没有明确交代自己与曾钊的疏离,但他以"观生我尚梦蘧蘧"来说明自己的"室是远宜跫足寡",正是表明一种自觉的行为追求与方向选择——诗人间接说明,在治学路径选择上,自己与对方已非一途。一如隋朝大儒王通在《中说》强调的:"君子先择而后交。"君子选择与人相处,有着明确态度与一贯立场,秉持"先择后交"原则,经过深思熟虑才选择朋友、持续交谊。君子之交由品德决定,也由学术主张所影响。诗作中的"车如流水争造门""就公真胜带经锄",说明随着汉学大炽,曾钊受到岭南士子学人的广泛欢迎。孟森在《清史讲义》里指出:"乾隆以来多朴学,知人论世之文,易触时忌,一概不敢从事,移其心力,毕注于经学,毕注于名物训诂之考订,所成就亦超出前儒之上。此则为清世种族之祸所驱迫,而使聪明才智出于一途,其弊至于不敢论古,不敢论人,不敢论前人之气节,不敢涉前朝亡国时之正义。此止养成莫谈国事之风气,不知廉耻之士夫,为亡国种其远因者也。"[①]当时岭南汉学之盛况,以1888年进入学海堂成为正班生的梁启超的描述情况来看,是"以训诂词章课粤人者也"。"不知天地间于训诂词章之外,更有所谓学也。"朱次琦虽然认

---

① 孟森:《清史讲义》,广西师范大学出版社,2005年,第243页。

同先贤时流的习古主张，但对埋头训诂、只研一经的做法，表示不满，因此有意疏离了汉学研究群体。

麦哲维在《学海堂与晚清岭南学术文化》一书中指出："朱次琦退隐九江的决定并非偶然随意之举，朱'九江'是在做一个意识形态的声明，跟他的前辈曾钊不同，朱次琦选择了远离广州的知识界，他在这里面传达了对广州及其书院的批判。"①而朱次琦对学海堂及汉学的疏离，既基于自小所受家学族学影响，也与其于羊城书院、越华书院的受学经历相关系。朱次琦认为，读书人要研读诸经而非专攻一书，要放下零碎文义掌握其中要义。他研读经书是为了致用之方。这决定了朱次琦治学保持独立见解，以学孔子之学达到不分汉学宋学的通达的治学理路，从而促成对中国传统价值观的提炼与总结，出之以四行五学，进而启引其受业弟子对传统学说的传承与创变。

二、羊城书院之学缘

广州的羊城书院，由程含章创办。程含章的教育，影响一大批岭南学子。而羊城书院首任山长的谢兰生，又尤其影响此后朱次琦的学说形成。

道光四年（1824），朱次琦十八岁。根据谢兰生《常惺惺斋日记》记载："廿二日，晴，早还斋，本日考书院生童题：'大舜有大焉'，赋得野无遗贤得贤字。报考者两千余人。"②羊城书院第一次招生，考生就多达两千多人，录取率仅为百分之二，淘汰率非常之高。而朱次琦就考入羊城书院，拜谢兰生为师，受到他的思想沾溉。谢兰生成为对朱次琦影响尤其深远的又一名重要学者。

---

① ［美］麦哲维著，沈正邦译：《学海堂与晚清岭南学术文化》，广东人民出版社，2018年，第336页。

② 李若晴：《谢兰生及其〈常惺惺斋日记〉》，《常惺惺斋日记》（外四种），广东人民出版社，2014年，第451页。

鉴于朱次琦自焚书稿而导致的文献缺失之研究困境，对于谢兰生的思想主张、学说追求、审美旨趣，本论著作一深入探析。借此，一则探测青少年时期朱次琦的学缘关系，二则对四行五学思想作源流分析与演变参鉴。

（一）程含章创羊城书院

程含章（1763—1832），又名罗含章，字象坤、月川，云南景东人，先祖"佐官吏捕杀土寇，惧祸，改姓罗"[①]。乾隆五十七年（1792），程含章乡试中举。后历任广东地方知县、知州、巡抚等职，他善诗文，是一位有胆有识有为的经世之士，三次被革职也不改耿介孤清的性格、不易以天下为任的本心。他以"古来几人如孝肃，肯使精华留余力"[②]一句，既赞叹包拯任官肇庆府时的大公无私、爱民如子，也以此自我勉励。他批评士人终日奔走于应酬之途，劳劳于牒诉喧嚣之际的社会现象，认为读书人如果没有心思论文讲道、培育后学，社会人才就难以获得，诈伪、讼狱之事就会不断增多。程含章重视教育、重视立学，强调人才的培育要大力发展教育，也坚信风俗的变化要通过教育才能达致。程含章每到一任，或创建或重修书院。即使兴学立教花费力气、劳费财资，他也在所不辞。仅以程含章在广东任上为例，就重修了羊城、粤秀、越华、龙溪等书院。他对广东教育最大贡献，也在于对羊城书院的重修重建。

康熙二十二年（1683），督粮道蒋伊创建穗城书院岭南义学于城南龙藏街；雍正八年（1730），知府吴骞修葺穗城书院；嘉庆八年（1803），布政使康基田改岭南义学为羊石书院，又将康熙二十三年（1684）知府刘茂溶建于城南木牌头之珠江义学改为珠江书院。嘉庆二十五年（1820），程含章因郡属书院虽岁延塾师，支修金，但未设膏火，无生徒肄业，遂将羊石、珠江二书院及广州义学合而为一，更名为羊城书院。被誉为广东四

① 《程含章传》，《二十五史》卷15《清史稿》（下），中国文史出版社，2003年，第1930页。
② 程含章：《吊端坑》，李辉注释《程含章诗注》，云南民族出版社，1995年，第85页。

大书院之一的羊城书院，由此诞生。羊城书院成立当年，程含章请于院司得充公田七项，变价连官绅捐题等款共得银三万两等，从而设立了生童膏火一百七十份，甄收内课生童各四十名，外课生童各二十名，共一百二十名学生。同时，他还设立了规条，延请明师教读并且自己亲自施教。当时的陈其锟、罗家勤、廖廷相、易学清、曹为霖等学者，均在他的邀请之下，先后执教于羊城书院，成为此院的山长。

在《兴修广州羊城书院设立膏火银两碑记》一文中，程含章提出要为"有体有用之学"：

> 广州文风科第颇不为弱，然风俗侈靡，人情浇薄，诈伪习而讼狱多，皆长吏教化不明使至于此也。今吾聚所属人士教之以有体有用之学。俾其达而在上则为名臣、为循吏，于世不为无补。即穷而在下，而以熟闻吾孝弟忠信之理，归而教授于乡，则比闾族党之间必渐少暴戾冥顽之习。异日风俗醇美，贤才众多，余固借是以稍塞吾责，而前人设学之义亦因以不虚，诸生勉乎哉！以圣贤为必可学，以豪杰为必可为，盛德大业将于是乎出用书立学之本意。[①]

程含章认为，人生的理想范式，是要达而在上，则为名臣、为循吏，穷而在下，则于乡里教授孝悌忠信之理，敦化风俗。他的教学，重视修身立品、实济时用、有体有用，勉励诸生自学自修。他为仁里书院题词，谓"一里书斋，半里烟村半里市；十年心学，五年炼气五年神"[②]，可见对于学生修学修德的勉励。

程含章任广东巡抚期间，善政不可胜举，为人称为"罗青天"。去世

---

① 程含章：《兴修广州羊城书院设立膏火银两碑记》，清同治《南海县志》卷十二。
② 丘均、叶旭明搜集整理：《肇庆民间楹联趣话》，广东人民出版社，1991年，第86页。

后，他被祀奉在广州府学府名宦祠中，以纪念他对教育的贡献。

（二）谢兰生为人及其对朱次琦的影响

谢兰生（1760—1831），字佩士，号澧浦，又号里甫等，别号理道人，广东南海人，清嘉庆元年（1796）进士。阮元重修《广东通志》时，延为总纂。谢兰生主讲粤秀、越华、端溪三大书院，诗、书、画皆擅，被人称誉为三绝。他工于诗画，与张如芝、黄培芳齐名。他因文章，与黎简、张如芝、罗天池，为人并称为粤东四大家。谢兰生学主汉宋，晚年又研习阳明心学，具有诗人的气质审美、学者的思辨头脑、艺术家的高超情趣、鉴赏家的察细观微。他的入室弟子陈澧评价："先生意趣高迈，学神仙不留意世间事。其诗超逸无俗韵，然随意为之，故不欲传于世。其书画则高矣，而画尤高，在黎二樵之上。"①谢兰生有《常惺惺斋文集》《常惺惺斋诗集》《常惺惺斋书画题跋》《常惺惺斋日记》《北游记略》《罗浮日记》等存世，又手定《南海县志》等。嘉庆二十四年（1819），谢兰生受阮元的聘请，与江藩、陈昌齐、刘彬华共同担任《广东通志》总纂。

谢兰生因才华横绝，被选为翰林院庶吉士。所谓庶吉士，指的是明清两朝翰林院的一种职位，从科举考试中进士的人中选择有潜质者担任，是皇帝近臣，一般负责起草诏书、为皇帝讲解经籍等。庶吉士是内阁辅臣的重要来源之一，自雍正以后，选官更严格，由皇帝主持朝考来决定。庶吉士任期，一般为三年，其间由翰林内经验丰富者教习知识，职满考核优异者留任翰林，授编修或检讨，正式成为翰林，其他则被派往六部任主事、御史或派至地方任官。谢兰生无心仕途，任庶吉士未满三年，就辞官而去，返归广东。谢兰生的诗作，有"瓦釜既用事，黄钟故应弃"句，表达不遇哀叹。他也以屈原的《卜居》明心、《离骚》寄慨，展现孤臣哀思，展现对官场黑暗、小人弄权等诸般现实的透彻认知与失望。

---

① 陈澧：《谢里甫师画跋》，仇江选注《岭南历代文选》，第417页。

谢兰生以孔子为至圣先师、万世师表，激励自己以教书为职志。他认为书院是储备人才的地方，只有将人才培育起来，国家才能兴盛强大，百姓也能过上好日子。这一方面的思想，与羊城书院的创办者程含章如出一辙，日后也对朱次琦产生深刻影响。谢兰生先后主讲于粤秀、越华、羊城等书院，用力于人才教育、风气开化。

在《云鹏书院记》一文，谢兰生强调人才培育的重要。他认为，古来圣人贤士都不是凭天而降、无中从有的，人才必须通过教育来培育：

> 不事他求也。即若今之营建者，不以昔之无有而兴奋，不以气之未赡而中馁。审其方也，正取财也，精储蓄也，富致肴也，享绵之。以求久之，图策之，果敢之。力不求速成，故能不日而成。况今圣治昌明，古昔神圣贤人之条教灿然。大备诸生，设诚而致行之可以矣，岂事他求乎哉？[1]

谢兰生《粤秀山学海堂记》一文，明确提出"天下之学一也，而其要元于研经"，认为这是必要、正确的治学门径与方法。他治学主张师古，尤重儒道。儒家重教育，孔子所以被称为"素王""天纵之圣"，正在于除了博学达知之外，他还教授了弟子三千、贤人七十二。孔子去世后，他的弟子、再传弟子将他的言行语录，记录整理成了《论语》，由此使他的学说思想得以流传千古。谢兰生追慕孔子，认为天下之学首要在于研习经学，人才教育在于师古法古。他在《送程月川先生任衮、沂、漕、济道序》一文中，强调"以古人之学励吾学，必能以古人之治为吾治"。

谢兰生教学，"每课期皆坐讲堂为诸弟子讲解，诸弟子环立而听之"[2]。他重视修身立德，坚信名节的修养，好比种植树木，必须灌溉时日

---

① 谢兰生：《云鹏书院记》，《常惺惺斋文集》（手抄本），中山大学图书馆藏。
② 番禺市地方志编纂委员会办公室整理：《番禺县续志》，广东人民出版社，2000年，第476页。

方能长成。在《题三闾大夫离骚后》一诗中，他提出：

> 瓦釜既用事，黄钟故应弃。众醉乃独醒，尤为同列忌。主听复不聪，孤臣数益穷。疏后旋见谪，谁能鉴其衷。《卜居》以明心，《离骚》以寄慨。终与汩罗沈，朴忠何由遂。至今沅湘间，悲风绕荒寺。[①]

谢兰生除了任教于羊城书院之外，也出任粤秀书院山长。作为广东四大书院之首的粤秀书院，就学规来看，倾向以古学训士：五教之目，在父子有亲、君臣有义、夫妇有别、长幼有序、朋友有信；为学之序，在博学之、审问之、慎思之、明辨之、笃行之；修身之要，在言忠信、行笃敬，惩忿窒欲，迁善改过；处事之要，在正其义不谋其利，明其道，不计其功；接物之要，在己所不欲勿施于人，行有不得，反求诸己。粤秀书院建院三百年来，人才辈出，贤士俊良指不胜屈。徐荣、谭莹、陈澧、朱次琦等人，为谢兰生所招收弟子。当时，谢兰生以《朱子白鹿洞教条》为训，教导学生以正其谊、不谋其利、明其道、不计其功为修身之要，对学生产生了重要影响。

由于谢兰生经历过大起大落，他参禅修行，主张以禅明心见性。从心物无二，即性即物。其《答衍棠书》中，谈及研习心学的体悟：

> 弟近日下自揣量，颇究心廉溪主静及程子半日静坐之说，又参以子朱子《近思录》、白沙先生《养端倪》之旨，冀其稍有所得，庶不虚度一生。俗人不察，辄谓学仙学佛，何其怪哉。足下来书亦以此相誉。人日接膝而不相知，况足下在千里外，何能

---

① 徐世昌辑：《晚晴簃诗汇》第4册，中国书店，1988年，第10页。

深悉，无怪其然。大约此心收摄到静处，当有会悟，只是炼心之法，千难万难，我等平日苦心思劳去习举业，又添上家累，左支右绌，数十年来心如逐鹿，一旦收缰，谈何容易。弟数来炼此一着，总欠纯净，此一关不破，无一可为。此关一破，无事不办。窃意仙佛路上亦不外是三教，圣人只是一个心性，吾人又安得有两心性耶？知足下有意求道，故述其大致如此，此是颠扑不破的见解，勿以为老生常谈而忽之也。[①]

从这封书信中可以看到，无论是对于心性之学，还是佛学道学，谢兰生都能以开放包容的心态面对，而非持一己门户偏见。以后，朱次琦治学不分汉学、宋学，即有来自谢兰生的影响。

谢兰生曾经指出：

天下之学，容有二乎？或又疑杨子以至海为终事，而中庸以博学以为始事，其义似相抵牾。不知学绝无所谓终事也。有如穷究一物之理，其学问思辨之不得，弗措者必求至其极而后已焉。及移而之他物，其学问思辨亦复如是，终始相因循环，不穷不过，略判先后而无始终。即学问思辨而继之以行，亦非有终始之别，当其学问思辨而行已隐隐在中，及其行之尽，即其知之。至阳明先生所谓知行合一，千古不磨之定论也。或又疑考订之学盛，而性理之学衰，此言尤舛。诚使其人日从事口耳之末，而茫然不识义理，不无玩物丧志之病。今固谆谆然导诸生于以研经也，未闻有研经而至戕其心性者也。且性在物外乎？不在物外乎？性之广博也如海，渊深也如海，天下无一物不在性量涵盖之

---

① 谢兰生：《答范衍棠书》，《常惺惺斋日记》（外四种），第352页。

中，无所谓物外之性也。使知即物即性，则物在是，志即在是，又何至于玩丧乎？且断断如日肆志于群经，无一字无一句不足以疏沦性灵，涵养性体，又何至于玩丧之愚且蠢乎？是说非也。非特吾儒之学云然，即二氏立教之本旨未尝不然。其言虚也必言实，其言有无也必言有，言空也必言不空。或寻其说不得，而第以茫荡枯寂者，当之不如。此正二氏所斥为邪魔外道而不可教诲者，亦不得执此而冤二氏也。何也？天下之性一也，故曰天下之学一也。[①]

嘉庆二十二年（1817），五十八岁的谢兰生，写行书团扇赠友人，认为人们要找到自己迷失了的本源性灵。只要找到真实的自我，人人可以超凡入圣，人人可以成为大思想家。以他所作《自花埭至羚羊峡》为例："又被饥驱出，藏名悔不深。生涯举子业，杯酒故人心。花坞辟香径，客船依野阴。晚风留宴赏，沙渚有归禽。"花埭之埭，为土堰之意，后谐音渐称花地，指河滩草坦地，又或指广州城区西南区域。诗人从花埭之地至肇庆西江下游的旅游胜地羚羊峡，在欣赏羚羊峡绵延起伏的翠绿群山、汹涌澎湃的江流风光时，有感而作。他声称，自己所以隐居沉潜得还不够深，是因为受到生计驱使。为举子业而一生辛苦的那份情状，老朋友一起畅饮互诉时，能够知晓与理解。日后，朱次琦对于朝廷征召亦坚辞不就，返乡教书，主张"文从心出""变化气质"等，或亦有来自谢兰生的影响。

（三）谢兰生的书画技艺及其对朱次琦的影响

据记载，谢兰生"酷嗜古文，得昌黎、东坡家法，并时为古文者咸推为祭酒"[②]。他主张古人文章"当于人心"，反对无病呻吟、应景酬答。在

---

① 谢兰生：《新建粤秀山学海堂记》，《常惺惺斋日记》（外四种），第374页。
② 谢兰生：《常惺惺日记》（外四种），第324页。

日后朱次琦的文学主张中，同样见其传承。

《定湖笔谈序》一文，是谢兰生为同学黄定湖《定湖笔谈》所撰：

> 笔谈可以止矣。夫言毋论多寡，问其有当于人心否耳。君书尚未成，时贤争以先睹为快。是笔之所到，已曲当乎人心之所不言而同然。虽意不尽言，而弥有余味，又多乎哉！庖丁之解牛也，合于《桑林》之舞，乃中《经首》之会。及其四顾满志，则善刀而藏。是谓能养生者。又多乎哉！①

谢兰生为同学写序，评价其文"当于人心""时时贤争以先睹为快"。黄定湖尚气谊，善谈论，所至屈其座人，后耳聋，"不得已，舍其舌之鸣，而以笔鸣"。谢兰生在这篇序文中同时强调："石不能鸣，以水鸣，树不能鸣，以风鸣鸣，金鼓下自鸣，因木之撞击鸣，丝竹不自鸣，假人之手口鸣。物因有所激使然哉，否则寂然无声矣。"他主张文章关乎人心世道，而不能无用空谈、无病呻吟。

就谢兰生本人所治古文来看，"得韩苏家法；诗宗大苏，出入杜韩；书法颜平原，参以褚河南、李北海，画尤高探吴仲圭、董香光之妙。论粤画者，谓在黎二樵上"②。就诗的学缘及风格来看，谢兰生学苏轼，同时参鉴了杜甫、韩愈的风格，以浑厚博大见称，而非苦吟雕琢。他在《云岩诗集序》中说："东坡诗模范山水，聊写性情而已。"③意思是说，苏东坡的诗，赋形咏物。他强调创作不要刻意模仿古人，要"能自言其志而后见真性情"，"不呕出心，不拾人牙后，吾琴酒平牛，独行具言志"④。

---

① 谢兰生：《定湖笔谈序》，《常惺惺日记》（外四种），第344页。
② 番禺市地方志编纂委员会办公室整理：《番禺县续志》，第476页。
③ 谢兰生：《云岩诗集序》，《常惺惺斋日记》（外四种），第342页。
④ 谢兰生：《云岩诗集序》，《常惺惺斋日记》（外四种），第342页。

谢兰生的诗作，大多有感于生活而作，简泊天然，体现情操与气度。其古近体，"大气磅礴，老笔纷披，不屑缔章饰句"。如其《题二樵画春雨小幅》：

> 一气烟云喷薄来，嫣红新绿湿成堆。至今纸上花村雨，犹傍春堤黯不开。[1]

诗人赏析黎简的画，爱不释手，形诸纸墨。诗人说，画卷中，弥漫天地的烟云喷薄而来，那一丛丛艳红的花、嫩绿的叶都沾湿了。直至今天，画幅上的村庄堤岸，还笼罩着春日烟雨。诗人用夸张的手法，以"至今""犹傍"二个词，不仅将春天烟雨迷离的情景栩栩如生地传达出来，而且生动地表达了对黎简画艺的钦佩。

又如谢兰生的《闸中》：

> 断港连泖湖，清波浸云厦。残虹收雨脚，斜日射天罅。一畦一烟村，一水一草坝。鸭埠蛙乱鸣，渔舠客容借。白板时半开，红颊见来乍。浩歌下中流，尽日不遑舍。[2]

这是谢兰生创作的组诗十首之一。作者途经著名古运河会通河。会通河开凿于元至元年间，凿渠二百五十余里，建闸三十一座，以沟通南北漕运。明代又自山东汶上开新河，北至寿张沙湾，置闸三十八，东岸设水柜，西岸设陡门，成为重要的航道。会通河上大量拦河隘船的诸石闸，成为其一大特色。作者以磅礴大笔，将身临会通河的所见所闻，付诸笔端。零断的河汉接连着泖湖，清波上倒浸着团团云影，如大厦般高耸壮观。这

---

① 谢兰生：《常惺惺诗钞》，《常惺惺斋日记》（外四种），第426页。
② 谢兰生：《常惺惺诗钞》，《常惺惺斋日记》（外四种），第426页。

时，夏天的骤雨刚刚停下来，半段彩虹从云天的缝隙中散射出余晖，倒映着烟雾缭绕的村居、水坝、小船、渔女。作者善于用墨，写得淋漓、雄厚。这种雄壮诗气，后来为朱次琦继承。

师从谢兰生，朱次琦对圣贤之道有更进一步认识。他有关理学、政学、文学的知识与能力，有了进一步发展。而对他产生更直接影响的，是谢兰生的书画技艺、审美情操。谢兰生的书法，冠绝一时。他是著名书法家黎简的入门弟子，书法承继颜真卿的风格，同时参之以褚遂良和李邕的笔意，以隽永见长。他作《自题画帧》，诗曰："酒气海风吹不醒，墨痕山雨洒偏浓。凭空画出无来径，道是蓬莱第一峰。"作者意气风发，对自己的书画水平充满自信，胆气才气非凡过人。

清嘉庆、道光年间，广州成为华南乃至全国的经济重心，岭南书画随着经济和文化兴盛而发展，蔚为成风。当时，广州商人财富大量积累，大量名家书画流入这些富商兼收藏家手中。他们对书画并不一定内行，而广州主持书院的学者多工书法，谢兰生是其中的佼佼者。时人喜欢延请谢兰生代为鉴赏、辨伪、题跋。谢兰生的《常惺惺斋书画题跋》，收集其书画跋文，记录其书画美学思想。他纵论古今书画和百家得失，既追求取法自然，天机自运的审美情趣，又引禅入化，追求物我同化。例如，他非常喜欢石涛，曾作这样的评论：

> 清湘老人精于《易》。其论画自开天一画说起。谓纵横皆一画，一分为万，万仍归一，能一画即能画。此论似奇而实确也。《觚剩》有云："石涛道行超峻，妙绘绝伦。"王麓台尝云："海内丹青家不能尽识。而大江以南，当推石涛为第一。予与石谷缘有所不逮。"观而言，则麓台倾倒至矣。予谓此公，纵笔所为，不无荒野过甚处。及其诣极，则麓台、石谷诚难梦见矣。[1]

---

[1] 谢兰生：《常惺惺斋书画题跋》，《常惺惺斋日记》（外四种），第399页。

石涛画山水，笔法恣肆，离奇苍古而又能细秀妥帖。谢兰生指出，石涛能纵笔所为，虽有荒野过甚之作，但诣意极深，能超越历来不少名家。谢兰生的评价标准，就在于作为画家，应在咫尺中自成一派，达到天然天成，物我同源，亦即达到"此山受天之任而任""人能受天之任而任"的境界。

对于如何能做到，谢兰生进行过详细阐述。以他关于画枯木、竹石的讨论为例：

> 写枯木竹石，未下笔前，须先定所主。如以木为主，则竹石切勿过强，慎毋喧宾夺主。如以竹石作主，亦然。此一定不易之法也。宾主既定，自然合眼，或间有空缺处，即补以人物、花草、亭宇、桥梁及云水，平坡远山亦无不可，惟在位置得宜耳。①

要把大自然客观存在的多样统一，转化成画家精心处理的丰富艺术，就涉及如何才能布置自然、天机自运等问题。从技法手段来看，谢兰生重视画卷作为一个整体表现出来的自得的自然生命、天然精神。谢兰生把这样的画卷呈现，称之为气。他认为景、物在精神上相通在笔画上出神入化，就有了贯通一体的气。即使某个细节处理不到位，也无碍整体效果，神、气自然跃然于纸墨之间，虎虎生趣。这种艺术重在对自然的旨趣追求，此后同样为朱次琦吸纳，并表现在他有关诗书画艺的主张中。

谢兰生书艺，又尤其以外丹和内丹之说见称。其外丹，简朝亮在《朱九江先生年谱》中记曰：

> 春二月，先生服阕，肄业羊城书院。山长谢里甫先生能书，

---

① 谢兰生：《常惺惺斋书画题跋》，《常惺惺斋日记》（外四种），第400页。

尝曰："书虽小道，非儁悟者不能通其意。吾友教岁数百人，饶学此者，朱生而已。"乃授笔法，辟呀诏之曰："实指虚掌，平掔竖锋，小心布置，大胆落笔，意在笔先，神周字后，此外丹也；手软笔头重，此内丹也。"[①]

而所谓内丹，讲究"手软笔头重"。谢兰生教导学生书法技巧时称：

晋辨神姿，唐讲间架，宋、元以来尚遒峭之趣矣。然神物无迹，易于羊质虎皮。以趣胜者，即有所成。只证声闻、辟支果耳；不成，终身遂流魔道，不可振救。初学执笔，折中去弊，其诸颜平原、欧阳渤海间乎。[②]

在这段话中，谢兰生对比魏晋唐宋历朝对书法风格的不同宗尚，强调书法创作要注重"以趣胜"。对于初入门者，他强调要取法正，注意"折中执笔"。中国书法，以永字八法为用笔法则——以"永"字八笔顺序为例，阐述正楷的笔势方法。东晋的王羲之认为，永字具备楷书八法（八个笔画：点横竖撇捺提钩，撇有两种，竖撇与斜撇）。写好永字，所有的字就能写好。相传在数年时间，王羲之专门写永字，其孙王智永又将永字八法传授给虞世南，永字八法传承下来。永字八法，代表练习书法的起点和功底。谢兰生强调书法练习"以趣胜者"，与永字八法对于点、横、竖、撇、捺、提钩的审美相关。例如：永字的点，一如做人的昂首；永字的竖，一如为人的挺胸；永字的撇，一如性情的潇洒超然；永字的捺，又如处事的脚踏实地。永字写好，字就充满力量、阳刚和朝气。朱次琦在童蒙时期，已研习一定的书法技艺。其族人如朱完、朱光宇等人，皆精通书

---

① 简朝亮：《朱九江先生年谱》，《朱次琦集》（上），第10页。
② 简朝亮：《朱九江先生年谱》，《朱次琦集》（上），第10页。

法，但朱次琦早年的书法功夫，依他本人的说法，只是在"读书之余，略求八法而已"①。等到拜谢兰生为师之后，朱次琦勤奋地练习书法。他在执笔、运笔和写擘窠大字上，认真揣摩谢兰生所教习的外丹和内丹。名师指导，又加之勤奋研习，朱次琦很快习得谢兰生的书法真传，深得"小心布置，大胆落笔"及"手软笔头重"之法，也继承其师的遒劲而又自成一体的风格。

谢兰生高度赞扬朱次琦的书法，他对学生说："书虽小道，非俊语者不能通其意。吾友教岁数百人，饶学此者，朱生而已。"②观朱次琦书法，如七字联"幽士高怀云出岭，骚人秋思水周堂"③，字迹浑厚，大气磅礴。论者谓其"气息淳厚，堂宇宽博，一看便知渊源于颜真卿；钟繇所谓'力多丰筋者圣'，这一作品，确实达到了力能扛鼎，雄深苍劲的境界"④。

对于恩师谢兰生，朱次琦怀着深深的敬意与思念。他作《题里甫先生所藏剑》一诗，称："王者今无战（杜句），神渊欲蜕形。敛云宵练白，照眼血痕青。忽漫三年别，摩挲几字铭。头颅重如许，一夜鬓垂星。"⑤而朱次琦的书学成就，被誉称为"清朝第一"⑥，也得益于谢兰生所授外丹和内丹之法。他作《谢里甫山长作画一卷为十帧，贻王谟文学，属次琦跋之小诗，未有以应也。甲午春杪，文学索果前诺，遂拈杜诗"得非玄圃裂，无乃潇湘翻"二句为韵，题其端》。这组诗共十首，以诗化语言，阐述外丹和内丹的书法要领。如其中前五首，曰：

---

① 简朝亮：《朱九江先生年谱》，《朱次琦集》（上），第10页。
② 简朝亮：《朱九江先生年谱》，《朱次琦集》（上），第10页。
③ 纸本，纵134.6厘米，横33.5厘米，现藏于广东省博物馆。
④ 马国权：《明清广东书势》，广东省博物馆、香港中文大学文物馆、广州美术馆编《明清广东书法》，1981年，第16页。
⑤ 朱次琦：《题里甫先生所藏剑》，《朱次琦集》（上），第63页。
⑥ 康有为：《广艺舟双楫》，姜义华、张荣华编校《康有为全集》（第一集），中国人民大学出版社，2007年，第297页。

雄观失曩怀，浩想创新得。谁将九曲黄，泼入径尺墨。

陶公遂初服，今是昨来非。农丈偶然对，飘飘风满衣。

山中虚白室，户外苍浪天。趺坐几何岁，得参个中元。

抱瓮不言机，丈人汉阴圃。何如避世人，一瓢弃高树。

点树如点雨，截崖犹截铁。还图入蜀诗，石与厚地裂。①

康有为余事尤工笔札，"其执笔主平腕竖锋，虚拳实指，盖得之谢兰生先生，为黎山人二樵之传也"②。康有为评论朱次琦书法，称："于书道用工至深，其书导源于平原，蹀躞于欧、虞，而别出新意。相斯所谓鹰隼攫搏，握拳透爪，超越陷阱，有虎变而百兽跧气象。鲁公以后，无其伦比，非独刘、姚也。"③日后九江学说传人，书风一脉传承。以康有为一支学系看，康有为就得到朱次琦书学真传并且加以改革。他于光绪十五年（1889）所撰成的书法名著《广艺舟双楫》，可见谢兰生的书艺思想。万木草堂教学纲领《长兴学记》提出六艺之学，其三即为书艺，谓："保氏教国子以六书。小史掌达书名于四方。汉制，太史课学童讽籀文九千字，得补吏；通六书者，补令史。今上自钟鼎古文，中为篆、隶，下为真草，凡古今沿革、中外通行之书，皆学者所直兼通也。"又谓："书虽末艺，当上通篆、隶，导源六朝。"④书艺成为草堂诸生研修的重要课业，梁启勋在《万木草堂回忆》一文，即谓当时上课授以"书法如晋之羲、献，

---

① 朱次琦：《谢里甫山长作画一卷为十帧，贻王谟文学，属次琦跋之小诗，未有以应也。甲午春杪，文学索果前诺，遂拈杜诗"得非玄圃裂，无乃潇湘翻"二句为韵，题其端》，《朱次琦集》（上），第81页。

② 康有为：《广艺舟双楫》，《康有为全集》（第一集），第297页。

③ 康有为：《长兴学记》，《康有为全集》（第一集），第346页。

④ 康有为：《长兴学记》，《康有为全集》（第一集），第346页。

羲、献以前如何成立，羲、献以后如何变化"①。康有为弟子，一如梁启超、麦孟华、罗惇曧、罗复堪、崔斯哲等人，皆书艺过人，各领风骚。

三、越华书院之学缘

朱次琦与越华书院之学缘，之所以有必要展开研究，同样鉴于其自焚书稿，导致研究文献不足。溯源朱次琦求学于越华书院的相关情况，或可加深对四行五学思想形成及其丰富内涵的认识。

（一）范时纪主事越华书院

与羊城书院相比，广州的越华书院办学模式有其特殊性，并且与岭南文化及当时社会语境相关。越华书院是广东商籍弟子藏修息游之所，也是由私人所设的聚徒讲授、研究学问的场所，于乾隆二十年（1755）创建。越华书院后来与粤秀书院、羊城书院、端溪书院，并称"广东四大书院"。

康熙六十年（1721），朝廷准开广东商籍学额，姚廷绘《越华书院设立商籍记》载：

> 两粤商籍，始以康熙六十年间制府杨公题请照准浙河东例，每遇岁科两试补弟子员二十名，分隶广州、南、番三学，与民籍一体乡试。后以人数渐多，恐碍民籍解额，于雍正元年复请照长芦例另编卤字号以别之于民籍。取中一名恩科，加中一名，人数虽多，不得出二名外，中后改归原籍，盖自雍正之壬子科始也。嗣乾隆三年，督院鄂复念商籍廪增，分隶二学有妨民额，更请拨附府学，其廪增定额外，另设十五名。而恩拔岁贡悉照县学例，

---

① 梁启勋：《"万木草堂"回忆》，夏晓虹编《追忆康有为》（增订本），生活·读书·新知三联书店，2009年，第193页。

即于粤省候选。此商籍科举之大凡也。[1]

朝廷设科取士。择其俊义者而拔擢之，以求文德覃敷。广东文风，由于朝廷准开商籍学额，日渐隆盛。当时，广州商业和贸易发达，商人资金雄厚。粤秀书院人文发达，但在广州的诸多外省籍子弟，难以入读。特别是侨寄广东省城的外籍盐商，即便富甲一方，其子弟也缺乏进修学习场所。众商以此为憾，共同商议，决定共同捐资，创办越华书院。

根据道光《广东通志》记载范时纪所作《越华书院记》，其中有曰：

> 粤东向有粤秀书院，人文称盛，而商人子弟寄籍于此者，未有藏收之地。众商深以为歉。积志已久，因合词吁请余转申制抚，俱蒙嘉予，且捐资首创。即命余酌藏其事。于是众咸踊跃乐输己资，遂买旧宅一区，而更新之……工既竣，制宪颜其额曰"越华书院"，躬莅课艺，而加奖励，众商感激，复捐项生息，以充膏火，用垂永久。于是敦请名宿为山长，俾得有所折衷，庶业不荒而名有由成矣……初设膏火三十名，以为商籍子弟藏修息游之所。[2]

又据曹磊在《越华书院故址钩沉》一文介绍，越华书院在现今广州市越秀区越华路、南越王宫博物馆、广东省财政厅一带。唐代岭南署道、宋代都督府、明清广东布政使司皆在此，越华路因位于衙署的后面，得名"司后街"[3]。越华路现东连仓边路、西接吉祥路。

---

① 姚廷纶：《越华书院设立商籍记》，陈谷嘉、邓洪波主编《中国书院史资料》（中），浙江教育出版社，1998年，第1428页。

② 清道光《广东通志》卷137《建置略十三》。

③ 曹磊：《越华书院故址钩沉》，广州市人民政府文史研究馆编《广州的故事》（第5集），广东人民出版社，2017年，第74页。

越华书院来自行政资源的支持有限。背靠商界、服务商界，成为越华书院运营的重要途径；捐资首创、捐项生息以充膏火，也成为越华书院生存的独特模式。广州一带的商人财富雄厚，越华书院历年收到的捐置基金，也比较充足。倡议建设越华书院之后，官府和富商共同合捐银四千六百两。他们买下一块旧宅，翻新扩建。建成的越华书院，占地八亩多。院舍设计精巧，有意创造清幽宜人的读书环境。四进四座的布局分别是：前座，大门；二座，大堂；三座，讲堂；后座，书楼及先贤祠。除了安排了堂、厅、室等二十余间之外，还设有长廊两厢，点缀以庭院、花木、池塘、小桥、石山、小轩、回廊、载酒亭等景点。由于设计独特，越华书院建成不久，已成为广州名园。

越华书院管理严格，每月派一名商人经理院中事务，每年举行甄别考试，奖罚分明。官课按等次给予奖赏，较粤秀书院优厚。凡课试者，必须在讲堂会考。如点名不到，概不收卷，以防代替包揽。而且，书院所藏图书丰富，可供学生诵读。据刘伯骥《广东书院制度》和范时纪《越华书院记》载述，因越华书院属于省级书院，山长人选，由省级官员礼聘，一般都由督、抚会同学政一起酌商确定。在两广总督杨应琚的支持之下，当地官吏范时纪主事，延请有名望的老前辈为山长。范时纪，清开国元勋范文程之孙，汉军镶黄旗人，乾隆十五年（1750），授广东粮驿道。乾隆十六年（1751），署广东盐运使。不久，实授。乾隆十七年（1752），署广东按察使。范时纪敦请名宿，担任越华书院的主讲。越华书院的第一任山长，是著名的医学家、文学家、数学家何梦瑶。何梦瑶（1693—1764），南海云津堡大沙村人（今佛山西樵崇北下沙村人），字赞调，又字报之，号西池，晚年自号研农。岭南著名医学家，被称为"清代奇人""粤东第一国手"。何梦瑶博览群书、视野广阔、著作宏丰。他师从名儒惠士奇，在文学、医学、数学、音乐等方面均有很深造诣。他淡泊名利，治学吸纳诸家之长，注重学说的理论建构与实际应用，表现出可贵学术精神。此外，当时著名学者，如冯敏昌、刘彬华、李黼平、陈鸿墀、丁仁长、叶衍兰等，均先后主讲于越华书院。①

冯敏昌（1747—1807），字伯求，号鱼山，广西钦州人大寺镇马岗村人。乾隆四十三年（1778）进士，人称鱼山先生。乾隆年间进士，历任翰林编修、户部主事、刑部河南司主事，诰授奉政大夫。冯敏昌一生著述甚丰，有《小罗浮草堂诗集》《小罗浮草堂文集》等，还纂修《孟县志》《广东通志》等志书，创作诗作两千余首，文两百多篇。冯敏昌是清代杰出的教育家，先后主讲过河南河阳，广东端溪、越华、粤秀等多家著名书院，后人誉称其"诚五岭之鸿儒，非只一乡善士也"②。《清史稿·儒林传》有传。

刘彬华（1770—1829），字藻林，一字朴石，号朴后，广东番禺人，嘉庆六年（1801）进士，任翰林院编修。刘彬华性淡泊，不乐仕进，乞假归。先后主端溪、越华书院讲席。嘉庆九年（1804），他开始担任越华书院院长，凡二十年，名辈谭莹等皆出其门下。著有《玉壶山房诗钞》《岭南群雅集》等存世。

李黼平（1770—1833），字绣子，又字贞甫，号著花居士，嘉应州东街堡攀桂坊人（今梅州市梅江区较场背旺巷口人）。李黼平自幼和兄弟李嗣章读书于东邨草堂。嘉庆十年（1805）进士，选翰林院庶吉士。曾任江苏昭文县知县、东莞宝安书院山长等职。嘉庆十一年（1806），主讲越华书院。《清史稿·儒林传》有传。

丁仁长（1861—1926），字伯厚，晚年号潜客。原籍安徽怀宁，父辈来粤定居，落籍番禺。自幼承受家学，才华不凡，有《丁潜客先生遗诗》《毛诗传笺义例考证》等存世。光绪八年（1882）中举，翌年中进士，入选翰林院庶吉士。光绪十二年（1886）散馆，授编修，任国史馆协修。光

---

① 黄泳添、杨丽君主编：《广州越秀古书院概观》，第66页。
② 广西钦州市政协文史资料委员会编：《钦州文史·第7辑·冯敏昌黄明堂纪念文集》，钦州市政协文史资料和学习委员会编印，2000年，第114页。

绪二十三年（1897），丁仁长应粤督谭钟麟之聘，主掌越华书院，亲自讲授制义和经史实学。晚清癸卯学制颁布后，废书院兴学堂。丁仁长认为，"学堂初开，首在宗旨纯正，主持得人"[1]。以广府学宫明伦堂首席绅士身份，倡议由惠济义仓每年拨款，广州府属县的县学宫明伦堂绅士酌量拨款帮助，开办公学，定名教忠学堂。"教忠"是张之洞《劝学篇·内篇》第二篇篇目，旨在教人忠君。用以作学堂名称，其办学宗旨可见。是年，教忠学堂成立，丁仁长为首任监督。是年并继姚文焯之后，兼两广大学堂监督。光绪二十九年（1903）应元书院、菊坡精舍同废，院舍合并改办为广东存古学堂，丁仁长受聘为首任监督，分科教授，成就甚众。[2]

越华书院创设初期，只设山长（院长）一人，每月派一名商人，轮流经理院中事务。自乾隆三十一年（1766），随着生徒的不断增加，另设监院官一人，后来又增设副监院官一人，共同管理院中一切事务。最初，越华书院只招收商籍子弟三十名。道光年间，越华书院发展迅猛，声誉日隆。道光八年（1828），书院录取学生一百六十九名，分别为：内课生监八十九名、童生二十名、外课生监三十六名、童生二十四名。刘伯骥在《广东书院制度沿革》一书中指出：

> 清代书院在学制上纯为辅助性质。所谓辅助，就是训练生徒使其能够应科选第而言。像越秀书院当时所谓进诸生而课之，拔其尤者，集公庭而覆校之，判甲乙以决科庚午乡闱，登贤书者正副榜得十有三人，前三名皆院生。癸酉拔萃者首郡十四，属入选者十有一人，优行者倍之。每岁科试，童子获隽者，更仆难数；咸以为一盛事。[3]

---

① 广州市地方志编纂委员会编：《广州市志·卷19·人物志》，广州出版社，1996年，第186页。
② 广州市地方志编纂委员会编：《广州市志·卷19·人物志》，第186页。
③ 刘伯骥：《广东书院制度沿革》，第22页。

羊城书院、越华书院的日常教学形式，大抵相类。除了山长答疑之外，以学生自修为主。这两所书院，定期会举办各种各样的学术活动、考试测评。比如师课，由山长出题，考查学生；又有官课，由当地官员出题，考察制艺。考察的内容，主要是儒学经典四书（《论语》《孟子》《大学》《中庸》）。学生学习写作四书文，也写作帖诗。后来，又增加经史古学的考测。但羊城书院、越华书院的办学理念，同中有异。羊城书院，以"修身立品、实济时用之学，升降有等，劝惩有序"①为学规；而越华书院更多受到岭南商业文化、崇实文化的影响，以"处则抱真学问，出则有真经济"②为学规。平素，越华书院以研习"真学问""真经济"为导向，教导学生。这使得这所书院培育的学生，有着与一般学院不一样的学术视野、思想理念。姚廷纶《越华书院设立商籍记》一文中，也介绍了越华书院的育才情况：

> 至越华书院之设，督院杨、转运范于乾隆二十年实创此举，岁延山长一人董其教，而又设立膏火三十名。以为众商子弟藏修息游之所，殆亦商籍之旷典欤。历科邀乡荐者，则有盛发、胡宗发、陈煜、李继沆、陶思深、胡兰一、吴琼、陶思涛、陶世风、刘邦宪、李敦和、章作霖。成进士者，则有陶思深、胡兰一、李敦和；恩贡，则有陆文焉；拔贡，则有沈树德、谢文英、欧阳达、吕复、梁雍、查锡魁、陶思沂、朱鹤、陈正学。③

光绪二十三年（1897），翰林院侍读丁仁长，出任越华书院的山长。丁仁长曾任学海堂学长，他更定院章，大力改革课程，兼课经史古学和西

---

① 程含章：《兴修广州羊城书院设立膏火银两碑记》，清同治《南海县志》卷十二。
② 清道光《广东通志》卷137《建置略十三》。
③ 姚廷纶：《越华书院设立商籍记》，清道光《广东通志》卷137《建置略十三》。

学。①晚清末年，清政府下令把旧式书院改为新式学堂。当时规定，京师和省城设大学堂，各府设中学堂，各县则设小学堂。而后，广州知府接管越华书院；1903年，书院更名为广州府中学堂，也称广府中学堂，学制五年，以"中学为体，西学为用"为宗旨，仍教四书五经，还设前所未有的国语、算术、物理、化学、历史、地理、博物、法政、国画、体操等课程。新式学堂对毕业生的待遇却残留科举制度痕迹，毕业生奖以贡生头衔。民国成立后，广府中学堂改名广府中学。②

道光十二年（1832），朱次琦二十六岁。这一时期，他与谢兰生仍保持着学术往来。同时，他进入越华书院修习课业，拜当时任书院山长的陈继昌为师。陈继昌同样是深刻影响朱次琦的另一位重要人物。

（二）陈继昌为人及其对朱次琦的影响

陈继昌（1791—1849），原名守毂（守睿），字哲臣，号莲史，广西临桂人，嘉庆十八年（1813），陈继昌乡试举人第一；嘉庆二十五年（1820），三元及第。他为官二十七年，历任翰林院修撰、江西按察使、山西布政使、江苏巡抚等职，著有《读书心解》《礼学须知》《如话斋诗存》等。

有关陈继昌及其三元及第，晚清文学家李伯元在《南亭四话》中曾指出：

  桂林陈莲史方伯继昌，为文恭公元孙，登嘉庆庚辰科三元。时继莲龛方伯继昌适维藩粤西，手赠楹帖云："高祖当朝一品；文孙及第三元。"语虽浑成，终觉太质而鲜味。后莲史历官中外，洊至直隶藩伯，潘芝轩阁老赠联云："畿辅为屏，越五百里；科名盖代，第十三人。"时传诵于人口。按历代至今，登

---

① 曹磊：《越华书院故址钩沉》，《广州的故事》（第5集），第75页。
② 曹磊：《越华书院故址钩沉》，《广州的故事》（第5集），第77页。

　　"三元"者，唐有张又新，宋有王曾、宋庠、冯京、王岩叟，孙何、杨寘，金有孟宗献，元有王孙哲，明有商辂，我朝则已有钱棨、陈继昌两人。[①]

　　陈继昌是清代第二位连中三元的，也是中国科举史上连中三元的十三名获得者之一，更是中国历史上最后一位"三元"。连中三元，是指在乡试、会试和殿试中，三次考试，都考得了第一名。由于乡试的第一名叫解元，会试的第一名叫会元，而殿试的第一名叫状元，所以三次都考第一名的人叫三元及第。当陈继昌中状元时，他的父亲陈兰森寄以诗云：

　　　　祖宗贻福逮云初，福至还期器可盛。好以文章勤职业，勉求学问付科名。
　　　　出身岂为营温饱，得志从来戒满盈。有子克家宽父责，老怀不用日愁生。[②]

　　《易》称："积善之家，必有余庆，积不善之家，必有余殃。"诗中以"云初"，指远孙，又喻后继者、沿袭者，诗人称祖宗的阴德庇护子孙后代。祖宗的血脉和道统，需要子孙后代相续相继。文章、学问，是追求职业、功名所需要的，但一个人立身处世，岂止是为了功名与温饱。因此，哪怕是得志风光时期，也仍要戒骄戒躁，要做到善良、忍耐、吃苦、清廉。只有亲近圣贤、修行修德，才能长长久久立身处世。诗中所言"出身岂为营温饱，得志从来戒满盈"一语，表达陈兰森对其子的殷勤寄望。

　　高中状元的陈继昌，受家学影响深刻。陈继昌讲学，也多承续家训，重视程朱理学研习和道德品性锻造。陈继昌的官宦生涯，在族亲的

①　李伯元：《南亭四话》卷六，上海书店，1985年，第401—402页。
②　陈康祺：《郎潜纪闻四笔》，中华书局，1990年，第170页。

影响下渐次开启。唱名之日，嘉庆皇帝以御笔题诗，谓"大清百八载，景遇两三元。旧相留遗泽，新英进正论"。阮元时任两广总督，在桂林靖江皇城端礼门上亲书"三元及第"匾额，大学士潘学恩赠对联谓"畿辅为屏，越五百里；科名盖代，第十三人"。陈继昌初授修撰，道光二年（1822）出任陕西乡试副考官，道光六年（1826）出任会试同考官。陈继昌出京后，历任保定、兖州知府，通永河道巡察，江西按察使，山西、甘肃、江宁等地布政使，他讲气节操守，为官办事公正廉明。所到之处，他尽自己所能，促教兴文，尤以兴修水利而深得民心。他做了许多兴利除弊之事，在百姓中颇具口碑。陈继昌出京，是因为拒绝附庸到穆彰阿门下，以此被排挤。他作诗谓："三载留京师，微名不易得。"陈继昌将"微名"保有，是为其自身一种自觉追求与由衷坚守。

（三）陈继昌为学及其对朱次琦的影响

陈继昌精鉴古、通琴理，素以艺兰临池自娱、修心养性。其书体佳，逼真欧阳率更；其文称绝一时，所著《陈礼部文集》"皆博雅有家法"，而尤以八股名绝于世，为举世共誉的八股名手。他所作八股文，结构谨严，论述周备，文笔流畅生动、藻思绮丽。

陈继昌自幼专攻经史，熟读圣贤典籍。他作文，强调从自己内心流出，不一味追求模仿、追求功名，能表现深湛的学力、独特的见识、浑厚严整的论析。这使他成为嘉庆、道光年间的八股文名家，在八股文坛声名显赫。就八股文的体例与写作典范来看，陈继昌此文"股股相生，环环紧扣，愈转愈深，愈深愈酷，题无剩义，颇有说服力"[1]，不仅代表了当时制艺之文最高水平，而且展现了学说功力。

陈继昌诗作，亦有佳创。李任仁《如话斋诗存跋》一文中，曾指出：

---

① 龚笃清主编：《八股文汇编》（下），岳麓书社，2014年，第1151页。

先生为文恭公曾孙，清嘉庆间，乡试、会试、廷试皆第一，官至布政使。道德文章，能世其业，惜生平著述，散佚略尽，今所存者，谨此诗稿一卷而已。先生不以诗名，顾读其所作，大都陈忠孝而箴末俗。述祖德而诚子孙，有合乎兴观群怨、温柔敦厚之旨。[1]

陈继昌的诗作，"弘廓夷愉，若浑金璞玉，奕奕自露神采"[2]。李任仁就肯定陈继昌的诗稿有合乎兴观群怨、温柔敦厚之旨。

陈继昌治学，早年尝书写苏东坡等人诗句为对联以自勉，谓苇管书柿叶、瓦瓶担石泉，即以苇管为笔，以柿叶为纸，以瓦罐担泉水，喻艰辛读书。教学授徒后，又以之勉励诸生。他认为，"凡法古以立治，兴学以作人，廉法而庶政合，清晏而百川理"。其主讲羊城书院期间，勤于课士，善于奖掖提携后生，谭莹、李光廷、许其光，皆其未遇时所识拔者。陈继昌第一次见到朱次琦，大为惊叹，"一见异之，曰'天下士也'"[3]。朱次琦少而聪慧，又在陈继昌指导下闭户潜修，诗文展现非凡气象与气度，如《山长桂林夫子枉过》：

毋抱燕台石，周客讪其旁。毋掘豫章剑，天汉精乃亡。咄此海隅士，读书自口黄。忽漫二十年，怀利傥未忘。邦有必闻谤，夫子更恢张。命舆出顾我，声鸣殷宫墙。载诵隆栋篇，载望匡时良。极辱齿牙惠，恐违弓矢藏。自我苦可贞，观物积始详。柔柯结根浅，春阳嘘使。强小子寸铁朽，大治跃使刚。请借华阴泥，

---

① 李任仁：《如话斋诗存跋》，广西省乡贤遗著委员会编《陈榕门先生遗书》第十四册，民国三十三年编刻，第243页。
② 郑逸梅：《郑逸梅选集》（第5卷），黑龙江人民出版社，2001年，第355页。
③ 简朝亮：《朱九江先生年谱》，《朱次琦集》（上），第10页。

淬拭生寒光。①

器宇非凡的朱次琦，每为文必独标一格，大得陈继昌之心。在越华书院求学时期，陈继昌对朱次琦赏识有加，经常令其相伴左右，点拨成长。

清代士子集结，文社之风盛行，教师携同三五学生、好友，与时相聚，唱和诗文，既有益心智又培养文风，更是推动教育的另一种方式。当时结集活动，如元旦的烧爆竹、正月十五的开灯宴、五月五日的端午节、七月七日的乞巧、八月十五日的赏秋月，等等。有一年端午节，陈继昌设宴招待学生，一为游宴，一为雅集。在宴席上，他以"新松"为题，吩咐学生作诗为赋。朱次琦列席其中，当场作下《赋得新松》七律一首：

分得苍林烟雨浓，滋培造化与同功。著书岁月忘年对，起蛰云雷有日通。御李渐吹寒谡谡，补萝休待盖童童。栋材未必千人见，但听风声便不同。②

在这首应制作中，朱次琦借咏新松，抒发情感和志向。"栋材未必千人见，但听风声便不同"句，可见这时期朱次琦的胸襟怀抱及自我期许。不难读出，这时的朱次琦踌躇满志，对未来充满向往。"起蛰云雷有日通"一句表现的，正是青年心怀的鸿鹄之志。

陈继昌、朱次琦饮酒赋诗、登山唱和。他们一起登游粤秀山。朱次琦作《奉陪山长陈莲史师登粤秀山至山亭胡太守方朔设乐置酒》一诗，称：

到海百川汇，雄观尽此亭。天空收蜃气，雨急过龙腥。行幪

---

① 朱次琦：《山长桂林夫子枉过》，《朱次琦集》（上），第72页。
② 朱次琦：《赋得新松》，《朱次琦集》（上），第71页。

无空谷，华镫有落星。从来卢子干，丝竹亦传经。[①]

另赏其岁暮时分，怀人之作《观察陈桂林夫子》：

> 余马首欲东，东从夫子官。夫子南北人，从之路渺漫。近者
> 见敕目，持节监河千。青天万艘上，清溜九月寒。岂不实盘错，
> 求职非求安。旬宣古王官，雅颂声未阑。太上百僚化，守令罗荃
> 兰。教言逮夷面，行部戴虎冠。天无五运阨，民有二父权。其次
> 补苴勤，其次簿牒完。大臣有心事，廉退乃一端。夫子相君冑，
> 祖砚传未刊。大东小东郡，颂衮犹汍澜。泰山合肤寸，终使宇内
> 观。（夫子前守兖州）[②]

在越华书院就学时，朱次琦考试经常得第一，累计共考得七次第一
名。朱次琦的刻苦练习及天资聪颖，为陈继昌大加赏识。陈继昌将朱次琦
的课卷视为典范，又将其诗文结集成册，带给官吏好友观摩学习，谓其文
章"廉直劲正，具有盛大流行气象"。这给年轻的朱次琦，带来莫大的鼓
励。日后，朱次琦成为骈文巨手，离不开陈继昌的鼓励与培育。陈继昌离
开广东之前，将祖宏谋公任江督时朝廷所赐的屏翰嘉勋玉章赠送朱次琦，
还赠予杜甫诗集，以"树立甚宏达，结交皆老苍"勉励朱次琦，可见对朱
次琦寄予的厚望。

概而论之，埋首经院的青年朱次琦，受到谢兰生、陈继昌在思想品
格、治学路径、学说视域方面的深刻影响。其中，朱次琦的诗学主张、书
画技艺，深刻受到了谢兰生的影响；朱次琦的八股时文创作，又受到了陈

---

① 朱次琦：《奉陪山长陈莲史师登粤秀山至山亭胡太守方朔设乐置酒》，《朱次琦集》（上），
第114页。
② 朱次琦：《观察陈桂林夫子》，《朱次琦集》（上），第74页。

继昌的深远影响。而且，谢兰生、陈继昌为官清廉、为人清白的心性品德，以及为学通达、学以致用的主张，都给予年轻的朱次琦以重要的思想启引与学说沾溉。这对后来朱次琦融通汉学、宋学，倡导学归孔子和四行五学，起到非常深远的导引作用。溯源自谢兰生、陈继昌而至朱次琦的学说发展脉络，也使我们注意到：清末民初，以书院为传授、衍播中心，岭南学说思潮不断演变与发展，岭南一带也形成不主一家、博雅古今、兼采汉宋、修身敬德、有用于世之流风。

第四章

科举侘傺，志比金坚，
心忧天下，兰质蕙心

　　到了有清一代，经由上千年运行的科举考试，此时更多充当清朝统治和控制民众的一种工具。与此同时推进的，包括清朝官吏任用法。大抵而言，清朝的官吏任用，可以划分为三个发展时期。第一时期，清朝开国之初，属于草创时期；此后，进入科举全盛的第二期；到了光绪末年到宣统末年，进入学堂兴盛时期，大抵可称之为第三时期。[①]朱次琦大抵处于第二时期，仍以科举考试任用官吏。由于晚清时期的政府越来越黑暗，真才实学之士，不一定得到晋身之阶。科举考试，在这一时期，成为禁锢思想智慧、败坏心术、滋生游手的一种工具。当时，学校组织考试与入学资格，清代地方学校的代表有府学、州学和县学，它们之间没有地位高下之分，是平等的，不过在形式上存在高下。州学是特殊县学，有时该县正好是府的治所，县学之外还设有府学，府州学校的教官隶属知府和知州，县学学校的教官隶属知县，作为学生的生员，无论府州学、县学的，没有等级之分，只是因学校不同，入学人数各异，又根据接收学生的数量分为大学、中学和小学。大学不同于太学，太学是最高学府。学子考试，竞争激烈，最高止境就是进士。进士是时望所归，士子趋之若鹜，登第之难，常使天下英雄俊才为此白了头。而且，即使士子成功考取进士，也只是取得做官的一种资格。进士要真正成为朝廷命官，还得经过层层地再选拔和再复试。中国古代的读书人，参加科举考试，受案牍之劳形，无以继日，青丝熬成白发，至晚清时期，这种现象更变本加厉。朱次琦经历漫漫二十三年的科举赶考。在负重前行中，他也迷惘苦痛。他以"士不可不弘毅，任重而道远"勉励自己，调节情绪，泰然处之，使自己始终不忘修身敬德、实

---

① ［日］宫崎市定著，马云超译：《科举史》，大象出版社，2020年，第217页。

用济世。基于直接研究朱次琦科举考试的材料不足，本章将重点介绍科举相关规定，以对朱次琦二十余年赶考经历及思想变化，作尽可能深层认识。

一、两次院试

（一）第一次院试落第

道光四年（1824），朱次琦十八岁。这一年，他肄业于羊城书院。到了夏天，他参加了人生中第一次院试[①]。

简朝亮《朱九江先生年谱》中，记载了这一次院试情况：

> 夏，先生赴乡院试，如功令不挟一字。先生连试席者，纨绔弟家子也，倩递失排律，乃出金条脱，乞作"维笋及蒲"诗，先生不纳。[②]

所谓院试，指的是明清时期，在全国各省举办的、由当地学政主持的一种考试。因为当时学政的官署，称为"提督学院"，因此就将这一类考试称为院试。清初沿革明代的旧制，各省提学官称"提学道"，亦沿称为道试。院试，是正式科举考试的最低一级考试。院试之前的考生，已经过两次预备性考试——县试和府试。县试、府试，对于学子进入官场及此后出身，同样重要。比如说，当时的佾生，可以不用参加县试、府试，直接参加院试。所谓佾生，又叫佾舞生、乐舞生、舞生，是指由知县和教谕从童生当中，选拔出来的一批在文庙祭祀时跳佾舞的人。佾，是指古时乐舞的行列。佾舞，即是排列成行，纵横人数相同的古代舞蹈，天子用八佾

---

① 以下行文，所涉科举制度相关内容，征引自张希清、毛佩琦、李世愉主编：《中国科举制度通史》，上海人民出版社，2015年；［日］宫崎市定著，马云超译：《科举史》，大象出版社，2020年。就此说明，不一一另加注释。
② 简朝亮：《朱九江先生年谱》，《朱次琦集》（上），第10—11页。

六十四人，诸侯用六佾三十六人。在清代，佾舞生是孔庙祭祀中担任乐舞的人员。他们和秀才一样，都有顶戴，却并不太受到社会的重视。他们也不能直接参加乡试，必须要先捐钱买个国子监的名额。成为国子监生之后，佾生才有资格参加乡试。曾国藩身为晚清名臣，在晚年的时期，对自己在道光十二年（1832）被选为佾生，仍然引为巨大耻辱，认为这是他的人生第一大堑、也是他一辈子遭受的大挫折之一。他说："余生平吃数大堑，而癸丑六月不与焉。第一次壬辰年发佾生，学台悬牌，责其文理之浅。"① 在人们心中，不通过县试、府试而进入院试的佾生最多也就只能算是半个秀才。就此可见，科举出身，实为重要。县试、府试为低级别的考试，却是清朝官吏出身中重要的一环。依此二试进入院试，方为时人眼中之正途。

依例，进入到府试后的童生，就可以参加由知府主持的考试。各府一般都是大城市，通常设有试院、考场、考棚。直隶州试，完全依照府的标准，直隶州试的手续和府试也相同。考试当天，应试童生一早来到考棚的辕门前集合，以府所在的县为第一。各县童生结成一队陆续入场，接受点名、发卷。这三次考试，总称为小考或童试。应考者，则称为童生、儒童、文童，意思是指，还没有进学的童学生。参加府试被录取之后的童生，均可以参加院试；院试得到录取之后，就被人称为生员，也就是秀才。院试是童生试当中的一个最高阶段考试，也是当时朝廷选拔官吏的一种重要的预备考试。

院试的组织，由各省的学政亲自前往各府进行。学政的担任者，朝廷规定了必须是进士出身，而且和总督、巡抚等官员一样，由皇帝直接派遣。院试的考试设置，共分两场，分别安排为正试、复试，包括写作八股文、试帖诗，以及要求默写《圣谕广训》百数十字。所谓帖试，也就是以

---

① 曾国藩：《与沅弟书》，《曾国藩全集》第二十一册，岳麓书社，2011年，第488页。

帖经来考察应试的学子。考试时，出题者将考试经书内容掐头去尾，中间只留下一行字。在这行字中，又掐掉一些，留出了几个字，让考生于此基础上或作填写、或作发挥。朱次琦参加的第一场帖试，是从《诗经·大雅·韩奕》里，截取出"维笋及蒲"这四个字。

考试当天，朱次琦来到考场门前。当时，各县知县带领教官、廪生集结在院试大门外，等待开门。伴随着第三次号炮的响起，衙吏举着写有各县童生姓名的牌子（照准牌），以县为单位，引导童生依次进入到大门内，并在第二道门（仪门）前一一排队等候。外搜检官到场后，两人一前一后对之后，每二十人为一组，站在知府面前，再次由内搜检官进行搜身。然后，考生们再来到学政面前，由廪保一一确认考生的身份，考生再向旁边的办事员提交结单，换取答题用纸。办事员在考场中指定童生们的座位，并记录在答题用纸的表格中。童生们拿到答题纸，依要求一一对应入座。答题用纸上，有填写姓名的贴纸，时人称之为浮票或浮笺。在这一场考试当中，朱次琦仅有一次机会因喝茶或上厕所而离开座位，而且必须先把答卷提交上去，才能离开。等到他回来之后，再领取答卷，继续作答。当时，在试场上，与朱次琦连着座位的，是一名富家弟子。这是一名纨绔弟子，不学无术，心术不正。他自己答不出题目，却动了歪主意，想通过收买的形式，让别人来帮忙他作弊答题。在朱次琦离席的时候，他跟了出去，以金条脱（金手镯）为利诱，企图收买朱次琦代为作答。朱次琦拒绝了。但可能受到了干扰，朱次琦没能发挥好水平。放榜时，他落第了。

（二）第二次院试中秀才

道光七年（1827），朱次琦二十一岁。这一年的夏天，朱次琦再一次参加了当地组织的院试。

对于这一年的院试，《朱九江先生年谱》中载述如下：

夏，常熟翁文端来督学，先生试皆第一，补邑弟子员。再试

之日，先生托笔入，文端命升堂，属稿数行，辄先取视，点首而诵。比莫（按：暮），稿未脱，文端亲然（按：燃）蜡烛劳曰："勉竟，若长毋躁也。"[1]

依例，进行院试当天，在学政到达考场之后，正式开考之前，需要先完成三件事情。第一件要做的事情，就是"观风"。也就是说，学政在现场临时给出若干考题，以测验、了解当地考生的大致水平，作为正式考试命题的参考。这时的考生，可以自由选择题目来作答，并且他们不一定要进入考场，而可以在任何地方作答。学政要做的第二件事，就是带领府学、县学教师与秀才，以及准备参加考试的童生们，到当地文庙的明伦堂，拜祭大成至圣先师孔子，并且宣读当时朝廷颁发的《顺治卧碑文》。明伦一词，语出自《孟子·滕文公上》，其记载了当时乡里办的地方学校的名称，夏朝叫校，商朝叫序，周朝叫庠；至于国家办的学校即大学，三个朝代都叫学。无论是乡学还是国学，共同的目的，都是阐明并教导人们懂得人与人之间的伦理道德标准，所谓明伦昭统序、尚理洽区寰。学政要做的第三件事，就是审理与秀才、举人等相关的案件，从而对一些不适合的人，或取消举人、秀才等功名，或予以惩戒、降等（比如，将享受官方津贴的廪生降为不享受津贴的增生，增生则可降为附生）。

正式院试，一般要考两场，分为正试、复试（又称覆试）。每场考试，持续一整天。乾隆二十五年（1760）始，朝廷规定了院试正试为"阳书"文一道，经题一道，五言六韵诗一首。至于复试，则为"四书"文一道，论题一道，五言六韵诗一首，并要求考生默写《圣谕广训》一百至二百个字。《圣谕广训》，由清朝官方颁布的官样书籍，分为康熙"圣谕十六条"与雍正"广训"两个部分。其中，"圣谕十六条"摘录

---

[1] 简朝亮：《朱九江先生年谱》，《朱次琦集》（上），第11页。

自康熙九年（1670）所颁上谕，每条七字。其中内容，分别是："敦孝弟以重人伦""笃宗族以昭雍穆""和乡党以息争讼""重农桑以足衣食""尚节俭以惜财用""隆学校以端士习""黜异端以崇正学""讲法律以儆愚顽""明礼让以厚风俗""务本业以定民志""训子弟以禁非为""息诬告以全善良""诫匿逃以免株连""完钱粮以省催科""联保甲以弭盗贼""解雠忿以重身命"。至于"广训"部分，完成于雍正二年（1724）。雍正自云，期望子民"俾服诵圣训者咸得晓然于圣祖牖民觉世之旨，勿徒视为条教、号令之虚文"。因此，就康熙"圣谕十六条"逐一"寻绎其义，推衍其文，共得万言，名曰圣谕广训"。

在这一场考试当中，朱次琦的才华，引起考官关注。是时，翁心存任广东学政，由其督学，任主考官。翁心存（1791—1862），翁同龢①的父亲，字二铭，号邃庵，历任工部尚书、体仁阁大学士、太子太保等，谥"文端"，入祀贤良祠。朱次琦考试时，给翁心存留下了良好深刻的印象。复试那一日，翁心存还专门留心观察这个考生，安排他坐在考场最前面一排的位置。在考场上，身为学政、主考官的翁心存，由于爱才惜才心切，在考试还没结束时，就已经忍不住直接端起朱次琦正在答写的卷子，细细品读。就这样，答卷的时间被占用。时间过去，太阳下山，天色变昏暗，翁心存亲自为应考中的朱次琦点燃蜡烛。他宽慰朱次琦不用着急、耐心答题。可以看到，朱次琦的才华，在这时候已经崭露头角，否则不可能使得主考官对之青眼有加。

朱次琦在这一次正试、复试（覆试）中，都是名列第一，被补为南海县学生员，成为秀才。所谓秀才，是当时的一种俗称，院试的录取者，正式称名为生员、庠生、茂才、博士弟子员、诸生。生员，是考取的一种终身资格，也是士子在科举生涯中获得的第一级身份，虽然处于科举体系

---

① 翁同龢，历任户部、工部尚书、军机大臣兼总理各国事务衙门大臣。先后担任清同治、光绪两代帝师，谥"文恭"。

的最底层，但有希望获得参加乡试的资格，甚至有可能考上举人、进士。所以，相对于普通百姓而言，读书人一旦成为秀才，就代表开始可以享有一定的社会地位、经济特权。比如，秀才见了知县，也不必下跪，只需要拱手作揖就可以。官府对秀才，更不能随随便便用刑，也不能直呼其名，而要称之为老爷或相公。秀才有事要报告官府，递交的文书称为禀帖，当中可以说自己的私事；而普通百姓则只能写呈文，不能说私事。因此，二十一岁成为秀才的朱次琦，在当时算得上是光耀门楣了。

二、四次乡试

（一）第一次乡试落第

道光八年（1828）秋天，二十二岁的朱次琦，第一次参加乡试。对于这一次的乡试情况，《朱九江先生年谱》载述道：

> 秋，先生赴乡试。将试，先生检举子业曰：韩退之云："既为之，欲有所就。"已而报罢，先生读书，嚣嚣自若也。曰："朱子云：'非科举累人，人自累耳。'"[1]

乡试，是继院试之后，科举才试的第二级。这一级考试，因为采取的是分省考试、分省录取，又与上古时候的乡举考试有着相形似的地方，因此时人将之称为乡试。因为乡试是在秋季举行，所以称为秋闱；又因为这一类考试，发榜时间是九月中旬，故又称为桂榜。此外，乡试又被称为乡举、乡闱、秋试、秋榜、大比。

在清朝，乡试分别安排在南、北直隶（南京和北京）以及各省省会举行。其中，北京顺天府的乡试，在京城东南隅崇文门内。各省的考试，则

---

① 简朝亮：《朱九江先生年谱》，《朱次琦集》（上），第11—12页。

是安排在本省城的贡院中举办，每三年一考。顺天府乡试的正、副主考，由朝廷在协办大学士、尚书或副都御史以上的官员中选派。各省乡试正副主考，则由翰林、进士出身的部院官充任。清代沿用宋代以来三年开科一次的旧制，在子、卯、午、酉年八月举行乡试，丑、辰、未、戌年二月举行会试。生员、监生、荫生、官生、贡生经由选拔，就可以获得参加乡试的资格。乡试考中者，人们称之为举人。因为在第二场考试当中，每位考生都要于五经中选一经作答，故考中前五名的，又被人称为五经魁。中头名者，则被人称为解元。乡试中举之后，读书人才能参加下一阶段的京城会试、皇帝殿试。可见，这一场考试对于读书人的重要性与特殊意义。

　　朱次琦在乡试之前，援引韩愈的话，表示自己对于这一次应试的看法与态度。朱次琦深深服膺韩愈的为人为文。他征引的"既为之，欲有所就"，出自韩愈《答崔立之书》。韩愈回顾自己的读书和科举生涯，说自己到了十六七岁时仍未知人情世故，那么多年"读圣人之书，以为人之仕者，皆为人耳，非有利乎己也"。一开始，他认为人们做官都是为了他人谋利益，而不是为了对自己有好处。这导致他"穷不自存"，颠沛流离、狼狈不堪、颜面丢尽，多次参加考试均失败受辱。韩愈也说，自己向中进士的人讨教考取方法，也向考取"博学宏辞科"的人讨教技艺。可当他重读自己的应试文章，发现滑稽无比，"乃类于俳优者之辞"，惭愧不安，"颜忸怩而心不宁者数月"。韩愈指出：满腹诗书的人，在考场不一定能高中状元；豪杰之士如屈原、孟轲、司马迁、司马相如、扬雄等人，一定不会与才识短浅的庸夫俗子一争高低，情愿退出考试。好友崔立之写信劝勉韩愈，一定要考中博学鸿词才好做官。崔立之把韩愈比作献璞的卞和，只有等识玉者剖璞见玉，然后天下人才会知道这是价值连城的至宝，这样，即使像卞和那样两次被砍了脚也不算耻辱。从唐贞元二年（786）到贞元十一年（795），前后近十年，韩愈七次科考，六次落榜，终没能考中"博学鸿词科"。在残酷的事实面前，韩愈并不气馁，因为即便明知"蜀道之难难于上青天"，仍要"明知不可为而为之"，发扬弘道之志，成为

重振文风的旗手。朱次琦仰慕韩愈，所以他落第后，照旧读书，"嚣嚣自若也"①。

朱次琦对当时科举考试的弊端，是有认识的。他还援引朱熹的话，说明科举与读书人的关系。他称："朱子云：'非科举累人，人自累耳。'"朱子，指朱熹。朱熹（1130—1200），字元晦，又字仲晦，号晦庵，儒学集大成者，宋朝著名的理学家，世称朱文公。朱熹是"二程"（程颢、程颐）三传弟子李侗的学生，与二程合称程朱学派，是唯一一位非孔子亲传弟子而享祀孔庙，位列大成殿十二哲者的人。朱熹著述甚多，其中《四书章句集注》，成为钦定的教科书和科举考试的标准。朱熹用"敬"和"双修"思想重解程颢、程颐的著作，创设"中和新说"。与韩愈在落第后，到处探访应试方法、答题诀窍不一样，朱次琦援引朱熹的话，说明读书人不应该被科举功名所累。朱次琦回应自己这一次落第，激励自己不要受太大影响而要葆有平常心，继续专心课业。他认为，读书正如朱熹说的，是要达到己敬和双修，而并非汲汲于功名利禄。

（二）第二次乡试仍落第

道光十二年（1832）秋天，时隔四年后，二十六岁的朱次琦，第二次参加乡试。

《朱九江先生年谱》曰：

> 秋，先生赴乡试，报罢，有以幸隽告者。先生曰："不勤而禄，既望而得，唐李景让之母所以忧也。吾今事母，奚可幸乎。"②

在这四年时间里，朱次琦经历丧父之痛。他在家执丧三年，服阕（守

---

① 简朝亮：《朱九江先生年谱》，《朱次琦集》（上），第10页。
② 简朝亮：《朱九江先生年谱》，《朱次琦集》（上），第12页。

丧期满除服）以后，肄业越华书院。可是，这一年赶考，朱次琦仍落第。

但这一年，在南海县学选拔中，朱次琦名列第一，被选为"优行生"。依当时官府规定，如果读书人被选为优行生，就具备参加优贡考试的机会。贡生，是当时全国各府、州、县学选送生员入读国子监的一种方式与渠道，政府每三年组织选拔一次，目的是从各省选拔生员进京师国子监读书，也意味着将地方当中杰出的人才，举荐贡献给国家。在清代，总共有五种贡生，分别是：岁贡、恩贡、拔贡、优贡、副贡。五贡均属正途出身。贡生于次年，在京师参加廷试以后，可以按知县、教职分别任用，获取正式入仕当官的机会。但优贡的名额非常少，一般来说，大一点的省份，平均能分得六名优贡的名额；中等的省份，是四名；小的省份，只有二名。如按各省各府平均分配下来，往往一个府要等上好几年，才能得到一个优贡的名额。因此，当时读书人能成为优行生，是一种荣耀。比如，咸丰五年（1855）九月，曾国藩的九弟沅甫（曾国荃）在省城考试，考取了优贡资格。此前，曾国荃已成为秀才八年。此年他三十二岁。这个年纪考中优贡，在官场算不得什么大成绩。但对曾家来说，是一件值得庆贺的事。为此，认识朱次琦的人，都为他高兴，认为对于做了四年秀才、二十六岁就被县学选为优行生的朱次琦来说，这是一件值得庆幸之事。但朱次琦淡然处之。

朱次琦引用唐朝大臣李景让的故事，回答别人对他被评为优行生的祝贺。李景让（约789—860），字后己。李景让小时候家里很穷，住的老宅后墙，因为下雨而倒塌，先人藏在墙里的钱财因此暴露出来。僮婢告知此事，惊喜异常。但是，李景让的母亲郑氏治家非常严厉。郑氏让人把钱财放回去，和墙壁一起原封不动地封回原貌。他的母亲教育他，说最担心的就是儿子不勤而禄。李景让在母亲的教导之下，勤奋读书，追求上进，于唐宪宗元和十年（815）中进士，官至太子少保、分司东都，卒赠太子太保，谥号"孝"。他以文学、德行列于四科，而且为官正直坚毅、对待功名素怀淡然。朱次琦追慕李景让的清节可贵，以此勉励自己继续读书修

行，意思是说：我本来就没有下什么苦功夫，却得到了这么一个优行生的称号，这并不是一件什么好的事情。

这次乡试落第之后，朱次琦返回家乡，与南海九江本地一位黄姓女子完婚。在家乡，他一边供奉母亲，一边继续读书。到了第二年，时任广东巡抚的朱桂桢前往南海一带视察水灾赈济情况，同时询问南海一带的教育情况。当问起南海一带的读书人及优秀青年时，随从与陪同人士不约而同地提到朱次琦，对朱次琦交口荐誉。朱桂桢安排人去见朱次琦，表示想见一见他。朱次琦拒绝了。他称："生方赴试，不敢涉嫌，贻口实也。"①他推谢不见，是认为自己正在准备考试，这时候见身为广东巡抚的朱桂桢，有"涉嫌"之疑。朱次琦身上的傲气与耿介，可见一斑。

这时期的朱次琦，不仅恪守君子之行，而且以此勉励友人。这一年，其挚交徐台英会试落第，想通过捐钱买官入仕。在别的朋友大力支持徐台英买官入仕时，朱次琦却极力反对。朱次琦给出的理由，与他在数年之前劝诫李鸣韶一样，强调君子恒持青松之志。他作诗劝告徐台英，《寄徐子台英都门兼简冯六汝棠陈九信民》有曰：

> 一第涸人信茫昧，十年养气从掀揉。古人自战久则肥，肯为尘沙含泪垢。知君抱才必有用，清庙荧辉要罍卣……苦士阅人终惨淡，名场几辈曾摧朽。京洛缁尘自古嗟，君有素衣无恙否。②

朱次琦的意思，是一个人如果着迷于科举功名，就会遍沾世俗污秽、愚昧无知。读书人在世，十年用功、十年养气，要经受各种打击与磨难，不能在功名面前放弃修行与坚守。他以"京洛缁尘自古嗟"，再作强调。京洛缁尘，指京洛尘，南朝的谢朓作《酬王晋安》一诗，谓："谁能久京

---

① 简朝亮：《朱九江先生年谱》，《朱次琦集》（上），第14页。
② 朱次琦：《寄徐子台英都门兼简冯六汝棠陈九信民》，《朱次琦集》（上），第83页。

洛，缁尘染素衣。"金朝的元好问又有《自邓州幕府暂归秋林》诗，曰："归来应被青山笑，可惜缁尘染素衣。"诗人用"京洛缁尘"，比喻功名利禄败坏人的操守，劝诫朋友不要随波逐流，而要坚持原则，守志不纷。朱次琦、徐台英志同道合，关系密切但各有个性。例如，同样面对富户延请塾师一事，朱次琦选择拒绝，而徐台英则接受。朋友评价这两人性情，认为一耿介、一练达。但是，对于朱次琦清介自守的主张，徐台英最终选择了接受，"遂止"[①]。七年以后，徐台考取进士，任湖南华容、耒阳知县，政绩清明，《清史稿·循吏传》有传。

落第之后的朱次琦，在家乡深居简出，读书自怡，却并非两耳不闻窗外事。相反，他关心当地民生、百姓疾苦。据载，返乡后的第二年夏天五月，当地洪水决堤。朱次琦奉母之命，搬离到高处避水。但他心系百姓，与曾钊等人奋力抗洪。朱次琦在诗中，记录了当时的抗洪情况：

> 崩坡压我面，其势如坏山。枯立犹束柴，逆受风雨寒。涝浪两昼夜，泥濘未有干。[②]

洪水来袭，气势汹涌，类若山倒，无以抵挡。朱次琦昼夜不眠，忧心如焚，其最牵系的，仍是黎民苍生。他所作《赴李大孝廉招饮百韵》一诗，真实地记录了这一场洪水的发生，诗人投入抗洪的场景以及抗灾之艰难：

> 弱妻授我食，执箸不下咽。脱我淖中衣，易我犊鼻裈。展视著股处，血痕已朱殷。怜惜不出口，法睫泪涟涟。摇手使勿声，吾母肠断间。民生正摧挫，我敢自求安。愿以肤发勤，易此骨

---

① 简朝亮：《朱九江先生年谱》，《朱次琦集》（上），第10页。
② 朱次琦：《赴李大孝廉招饮百韵》，《朱次琦集》（上），第92页。

肉完。①

诗人看着洪水给百姓带来的巨大灾难使其骨肉分离，难以心安，祷告连连。知诗者，"以是为杜子《北征》之遗也"②。但是，水灾过后，百姓并没能恢复安居乐业，旱灾又来，小民疾苦，无有间断。诗人写道："旱魃又煽虐，匝地比惔焚。低田委白草，高田飞黄尘。"③另道："编摩手口劳，一饱羞儒冠。艰食终及见，况彼涂足民。"④还谓："我愿剖心血，淋漉通天笺。稽首东南风，寄上一掬丹。"⑤这些诗句，生动刻画了水灾旱季之时，心如火焚却束手无策的诗人。他祈祝上天赐予风调雨顺、民生兴泰，恨不得自己披肝沥胆、倾其全力。

道光十五年（1835），时仍读书备考的朱次琦，写下了《乙未闰六月初一日夜记梦》一诗。诗云：

> 天风抱琼台，荡作江海声。手拓西北窗，水远天峥嵘。阶碱石璀璀，浩与镜面平。明月自出入，云扉长不扃。起瘦冰丝弦，坐鼓一再行。得非飞龙引，杂以寒雁鸣。声希月流素，梅朵霏英英。嗅梅得馨逸，有语无声䁆。粲者何人斯，忽与予目成。斧冰持作糜，饮我一碧泓。战吻吐复咽，肝肺余孤清。长揖粲者言，忍寒我则能。⑥

这一首诗，记录了当时朱次琦一个奇异之梦。在梦里，诗人来到一

---

① 朱次琦：《赴李大孝廉招饮百韵》，《朱次琦集》（上），第93页。
② 简朝亮：《朱九江先生年谱》，《朱次琦集》（上），第10页。
③ 朱次琦：《赴李大孝廉招饮百韵》，《朱次琦集》（上），第93页。
④ 朱次琦：《赴李大孝廉招饮百韵》，《朱次琦集》（上），第94页。
⑤ 朱次琦：《赴李大孝廉招饮百韵》，《朱次琦集》（上），第94页。
⑥ 朱次琦：《乙未闰六月初一日夜记梦》，《朱次琦集》（上），第102页。

个清凉冰洁的陌生世界。在那里，他看到一个光彩明艳的女子。互相对视之后，女子端了一碗冰粥给他。诗人吃了一口，瞬间觉得肝肺清润、精神无比。诗人对女子作揖，表示感谢，声称自己能够忍受冰寒。此诗构思奇特、清丽空灵，实为记梦、虚为言志。朱次琦心口如一，赋诗自陈。诗中梅英载吐、玉立冰洁、不易厥素，正是诗人在困顿之中，永保贞固的心境呈示。晚近时期的"同光体"代表人物、著名诗论家陈衍，就对这首诗推崇备至，认为当中表现了唐代宋璟名篇《梅花赋》一般的高洁姿质、超脱品性。

（三）第三次乡试仍落第

道光十七年（1837），三十一岁的朱次琦，再次参加乡试。这也是他参加的第三次乡试。

这一次乡试情况，《朱九江先生年谱》记称：

> 秋，先生赴乡试，获荐。试文用史，主者以粗弃之。报罢，主者发卷，视其名，乃先生也，悔之。先生《俳体戏答友人问》诗"美人秋心"，道其事也。[1]

依例，官府这次组织的考试，仍然分为三场。在第一场诗文考试中，朱次琦的试卷，被考官确定为荐卷。所谓荐卷，就是指科举考试中，被考官选定推荐的卷子，又以此来比喻科举考试时试卷被选荐的人。但在随后举行的试文当中，朱次琦所作史事评论，考官一时半会没看明白，以文章粗疏为由，将之淘汰。就这样，朱次琦又一次落第了。但是，等到发卷的时候，考官看到了"朱次琦"这三个字，后悔不迭，深知自己评卷不慎，"悔自失矣"[2]。人们听闻此事，也都为朱次琦感到不平和遗憾。友人也写

---

[1]　简朝亮：《朱九江先生年谱》，《朱次琦集》（上），第15页。
[2]　朱次琦：《〈俳体戏答友人问〉案》，《朱次琦集》（上），第116页。

来书信，开导朱次琦，又以精美的扇子无法遇到佳人为喻，表示对朱次琦怀才不遇的同情。但是，身为当事人的朱次琦，却视若无事、超然其外。

就这次的考试经历，朱次琦创作了一组《俳体戏答友人问》诗作，送赠友人。组诗有云：

> 嘻出听来事可嗟，矛头淅米险些些。定知贫贱牛衣债，未了扶风处士家。
>
> 略减容光满月痕，压惊荀令最殷殷。丰容不称诗人妇，正好环肥瘦二分。
>
> 风鬟水佩动珊珊，飘瞥氛烟一惨颜。拟抱齐纨同玉碎，为郎名字在中间。
>
> 附和随声到处皆，遗珠丧贝巧安排。圆明三五如珪月，见否团团在妾怀。
>
> 抛到俳谐笑不禁，那言乡土力难任。佗生愿化同心藕，补种情丝入地深。①

这一组诗歌，题为"俳体"。所谓俳体，意思为骈体文，俳谐体。俳谐诗又称谐趣诗、诙谐诗等，内容以诙谐幽默、讽刺嘲噱为主。俳谐诗往往能见诗人情性、人生真谛。如杜甫有《戏作俳谐体遣闷二首》，他以俳体遣闷，于末句感慨人生，并称"是非何处定，高枕笑浮生"。朱熹也创作了《云谷合记事目效俳体戏作三诗寄季通》，以物事的描写，表达心境与态度。在这次考试落第后的次年，南海县学选拔优行生，朱次琦再次被选入，并且名列第一。这也是他的第三次成为优行生。

---

① 朱次琦：《俳体戏答友人问》，《朱次琦集》（上），第116页。

（四）第四次乡试中举

道光十九年（1839），三十三岁的朱次琦，与胞兄朱士琦结伴北行，再次赶赴乡试。这一次，他与朱士琦同榜中举，分列第三十八名、第三名，人们称之为"南海明珠，同时入贡"[①]。

这一次乡试，由张芾、潘铎二人担任主考官。张芾（1814—1862），名黼侯，字小浦。陕西泾阳人，道光十五年（1835）进士，选庶吉士，授编修，累迁庶子，值南书房，督江苏学政、江西学政等职。潘铎（？—1863），江苏江宁人，道光进士，历官至河南、湖南巡抚，署云贵总督等职。

三、三次北上会试

（一）第一次北上会试落榜

道光二十年（1840）的春天，朱次琦与兄长朱士琦北上会试。

这是朱次琦第一次出远门，也是他人生中首次奔赴京城。随行过程，朱次琦以诗为记。兄弟俩北行至德州，当地旱灾，举目所望，黄沙蔽日，苦不堪言。在当地下榻的店铺，朱次琦作下了长诗《尘沙行》一首：

> 北行之苦莫如热，北行之热与南别。热恼酷矣尘拥人，眼耳牙须喉鼻舌。乘窍而入达肺肝，欲吐不能类症结。此尘乃若烟非烟，溯所从不来忍说。牛溲马矢委路墙，搀入灰土吹平田。轮蹄日日蹴成屑，干风一簸腥闻天。炎天不雨地欲赤，舆夫汗垢胶如涎。和尘一挥落焦土，杂葱蒜臭为臊膻。车中屏气不敢息，拥鼻分作僵蚕眠。日光焖焖眼火铄，渴望赫景低虞渊。千辛万苦历站遍，投肆日昳期息肩。覆面积埃厚一寸，茶铛饭甑皆平填。举瓯

[①]　简朝亮：《朱九江先生年谱》，《朱次琦集》（上），第17页。

吹沫勉一呷，黄沙砺齿声铿然。樊孟浑浊匕箸怯，翻思家食安鬶馕。仰面青冥向天诉，何当夜雨鸣潺湲。谓天盖高闻不彻，得闻天亦厌其聒。意东而东西而西，且听行人自回辙。古来回辙知几人，可怜滚滚尘随身。百千万亿恒河数，一线蚁逐穷昏晨。八纮砥矢归皇极，暑不停趋寒不息。大贾营赀士策名，下吏高官各于役。故人下泽愁且吁，栖栖谓我何为与。有田可耕馆可假，何因荡析长离居。未能免俗我亦耻，宦情何日销尘滓。北窗高卧羲皇人，此际黑甜酣不起。①

诗人记录了自己北行的经历。在大旱之地，黄沙经由眼、耳、喉、鼻、舌，灌入人的肺肝各部。道路上，到处都是牛马粪便，臭气冲天，干风一来，满天满地搅动起臊膻气，夹杂着葱、蒜气味，令人作呕不敢呼吸。颠沛而至饭铺店庄，饭碗茶水里也都是黄沙，让人难以箸食。诗人以此慨叹自己为虚名所累，投身科考。在他认为，自己本来"有田可耕馆可假"，却也和时流一起，为了官宦而奔波。诗人自责"未能免俗我亦耻"，自问"宦情何日销尘滓"。他期待的，不是独占鳌头，参拜天子，而是能够做一个对社会所贡献的、有真才实学的人。他曾经写诗《书赵瓯北年谱》，批评赵翼虽然有海涵地负的天才，却在书写历史时品行有亏，称"男儿自有千秋业，堪笑平生志大魁"②。他也说："生无益于时，死无闻于后，虽活百年，犹殇子也。"③他认为一个人活于世上，如果不能有用于世，哪怕是活了一百年，也只能像未成年而死的短命之人。为此，对于自己不得不赶赴科举，获得功名，他才会自嘲"未能免俗我亦耻"，而渴望能够在家里耕读，过"北窗高卧羲皇人，此际黑甜酣不起"的适意随性

---

① 朱次琦：《尘沙行》，《朱次琦集》（上），第134页。
② 朱次琦：《书赵瓯北年谱》，《朱次琦集》（上），第61页。
③ 简朝亮：《朱九江先生年谱》，《朱次琦集》（上），第17页。

生活，也强如栖栖于红尘浮名。

对于这一次北上会试的情况，《朱九江先生年谱》记载：

> 春，先生会试报罢，旅都门。先生自北旅以来，居邑馆泳珠堂，时借书士大夫家，昭代宪章，名公行实，采获之勤，申旦不寐。倦乃幽寻，翛然独往。车马造门者，一刺之而已。先生游良乡，作《题壁》诗。秋，先生南归。[①]

这一次会试，朱次琦、朱士琦二人都落榜了。放榜之后，他们没有离开京城，而是继续温习，准备留下来参加第二年春的恩科会试。时任刑部尚书的祁𡏭，为前任的广东巡抚。他向人介绍朱次琦称："朱孝廉，予抚粤时书院首选士也。"他也多次托人转话，请朱次琦到他家做客。朱次琦一一婉拒，但有感于尚书的知遇之恩，让人转达谢意说：

> 尚书遇我厚矣，顾以素士见则分有不敢，以门下见则义有不安，请谒之诚愿竢他日。[②]

朱次琦考虑到自己身为寒士，不配去拜见祁尚书，而如果以弟子的身份去拜见，于名分上亦同样心生不安。

道光二十一年（1841）春，朱次琦第二次参加会试，但这一次，他还是落榜了。这时，他和朱士琦仍然住在南海会馆"泳珠堂"。朱次琦没有因为会试失败而消极失意。他借各种机会，向人借阅书籍。他借来看的书，包括典章、制度，也包括名儒传记、历史典籍。每次借书回来，他欣喜若渴，如饥似渴地挑灯夜读。当时，他作《良乡题壁》：

---

① 简朝亮：《朱九江先生年谱》，《朱次琦集》（上），第19页。
② 简朝亮：《朱九江先生年谱》，《朱次琦集》（上），第19页。

憧憧尘蹻几时删，苴店芦沟十往还。赢得泥沙添面颊，年年马上看西山。[1]

这一年秋，三十六岁的朱次琦，返回家乡。当时一位陈姓富人，邀请他前往陈氏祖祠开馆授学。徐台英的父亲向朱次琦介绍了陈家及其家风。原来，这位陈姓富人，人称"扫地北"。扫地北小的时候家里很穷，做过扫地的仆役工作，后来经商致富。发家以后，扫地北对家人友爱，尤其对自己的亲生弟弟，特别能包容宽厚。他自己经商所得的收入，都会分给弟弟一半。日子久了，他的妻子对此感到不满，颇有微词。扫地北于是劝告妻子，说自己生来穷命，而弟弟是富命，自己是因了弟弟的名义，才在生意上获得了三倍乃至更高的利润。在劝导之下，妻子理解并支持了扫地北的做法，一家人自此和睦。扫地北对弟弟的仁义，为朱次琦首肯。为此，他应允了邀请，赴其家中授徒教学。

在扫地北的安排之下，朱次琦在陈氏祖祠开馆。他不仅教学生课业，而且身体力行、授以教人道理。他经常告诫学生，一定要爱惜个人品性、立世名誉。他说："处子耿介，守身如玉。谷暗兰薰，芳菲自远。"[2]所说处子，指的是处士，原本之意是指有德才而隐居不愿做官的人，这里用来作为泛指所有读书人。朱次琦认为好的品行，使人好比是一株长于幽谷里的兰花，芳香而艳丽、清香而溢远。他强调读书人要留心自己的性情培育，努力勉励自己做一名正直、不同于流俗的人，无论何时何地何身份，也要守身如玉。

直面现实的同时，朱次琦保有品行持守。寓居于南沙陈氏处教学的第二年，有的亲友认为，朱次琦在家乡当教书先生，不仅大材小用，而且收入不多。他们劝朱次琦前往省府广州教书，认为这样可以获利更多。对

---

① 朱次琦：《良乡题壁》，《朱次琦集》（上），第135页。
② 简朝亮：《朱九江先生年谱》，《朱次琦集》（上），第20页。

此，他笑而不答。在与家人书信中，他发表看法，认为以周公之上圣，日读百篇，以孔父之多，能韦编三绝，"学子百辈，终日卒卒，岂复有须臾暇邪！"①他将沉潜读书与怀抱天下密切联系，在座侧上铭刻"我辈常人，分阴当惜。儒者所耻，一物不知"②这十六个字，以勉励与提醒自己。

（二）第二次北上会试落第

道光二十三年（1843）十月，三十七岁的朱次琦，再次与兄长朱士琦结伴，奔赴京城，参加会试。

对于再次北上会试的情况，《朱九江先生年谱》中记道：

> 春，先生与伯兄会试，报罢。初，先生北行乏资斧，温氏富人奉重金乞擘窠大书，先生不纳，鬻藏书而行。③

这一次动身，朱次琦与兄长遇到了钱费问题。他们因盘缠不足，烦恼不已。当时，正好有一位温姓富商，想请朱次琦书写一幅大字，称可以付以重金。朱次琦听闻后，没有答应，而是卖掉自己珍爱的一部分书籍，勉强凑齐路费。

临行之前，依当地规定，需要举行祭祀水陆道途之神的仪式。朱次琦写了一篇祭文。文中有道：

> 曩游万里，跋履风尘。南浮北走，起愆亨屯。匪曰予智，惟依于神。三年不鸣，又及兹辰，昔丞相宏，谒公车者再，迫欲求伸。缘饰经术，嗤点千春。亦越昌黎，两举有闻。为古硕儒，为时贞臣。是二君子，一获一薰。予矢诸夙夜，神知其勤。于戏！

① 简朝亮：《朱九江先生年谱》，《朱次琦集》（上），第20页。
② 简朝亮：《朱九江先生年谱》，《朱次琦集》（上），第20页。
③ 简朝亮：《朱九江先生年谱》，《朱次琦集》（上），第21页。

不可知者遇，不可信者文，不敢负者学，不敢玩者身。风飘车偈，江沄河潏。尚劢相予，宏济关津。①

这一年会试，朱次琦俩兄弟仍是落第了。结果出来以后，朱士琦留在京城，而朱次琦与同乡另一位同样落第的举人区炳奎结伴，先行返回家乡。他们一路南行，途经山东临城驿，天气寒冷，风雨交加，车子翻倒，陷入泥沼中。车夫用尽力气，也无法拔出车子，于是悲伤不已，失声大哭。朱次琦不由感叹民生疾苦、底层艰辛。他对身边的同伴区炳奎说道，他日以后，假如能够出仕当官，一定要做个好官啊。

（三）第三次赴京师应试，赐同进士出身

道光二十七年（1847）春，朱次琦仍与朱士琦北上会试。这一次赶考京城，朱次琦终于考中了，成为了贡士。

对于这一次的进京参加考试的情况，《朱九江先生年谱》中，记道：

> 春，先生与伯兄北行会试，先生成进士，即用知县，签发山西。初，先生之试与贡士焉，退迤欢闻，祈之一甲。及廷试，方日昳，主者遽趣卷，试者乞缓，或揖之。先生以屈节非士也，非所以为出身地也，卷未完，呈之而出。②

这次会试，由内阁大学士潘世恩、工部尚书杜受田、工部侍郎福济和朱凤标任主考官。中试者，二百三十一人，朱次琦列第九十六名。会试后，要进行殿试。殿试，是考状元，又称廷试、御试、廷对，是由皇帝亲自选定考生的一个重要环节，也是科举考试中的最高一段。唐代开始，实行殿试，武则天创此制于神都紫微宫洛城殿。清朝时殿试的地点，最初安

---

① 朱次琦：《北上会试祖道文》，《朱次琦集》（上），第198页。
② 简朝亮：《朱九江先生年谱》，《朱次琦集》（上），第23页。

排在天安门外。乾隆五十四年（1789），改在保和殿进行。依清代惯例，内阁预拟殿试人员名单后，呈请给皇上，会试中选者才算真正获得参与御试的机会。殿试的目的，是为了对会试合格者，进行严格区别，以选拔出合格官员。殿试一天，日暮收卷；考的内容，乃为策论。到了日落时分，监考官开始催促交卷，这一年的考试中，相当一部分的考生没有答完题，请求考官，适当延迟交卷时间。当时，朱次琦也还没有写完答卷，但他一听监考官要求交卷，二话不说，就把未完稿的卷子交了上去，径自离开考场。

朱次琦这种态度，与他一直以来对待科举考试的想法，密切相关。他参加赶考，希望光大门楣、证明自己，也希望以此获得进入官场的机会，施展抱负，救济苍生。但这一切意愿，建基于自我人格之完善、品性之高洁的修身立行上。他认为，权门势力，不是他所要依附的。如果要通过牺牲操守和品性达到官场上的飞黄腾达，他宁可错失机缘，也不愿意屈尊将就。从朱次琦中举之后的表现，可得佐证。当时，他回到家乡，亲交旧朋都前往祝贺。宗郇前往朱次琦家，祝贺他。朱次琦却对人说："科名适然耳，为官谭解容易？今而后何以宣上德，何以达下情，诸君子殷勤教诲，幸书绅作活人经也。"[1]

待及填榜官填写发榜后，结果出来。依例，殿试御批，录取分三甲：一甲取三名，赐进士及第，第一名称状元，也称殿元，第二名称榜眼，第三名称探花，合称三鼎甲。二甲，若干人，占录取者的三分之一，乃称进士出身，其中的第一名，时人称之为传胪。三甲，同样若干人，占录取者的三分之二。一甲三人，立即授职；状元授翰林院修撰，榜眼、探花授翰林院编修。至于二甲、三甲进士，如欲授职入官，另外还要安排在保和殿再经朝考次，综合前后考试成绩，择优入翰林院为庶吉士（时人称之为点

---

① 简朝亮：《朱九江先生年谱》，《朱次琦集》（上），第23页。

翰林）。其余者，分发各部任主事或赴外地任职。这一年的会试，精英云集、人才辈出，所发榜被人称为龙虎榜。李鸿章、沈葆桢、张之万、沈桂芬、郭嵩焘等人，均于这一年中进士。他们后来成为影响时代政治、思想、文化、外交的重要人物。其中如李鸿章，更是洋务运动主要领导人之一，与曾国藩、张之洞、左宗棠并称为中兴四大名臣。朱次琦由于殿试中，试卷未完成，入列三甲，列第一百一十四位，赐同进士出身，以知县即用，签发山西。

第五章

廉吏佳绩，当代朱子，
三晋传芳，觉民行道

朱次琦在山西省候职多年，其后在任襄陵，担任代理官职。他真正任官时间短，仅仅为时一百九十日。但是，他的人品、作为，却深得当地民心。任职期间，他有针对性地改革原有的县官办案制度，推行亲民作风。他推行勤政惠民举措，卓有成效，取得十大政绩。大致而言，包括：智擒盗贼，维护社会治安；清除狼患，保证百姓生产和生活的正常开展；整顿水利，平息争水的矛盾，发展生产，稳定社会，保证库房收入；拒调不合理的兵役，实施地方科学合理自保；多次成功调解争讼，对百姓内部矛盾动之以情、晓之以理，用忠孝仁爱教化，化干戈为玉帛；关心民众，以民为本，仁义治县，不用状纸、刑罚，用教化去治理地方；劝学积粟，亲自教书，发展生产，增加仓储备灾患备荒；移风易俗，禁止近亲结婚，建立科学的婚姻制度；吏治清廉，禁敛民财，禁止大小吏役以败谋职；完全禁免各种奉献礼金等，吏治为之一新；厉行节约，减轻百姓赋税负担。①

朱次琦为人品高廉洁、一尘不染，在代职期满离任时，囊空如洗，乃至返回家乡的盘缠，也需要他人借助，真正做到了"官小名声大，无私品格高。仁心存器质，恩泽出贤豪。清正藏温厚，廉明赖节操。古今同一理，不爽半分毫"②。两广总督张树声、广东巡抚裕宽，在公祭朱次琦时，以祭文的过半篇幅，赞誉朱次琦的为官事迹。晋人尊朱次琦为"后朱子"。民众为了表达对朱次琦的惓惓深情，自主集资修筑了"朱使君生祠"，以表心悦诚服、感恩戴德。

本章内容，涉及朱次琦归隐原因的深层分析与综合讨论。在有学者

---

① 曾昭强：《在香港纪念朱九江先生诞辰二百年活动上的讲话》，朱九江先生纪念堂管理委员会编《朱九江先生诞辰二百周年纪念特刊》，2007年，第1—2页。

② 方志钦：《朱次琦为官之道》，《朱九江先生诞辰二百周年纪念特刊》，第50页。

认为朱次琦出于审时度势、愤世嫉俗、独善其身、著书立说等原因而弃官的基础上，笔者另外指出：朱次琦辞官归隐的最深层与最根本的动因，当归于其长期所持的觉民行道思想。觉民行道是历来士大夫的文化自觉——以文化作为自身的责任担当。觉民行道是朱次琦在乱世中修身束行、有用于世、建立功业的一种表现；更是他以此追慕孔子行与道俱、成为修学好古之儒的深层动机。这对其弟子、再传弟子此后以学术救国，光大中华优秀传统文化起重要引导，成为九江学说一脉学人共同的文化担当与精神流衍。

一、候职山西：虽游宦，如游学也

道光二十九年（1849）正月，时值四十二岁的朱次琦，在安顿好亲人家属之后，只身北上，前往山西赴职。

临别之际，同族的朱尧勋赠诗朱次琦。《送子襄弟之任山西》称：

> 无尽勋名发轫刚，萧然匹马戎行装。携将清慎勤三字，并有琴书剑一囊。
>
> 作宰要思民父母，读书原慕古循良。百城五马寻常事，到处须留一瓣香。[1]

中国的民本观念，源远流长。《尚书·五子之歌》就已声称："民惟邦本，本固邦宁。"《泰誓》又称："民之所欲，天必从之。""天视自我民视，天听自我民听。"朱尧勋是朱次琦的同辈族人，年长于朱次琦。在朱次琦奔赴山西任职时，他以清、慎、勤这三个字寄赠朱次琦，期待对方能以古代的循吏、良臣自任，到任后为百姓服务、造福社会。同时，他

---

[1]　朱尧勋：《送子襄弟之任山西》，《朱次琦集》（下），第504页。

期待朱次琦能够继续洁身自好、珍重品德，"到处须留一瓣香"，做一位为人称誉的清官、好官。朱次琦显然将这一番话，听了进去。临行之前，他去祭拜当地水神，写下了一篇祭文，表明自己做一名父母官的决心与志趣。

在《之官山西祖道文》中，朱次琦誓称：

> 琦惟不佞，行业未扬。奉先臣之清白，饮下士之编章。数辱公车，一对明光。乃荷丹毫，遂绾银黄。俾汝牧民，唐魏之疆。假还不日，待罪方将。星言首涂，吉日辰良。神尚相予，龚行四方。思敬辑于大川，敢骋辔于康庄。守道守官，民几民康。夫惟捧檄，重眷维桑。故山齾齾，宰树行行。昔宋相筹边，屡吟想于圭峰月下，人龙开济，亦惓焉于归卧南阳。盖驰驱可以许，而父母之邦良用不忘也。吁戏！肃肃王命，悠悠天常。日月照临，臣敢怀乡。尚飨。①

《论语》载，弟子樊迟问什么是仁，孔子曰爱人。樊迟又问什么是智，孔子说要善于知人，把正直的人提拔上来，使他们的位置在不正直的人之上，这就能使不正直的人变得正直。治政是否亲贤远佞，是政治是否清明的关键。诸葛亮在《出师表》一文，总结汉朝兴亡的教训，提出："亲贤臣，远小人，此先汉所以兴隆也；亲小人，远贤臣，此后汉所以倾颓也。"为政以爱人为大，不能爱人，不能爱其身，更不能爱社稷。但在晚清每况愈下的治理当中，天下渐乱，民不聊生，除少部分官吏能坚守清廉爱民之外，为官的大多不能做到以民为本、以民为贵。在这一篇祭文当中，朱次琦以范仲淹、诸葛亮为例，表达了自己对于家乡的依恋，更以

---

① 朱次琦：《之官山西祖道文》，《朱次琦集》（上），第200页。

"守道守官，民几民康""夫惟捧檄，重眷维桑"表达自己上任之后的拳拳之心。朱次琦出行之前祭拜水神，是为了祈求水神的保护，也是表明心志德性。《礼记》有载："礼有五经，莫重于祭。夫祭者，非物自外至者也，自中出生于心者也。"祭，是一种崇德之举，由内心油然而生发。这位心怀天下的读书人，踏上未知的仕途征程，并真正表现出做官不是为了自己的私利、功名着想，而是希望传承道统，真正重视清白道德、以百姓和天下为重。

《朱九江先生年谱》记下了朱次琦奔赴山西的经历，彰显了他对于一己私利之淡然。其中有道：

> 既行次汉口，先生欲取道汴梁，以举主潘忠毅方为豫抚，尝为晋藩，将问晋政于潘公也。道过，所知宦楚者咸迎谓曰："君往汴梁邪？今晋抚与潘公同乡同年，深有雅素，今首府亦潘公同年也，得此先容，贤于十部从事矣。"先生遂不果往。[1]

当时，朱次琦在湖南下榻，遇到了时任永顺知府、正在湖南督察赈灾的夏廷樾。夏廷樾（？—1857），字憩亭（廷），号春岩，江西新建人。夏廷樾曾任永顺知府、湖北布政使等职。曾国藩曾上奏皇上，请夏廷樾总理粮台，称其"品正才优，精明干练"[2]。夏廷樾问起朱次琦的行程安排。朱次琦称，自己打算先去河南开封，拜访自己的老师潘铎。因老师是现任河南巡抚，他想向老师讨教有关山西的情况。潘铎在广东任考官时，朱次琦得其赏识，拜其为师。夏廷樾告知朱次琦，潘铎与现任的山西巡抚季芝昌交情甚深。他们是同乡、同年（两人当年科举考试一起登科）。而且，潘铎与时任太原知府的郭用宾，也是同年。夏廷樾的意思很明确，意思是

---

① 简朝亮：《朱九江先生年谱》，《朱次琦集》（上），第23页。
② 曾国藩：《曾国藩全集》（上），河北人民出版社，2016年，第90页。

让朱次琦去拜见自己的老师潘铎，这样就能够得到潘铎的帮忙，在官场上得到有力的支持，顺利打通各种关节。夏廷樾想给朱次琦指明入仕做官的捷径。但他没有料到的是，朱次琦当官不是为了荣华富贵，而是怀抱了"先天下之忧而忧，后天下之乐而乐"的梦想。

与夏廷樾交谈后不久，朱次琦继续赶快前行，来到了湖北。在那里，朱次琦同时见到了游宦的同乡。他们同样问及朱次琦的行程安排。朱次琦同样如实地告知对方。与夏廷樾的建议如出一辙，同乡们极力支持朱次琦去拜见潘铎。朱次琦听了这些话后，毅然改变了行程，不去拜见潘铎了。朱次琦认为，追求一己私利和富贵，使社稷苍生委质于自己，这样的官，不要也罢。

朱次琦到达山西后，作《抵山西寄兄弟书》，开篇即称自己"罷罷廿年，曾无一日之戚"。他回顾自己的行程，说明改道由来：

　　昨九月十五日，在汉镇上车，拟取道汴梁，卒亦不果。盖次琦之绕行之汴也，亦以暌违函文，垂近十年，且江宁公在晋日久，可以慰谒恩门，可以咨请地方所急耳，而世俗遂以为持之有故，窃从旁相称促。在临湘时，夏憩亭太守迎谓曰："君到汴梁甚好，贵师木君先生与新晋抚季公同乡同年，素称契密，首府郭公亦潘公同年也，得潘公为君先容，贤于十部从事矣。"泊过湖北访谒宦楚同乡诸公，议论与夏太守无异，或且羡师门得力，啧啧称叹者有之。昔晋人欲加礼于王丞相，冯怀以问颜含，含不答，退而有忧色，家人问之，曰："吾闻伐国不问仁人，曩者冯祖思问佞于我，我岂有遗行与？"今兹之事，次琦不敢薄今人也，惟愧省身克己、根气浅薄，使别嫌明微之操，未能卒白于天下，皆次琦之罪也。君子立身行事，当昭昭如日月之明，离离若星辰之行，微特较然不欺其志而已。安能随波靡、犯笑侮、招逆亿，以察察之躬，为当世所指目邪？且即不敢自作身分，而世既未能免俗，一概以相量矣，将或枋柄在手，又安能昌言正色、直己而直人邪？[①]

数十年来，朱次琦一直严格自律，使自己立身能够光明磊落、襟抱能够独远冲淡。一方面，他认为天下事"苟非我所能自主，忧焉无益，即亦任之而已"；另一方面，他也主张君子立身行事，要省身克己、不忘志向，努力做到"昭昭如日月之明，离离若星辰之行"，而不能随波逐流。他坚定，只有严于修身律己，才可能做到昌言正色、直己而直人。从朱次琦选择不依附师门的行为来看，在官与民之间，民重于官；在官与德之间，同样德重于官。

这一年的冬天，十一月初三日，朱次琦从直隶进入山西境内。途中，他经过山西东边太行山的井陉关，参拜汉寿亭侯庙。汉寿亭侯，关羽（？—220），字云长，与张飞从刘备起兵，善待部将而骄于士大夫，历代朝廷多有褒封，清雍正时尊为武圣，民间尊为关公，为"义绝"典型。朱次琦在汉寿亭侯庙，对着关羽像发誓，声称一定会励节苦行，像吴隐之、包拯等历史上有名的清官学习，做一位廉洁正直、造福苍生的官吏。

十一月十八日，朱次琦到达山西太原。五天后，他到官府报到。这时的他，才明白夏廷樾等人的一番苦心——当地官府，果真积压了大量候用之人。清朝政权，以满洲贵族为主体，满人、汉人官僚联合施政，形成中央高度集权的专制主义。其中央行政机构，由吏、户、礼、兵、刑、工这六部组成。各部分别管理国家各项行政事务，其中吏部为六部之首，专掌文官的任免管理及考核奖惩。依当时清朝的律例，官吏的选拔，需要"铨选"——有唐以来直至清代，所有具有任职资格的人，都必须经过吏部的

---

① 朱次琦：《抵山西寄兄弟书》，《朱次琦集》（上），第145页。

铨选，才能够真正担任官员。吏部每月通过"月选"，统计出空缺官职。其中，满族、蒙古族、汉族武官的职位空缺，在上旬（每月初五日）统计；汉族文官职位空缺，在下旬（每月二十五日）统计；文书之类官职，在中旬（每月二十日）统计。统计空缺后，吏部按人数从候选人员中选出一部分，先司议，后堂议，定出应选名单（称为出叙）。而那些未得以出叙的候用人员，分为除班、补班、转班、改班、升班、调班这六班。所谓除班，指的是初次拥有任命资格的人。朱次琦即属于除班。当时，山西省仅仅候补知县，就积至八十余人，而除班达十五人。当时买官卖官成风，一般的除班往往要等待一至二年乃至更长的时间，才有可能得到任用。就此，朱次琦仍以君子之道自励。他写信给家人，称：

> 总之，君父之身，既不敢自屏宽闲，偷安于昕夕。平生之学，又不敢苟图徼幸，自黩其廉隅。去留久暂之间，必稍需时日，乃能自择，此际政难臆决耳。[①]

忠君孝亲是中国传统社会的基本价值观念。忠君的基本要求，是竭心尽力地为君主效命。对于儒家而言，忠是对国家、君王，也是对自己所追慕的大道与至善，所坚守的德性和职责。朱次琦认为此时的自己，已然身许国家朝廷了，决不可以苟且偷安，也不可以因为非分企求而败坏了自己的行为品性。

这一时期，朱次琦写信给兄长。在《寄伯兄书》中，他称：

> 弟到晋以来，涉历吏事，深知此事之难，且暗悼迩来讲究此事之人之鲜，人人以一官样作官，民生何赖焉。又窃见边方日

---

① 朱次琦：《抵山西寄兄弟书》，《朱次琦集》（上），第146页。

骇，时事多故，实不胜杞人溓室之忧，恐将来谬当事任，丧所怀来。故于武备、仓储、河渠、地利诸书，不得不重加搜索，有可借者，无不往借，至无可借处，犹出候补之勉强之钱购之也。[①]

从这封信中可知，这时的朱次琦虽仍在候中，但心系民生。一方面，他认为国家正处于多事之秋，为边防多变而担忧；另一方面，与当时大多数当官的热衷于做表面文章不一样，他希望自己以真才实学从官为政。他认为"人人以一官样作官，民生何赖焉"。他积极为将来准备，努力增加自己在边防、粮储、河道、地理等方面的知识，以备他日之需，报效当地。

在给友人康述之的一封信中，朱次琦另外提及自己当时的经历。《答康述之书》有曰：

弟晋中需次补缺，尚无其期。然自省庸虚，正须阅历，即稍稽时日，为将来逭虚筐之诮，固可以少安无躁耳。兄知我耳，以为何如？弟见住山西省城浙江会馆，馆后室为典守僧禅室，西偏屋数间，即其出息，弟赁居之。出则徒步，入则斋盐。作官是何物事，不过与和尚们隔壁耳。昔魏敏果官京师时，不携眷属，王渔洋尚书作戏诗嘲之云："三间无佛殿，一个有毛僧。"弟今有佛，胜环翁远矣，一笑。[②]

康述之（1806—1877），即康有为祖父，在康有为一生中充当重要角色。他又名以乾，号述之，字赞修，以字行，道光二十六年（1846）丙午科举人，咸丰四年（1854）选任合浦县教谕，后调任钦州学正，历主龙

---

① 朱次琦：《寄伯兄书》，《朱次琦集》（上），第146页。
② 朱次琦：《答康述之书》，《朱次琦集》（上），第147页。

门、海门、东坡书院讲席。他肄业于粤秀书院，与朱次琦同学于院长区玉章门下，又与胞兄康道修（教之）、堂兄康国熺（种芝），均受学于冯成修三传弟子何文绮。康赞修少时好读《近思录》《小学》《五种遗规》等典籍，秉承了岭学醇德正学，博古今通文史，一生修己治人，儒雅谦和，以孝悌、慈惠、忠厚、笃行声扬于当地。康有为提出："先府君纯德懿行，重器识，敦行谊，而薄浮华，亦何贵著书哉？"①康赞修与朱次琦，彼此引为挚友。朱次琦在这封书信里，向康赞修简要地介绍了自己抵达山西后的情况。一方面，他谈到自己身为除班，还未能知晓什么时候能够真正上任。他认为，自己本来就需要更多阅历和锻炼。需次补缺，正好给自己修心养性、涵养功夫的时间，以免被人诮笑不学无术、空虚无知，自称"固可以少安无躁"。另一方面，他也谈到候补期中自己的生活安排，称借居在浙江会馆后面的禅堂西偏屋，粗茶淡饭，徒步出行，清净无争。

在书信的最后，朱次琦以被人称为"清初直臣之冠"的魏象枢自励。魏象枢（1617—1687），字环极，一作环溪，号庸斋、寒松，蔚州人（今河北省蔚县人），卒谥"敏果"。魏象枢进士出身，官至左都御史、刑部尚书。他既为平定三藩之乱立下大功，又甘愿清贫"誓绝一钱"，是功臣廉吏。他两度为官二十余年，上奏疏一百多章，整饬吏治，刚直不阿，被奉为官员典范。乾隆皇帝曾下令，群臣"言官奏事，当如魏象枢奏疏"，后人以"好人、清官、学者"六字对魏象枢的一生作概括。魏象枢在京城作官时，不带家属、不受贿赂、不赴宴席。他曾经自题对联，称："欺人如欺天，毋自欺也；负民即负国，何忍负之。"②这种思想与朱次琦"君父之身，既不敢自屏宽闲，偷安于昕夕"的思想一样，均志在国计民生、精忠报国。

咸丰元年（1851），朱次琦四十五岁。他来到山西，已逾两载，但仍

---

① 康有为：《〈连州遗集〉叙》，《康有为全集》（第九册），第99页。
② 梁章钜：《楹联丛话》，上海科学技术文献出版社，2016年，第106页。

在候补中。平素，他收集武备治理、仓储管理、河渠建设、地利介绍等方面的书籍，潜心学习。他还聘请了一位当地人，学习山西当地方言和打听民情，"虽游宦，如游学也"①。他在当地渐渐有了名气。太原一带的一些读书人，敬佩朱次琦的为人为学，"争从之游"，想拜他为师学道。他婉拒了，"如古士相见礼，无敢以私干者"。他认为，如果大家是志同道合的，那就应该以平等身份切磋道艺。

　　也就在这一年，潘铎调任山西按察使。他到任后不久，召见了自己的得意门生朱次琦，令其到按察使司接受锻炼。按察使司主管一省的司法、刑狱事务，以按察使为主官，秩正三品。潘铎为官经验丰富，历练有素。无论在漕运、河道、盐务、事务或是地方财赋、人员管理调配等方面，潘铎都极其熟悉，有其独到治理方法。朱次琦欣然前往、虚心向学。这获得了潘铎的肯定与器重。

　　潘铎有心培养朱次琦，把他介绍给了当时的山西巡抚兆那苏图。据《朱九江先生年谱》载称：

　　　　抚军兆那苏图，时所称世袭一等子镶黄旗松崖兆公也。其先人从龙入关，列功臣选。兆公知先生善属文，衔参日留宴先生，兆公拜于筵下，乞作先人三世家传。先生不获辞，考其功载，属稿以献。兆公嘉之，命吏归羊酒、貂锦、朱提五百、《玉虹鉴真帖》，先生皆不受。吏难于反命，以闻之潘忠毅，时潘公方左官晋臬也，遽使人谓先生曰："却长者之赐，何以为恭乎？"先生乃受一帖。②

　　兆那苏图，世袭一等子镶黄旗（一品爵位），时人称为松崖兆公。

---

①　简朝亮：《朱九江先生年谱》，《朱次琦集》（上），第25页。
②　简朝亮：《朱九江先生年谱》，《朱次琦集》（上），第25页。

他的先祖，是清朝的开国功臣。至于他所任巡抚一职，别称抚军、抚台，在清朝的官制中属于从二品，由天子任命，掌管一个省的军政、民政、吏治、刑狱、关税、漕政等要务。兆那苏图欣赏朱次琦的才华，对他礼遇有加。他设宴招待朱次琦，请朱次琦代为编写《先人三世家传》。起初，朱次琦谦虚委婉地推辞了兆那苏图的请求，但盛情难却，只好应允。回到居所以后，朱次琦认真地考订兆那苏图的家族文献，写成传稿送呈对方。兆那苏图对传稿很满意。为了表示对朱次琦的感谢，他派人给朱次琦送去了羊肉、美酒、貂皮、锦缎以及五百两银和一套《玉虹鉴真帖》。但是，朱次琦拒绝接收。奉命送礼的人觉得难以交差，找到了潘铎，以寻求帮忙。潘铎听闻，马上差人传话朱次琦，称："却长者之赐，何以为恭乎？"于是，朱次琦收下了《玉虹鉴真帖》。《玉虹鉴真帖》由曲阜孔继涑于乾隆时期汇集，收入自晋王羲之至明董其昌的名人发帖。此帖虽是对古人墨迹、法帖的复制，但孔继涑集书法家、刻帖家于一身，在复制描画、雕刻运刀的侧立回转手法上十分讲究，使得此帖成为清朝时期著名的书法老拓。朱次琦的书法功力深厚，兆那苏图赠之以《玉虹鉴真帖》，可见其用心。

　　次年，在潘铎的推荐之下，兆那苏图委任朱次琦，前往山西北部平息蒙汉纷争。这次的蒙汉纷争，发生在山西边部边民和蒙古人之间。长期以来，山西北部一带的边民，租种相邻的蒙古旗主以土地为生。后来，随着边民耕地规模的不断扩大到数万人后，渐渐不再向蒙古人交租，矛盾和摩擦由此产生。蒙古旗主与边民约定了决斗。山西边民违背约定，先行下手，夜袭蒙古旗户，导致七百余旗民丧生。蒙古王公向朝廷告状，要求严惩山西边民、扬言出兵报仇。兆那苏图接到朝廷命令，要求立即处理此事。他决定派兵前往山西北部，镇压边民。但边民不甘示弱，宣称抗兵斗争。当时，国家时势动荡，在南方已然发生内乱。太平军在此前一年，咸丰元年（1851）攻克永安，占领城池。这年年底，清钦差大臣赛尚阿亲赴前线，督广西提督向荣、广州副都统乌兰泰从北南两路大举进攻永安城，设长围断太平军粮道。到了咸丰二年（1852）二月十四日，城中粮尽，洪秀全下令突围。二天以后的深夜，太平军打开通道，洪秀全等人抵达昭平后设伏，清军大败，被歼四千余人。此年，太平军与清军战役不断。四月激战后，太平军先后进军湘南、湖北并取得成功。有鉴于此，朱次琦向兆那苏图建言：

> 今南方盗寇有鱼烂之忧，又使北方军兴，以重兵衅，以生盗心，中原自此多故矣。不如遣一能吏，亲谕边氓，俾献罪魁，执以说于蒙古，此一介使事耳。[①]

朱次琦不赞同在这个时候出兵征讨山西边民。他认为，太平军与清军正在打战，南方已纷争不已，无法太平。如果在这个时候，山西又兴师动兵，中原恐或更难得太平局势。他建言，与其大动干戈，不如以和平方式解决边界纷争。这个主意由朱次琦提出，他就成了调和纷争的最佳人选，兆那苏图授命他北上调和纷争。

临行之前，朱次琦查阅了当时清朝的相关刑律，又专门了解了蒙古人的相关习俗。有鉴于蒙古人普遍信仰藏传佛教，他请来当时五台山藏传佛教的喇嘛黄德彻，请他一起出行，以应不急之需。他们一行人动身出发，星夜兼程，赶到了山西北部。朱次琦首先拜访了当地德高望重的长者，请他们协助处理，交出引起此次纷争的带头人，以和平方式解决问题。在朱次琦动之以情、晓之以理的劝说之下，长者以大局为重，让边民交出了引起此次祸端的十三名主事者。朱次琦押解着这些主犯者，前往蒙古，将他们交给了蒙古旗主。起初，蒙古人不愿接受这种和解方式，认为抵罪的边民太少，不足以抵消蒙古人遭遇的损失。朱次琦将朝廷平息战争之意，做了宣讲，同时，他以蒙古人信奉的藏传佛教，开导蒙古族人。他主张，与

[①]　简朝亮：《朱九江先生年谱》，《朱次琦集》（上），第26页。

其不惜代价地以刀光血剑报仇，还不如及时超度亡魂，以使其早日入土为安。蒙古人中，有一位名叫法福善的在场。法福善曾在北京居住，能通诗文。他读过朱次琦的诗文，深感钦佩。他协助朱次琦，一同劝说族人。蒙古王公接受了朱次琦的意见，斩杀了十三名主犯后，由黄德彻主持诵经拜忏，超度纷争中死去的人。蒙古王公为表示对朱次琦的谢意，赠送两百件皮衣给他。朱次琦辞谢不收。

二、为官襄陵：煦民若子女，民亦爱之如爹

朱次琦奉命出使山西北部，平息蒙汉纷争，历时两个多月。在返程行至和林格尔时，他接到了自己被授署山西中部汾洲府孝义县的公文，于是星驰返回太原，准备收拾起身，赴任孝义县。兆那苏图对朱次琦青眼有加，想对他委以重任，打算奏请朝廷嘉奖他。朱次琦婉拒了。当时，山西南部平阳府襄陵县知县职位空缺。于是，兆那苏图与潘铎商量，于当月六月二十七日，改派朱次琦任代理襄陵县县令。

襄陵县于西汉初年建县，以晋襄公陵墓命名，故名襄陵。此地土沃民淳，素有"金襄陵"美称。赴任襄陵之前，朱次琦写信回家，其《赴襄陵寄兄弟书》有曰：

> 来札云："兄弟各人，都已穷惯，米薪粗给，支诎亦所不辞。远道加餐，勿烦南顾。"至哉此言，澹而弥旨。非吾兄弟守分敬身，各安义命，吾弟积年见道，渐近自然，何以有此雄雉之诗，圣者叹之矣。真令历碌劳薪，轩渠一笑也。[①]

朱次琦在信中，首先对兄长所勉励的粗茶淡饭、君子固穷之语，表示

---

① 朱次琦：《赴襄陵寄兄弟书》，《朱次琦集》（上），第149页。

首肯，称此语"澹而弥旨"，强调守分敬身，各安义命。接着，他简要介绍自己出使山西北部、改派襄陵诸事，并提出：

> 守素之士，愈知天命之有权，而人谋之不能以豪发参者，即此一事，倍畏天明。次琦于廿九年出山，本乡陈兆康兄送行诗中有"孝义似君名易副，诗书供我债难偿"之句；罗萝川侍郎亦有赠别诗，末云"平阳古帝都，俗有尧民雍。君来续干羽，我将播笙镛"。二诗见藏筐箧，又可询两家而得。数年之事，万里之遥，何机关之示见乃尔邪，然则人谋又何为邪？①

朱次琦还告知家人，自己到任后将勤勉谨慎为官，但"未知将来能胜任否"②。这一年七月十二日，朱次琦起程赴襄陵。

朱次琦代理襄陵县县令，只有一百九十天，但功绩卓越。《清史稿》卷四百八十《儒林》为朱次琦立传，记曰：

> 官襄陵时，县有平水，与临汾县分溉田亩，居民争利构狱，数年不决。次琦至，博询讼端，则豪强垄断居奇，有有水无地者，有有地无水者。有地无水者，向无买水券，予之地，弗予之水；有水无地者，向有买水券，虽无地得以市利。于是定"以地随粮、以水随地"之制。又会临汾县知县躬亲履亩，两邑田相若，税相直也。乃定平水为四十分，县各取其半。复于境内设"四纲"维持之：曰水则，曰用人，曰行水，曰陡门。实得水田三万四百亩有奇，邑人立碑颂之。系囚赵三不棱，剧盗也，越狱逃。次琦未抵任，先出重赏购知其所适。亟假郡捕，前半夕疾驰

---

① 朱次琦：《赴襄陵寄兄弟书》，《朱次琦集》（上），第149页。
② 朱次琦：《赴襄陵寄兄弟书》，《朱次琦集》（上），第150页。

百二十里，至曲沃郭南以俟。盗众方饮酒家，役前持之，忽楼上下百炬齐明，则赫然襄陵县镫也，乃伏地就缚。比县人迎新尹，尹已尺组系原贼入矣，远近以为神。每行县，所至拊循姁姁，老稚迎笑。有遮诉者，索木椅在道与决，能引服则已，恒终日不笞一人。其他颁读书日程，创保甲，追社仓二万石，禁火葬，罪同姓婚，除狼患，卓卓多异政。在任百九十日，民俗大化。①

方志钦先生在《当官百九天好事办十件——朱九江先生在襄陵》一文，以"苦青衣散，官幼赤子肥。亲民一百九日，晋粤颂声蜚" 开篇，盛赞朱次琦在襄陵的政绩。其中前两句，征引自《翟良探送朱使君诗》一诗，后二句则为方先生自续。方先生介绍了朱次琦在襄陵任官期间，为民所为十件好事，包括智擒剧盗、清除狼患、整顿水利、拒调军役、调解争诊、劝学积粟、关心民众、移风易俗、禁敛民财、厉行节俭。②

以下就朱次琦为官事迹，归纳整合，列举数事：

一是勇于反对害民之举，维护襄陵县社会安定。

《谷梁传》称："民者，君之本也。"《淮南子·主术训》中也有称："食者民之本也，民者国之本也，国者君之本也。是故人君者上因天时，下尽地财，中用人才。"民，是相对于君而言的。以民为本，就是要凡事站在民的角度，安民养民，让民众安居乐业，既休养生息，又避免贫困饥寒、战乱灾害。朱次琦到达襄陵，与前任襄陵代知县薛知县，进行工作交接。而正在那时，狱中发生了越狱潜逃之事。大盗赵三不棱等在押犯人，在知县交接工作的间隙，乘机设法潜逃。那时，交接工作尚未完成，朱次琦也未真正到任执印，薛知县却马上差人通知朱次琦，让朱次琦处理这件突发事件。朱次琦称病，不到任。薛知县等了三天，"不知所为"。

---

① 《清史稿·列传二百六十七·儒林》。
② 方志钦：《当官百九天好事办十件——朱九江先生在襄陵》，《广东史志》1996年第11期。

逃犯以为新县令未办事，而且还在生病当中，因而对官府放松了戒备。等到朱次琦正式到任当日，逃犯却同时被逮捕归案。原来，朱次琦并没有生病，也并非不作为，而是借称生病麻痹对方，暗中抓捕在逃犯人。在山西按察使司办案的经历，使朱次琦应对此事，沉着不变、胸有成竹。他暗中授意捕头，率人追踪逃犯。在曲沃县城南部，捕头以疾雷不及掩耳之势，成功地捕获正在聚饮狂欢的在逃案犯。大盗们重新被收押监狱，当地民众对新任县令刮目相看，视为神人。朱次琦凭借意外之事，迅速树立了在当地百姓中的威望与声誉。

襄陵县平水东岸周边，历来狼患为害，终年不断。有的百姓甚至人在家里，就被狼群攻击。为此，襄陵县留下了很多狼攻击人的悲伤故事，狼成为当地首害。狼群嚣张，除了因为狼群在西北地区繁衍生存、成群结队之外，也与当地百姓对狼群的长期姑息相关。当地人把狼视为神物，认为它们不能击杀，否则就要受到报复。朱次琦到任后不久，就发生了一起待嫁女被狼咬死的事件，这也导致了婚嫁两家的诉讼。正在诉讼之时，争讼一方家族中，又有人被狼咬死。这使狼患更为突出，人心亦由此惶惶。朱次琦听闻此事以后，大为气愤。他既为当地百姓长年饱受狼患心痛不已，又为百姓的迷信愚昧哀叹。他劝募当地的猎户、百姓共同猎杀狼群，并悬赏给捕狼者一万铜钱，可是响应者屈指可数。劝说与动员无效后，朱次琦另外采取谋略。他故意到当地人信奉的西山"双灵龙澎"神祠，祷告神灵，声称要神十天内驱除狼群，否则他就推倒神像、放水淹庙。老百姓听闻后大骇，生怕县令真的派人推倒神像、水淹神庙，权衡利弊之下，他们急忙组织人员，投入到捕杀狼群的行动当中。人们动用了土枪、陷阱、毒饵等，展开大规模的狼群猎杀活动，一天击毙一百七十只狼，狼群主力受到歼灭，狼群在襄陵县逐渐绝迹，多年的狼患得以消除。

水利是农田耕种的必需，也是百姓生存之本。襄陵县的农耕用水，引自襄陵的平河。这条河流，同时是临汾县农耕用水之源。平水水流是否充足，直接影响着襄陵县、临汾县百姓的生活与收入。居住在上游的农户，

供水充足，长年农作丰收。而处于下流的百姓，由于上游截断水流，农田无法得到充足灌溉，庄稼受旱，经常歉收。上下游的百姓，为此经常争夺水利，乃至因此引发上千人的聚众械斗。豪强行霸使有水无地、有地无水等现象屡屡发生，械斗导致牢狱、死伤事件也屡见不鲜。朱次琦到任后，判处水利争讼案件，并设法从根本上解决农田用水纷争。他与临汾县周春阳协商，共同勘察灌溉土地，将平河水流分成四十份，两县各县一半。同时，在襄陵县，朱次琦制定"以地随粮，以水随地"的规章制度，修筑渠道，划分灌溉范围，由官府设专职的渠长、沟头、堰长等，负责按田亩征粮、按田亩供水灌溉。从此，襄陵县解决了长期的农田用水纷争。是年，襄陵县粮食就获得了大丰收，朱次琦下令县内各社仓增加存粮二万石，以备灾荒之用。

二是爱民如子，公正清廉，敢作敢当。

儒家主张"协和万邦"，把大同作为理想社会的追求，主张"天下为公"；"为政以德"；"老吾老，以及人之老，幼吾幼，以及人之幼"。以此建立人性化、人道化的社会。儒家以孔子为代表，非常推扬尧、舜治理天下的德治行为，强调对民众要导之以德，齐之以礼。朱次琦在任期间，视民如子。他认为："邑令者，亲民之父母也。父母之于子、何时何事不可以闻？"[①]他为官，能不避权贵。平阳总兵素来骄横一方，恃势欺人，经常自作主张，兴师动兵。有一次，总兵下达"八百里台符"，紧急命令襄陵县，征调一批民众充当兵役，前往二百三十余里之外的吉州山区。从襄陵县前往吉州，夏季时期常遇洪水暴涨，冬天则有冰凌阻隔，经过高山、深谷和湍流，时常发生强壮男子摔死之事。朱次琦认为，总兵调兵理由不充分，而且按理也不应该从襄陵县抽调。平阳总兵听闻朱次琦拒取配合，不肯抽调民力，大怒，向上级山西巡抚哈芬状告朱次琦。哈芬批

---

① 简朝亮：《朱九江先生年谱》，《朱次琦集》（上），第29页。

评朱次琦，让他配合平阳总兵差调兵役。朱次琦据理力争。他认为，当时南方发生太平天国起义，纷乱不已，如果这个时期再扰民，激起民变，一定会发生像南方一样的祸乱。哈芬听后，就此作罢。

在襄陵期间，朱次琦改革衙门办事制度、厉行节俭克制。他对民众不摆官架子，和蔼亲切，待老幼如家人。他办案，无论白天黑夜，百姓只要有事，随时可以到县衙击鼓申诉。告状无一定手续和成式，书面和口头均可。朱次琦解决民间纠纷，以说服教育为主，务求使人悦服，从不使用鞭打等刑罚。而且，朱次琦还经常简装出行，只带驴夫、书吏和役卒各一名随行。走到哪，案子办到哪。他也时时登门拜访当地乡绅，了解情况、征求意见。他生活节俭朴素，出行带干粮自用。官厨日常不杀猪宰羊，每天餐饮简单，素多荤少。民众以茶水、果品招待，他只略为尝试，表示与民无取。以往襄陵县令过生日，每年都向下索取祝寿礼金"千百金"，朱次琦也予以禁止。他明确提出禁止送礼敛财，强调谁要是办祝寿、敛财物，就以犯赃罪处。衙门不设夜宴，不点夜火，清明简要。

三是以教祗德，劝学修行，移风迁俗。

朱次琦接受了"以教祗德"的传统价值观，认为"人皆可以为尧舜"。他非常重视教育和德化，主张人在道德和人格修养上，可以慢慢提升变化。从普通人到君子，再到圣人，是一个渐进的漫长过程，但同时也是一个可为、有为的过程。教化具有极为重要、不要替代的作用。没有教化，人无以成人，更无以成为君子、圣人。他以孝友之道审理民间纠纷，对分家的案子，他总是劝和——骨肉至亲，谁吃了亏都不要紧，若判决了，输家更要埋怨，就结成仇恨，不如和解了。因为这样的调解，当地兄弟争财的案子减少了。[①]当地有关姓人士侵夺族人财产，越境到襄陵打官司，朱次琦以关羽讲结拜义气，责备他同室操戈，违背乃祖家风。旁观的

---

① 简朝亮：《朱九江先生年谱》，《朱次琦集》（上），第30页。

众人也同声责难，使关某痛哭认错。据说因此襄陵无亲属讼者。而传统的
"以教祗德"，体现在重视儿童的道德教育，抓好其读书课业。他到任襄
陵之后不久，就亲自拟定颁布了《读书日程》，劝人读书，并亲自教学。
他将最著名的"三百千"——《三字经》《百家姓》《千字文》，作为儿
童的启蒙读物，在当地推广。而且，举行县试时，他亲自批阅文卷，数夜
不眠。并且，按惯例学生须向县学缴交"棚规"钱，朱次琦认为不合理，
一律不收，并在县学门口刻石立碑，宣告今后取消棚规。当时该县有中秀
才者五十二人，共免除棚规一千四百多两。

　　朱次琦也重视"表劝节义"，以义节、孝道来感化民众修行德道。
南宋绍兴三十二年（1162）六月十三日，宋孝宗登极敕书："五岳四渎，
名山大川，历代帝王，忠臣烈士，载于祀典者，委所在长吏，精洁致祭，
近祠庙处，并禁樵采。如祠庙损坏，令本州支系省钱修葺。"绍熙五年
（1194）七月七日朝廷又敕书。①朱熹听说了这件事后，非常高兴，挥笔
写下了著名的《潭州约束榜》一文，提议为一些前代的忠臣烈士建立祠
庙。他认为，"祠像不立，无以慰答忠魂，表劝节义"，人们就当将英烈
们"合于城隍庙别置一堂，塑像奉安，永远崇奉"②。此后，为德行操守
杰出之人题名、画像、建庙等活动，更为流行。朱次琦强调不能仅仅靠法
治来治理社会，还需要有德治，表劝节义是社会治理的重要途径。民风，
首先系于孝道、义行。如果不遵循基本的人伦孝道、义气风范，想要使一
个地方的政治清明、社会安定、人民顺从，那是不可能的。要倡导孝道、
义行，来感化百姓、引导百姓。他组织人员，共同修建了当地的邓伯道祠
堂。邓伯道，即邓攸，襄陵先贤，字伯道，晋代人，任河东、会稽等地太
守。邓伯道不但为官清廉正直，而且以孝道正直、温和宽厚著称。在西晋
永嘉年间，邓伯道因难逃到江南。当时，他携一子一侄同行，途中遇险，

---

① 刘琳、刁忠民、舒大刚校点：《宋会要辑稿》（2），上海古籍出版社，2014年，第989页。
② 朱熹撰，朱杰人、严佐之、刘永翔主编：《朱子全书》（第25册），第4640页。

弃子留侄。这种行为，感化着一代又一代的当地人。为表彰和学习邓伯道的精神，朱次琦建邓伯道祠，供人祭祀，客观上推进了当地移风易俗，为襄阳县民众树立了一种价值楷模，起到引导和激励的作用。襄陵有同姓通婚之俗，古人有言："男女同姓，其生不蕃。"①指的是血统相近的亲族通婚会遗祸后代。同姓通婚在一县之内，甚至是在一乡一村一族之内，那就不仅是姓氏相同的问题，还有血缘相近的问题。朱次琦下令禁止，违者治罪。

代理县长期满之后，朱次琦选择了辞官离任。王瑬在《稚圭先生画像记》一文中，记载了朱次琦离任时的情景：

> 吾师稚圭先生，以道德学术高天下，令襄陵，煦民若子女，民亦爱之如爹。训诸生，督诲谆谆，可畏而亲。或杂以诙嘲游燕，使皆醉义忘归。比去，士女持扶挽留，号咷数十里。不得，乞画像以祀，诸生又刻石于县学之敬亭。②

在朱次琦离开襄陵县的当天，襄陵百姓有如婴儿丧失慈母。农民离开田野，商贩离开店铺，书生离开学堂，都来送行，沿途拦住朱次琦的马头，堵塞城门，经过的桥梁也被民众压断。当地妇女、儿童，跪在道旁向朱次琦致敬，一路人群阻塞，出城两天，只走得三十里路。全县士绅，联合献上一副楹联，其中写道："在所损乎？在所益乎？三思而后行，必以告新令尹。非其义也，非其道也，一介不以取，此之谓大丈夫。"襄陵民众在邓伯道祠，立下朱次琦的牌位，进行奉祀，四个月后建成奉祀朱次琦的生祠。给活人立祠，据清代学者周寿昌考证，始于西汉昭宣之际的"于公祠"。曾任陕西巡抚的山西平定人陈士枚，还受当地百姓之邀，撰写

---

① 左丘明撰，杜预集解：《左传》（上），上海古籍出版社，2015年，第147页。
② 王瑬：《稚圭先生画像记》，《朱次琦集》（上），第209页。

《平河均修水利之碑铭》，以纪念朱次琦泽披民生的功德。

朱次琦逝世后，两广总督张树声、广东巡抚裕宽联衔撰写祭文《祭朱子襄先生文》，颂扬他的毕生业绩，其中对他在襄陵的德政尤多表彰。

> 君之在官，洗手奉职。目营心注，民依是恤。有不便民，忼慨矢辞。令实强项，气挠健儿。荥水弭害，誓神驱狼。一诚所孚，疵疠消藏。弊狱关庙，发言琅琅。观者如堵，万訾尽裂。彼不孝子，搏颡出血。风动化流，民用大和。俾农服田，士兴弦歌。时巡郊野，笑语姁姁。或质所争，就垄理论。百九十日，政成而去。攀遮塞涂，如婴失哺。亿众尸祝，丰碑仡树。盗骇中原，偾不可羁。君感时艰，上言便宜。师截其来，可踣于虒。当路泄泄，君乃拂衣。比寇入晋，果如君画。[①]

咸丰二年（1852）冬至次年年初，太平军一路北进，攻破武昌、攻占金陵（今南京）、扬鞭扬州，情势堪忧。朱次琦担忧局势与山西安定，写下了万字文——《晋联关陇御贼三难、五易、十可守、八可征之策》。他提出，要未雨绸缪，积极联络关陇，布局守护山西。他就防御、抵抗之策，提出一系列具体措施与建议，包括"止征调""请便宜""严赏勤""作忠谊""右军谋""选锋锐""讲捬循""禁科派""保殷富""息流移"等。他的意见，未能被山西巡抚哈芬所采纳。咸丰三年（1853）七月，太平军进入山西，占领临汾县、平阳府等诸多地区。临汾知县周春阳自杀，平阳府知府何维墀全家丧生，山西巡抚哈芬临危逃阵，后被朝廷治罪并发配边疆。

---

① 张树声、裕宽：《祭朱子襄先生文》，《朱次琦集》（上），第214页。

三、辞官归隐：寄斯巨者，宜在修学好古之儒

出处行藏，是中国古代读书人共同面临的重要人生问题。他们往往在强调君臣大义、关注苍生休戚的同时，给自己留下了选择的空间。所谓"国有道则仕，国无道则隐""君使臣以礼，臣事君以忠"，士大夫事君王，是本着君臣之义这个先决条件的。也就是说，当君王无道、世道黑暗的时候，读书人有自己更灵活的对抗方式——归隐。春秋战国以来，就形成了传统读书人可仕可隐的两种处世原则。

朱次琦所处时代，乃是传统社会及清朝统治，转盛至衰的时期。有清一代政治生态不断恶化，读书人渐渐失去了得君行道的客观环境。他们在面对难以兼善天下的苦痛与困境之时，思考如何"独善其身"及可能的济世之道。大约在咸丰二年（1852）的秋天，朱次琦即开始了认真思考退出官场、返乡归隐的问题。逮至咸丰三年（1853）的夏天，他正式向朝廷提出辞官返乡。当年年底，他的告假得到了朝廷的批复与同意。

有关朱次琦辞官这一人生转向的发生，《清史稿》记曰："分发山西，摄襄陵县事，引疾归。"① 引疾归的具体原因，《清史稿》间接地做了一定的交代："先是，南方盗起，北至扬州。次琦犹在襄陵，谓宜绸缪全晋，联络关、陇，为三难、五易、十可守、八可征之策，大吏不能用。"② 就此，学者认为，"大吏不能用"，是朱次琦辞官的主要原因。但就此问题，学界存在不同的意见与看法。

考溯文献记载，简朝亮较早就朱次琦辞官返乡进行评论。简朝亮在朱次琦病逝之后，辑录《朱九江先生集》，作卷首语时提出，朱次琦是因为在官场上提出的建议，不为上级所采纳，"遂引疾"。此后，又有如蒋志华、杨翔宇等学者，作多方面探研。其中，蒋志华在《晚清醇儒：朱次

---

① 《清史稿·列传二百六十七·儒林》。

② 《清史稿·列传二百六十七·儒林》。

琦》一书中，对此事作深入分析。他提出，朱次琦告退官场，存在三方面主要缘由。其一，朱次琦认为在官场已"无可作为"，他对官场生活表示了不满和失望；其二，朱次琦一直"有著书的打算"。在他离开襄陵之时，已经编写了相关书稿的例略；其三，朱次琦"虔诚的'天命'信仰"。他笃信天命，认为自己的出处行藏，均当基于天意。

笔者认为，朱次琦的归隐，有审时度势的考量，以此放弃平治天下的诉求；也有愤世嫉俗、独善其身的影响；更有他期望著书立说、不朽于世的思想影响。但除了以上考衡之外，最深层、也是最根本的动因，或当归于觉民行道的想法。

觉民行道，是历来儒家士大夫的一种文化自觉，也是朱次琦长期以来一直深入思考的问题——在乱世当中，如何以文化赓续人的作为，真正有用于世、有用于时。以文化传承超越当下，服务于世，这是春秋战国以来，就传衍下来的文化观念与士大夫责任。正如顾炎武在《日知录》的《正始》篇中，有云："有亡国有亡天下，亡国与亡天下悉辨？曰：易姓改号，谓之亡国。仁义充塞，而至于率兽食人，人将相食，谓之亡天下。"[1]文化存亡与社会承担，乃为朱次琦思虑更深层的动因。而这样一种文化自觉，使他对功名官宦能淡然处之、弃之不为。就此观点，可从相关文献得以佐证。

如下从三个方面，就朱次琦之觉民行道，展开论析。

其一，朱次琦一直强调，读书人要想有用于世、建竖立功，首当淡泊明志、修身束行。就此，可由朱次琦在这一时期，所作《澹泊斋记》一文证之。是文虽篇幅不长，但上半段提出了对人生如何建竖功名德行的看法。其文有称：

---

① 顾炎武著，黄汝成集释，栾保群、吕宗力校点：《日知录集释》，上海古籍出版社，2014年，第297页。

果堂衡斋，颜以"澹泊"二字，盖取诸葛武侯《诫子书》"澹泊明志"之语。或曰志俭也，或曰汉人喜黄老。武侯之云，殆亦无为无欲之旨，是故取之也。次琦曰：非也。嗜欲之熏心，如水之浸种，萌动坼溢，致无穷已，不自抑制，则起居服、食、声、色、玩、好之缘杂然而至，于是夤缘机巧，果其贪嚣而肆其求取。其在内也，干国之纪而恣睢；其在外也，形民之力而醉饱，而恶可至于滔天。故自来名臣德行，建竖不必一途，要无不本于澹泊者。[1]

在文章开篇，朱次琦从"果堂衡斋"取"澹泊"二字来命名斋房这一事情说起。所谓"澹泊明志，宁静致远"，出自西汉初年，刘安所编撰的《淮南子·主术训》一文："人主之居也，如日月之明也。天下之所同侧目而视，侧耳而听，延颈举踵而望也。是故非澹薄无以明德，非宁静无以致远，非宽大无以兼覆，非慈厚无以怀众，非平正无以制断。"是文作者，以"澹薄（淡泊）"二字指不追求名利，对名利淡泊，心情平静沉着，生活简朴，情趣高尚；明，明确，表明；志，志向。淡泊明志，指保持心态的安静平和，不被世事困扰，达到有所作为、深远高远的人生境界。诸葛亮写下《诫子书》一文，其中有称，夫君子之行，静以修身，俭以养德。非淡泊无以明志，非宁静无以致远。夫学须静也，才须学也，非学无以广才，非志无以成学。淫慢则不能励精，险躁则不能治性。年与时驰，意与日去，遂成枯落，多不接世，悲守穷庐，将复何及！诸葛亮以淡泊明志教导规劝儿子。淡泊明志以及他对这四个字的践行，教育影响了后人。后人多以淡泊明志，表达身为一名君子所应当持有的节操、坚守，也多以"澹泊"二字，为自己的书斋命名。例如元末明初的僧人、诗人释

---

[1]　朱次琦：《澹泊斋记》，《朱次琦集》（上），第140页。

宗泐，精通诸子百家，善诗工书，曾创作了一首诗，名为《题弥仲纶澹泊斋》。诗中有称："禅斋名澹泊，自可寄闲身。席上尘都积，门前草自春。寒衣缝野榭，晓饭煮江莼。不动区中念，端为世外人。"又如清代无名氏《杜诗言志》又有称："于宽闲之野，寂寞之滨，每自寓其天怀之乐，而澹泊明志，未尝不处处流露。"朱次琦认为，人一旦被嗜欲熏心了，就正如水之浸种，萌动坏溢，致无穷无尽，不能抑制，起居服食、声色玩好，就会杂然而至，由此人会变得投机取巧，贪得无穷。一旦这样，在内干国之纪而恣睢，在外搜刮民脂醉饱私欲以至于犯下滔天之罪。所以，古来名臣的德行修养，虽然方法途径不尽相同，但无不本于淡泊。

朱次琦又历举各朝各代的例子，说明淡泊明志的重要性。其称：

> 谢太傅功高百辟，心在一丘；范希文断齑画粥，先忧后乐；王伯安日与门生对食；孙高阳饭粗粝、忍饥劳。至于我朝，图文襄之啜豆屑、粥一盂；汤文正之莅江南未尝食鸡臛；张文贞之白果数枚、山药三数片；高文良之纸帐庐帘，却扫一室，终日若无人，皆此志也。
>
> 吾闻果堂秩满京师，公子友有馈食者，值钱万。君不怪曰："馈食费万钱，礼食当何如？观若材地，故出彼人上，平昔相饷馈，亦有逾此者乎？我家饷馈若此，进而郎署，而卿贰，而宰执、宗藩，何以行礼乎？"公子懙然领训退。兄子某官某部堂主事，衣弋绨谒君，袟衼且敝矣。君诘之曰："若居要地，接要人、顾被服如此，安之乎？将以为名也？"兄子跪谢曰："非敢然也，儿旦旦趋公，无暇晷，偶忘焉耳。"君则大喜，曰："是吾志也。"赍袍衼一袭。呜呼！观君子庭诰，可以知君矣。抑昔人有言，闻人誉之以卿相则喜，必非喜其鞠躬尽瘁可知也。呜

呼！果堂其同此感也哉！①

这篇《澹泊斋记》，虽然只有六百余字，但言简意赅，论说有力。而《朱九江先生集》中，收录三篇朱次琦写给友人王菉友的书信。在这些书信中，朱次琦提及离开襄阳及归隐原因。

在第一篇书信，即《答王菉友书》的第一段话中，朱次琦提到：

> 菉友先生阁下：人来辱赐手函，感悚无似。重读前翰，知数月来眷瞩鄙人，甚殷甚亟，且复勤勤恳恳，若许为可与语、可与道古者然，耆旧之推诚，大贤之善诱，固如是其无町畦也。循诵再四，至于涕零。仆少无宦情，又不习吏事，州县之任，非所克堪，此出盖为亲知逼迫，勉强一行。待罪来襄，奉职无状，瓜及便当弃去。进惟周任陈力之义，退奉柱史止足之诚，不如是固不可也。②

王菉友，名王筠（1784—1854），字贯山，又字伯坚，号切菉友，山东安丘人，人称菉友先生。他在山西任知县十年，为政不逢迎、不攀附，清廉正直，在任期间，不犯百姓秋毫，告老还乡时，只有随行书籍及简单行囊。他一生勤于治学、著述，有著述五十余种，并且自费刻印著作。王菉友比朱次琦年长二十余岁，学说路径与偏嗜不尽相同，尤其精于说文研读，是清代"说文学"四大家之一。但二人对学术有着共同的热忱与追求，彼此引为忘年之交。王菉友劝导朱次琦要学有所专、积极撰述。就此开篇推知，王菉友此前，应该对朱次琦辞官一事，做过劝勉，但朱次琦没有听取他的意见。山西任职五年期间，朱次琦亦官亦学，"先生由自重搜

---

① 朱次琦：《澹泊斋记》，《朱次琦集》（上），第140—141页。
② 朱次琦：《答王菉友书》，《朱次琦集》（上），第150页。

武备、仓储、河渠、地利诸书，虽游宦如游学也"。朱次琦拒绝的原因在于，他认为自己"少无宦情，又不习吏事"，出任襄阳官职，在于"亲知逼迫，勉强一行"。

其二，朱次琦以古圣贤为追慕对象，尤其向往孔子的行与道俱。

朱次琦尝谓："人人以一官样作官，民生何赖焉。"①他坦陈，自己从小无心当官，也不惯于官差吏事。当时，国事日非，官场黑暗，朱次琦辞官归里，或乃"不是偶然的"②。后学就此指出：

> 先生以躬行为宗，以无欲为尚，以经世救民为归，守身如玉，大公无私，自然不能大有作为了。正如他对家人说："君子立身行事，当昭昭如日月之明，离离若星辰之行，微特较然不欺其志而已，安能随波靡，犯笑侮，招逆亿，以察察之躬，为当世所指目耶！③

学而优而仕的古训，显然不为朱次琦接受。自年少始，他就不断地以修炼高洁情操勉励自己，乃至对于归隐持节，产生深切的期盼。他的《答李秀才》一诗，就表现了对于洁身自持、隐居自娱生活的向往：

> 君子惠思我，我亦怨离群。明月对眉宇，流光持赠君。
> 何时采三秀，归卧西山云。七十二峰夜，鸾箫天半闻。④

岭南文化的培育与形成，与贬谪文化本来就密切相关。历代宦臣中有

---

① 朱杰勤：《朱九江先生谈诗》，《广州学报》1937年第1期。
② 朱杰勤：《朱九江先生谈诗》，《广州学报》1937年第1期。
③ 朱杰勤：《朱九江先生谈诗》，《广州学报》1937年第1期。
④ 朱次琦：《答李秀才》，《朱次琦集》（上），第72页。

如李邕被贬钦州、韩愈被贬连州与潮州、苏辙和秦观被贬雷州、苏轼被贬惠州和琼州、李攀阳被贬揭阳等，一方面将中原文化带入岭南，另一方面也将贬谪文化植入岭南，谪臣之思亲怀归、追和陶潜、缅怀屈原等，展现着怀才不遇与谪宦心态。例如，苏轼的和陶诗一百三十五首中，绝大多数作于谪居岭南期间，对岭南谪宦和岭南士大夫均产生了很大影响。另外，自明代岭南陈白沙主虚静倡退隐，同样予岭南文人以深刻影响。在这一首酬赠友人的诗作中，朱次琦表现了对退隐以守节的追求。题中所言"李秀才"，即李鸣韶，字孟夔，南海大同堡人，是朱次琦自小的挚交。诗人在作品中，表达了对朋友的深切思想和真挚感情。首联，"君子惠思我"，从《诗·褰裳》中化出。《褰裳》曰："子惠思我，褰裳涉溱，子不我思，岂无他人？"[1]意思是说，你如果真心真意想念我，就会涉河来看我。颈联当中提及的"三秀"，指的是灵芝草。灵芝草一年开花三次，故称三秀。《楚辞·九歌·山鬼》有"采三秀兮于山间""言其被服之芳者，自明其志行之洁也；言其容色之美者，自见其才能之高也"。朱次琦以"采三秀"，表现坚守志行洁操的意志。他也以李白《赠孟浩然》中的"白首卧松云"，表示对于归隐山中采灵芝、闻鸟语的向往。这决定了朱次琦弃官从教，也促成了四行五学说的发展与成熟。

在《答王萰友书》信中的第二段，朱次琦追述平生之志：

> 自惟寡薄，童牙未萎，猥已接迹通人，恭承大雅，中间浪迹，若骤若驰，若谬若迷，而终无所泊栖。四十之年，忽焉至矣，诚甚愧，诚甚惧也。思欲屏迹幽遐，追平生所不逮，古人已远，来者难诬。岁月侵寻，未知果有成否。先生超超出处，行与道俱，浽长晋城，差堪比匹。末学仰之，正如滨海蜑人，持蠡饮

---

[1]　郑玄笺，孔颖达正义：《毛诗正义》，《十三经注疏》（上），第342页。

渤，不过取饫口腹而止，莫能测其际涯也。大著鄂宰四稿，谨已登领，撰述日新，实事求是，尚冀源源寄读，开我见闻。①

引疾辞官，在中国古代，历来是常见现象与惯有托辞。比如在汉初，士人就秉持"士者，弗敬则弗至"的信念，即使出仕了，也是重视孔子所说的"抚我则后，虐我则仇"主张，将抚我或虐我，作为是否履行君臣之义的前提条件。也就是说，读书人保留了内心的选择空间，出仕或辞官，主动权掌握在自己的手中。心中怀有道义与信念的士大夫，重视当官，为世所用、为君所用，但同时也重视自己内心的独立性与人格尊严。所以，朱次琦在这一段话中，对自己四十余年的生涯进行回顾，间接回答他的何以引疾而归——他仰慕王莘友的"超超出处，行与道俱"。行与道俱，是他向往与心仪的，也是他认为当下社会欠缺且需要坚持的。为此，在这封信的第三段里，朱次琦继之另称：

> 方今士习日漓，根柢傀薄，不知伊于胡底，人材陁坏，职此之由。天不慭遗，海内耆耄硕生，翳然将尽，后生不见老成，即聋从昧，将谓读书学仕，不过尔尔，甚可悼叹。仰继前良，下觉来裔，以续百年来经师之绪，非先生而谁。伏惟颐性啬劳，为道自爱，欲言千万，纪纲遄发，使平昔盖阙之疑，未及贡诸左右，独恃厚爱，吐馨肝鬲，辄复顿尽，惟矜其直，不责其狂愚，幸甚幸甚。壬子重九后十日。琦顿首。②

朱次琦进一步交代自己日后退隐设教的根由。他追慕行与道俱。对于当时社会的士习日漓、根柢傀薄，王莘友和朱次琦都表示深恶痛绝。后

---

① 朱次琦：《答王莘友书》，《朱次琦集》（上），第150—151页。
② 朱次琦：《答王莘友书》，《朱次琦集》（上），第150—151页。

学之士为了当官而读书，培育出大量即聋从昧、弃德崇奸之人。朱次琦以"仰继前良，下觉来裔，以续百年来经师之绪"，来赞誉王菉友。他期待自己行与道俱，做到"仰继前良，下觉来裔，以续百年来经师之绪"。显然，他认定当时的政治环境，大多只能是虐我而非抚我，他的政治理想没有办法实现，社会清明也没有办法展望。他需要另寻途径，实现抱负。

在《又答王菉友书》这封书信当中，朱次琦另外提出：

> 菉友先生阁下：别后刻欲走谒霽除，饫承德范，不意后政刘君，延至二月上旬，始行接篆。卸署后，又为交待一节，絮絮至今，屑琐凡猥，最不堪为长者告。日来乃渐有成议，一得蒇事，便如脱鞲之鹰，不复能暂羁此地矣。仆南归之议，往复自决，然江楚阻兵，意未卜戎涂何日。意两人继见之缘，苍苍者尚犹未靳，故迟迟我行邪。句读锼板，一两月想可告竣，大著中有未刻，望分录给，若行箧携有家集及乡先正名集，亦分数种，拙辑《国朝名臣言行录》所取资也。此书成后，尚欲仿黄梨洲《明儒学案》，辑一书以著我朝一代儒宗，顾不欲分汉学、宋学，如江郑堂《师承记》云也。见闻隘陋，未知果有成否。其例略容写录就正。大约月终乃到，山川回洑，我劳如何。复启不尽悽悽。二月九日，琦再拜。①

这封信，应当大约在五个月后，寄与王菉友的。朱次琦将《国朝名臣言行录》例略编写，寄给了王菉友指导批评。与上一封信提出的追慕王菉友的"仰继前良，下觉来裔，以续百年来经师之绪"不一样，这时的朱次琦，明确提出要著书立说。儒家学说、孔子思想，是朱次琦所认定的华

---

① 朱次琦：《又答王菉友书》，《朱次琦集》（上），第151页。

夏文化象征。当朝名臣义举，是道统所系。因此，朱次琦准备仿黄宗羲的《明儒学案》、江郑堂的《师承记》，辑写《国朝名臣言行录》一书，以记当朝一代儒宗，破汉学宋学之分，进而建构起他理想中的文化信念、良风善俗。

其三，朱次琦认为，身于乱世，天命民彝，系于"修学好古之儒"，立志成为赓续文化之人，以救时用世。而他对于士夫要淡泊明志、修身束行、行与道俱的强调，以及对古学的重视，都促使他对官宦生活进行再思考——国君荒淫、权臣跋扈、兵戈纷起、民命陷危，贤智之士和忠荩之臣在官场上难以作为。但儒家倡导的先天下之忧而忧、后天下之乐而乐主张，已然化入朱次琦血脉中。如何有用于世，仍是他辞官之后思考的问题。离开襄阳之后，在《去襄阳后答王箓友书》中，他历陈时政，表明辞官后志向。信末声称：

> 世难方殷，靡知所底。项领之叹，诗雅以嗟。然窃惟自古泯棼之会，玄黄戈马之秋，天命民彝，必不可以一朝绝。不绝则宜有所寄，寄斯巨者，宜在修学好古之儒。秦氏以还，如伏胜、申公、许郑、二刘、熊安生之伦是也。阁下勉旃，自爱而已，顷何以为娱，颇复有所造述不。仆既不作河东之行，无缘复诣大治，悠悠之别，道阻且长，知复何时，更得一面，能重奉皋比，开吾抵掌不？南望于邑，辞不叙心。六月廿有八日，琦再拜。[1]

从这封信的落笔来看，四个月后，朱次琦再次修书王箓友。应该说，朱次琦对当时政治生态的考量，是比较谨慎的。在信中，他感叹时遇、寄望将来。他的悲观情绪，源自对于歧途成正途、偏锋成大道的现实的深深

---

[1] 朱次琦：《去襄阳后答王箓友书》，《朱次琦集》（上），第152页。

刺痛与无奈。尽管如此，在战乱与黑暗当中，他仍然提出期待与憧憬："天命民彝，必不可以一朝绝。不绝则宜有所寄，寄斯巨者，宜在修学好古之儒。"修学好古，是朱次琦追慕远圣先贤的一种方式，更是他济世救道的一种途径。国家无以安宁之际，身于乱世中的读书人，得以安身立命的不是为官一时，而是救治与传承文化，承担自己的使命与责任——以学术救国、以文化人。这成为读书人报国经世的另一种可能与必然。这时的退隐，并非仅仅为了独善其身。此时的朱次琦，期待以辞官著书的方式，以另一种更远大、更重要的方式，实现生命的价值与意义，并且以此延续民族兴盛、天命民彝。这种主张，在以后他的弟子、再传弟子身上都得到延续。如再传弟子潘博称："盖以易朔者，一家之事。至于礼俗政教，渐灭俱尽，而天下亡矣。夫礼俗政教固皆自学出者也，必亡而后礼俗政教乃与俱亡。"[1]再传弟子邓实提出复兴中国古学，认为："无学不可以国也，用他人之学以为己学，亦不可以国也。"[2]梁启超更明确提出，要在传承中国传统思想学说与文化精神基础上，将古学与西学融通发展，转而出新。1902年，梁启超在《新民丛报》上发表《论中国学术思想变迁之大势》一文提出：

> 近顷悲观者流，见新学小生之吐弃国学，惧国学之从此而消灭，吾不此之惧也。但使外学之输入者果昌，则其间接之影响，必使吾国学别添活气，吾敢断言也。但今日欲使外学之真精神普及于祖国，则当转输这窄者，必邃于国学，然后能收其效。以严氏与其他留学欧美之学童相比较，其明效大准验矣。此吾所以汲汲欲以国学为我青年劝也。[3]

---

[1] 潘博：《国粹学报叙》，《国粹学报》第1期，1905年2月23日。

[2] 邓实：《鸡鸣风雨楼独立书》，《政艺通报》第23号，1904年1月2日。

[3] 梁启超：《论中国学术思想变迁之大势》，《饮冰室合集》文集之七，第95页。

人类文化，日进无疆。《尚书》中强调"以德配天"之说，又以《泰誓》中提出的"树德务滋，除恶务本"最具代表性。对德的强调，是一种修身立世要务，也是一种学风坚守。世风与学风，互为影响、互为推动。世风不良，学说难存。学说难存，国之难继。学者在黑暗末世，不随波逐波而仍能坚持己任，传承文化，发扬高明光大之道，是为职责，是为使命。明清之际，黄宗羲、顾炎武等人，真诚期待着思复三代之治。他们颂古非今，无非是引古以筹今，希望能重视与传承上古道德品性，从而觉民行道、有用于世。而到了西学东来时，如何能在有益借鉴西学的同时，不破坏乃至消灭中国传统学说与精神，这是晚清民初有责任感的中国文化人共同的深沉思虑与勇敢担当。梁启超、邓实、潘之博等人有关国学传承的思考，是为继朱次琦、康有为这二代人之后，继续所作的探索。梁启超在黄遵宪等人反对之下，仍谋创立《国学报》。中国近代的国学研究，由此肇端。在中西文化交融当中，梁启超称，国学研究"但使外学之输入者果昌，则其间接之影响，必使吾国学别添活气"；今日，"使外学之真精神普及于祖国，则当转输这窄者，必邃于国学，然后能收其效"。这种对于中华传统文化精粹的传承与光大，是梁启超之觉民行道的责任表现，亦是九江学说一脉学人共同的文化担当精神之流衍传扬。

第六章

文化 历史

设帐九江，学子如云，
示以门径，通达实学

钱穆在《朱子学提纲》一书中，指出："在中国历史上，前古有孔子，近古有朱子。此两人，皆在中国学术思想史及中国文化史上发出莫大声光，留下莫大影响。"[①]朱熹学说，源于孔子。在中国历史上，很早就有半部《论语》治天下的说法[②]。周游列国的孔子，之所以回到家乡教学，除了因为政治主张不得行于世、官场失意之外，也是因为教育能够给到民众真正的教化，使礼仪规范、仁义道德能真正在民众当中生根发芽。《论语·子路》记载了孔子去到富庶的卫国时，与弟子冉有之间的一番对话。其称："子适卫，冉有仆。子曰：'既庶矣，又何加焉？'曰：'富之。'曰：'既富矣，又何加焉？'曰：'教之。'"[③]孔子的意思是说，一个国家人口增加、财富积累的同时，更重要的还要教育民众。文化教育能够影响到一个人的心灵世界，更能构筑起一个社会的良知善行。作为至圣先师的孔子，设帐授徒门很低，有教无类，"行束脩以上"者就可成为其徒弟。孔子教导学生克己复礼、修身敬德，受到后人尊重与追随。

明末清初，中国在政治、经济、文化等方方面面，经历易代大变局。大儒黄宗羲指出，这时期面临的是"天崩地解"的变革。发展至十九世纪中叶至二十世纪初，晚清民初的中国更经历千年未有的大变局。魏源、冯桂芬、郭嵩焘、王韬、薛福成、马建忠、郑观应、康有为、梁启超、谭嗣

---

① 钱穆：《朱子学提纲》，生活·读书·新知三联书店，2014年，第1页。

② 半部《论语》治天下之典故，语出林駉所撰《古今源流至论》前集卷八《儒史》。其中有曰："赵普，一代勋臣也，东征西讨，无不如意，求其所学，自《论语》之外无余业。"越普所学的书籍，只有《论语》。这段话下面有一条注文，称赵普曰："《论语》二十篇，吾以一半佐太祖定天下。"此语后为民间引用，化为半部《论语》治天下。

③ 何晏等注，邢昺疏：《论语注疏》，《十三经注疏》（下），第2507页。

同、章太炎、孙中山等一大批的先进人物，"具体见解虽互有差异，但批评'近古'（秦汉以来，尤其是明清的专制制度），崇尚'远古'（尧舜之时，三代之治），以此求新求变，却是他们共同遵循的一条思维路向"[①]。返本开新，就在于"以复古为解放"之主旨与用意。而晚清的岭南学术，由两位著名学者来扛大旗，一位是陈澧、一位是朱次琦。朱次琦追慕孔子，提出学孔子之学。他认为，当下学说歧变之多，儒家传承的已不再是孔子学说本来面目。他的学说以融合汉学、宋学为职志，以实用济世、经国安邦为旨归，上承明清经世实学、远祧程朱理学、兼采阳明心学，最终遥宗孔学。他的学孔子之学，重点在于修学与习古、实学与通用，将古学、孔学推陈出新，以此创建四行五学的学说体系、达致古为今用的实学效能。招生授徒二十余年，他教导学生以实学来通变、以修身来养德、以实践来报效社会。

朱次琦的人格魅力和学说感召力，在当时即获得关注与肯定。他的学生中多学行兼优、文词卓越之士。佛山市博物馆藏《朱次琦门人进学记名册》、李辰《朱次琦相关文献及其门人考略》[②]等，有所载述。朱次琦弟子中，邑学廪生有如：胡景棠、卢达渠，凌鹤书；举人有如：郭文修、何炳堃、梁金韬、梁尔燨、梁知鉴、邝达荣、潘誉徵、仪士华；进士有如：陈如岳、黄增荣、卢庆云、罗传瑞、梁耀枢、康有为、区德霖、朱方辉。他们不论已仕未仕，各有所长。简朝亮、康有为更为岭南硕儒、国学大师。尤其是康有为，深刻影响中国近现代社会进程。至于简朝亮，在离开礼山草堂大约二十年之后，他撰写《朱九江先生讲学记》，以语录体的形式，以"先生曰"这五十六则文字、凡四万五千字，记录了朱次琦讲学大致要略。其中包括四部分内容：讲学大旨一则、古之实学十二则、读书之实

---

① 冯天瑜：《中华元典精神》，上海人民出版社，1994年，第14页。
② 李辰：《朱次琦相关文献及其门人考略》，景海峰、黎业明编《岭南思想与明清学术》，上海古籍出版社，2017年，第318—342页。

三十三则、修身之实十则。这四部分内容，为朱次琦的学孔子之学及四行五学学说思想，提供重要史料参考。《朱九江先生讲学记》另附《书后》一篇，简朝亮自述主张，是反映其思想的重要文献。《书后》将学孔子之学及四行五学，易为孔门"四教""四科"，加以传承与发展。此外，简朝亮为溯源孔子学说，毕十五年之功力，完成《尚书集注述疏》一书。简朝亮自称"力疾治《书》"的原因："学先经部，凡所辨《尚书》伪古文者，綦详以正，由是孔子所学尧、舜、禹、汤、文、武、周公迄《秦誓》之书，皆得斯文复明，不至伪者终乱经而贼盗。"①朱次琦再传弟子黄节，对朱次琦学说颂曰："横流沧海变，屹立礼山祠。接地吾私淑，登堂识本师。九江儒学派，三晋使君碑。不必遗书在，闻风百世思。"②《清史稿》为朱次琦立传，亦称其"生平论学，平实敦大"，"一时咸推为人伦师表"③。

一、入门途径：学孔子之学

学说的演变，有时代性。复古宗经主张，在中国历代都出现。诚如龚自珍所说："仿古法以行之，正以救今日束缚之病。"④大约在雅斯贝尔斯所说的轴心时代，中国就形成了中华民族的文化核心。当时诸子百家各自聚徒授学，著书立说、自成一家。据《汉书·艺文志》记载，先秦时期的诸子学说，达到一百八十九家，著作存留亦达四千三百二十四篇。而据《隋书·经籍志》记载，当时学术派别，达到上千家。产生广泛且深远影响的，包括法家、道家、墨家、儒家、名家、杂家、兵家、医家、阴阳

---

① 简朝亮：《尚书集法述疏》，《续修四库全书》（第52册），上海古籍出版社，2002年，第1页。
② 黄节著，马以君编：《黄节诗集》，中国人民大学出版社，1989年，第2页。
③ 《清史稿·列传二百六十七·儒林》。
④ 龚自珍：《明良论四》，《龚自珍全集》，上海人民出版社，1975年，第35页。

家，等等。其中最重要的，是儒道学说。尤其儒学，成为中国历代统治者奉行的治国安邦主流思想。两千多年来，儒学往往为一定人群所阐释，又在一定朝代范围内流行，成为具有特定时代烙印的、不断变化与发展的学说思想。不同时期、不同朝廷、不同个人对儒学的阐释，是不一样的。在朱次琦治学的年代，岭南汉学、宋学盛行。朱次琦强调，治学要还原孔子学说本义。这成为此后他在礼山草堂讲学时，首要倡导的学说标向，也使其成为"传统学术走向近代学术的中间人物"①。

对于朱次琦的返乡设账授学，《朱九江先生年谱》记曰：

> 先生居九江，远方从学者日至。先生讲学礼山下，有古大夫归教州里之风，于是讲学终二十余年。每闻先生曰："呜呼！孔子殁而微言绝，七十子终而大谊乖，岂不然哉。天下学术之变久矣，今日之变，则变之变者也。"②

咸丰五年（1855），朱次琦离开官场，回到南海九江。等到第二年，他开始在南海邑学——尊经阁授学。而到了咸丰八年（1858），朱次琦在位于家乡的礼山开馆授学。他教授的内容，首先在于追慕孔子学说、复归上古旧学。他主张复古宗经，是因为有感于当时学说之变导致的世风日变、人心不古。他认为"孔子殁而微言绝，七十子终而大谊乖"，因此，对孔子学说本来意义的发覆，是为必要。

晚清理学家对中国儒学道统的辨正，表现出多种面向，又以两种做法为突出。一种做法，是就清代以前的儒学统系做论析，如刘廷诏的《理学宗传辨正》，突出宋儒尤其是朱熹的地位；另一种做法，是就清代儒学

---

① 白红兵：《近代岭南学术与中原学术的离合关系———以朱次琦与阮元为中心》，《甘肃社会科学》2013年第4期。

② 简朝亮：《朱九江先生年谱》，《朱次琦集》（上），第34—35页。

统系做考衡，如唐鉴的《国朝学案小识》，以"尊朱黜王"观念把清代学术分为道学学案、经学学案、心宗学案三类，并将道学（程朱理学）视为清代儒学的正学①。回顾清前期广东的学术态势，同治《南海县志》一书中有较为精辟的总评价，其云："我朝取士之法，沿自前明。士子束发受书，只知以《论》《孟》《学》《庸》为根柢，而六艺浩博，止抄撮什一以供应试之需。自康熙至乾隆，元和惠士奇、大兴翁方纲先后视学粤东，以学问词章为诱掖，而后青衿髦士，始知全读《五经》。厥后冯来庐经、劳莪野潼为经学大师，授徒最盛，而渊源出自冯潜斋成修，大约以义理为指归，但求阐发宋儒之说而止。故道光中，番禺林伯桐、鹤山吴应逵皆劳门都讲，经术湛深，而恪守师传，终不出宋人窠臼。惟钊研求古训，穿穴群书。"②清代康熙、雍正、乾隆三朝，把尊崇"朱学"当作一以贯之的政策，"康熙将朱熹抬得比孔子还高，致使在十七世纪末，著名理学家陆陇其敢于声称，只有朱熹才懂得孔孟'圣道'，做学问只要读朱熹的书，就算到家了"③。比及此后，文网愈甚，又变而为以古学、汉学为重。而朱次琦学说，近承朱熹、兼采阳明、远祧孔子。他在溯源学说衍化基础上，论析孔子学说不复存在的根本原因。其称：

秦人灭学，幸犹未坠。汉之学，郑康成集之；宋之学，朱子集之。朱子又即汉学而稽之者也，会同六经，权衡四书，使孔子之道大著于天下。宋末以来，杀身成仁之士，远轶前古，皆朱子力也。朱子百世之师也，事师无犯无隐焉者也。然而攻之者互起。有明姚江之学，以致良知为宗，则攻朱子之格物。乾隆中叶至于今日，天下之学，多尊汉而退宋，以考据为宗，则攻朱子为

① 唐鉴：《国朝学案小识后序》，《唐鉴集》，岳麓书社，2010年，第724页。
② 清同治《南海县志》卷二十六。
③ 朱维铮：《走出中世纪》，第168页。

空疏。一朱子也，而攻之者乃相矛盾乎？学术之变，古未有其变也。[1]

在这一段话中，朱次琦提到的郑康成，指郑玄。郑玄（127—200），字康成，东汉末年经学家，治学以古文经学为主，兼采今文经学，使经学进入一个"小统一时代"。他的学说，被世人称为郑学。另外，这段话提到的朱子，指朱熹。朱熹总结以往思想，建立庞大的理学体系，成为宋代理学之大成。元皇庆二年（1313）复科举，诏定以朱熹《四书章句集注》为标准取士。明洪武二年（1369），科举以朱熹等"传注为宗"，朱学遂成为巩固封建社会统治秩序的精神支柱。因此，朱次琦认为，秦朝虽然经历了秦始皇对文化思想的钳制，但孔子学说思想仍然存在。汉朝以郑玄为代表，宋朝以朱子为代表，仍然发扬着孔子学说。朱次琦肯定朱熹的会同六经，权衡四书，使孔子之道大著于天下。他也认为朱熹理学对后来读书人产生了深刻影响。尤其在气节涵养、品性修成上，宋末以来杀身成仁之士，就受着朱熹传扬的儒学思想的影响。朱次琦认为，朱熹是百世之师，明代王阳明的知行合一，就在朱熹哲学基础上加以突破，"以致良知为宗"。王阳明学说可以一补程朱理学僵化、固化之弊端。但是，王阳明批评朱熹的格物学说，使孔子学说被遮蔽。而自清乾隆中叶以来，汉学盛行、宋学被抑，以考据为宗，将学说带至饾饤破碎误区。此时学者，攻击朱子理学思想空疏无用，使得孔子思想再次被歪曲。朱次琦认为："朱子师程子者也。朱子释经，不或匡程子之失乎，志逊而辨，辞恭而直，朱子事师之谊也。今之汉学，喜攻朱子，蜩沸者无讥矣，将或中焉。惜夫其不如朱子之事师也。""一朱子也，而攻之者乃相矛盾乎？学术之变，古未有其变也。"[2]对朱熹的攻击，直接导致学说前所未有的蜕变与异化。

---

[1] 简朝亮：《朱九江先生年谱》，《朱次琦集》（上），第35页。
[2] 简朝亮：《朱九江先生年谱》，《朱次琦集》（上），第41页。

朱熹学说，传承自孔子、孟子而来。但是，孔子学说及其本人形象，"在历史上那样变幻不定，就因为'笋壳'太多。他时而现身为先知，时而现身为巫师，或被说成僭望王位的'素王'，或被说成安贫乐道的'先师'。他被一些人看成禁欲主义者，被另一些人看成享乐主义者，在有的时代是君主专制的拥护者，在另外时代是限制君权的倡导者。他的身价随时涨落，人格上下浮动，封号屡次改变，作用代有异说"①。因此，针对"孔子之道隐"而出现的学说大变，朱次琦主张要学孔子之学，回到对孔子原本思想的解读与传承。他指出：

> 呜呼！古之言异学也，畔之于道外而孔子之道隐。今之言汉学、宋学者，咻之于道中而孔子之道歧，何天下之不幸也。彼考据者，不宋学而汉学矣，而猎璨文、蠹大谊，丛脞无用，汉学之长，有如是哉？孔子曰："德之不修，学之不讲，是吾忧也。"②

在清朝初年，朝廷为进一步巩固政权，制造文字狱冤案同时，采取一系列怀柔政策。为努力拉拢汉族读书人，清廷重视对儒家思想的发扬。孟森在《清史讲义》里提出："清之开国，不能谓于国民先有何种功德。本以夷族崛兴，难言政治知识。顾其种类为善接受他人知识之灵敏种类，其知识随势力而进，迨其入关抚治中国，为帝王之程度，亦不在历朝明盛诸帝之下。"③当时的康熙帝即是典型。从五岁开始，康熙皇帝就被安排接受儒家思想的教育。八岁时，他就"以《学》《庸》训诂询之左右，求得大意，而后愉快。日所读者必使字字成诵，从来不肯自欺"④。他孜孜求学，

---

① 朱维铮：《走出中世纪》，第223—224页。
② 简朝亮：《朱九江先生年谱》，《朱次琦集》（上），第35页。
③ 孟森：《清史讲义》，第97页。
④ 中国第一历史档案馆标点整理：《康熙起居注》，中华书局，1984年，第1249页。

希望日后以儒治国。他本人对儒家经典、程朱理学，无不研通。因此，康熙年间，"讲学之风大盛，研求性理"①。逮至晚清，学说以复古为解放。朱次琦倡导修学好古，以对学孔子之学的强调，引领学生探寻真正学问。他提出：

> 吾今为二、三子告，蕲至于古之实学而已矣。学孔子之学，无汉学，无宋学也。修身读书，此其实也。二、三子其志于斯乎？修身之实四，曰：惇行孝弟，崇尚名节，变化气质，检摄威仪。②

从上述论析可见，朱次琦认为读书人之修学，首要在于复古宗经。而要做到真正的复古宗经，就要复归到对孔子学说本身的研究，而非执于汉学、宋学之争，或胶着于程朱理学、阳明心学之辨。只有真正地学孔子之学，才能够学到真正的儒家学说，才能够在治学中避免人为强分汉学、宋学，从而打破自我设限设藩之误区。

朱次琦推扬学孔子之学，得到诸多弟子的追随。简朝亮终生追随朱次琦的学孔子之学。在《朱九江先生讲学记书后》一文中，他用了七万余字的篇幅，述忆朱次琦的学说思想。而且，他除了撰述《朱九江先生讲学记》《朱九江先生年谱》之外，还撰述了《论语集注补正述疏》《述十三经大义》等论著。他对于朱次琦所称"孔子殁而微言绝""天下学术之变久矣"进一步发挥："《论语》之经，《六经》之精也。百氏之要，万世之师也。所谓自生民以来，未有盛于孔子也。秦虽火之，不能灭之，汉终复之。"③对四行五学的论学之要，简朝亮也有较为具体的说明：

---

① 孟森：《清史讲义》，第97页。
② 简朝亮：《朱九江先生年谱》，《朱次琦集》（上），第35页。
③ 简朝亮述疏：《论语集注补正述疏》，北京图书馆出版社，2007年，第1页。

　　子以四教：文、行、忠、信，明其垂万世法也。文者，《六经》也。《书》与《春秋》，经之史，史之经也，百王史法其流也。正史纪传，《书》也。通鉴、编年，《春秋》也。九通掌故，溯源于经，濂洛关闽，性理精微，由经而发，非宗经无以为辞章，皆读书事也。行主忠信，皆修身事也。子以"四教"，斯学者一人而备"四教"，及其教成，则以其尤长者名之，曰德行、曰言语、曰政事、曰文学，所谓"四科"也。斯其为孔子之人才。朱先生于读书以修身者，勉备乎一己，其教学者必一人皆备焉。①

　　在这段论述中，简朝亮以四教和四科，概要介绍朱次琦所强调的学孔子之学及四行五学。他指出，朱次琦的四行五学，在于一人而备四教和四科。简朝亮弟子伍庄（伍庄后又拜康有为为师），继续学孔子之学，倡导创设"孔圣堂"。孔圣堂从1929年开始在香港筹建，到1935年建成，历时约六年时间，杨永康、许让成、张威麟、岑才生等学者先后出任主席。数十年来，孔圣堂以"弘扬儒学，立己立人"为办学宗旨，对于中华儒家文化和孔子学说思想的传承，作出重要贡献。孔圣堂对于香港的文化繁荣与发展、华人世界的文化教育与精神引领，也起到积极意义。简朝亮作《孔圣堂记》一文，其中称道："孔子，万世之师也。学尧、舜、禹、汤、文、武、周公之道，以传后世而不惑也。"②简朝亮的学术路径，是由朱次琦而至孔子、曾子、子思、孟子、朱熹，又以对朱次琦学说思想的收集整理与阐释发扬为要。他指出，建设孔圣堂，正是为了宣讲孔子的圣德，使得"道既大同"。简朝亮的受业弟子张启煌（即朱次琦再传弟子），也学孔子之学。他溯源儒家道统及思想本原，在《广昌黎原道》一文中，针

---

① 简朝亮：《朱九江先生年谱》，《朱次琦集》（上），第37—38页。
② 简朝亮著，梁应扬注：《读书堂集》卷七，1930年刻本，第1页。

对韩愈的道统说提出："孟子之后，于西汉不数董子，试问王霸之辨，谁之功也？于东汉不数郑康成，试问今古文之争，谁统一之？唯昌黎以前不补入董郑不可，昌黎以后又何人，则宜一一推广之……然则自唐以后，得孔孟之传者，于宋则周、程、张、邵、朱，于明则顾亭林，于清则陆稼书在前、朱九江在后。"①张启煌继韩愈道统说之后，提出新主张，将陆稼书②、朱次琦视为清代儒家正统学说的传承人。简朝亮另一名受业弟子邓实也提出："仁、义、礼、诗、书、乐，黄帝之所孕育，而尧、舜、禹、汤、文武、周公、孔子之所发明而光大之者也。"③孔子之学，是为民族之学。而孔子学说，核心就在于修身读书，而非其他。何为修身读书？主要在于惇行孝弟，崇尚名节，变化气质，检摄威仪这四项。

简朝亮及其弟子治学，以溯源回归到孔子本身，来发覆儒家学说，表达大同主张。康有为及其弟子，尤其着力于大同思想的发覆与改革。康有为主张推行孔教，称：

夫孔子之道，博大普遍，兼该人神，包罗治教，固为至矣，然因立君臣夫妇之义，则婚宦无殊；通饮食衣服之常，则齐民无异。因此之故，治教合一。奉其教者，不为僧道，只为人民。在昔一统闭关之世也，立义甚高，厉行甚严，固至美也。若在今世，列国纵横，古今异宜，亦少有不必尽行者。其条颇多，举其大者，盖孔子立天下义，立宗族义，而今则纯为国民义；此则礼规不能无少异，所谓时也……故今莫若治教分途，则实政无碍而

① 张启煌：《广昌黎原道》，林伯聪、李巽仿等编《松桂堂集》，香港刊刻，1985年，第51—52页。
② 即陆陇其，其学术专宗朱熹，排斥陆王心学，清廷誉之为"本朝理学儒臣第一"，与陆世仪并称为"二陆"。
③ 邓实：《古学复兴论》，《国粹学报》1905年第9期。

人心有补焉。①

与简朝亮对学孔子之学较为忠实的传承不一样，康有为及其弟子根据时代变化与政治需求，对学孔子之学加以变化与添加。康有为认为，孔子学说"兼该人神，包罗治教"，是"治教合一"的学说主张。但是，由于时代的新变、社会的需要，政教各立，并行不悖能起到救治社会、改良风俗、教化人心的积极作用。他对于孔子学说的继承和化用，由维新运动而至辛亥革命以后，始终没有发生根本改变，并且得到相当一部分弟子的忠实追随。梁启超虽然从追随康有为到放弃孔教思想，改而认为孔子乃教育家而非教主、孔教乃教育之教而非宗教之教，但同样注重学孔子之学。他以"道德革命"为口号，反对一切"破坏主义"。此后，他发表一系列学孔子之学的文章，诸如：1912年发表《中国道德大原》，1915年发表《孔子教义实际裨益于今日国民者何在，欲昌明之其道何由》，皆强调孔子学说是中国道德教育的根本。1920年发表演说时，梁启超更明确提出：在文化道德建设上，"中国不能效法欧洲"，"当知中国前途绝对无悲观，中国固有之基础亦最合世界新潮"②，并且需要重新发扬和传承儒家学说。

（一）修学：读书者，格物之事

对于读书人治学目标与态度，孔子指出："古之学者为己，今之学者为人。"意思是说，古代的时候，学者是为了提高自己的学问修养而学，现在的学者却为了向他人表现而学。对于修学，孔子认为应该为己，同时有三个不同层次表现，即分别是：修己以敬、修己以安人，以及修己以安百姓。修身第一个层次，是敬重自己；第二个层次，是敬重他人并使之安乐；第三个层次，是敬重百姓并使之安定。也就是说，修己以敬和兼善天

---

① 康有为：《请尊孔圣为国教立教部教会以孔子纪年而废淫祀折》，《康有为全集》（第四集），第98页。

② 丁文江、赵丰田编：《梁启超年谱长编》，上海人民出版社，1983年，第900页。

下，是读书人治学的根本依归。《大学》中"八条目"，对兼善天下作进一步明确。在朱次琦看来，孔子主张的修己以敬和兼善天下，已为大多数读书人所轻视，天下的学术由此屡经大变，而至晚清又为变之变者。对于朱熹学说，攻之者改以"致良知"为宗，也在于对孔子之学的隐而不传。

对于攻击朱熹的格物学说的主张，朱次琦加以考释并指出：

> 呜呼！古之言异学者，畔于道外而孔子之道隐。今之言汉学、宋学者，咻之于道中而孔子之道歧，何天下之不幸也。彼考据者，不宋学而汉学矣，而猎璅文、蠹大义，丛脞无用。汉学之长，有如是哉！孔子曰："德之不修，学之不讲，是吾忧也。"①

修学，指治学，研习学业。中国自古重视修学。蒙学教育，自先秦以来，就传承流衍。《汉书·叙传下》有载："儿生矕矕，束发修学。"《抱朴子·勖学》亦有称："盖少则志一而难忘，长则神放而易失，故修学务早，及其精专，习与性成，不异自然也。"②按照孔子的说法，读书首先是要养成一个完善人格，于此基础上学会敬重他人的人格、权利、利益，也即做到无损于人，进而才能给百姓以安居乐业、幸福安康。而孔子的思想不为世人所重视之后，学说就变得琐碎无用。朱次琦强调复归到孔子的修学主张，尤其要通过读书达到涵养大节：

> 小学，非六书而已也。纪文达必从《汉志》，非也。朱子小学，小学之道也。《大戴礼》曰："古者年八岁而出就小学，学小艺焉，履小节焉。束发就大学，学大艺焉，履大节焉。"是故

---

① 简朝亮：《朱九江先生年谱》，《朱次琦集》（上），第35页。
② 葛洪：《抱朴子》，上海书店，1986年，第111页。

小学养大学。①

　　六书小学，治经者所时资也。必谓先尽读小学诸书，而后可通圣人之道也，将徒蔽之也，为其书之不能无凿也。②

　　《大学》开篇，即已指出："大学之道，在明明德，在亲民，在止于至善。"学习的最高境地，是要达到明德、亲民及至于至善——不仅要彰明一个人内心的光明德性，而且要亲近、教化民众，使百姓也能显明至善德性。在以上两段话当中，朱次琦区分出"小学之道"和"大学之道"，强调成年以后的学习，在于学大艺和履大节，从而掌握圣人之道。这种以明白人生大节为核心的学习，不仅能将自己变成君子，也将使小人受到教化而变成君子良人。如此之读书，也就肩负起更为重要的社会责任，而不仅仅是为饾饤之学问。当社会中的每一个人都能够学大艺和履大节，那么圣人之道就得到了复归。

　　以觉民传道，追慕圣人之道为读书宗旨，朱次琦将读书与格物结合，加以讨论。这也决定了他的学说中，采阳明之学以补程朱理学的倾向：

　　读书者，格物之事也。王姚江讲学，讥朱子读书曰："致良知可也。"学者行之，流弊三百余年。夫良知良能，皆原孟子，今举所知而遗所能乎。既不读书，何以致良知也？不读书而致良知，宜姚江不以佛氏明心为非也，此心学之弊也。子路侫于孔子曰："何必读书，然后为学。"则孔子之读书为学，其常也。昔者姚江谪龙场驿，忆其所读书而皆有得，姚江之学由读书始也，故其知且知兵，其能且能御乱。③

---

① 简朝亮：《朱九江先生年谱》，《朱次琦集》（上），第40页。
② 简朝亮：《朱九江先生年谱》，《朱次琦集》（上），第41页。
③ 简朝亮：《朱九江先生年谱》，《朱次琦集》（上），第37页。

　　这一段话所提及的王姚江，即王守仁（王阳明）。明代心学由陈献章开启、湛若水完善、王阳明集大成。王阳明承继了孟子学说，同时又受到陆九渊"心即是理"思想以及禅宗思想的深刻影响。他追求心性本体的工夫，将心本体道德伦理化。他反对程颐、朱熹通过事事物物追求"至理"的格物致知方法，认为事理是无穷无尽，格之使人烦累不已。他提倡"致良知"。所谓致良知，即要从自己的内心中去寻找"理"，理在人心。在知与行关系上，王阳明强调既要知，也要重视行——知行合一。王阳明弟子众多，形成影响极大的姚江学派。但他的致良知主张，受到追捧的同时，也遭遇批评。朱次琦认为，学者受到致良知的理在人心思想的影响，不重视读书，只知道一味空坐谈心，其流弊影响数百年。他认为读书是格物之事。理的探寻，不能光靠心去悟，倘若不读书，难以得理得良知。

　　程朱、陆王之辨，本来就是当时学术界热议的问题。对陆王心学的批判，也伴随程朱理学的复兴。道光二十四年（1844）罗泽南的《姚江学辨》就是以程朱理学观点，对陆王心学进行痛斥的一个典型。此外，方东树、方宗诚等学者，也创作了大量批判陆王之学的论著。就此百年来，学者进行大量讨论。朱次琦对陆王心学的批评，并不是一味地为了保持儒学道统的纯洁而将之排除。他正视陆王心学与程朱理学之间存在的学缘关系，推崇读书格物、修身养德。陈献章倡导的"自得"和"自然而得"，"显然不是从知识论的意义上来讲的，而是本之于道德自我的良知体认，在事上磨炼，日积月累，最终得以显豁的境况，它是一套道德修养的工夫论"①。这一套道德修养的主张，显然被朱次琦吸纳和参鉴，并推衍出四行五学主张。换言之，朱次琦并不是一味地全然否定心学，他只是不满心学流弊及社会各界广泛不读书的现象。一如朱维铮先生指出："他（朱次琦）讲学便否认经学有汉宋的分野，说是郑玄和朱熹，都是学习孔子的学

---

① 景海峰、黎业明编：《岭南思想与明清学术》，上海古籍出版社，2017年，第3页。

说，而朱熹和王守仁的差别更小，因此提倡用王学补充'朱学'。"①朱次琦指出，陈献章本人坦言自己于古圣贤之书无所不读，也写过"吾道有宗主，千秋朱紫阳"②一类诗句。他也说明，陈献章本人也受到了以朱熹为代表的儒家学说的深刻影响。一方面，"陈文恭之学，非不宗朱子"③，而朱熹又法于孔子；另一方面，他也批判陈献章端坐澄心的主张，"未读书而静养，则所养未必端倪之正"④。

首先，为了强调读书修学的重要性，朱次琦引用《论语·先进》，孔子与弟子之间发生的有关读书与实践的讨论，加以佐证：

> 子路使子羔为费宰。子曰："贼夫人之子。"子路曰："有民人焉，有社稷焉。何必读书，然后为学？"子曰："是故恶夫佞者"。⑤

子路是孔子的弟子，也是季孙氏的臣子。有一天，他向孔子推荐同门高柴（子羔）去管理季孙氏封地中的费地。孔子却反对。孔子认为，子羔虽然有才华品德，但如果派他去管理费地，他的才能还不足以造福百姓，会使那里的民众受到伤害。子路反驳老师的意见，说这其实没有多大关系，可以让子羔一边干一边学。难道只有读书是学习？实践也是学习啊。孔子一时无法反驳子路，只好说自己讨厌伶牙俐齿、强词夺理的人。朱次琦认为，"孔子之读书为学，其常也"。《论语》也记载了孔子重视修学的大量内容。例如，孔子主张"学无常师"，认为"三人行，必有我

① 朱维铮：《走出中世纪》，第245页。
② 黎业明：《陈献章年谱》，上海古籍出版社，2015年，第22页。
③ 简朝亮：《朱九江先生年谱》，《朱次琦集》（上），第60—61页。
④ 简朝亮：《朱九江先生年谱》，《朱次琦集》（上），第60—61页。
⑤ 何晏等注，邢昺疏：《论语注疏》，《十三经注疏》（下），第2500页。

师焉。择其善者而从之，其不善者而改之"①。又如，孔子主张"学而时习"，声称"学而时习之，不亦说乎"②。又说"好仁不好学，其蔽也愚；好知不好学，其蔽也荡；好信不好学，其蔽也贼；好直不好学，其蔽也绞；好勇不好学，其蔽也乱；好刚不好学，其蔽也狂"③。还谓"我非生而知之者，好古，敏以求之者也"④。再如，孔子还主张"学不躐等"，认为"吾十有五而志于学，三十而立，四十而不惑，五十而知天命，六十而耳顺，七十从心所欲不逾矩"⑤。具体就修学方法来看，孔子主张读书人要注重"学思并重"。他认为："学而不思则罔，思而不学则殆。"⑥他自陈："吾尝终日不食，终夜不寝，以思无益，不如学也。"⑦思与学之间，孔子主张学重于思，学是基础，通过学而能由博而约，约之以礼，并且温故而知新，下学而上达。

其次，为了进一步重申读书修学的作用，朱次琦征引姚江谪龙场驿一事，加以论辩。

龙场，是王阳明政治生涯和学术生涯的重要转折。明武宗正德元年（1506），王阳明三十五岁。当时，司礼太监刘瑾专权跋扈，结党营私，排斥异己。御史薄彦徽等会同南京给事中戴铣，上疏请诛刘瑾等"八虎"。刘瑾大怒，逮薄彦徽、戴铣等人下狱，各杖三十。戴铣被杖死狱中。时任兵部主事的王阳明挺身而出，抗疏力救，刘瑾遂逮王阳明下狱，廷杖四十，贬谪出京，为贵州龙场驿驿丞。刘瑾派人尾随其后，意欲加害王阳明。王阳明知闻后，设置投江自尽的假象并作《绝命诗》迷惑阉党。

① 何晏等注，邢昺疏：《论语注疏》，《十三经注疏》（下），第2483页。
② 何晏等注，邢昺疏：《论语注疏》，《十三经注疏》（下），第2457页。
③ 何晏等注，邢昺疏：《论语注疏》，《十三经注疏》（下），第2525页。
④ 何晏等注，邢昺疏：《论语注疏》，《十三经注疏》（下），第2483页。
⑤ 何晏等注，邢昺疏：《论语注疏》，《十三经注疏》（下），第2461页。
⑥ 何晏等注，邢昺疏：《论语注疏》，《十三经注疏》（下），第2462页。
⑦ 何晏等注，邢昺疏：《论语注疏》，《十三经注疏》（下），第2518页。

经过一番曲折经历，王阳明脱险，到达龙场驿。明正德三年（1508）春到正德五年（1510）春，前后约两年时间，王阳明贬居于贵州龙场。黄宗羲撰《明儒学案·姚江学案》，评论王阳明因龙场经历，"其学凡三变而始得其门"：

> 先生之学，始泛滥于词章，继而遍读考亭（朱熹）之书，循序格物，顾物理、吾心终判为二，无所得入。于是出入于佛、老者久之。及至（龙场）居夷处困，动心忍性，因念圣人处此，更有何道。忽悟格物致知之旨："圣人之道，吾性自足，不假外求。"其学凡三变而始得其门。[1]

王阳明在经历政治磨难、人生巨变之后，思想发生根本性转变，从而龙场悟道。他传承与变革儒家思想，从本体上强调心即理、心外无理和知行合一。朱次琦认为："姚江谪龙场驿，忆其所读书而皆有得，姚江之学由读书始也。"意思是说：王阳明之所以能够在厄运当中自强不息，从容应对种种困难，是因为此前读了大量的儒家圣贤之书，才能在苦痛中将《大学》中的"格物致知"之旨，加以变化和发展。正德十一年（1516）九月十四日，四十五岁的王阳明奉旨升任都察院左佥都御史，巡抚南、赣、汀、漳等处地方。十二月初王阳明又到达江西，开始儒生的军旅生涯，在军事史上创下以少胜多的奇迹，成就立德立功立言的"三不朽"声名。此即朱次琦所称"故其知且知兵，其能且能御乱"。

复次，为进一步重申读书修学的重要及其门径，朱次琦强调"读书而静养"：

---

[1] 黄宗羲著，缪天绶选注：《明儒学案》，商务印书馆，1931年，第82—83页。

陈文恭之学，非不宗朱子也。文恭自谓于古圣贤之书，无所不读也。其诗曰："吾道有宗主，千秋朱紫阳。"此其所由入德也。明英宗北狩，弟景帝立，及英宗归，景帝锢之。英宗太子，皇太后所立也，景帝废之，而立己子，人伦蔑矣。于是乎文恭不赴礼闱，宪宗即位复赴焉。此其知出处之大谊也。昔者定公元年，孔子不仕，而仕于定公九年。当时是，贼臣意如既卒，终使昭公合墓。二子无猜，道成孝友，春秋之变而得其正也，文恭足知之矣。文恭之学，读书而静养也，朱子所法乎孔子者也。文恭之教，使学者端坐澄心，未读书而静养也，则所养者，未必端倪之正也，非朱子所法乎孔子者也。[①]

这一段话开篇所引陈文恭，指陈献章。陈献章师从吴与弼。吴与弼治学态度严谨，要求学生专心一致，不容精神涣散，思想要集中，静时修养，动时省察，务使内心湛然虚明。陈献章后来隐居于江门白沙村的"春阳台"，经过十年苦学和静坐冥思，建构"为学当求诸心"[②]的"心学法门"。在他隐居期间，"四方来学者不啻数千人"。当时，身兼礼、吏、兵三部尚书职务的湛若水，以及官拜文华阁大学士卒赠太师的梁储，都是他的入室弟子。因湛若水与陈献章的师承关系，两人的学说合称为陈湛心学，其大大推动明代儒学由理学向心学的转变，也逐渐形成著名的"岭南学派"。朱维铮指出："陈献章，是王阳明学说的真正教父。""广东，是王学的策源地。"[③]陈献章成为宋明理学史上承前启后、转变风气的关键人物，后世尊之为"圣代真儒""圣道南宗""岭南一人"。

---

① 简朝亮：《朱九江先生年谱》，《朱次琦集》（上），第37页。
② 陈献章：《书自题大塘书尾诗后》，黎业明编校《陈献章全集》（上），上海古籍出版社，2019年，第92页。
③ 朱维铮：《走出中世纪》，第247页。

陈献章认为，人之心具有主体、主宰的意义。心与事合、心与理合，形成了心无内外、理无内外的内外合一关系。他主张"宇宙在我"，倡导涵养心性，看重"静"的工夫，强调"静中养出端倪"——因为静，不累于物，不溺于俗；因为静，可以去扰、可以平心、可以得思、可以得悟。依此，陈献章"为学当求诸心"的主张，是反省内求、向外求索的结合，既"求诸心"又"徐取古人紧要文字读之"①。因此，朱次琦强调，陈献章于古圣贤之书无所不读，他的学说本自朱熹而来。陈献章自谓"吾道有宗主，千秋朱紫阳"②，教学者"端坐澄心"，本来就源自朱熹，而朱熹又本自孔子，都是以诚意正心。所谓诚意，指的是意志纯洁、无有所欺、心安泰然；正心，则指的是心无有愤恨、无有恐惧、无有忧患乃至无有喜乐。朱次琦强调，人要达到"端倪之正"这样的情状——这其实正是倡导诚意正心，强调人发自内心保持自我身心安宁与本然面目。朱次琦强调，读书是王守仁学说主张形成的基础。王守仁的良知良能说法，就是源自孟子学说。但孟子良知良能的"良"所指为"实"，而王守仁只讲良知不讲良能，需有选择性地汲取与扬弃。不读书而仅仅通过静养，是难以真正悟得本心的澄明纯正。人的德性修养与民族道德素质的提升，需要借助读书这一重要渠道。学者指称："考次琦之言义理也，谆谆以崇孝弟尚名节为务，而于朱子尊德性及发明性理之说，绝口不谈，是次琦名尊朱子，一实于朱子精微之处，知之尚未深也。"③实际上，朱次琦同时受到心学濡染。尤其陈献章淡声华、薄荣利、追求自得，"无欲则静虚而动直，然后圣可学而至矣"④的主张，正契合朱次琦之学说要旨。黄尊生在《岭南民性与岭南文化》一书中，加以裁断并指出："白沙这种（心学、静养）思想，一

---

① 陈献章：《书自题大塘书尾诗后》，《陈献章全集》（上），第92页。
② 陈献章：《和杨龟山此日不再得韵》，《陈献章全集》（上），第378页。
③ 孙海波：《朱九江学记》，《中和》1940年第2期。
④ 陈献章：《复赵提学金宪》（其三），《陈献章全集》（上），第195—196页。

路绵延至嘉道以后，到了最后，做殿军的，有一尊柱石，这便是朱九江。朱九江以后，还有一个人物，这便是简竹居（朝亮），是朱九江的弟子。简竹居以后，便是广陵散了。"①黄尊生或可谓知朱次琦者矣——反对批评陆王心学的朱次琦，恰正如一尊柱石，成为心学、静养思想之殿军。然谓广陵散，又失于偏颇。朱次琦受业弟子康有为、再传弟子梁启超，践行静养。三代学说传人就此主张，并未断裂。

再次，朱次琦加以具体阐释："读书者何也？读书以明理，明理以处事，先以自治其身心，随而应天下国家之用。"②针对时弊，他指出当时人们的认识误差与行为偏离，将修学读书与教化风俗联系：

> 制策又以风俗为治平之本，而教化实风俗之原。而欲使薄海之民桀黠者革面而洗心，愚懦者守分而循法。臣窃惟《周官》始有比闾族党之制，管子遂创轨里连乡之法，无授无节则弗纳，异言异服则有讥。凡以重邪民之禁也。夫导民之术，教化为先。③

这一段话，出自朱次琦的未完成的殿试卷。当中，作者文辞简要、析理精深地探研了治理国家的道理，强调导民之术，教化为先。朱次琦溯源上古风尚，指出尧舜之时正立于上而化成于下，"设之以学校，董之以师儒，以风俗为必可厚而不敢置力田孝弟为缓图，以礼记为必可行而不仅恃饮射读法之虚务"④。他将修学和国家治理相联系，肯定教育不可小觑的潜移默化作用。儒家认为，学习是修身的前提和基础。要修身，就必须要好学。孔子提出："君子食无求饱，居无求安，敏于事而慎于言，就有道

① 黄尊生：《岭南民性与岭南文化》，民族文化出版社，1941年，第36页。
② 简朝亮：《朱九江先生年谱》，《朱次琦集》（上），第39页。
③ 朱次琦：《朱九江先生未完殿试卷》，《朱九江先生诞辰二百周年纪念特刊》，第19页。
④ 朱次琦：《朱九江先生未完殿试卷》，《朱九江先生诞辰二百周年纪念特刊》，第19页。

而正焉，可谓好学也已。"①意思是说，人要好学，而且要享受当中的乐趣，以老实忠厚的态度对待学习，不断成长。所以，孔子提出："知之为知之，不知为不知，是知也。"②当中最后一个"知"，通"智"。对于如何修学，孔子强调知道就是知道、不知道就是不知道，强调人们要用老老实实的态度做人做事、求学问知，这才是真正的智慧。智慧，指聪明才智，是人所表现特有的感知、直觉、理性、情感、欲望等综合调控机能，包含了知识、能力、德性品质在经验基础上达到的有机统一。拥有智慧的人，能够深刻地理解客观的人、事、物，对过去、现在、未来，能作冷静思考、分析、探索、追求。智慧不是与生俱来的，而是通过修学实践获得的。所以，孟子说："君子之守，修其身而天下平。"③在中国古代，知识与修身，主要通过读书研习来获得。

基于读书格物的主张，朱次琦批判各种读书误区：对读书人以科举为业，他深恶痛绝，称："今之子弟所志者，科举而已。所力者，八股、八韵、八法而已。故今之所谓佳子弟，皆古之所自暴自弃之尤者也。"④他批评读书人为了生计，终日忙碌："学子百辈，终日卒卒，岂复有须臾暇邪。""此身遂非己有尔。时虽欲假片刻余间，补平生所未及，那可复得。"⑤朱次琦强调读书要有用于世，指出重要典籍有不同的涵养人的面向，认为要"于《易》验消长之机，于《书》察治乱之迹，于《诗》辨邪正之介，于《礼》见圣人行事之大经，于《春秋》见圣人断事之大权"⑥。他也以周公、孔子为例，指出"以周公之上圣，日读百篇；以孔父之多，

① 何晏等注，邢昺疏：《论语注疏》，《十三经注疏》（下），第2458页。
② 何晏等注，邢昺疏：《论语注疏》，《十三经注疏》（下），第2462页。
③ 赵岐注，孙奭疏：《孟子注疏》，《十三经注疏》（下），第2778页。
④ 简朝亮：《朱九江先生年谱》，《朱次琦集》（上），第39页。
⑤ 简朝亮：《朱九江先生年谱》，《朱次琦集》（上），第29、30页。
⑥ 简朝亮：《朱九江先生年谱》，《朱次琦集》（上），第65页。

能韦编三绝"①。他推崇孔子的好学精神。孔子说"十室之邑，必有忠信如丘者焉，不如丘之好学也"，也说"性相近也，习相远也""唯上知与下愚不移"②。以此告诫人们要通过读书增长才智。朱次琦进而指出，汉东方朔读书六年，通晓四十多万典籍，如果每天读书三百字，不用三年则即使是中等资质也可知晓大道。朱次琦弟子也大多勤奋好学。例如，康有为拜朱次琦为师，捧手受教，"乃如旅人之得宿盲者之睹明，乃洗心绝欲，一意归依，以圣贤为必要期，以群书为三十岁前必可尽读，以一身为必能有立，以天下为，必可为。从此谢绝科举之文、土芥富贵之事，超然立于群伦之表，与古贤豪君子为群"③。

批判科举试事无益于学问的同时，朱次琦批判最多的，是心学带来的学风大坏、人心大坏。早在先秦时期，有关心的讨论，已然出现，人们已经认识到心有向善、向恶两途。先民造字，由心组成的、表善之字有"惠""慈""忠"等，也有示恶的"恣""怠""愆"等。孔子将心善的一面，诉为仁，以仁表现人对道德至善的遵循与推扬。孟子明确提出"道德源于心"，认为人自天生始，表现善良之德，自带仁、义、礼、智。他在《孟子·告子章句上》提出："仁义礼智，非由外铄我也，我固有之也，弗思耳矣。""君子所性，仁义礼智根于心。"心有善端、道德自律的主张，被后人发扬，心的内涵不断丰富，汉唐时期更呈多极方向发展态势。逮及北宋，程颢开端心学；至南宋，陆九渊进一步启其门径；到明朝，陈献章导其先河。陈献章认为《六经》皆糟粕，圣人之学唯在心学，他认为："凡看经书，要在致吾之良知，取其有益于学而已。则千经万典，颠倒纵横，皆为我之所用。"④王守仁继之，提出致良知。他认为：

---

① 简朝亮：《朱九江先生年谱》，《朱次琦集》（上），第29—30页。
② 何晏等注，邢昺疏：《论语注疏》，《十三经注疏》（下），第2478、2524页。
③ 康有为：《我史》，《康有为全集》（第五集），第61页。
④ 陈献章：《道学传序》，《陈献章全集》（上），第23页。

"心者，天地万物之主也。"①他也主张："至善是心之本体也。"②"夫心之本体，即天理也。"③王守仁将良知看作心的本体，认为没被私心物欲遮蔽的心是无善无恶的，是天理，是最高境界。按照这种思维，善德是人们自身具备的。人们要做的，是将内在于心的善德表现出来。至于表现方式，有很多种类型，王守仁强调知心。他认为学问以知心为要，要以实践和自省达到知行合一境界。他提出：

> 身之主宰便是心，心之所发便是意，意之本体便是知，意之所在便是物。如意在于事亲，即事亲便是一物；意在于事君，即事君便是一物；意在于视、听、言、动，即视、听、言、动便是一物。所以某说无心外之理，无心外之物。④

> 夫调"敬畏之增，不能不为洒落之累"，又谓"敬畏为有心，如何可以无心？而出于自然，不疑其所行。"凡此皆吾所谓欲速助长之病也。夫君子之所谓敬畏者，非有所恐惧忧患之谓也，乃戒慎不睹，恐惧不闻之谓耳。君子之所谓洒落者，非旷荡放逸，纵情肆意之谓也，乃其心体不累于欲，无入而不自得之谓耳。⑤

从人性角度，王守仁论说心的无善无恶及行事的反求诸己、知行合一。致知在格物，格物以致知，是自先秦以来就倡导的朴素但正确的理念。王守仁其实亦并未放弃格物，而乃强化心的重要作用。朱次琦虽然以

---

① 王阳明：《答季明德》，《王阳明全集》（一），线装书局，2012年，第310、311页。
② 王阳明：《传习录》上，《王阳明全集》（一），第75页。
③ 王阳明：《答舒国用》，《王阳明全集》（一），第290页。
④ 王阳明：《传习录》上，《王阳明全集》（一），第79页。
⑤ 王阳明：《答舒国用》，《王阳明全集》（一），第289页。

心学来补理学之僵化，但不满心学流弊及当时社会上不读书、恶读书的普遍现象，认为客观事物的理不能靠空悟、空谈获得，而是要格物致知。他认为，人们放弃读书，有失偏颇；不读书，难以真正究理，也无法获得良知良能。他也指出，陈献章、王守仁学说其实不是无水之源、无本之木，也得通过读书来获得，并且还要在实践中不断生成和融通。

宋明时期，有关道德本体及其如何修为的讨论，同样也是重内在与外在的统一。就此问题，牟宗三先生有过一段客观、精辟的论说。他在《宋明儒学之课题》一文中，这样提出："孔子践仁知天，未说仁与天合一或为一，但依宋明儒那里，其共同倾向则认为仁之内容的意义与天之内容的意义到最后完全合一；孟子言尽心知性知天，心性是一，但未明显地表示心性与天是一，宋明儒的共同倾向认为心性合为一；《中庸》说'天命之谓性'，但未明显地表示天所命于吾人之性其内容的意义完全同于'天命不已'之实体，宋明儒则明显地认为天道性命而为一。"[1]从这一段话可知，牟宗三先生将宋明儒主张的有关仁与天的讨论，与孔子、孟子及《中庸》的主张作对比，前者是将仁与天、心与性、天道与性命合二为一。然则，众所周知的是，宋明儒学有关心与理的讨论，尤其有关天理的阐释，带来良心良知与善德善行之间的紧张关系——将理与欲对立。对此，黄宗羲在《明儒学案·泰州学案》的序中，一针见血地指出："孔孟之言无欲，非廉溪之言无欲也。欲惟寡则心存，而心不能以无欲也。欲鱼欲熊掌，欲也；舍鱼而取熊掌，欲之寡也。欲生欲义，欲也，舍生而取义，欲之寡也。欲仁非欲乎？得仁而不贪，非寡欲乎？从心所欲，非欲乎？欲不逾矩，非寡欲乎？"[2]黄宗羲批评宋明儒学的偏颇之处，指出理与欲都应该被重视与尊重。存理灭欲，不仅背离了孔子、孟子原本主张的道德精神，

---

① 牟宗三：《宋明儒学之课题》，郑家栋编《道德理想主义的重建》，中国广播电视出版社，1992年，第226页。

② 黄宗羲：《明儒学案》（上），第215页。

同时也违背了人之为人的正常伦理与生理需求。

平心而论，朱次琦对于王阳明心学的批评，带有矫枉必过正之意。以知人论世角度观之，朱次琦所处时代，考据学正在盛行，程朱理学开始复兴。朱次琦清醒意识到治学强分汉学、宋学的弊端。对于心学，他并非一味打倒、完全否定，而只是反对心学之弊端。他主张学孔子之学，是希望以此复归古学，使读书人能真正读书以格物、修心以养性、实学以兴邦。

朱次琦复古宗经的主张，后来得到了弟子简朝亮、康有为等弟子的接受与追随。以简朝亮一系为例。其称："明季士大夫，以讲学为名高。自以其开宗之义，而不善滋焉。姚江王守仁，修德君子也……而其讲学之宗则曰'致良知'，违朱子格物致知之义，言可不读书而心学也。于是乎为姚江之学者，纵其心知，荡于天下，甚则入而讲学，出而饮酒杀人……其败德甚矣。"① 故之，其后，简朝亮创办简岸草堂，继续沿着修学格物思想前行，培育了一批经世致用的读书人。又以康有为一系为例。康有为创办万木草堂，将传统儒家所主张的读书致知、读书格物思想更为广泛地传承。同时，他进一步采阳明心学而补程朱理学，进一步传承与推扬读书、修身之法。他在《南海朱先生墓表》一文中有述：

> 后人圣孔氏，奉袯饰之以为教，尊之曰"经"，演之曰"史"，积其法曰"掌故"，撢其精曰"义理"，行之远曰"文词"，以法古人道治也。圣人殁而学术裂，儒学纷而大道歧，有宋朱子出，实统圣人之道，恢廓光复，日晶星丽。②

康有为师从朱次琦后，发奋读书，未明而起，夜分而寝，日读宋儒书

---

① 简朝亮述疏：《论语集注补正述疏》，第75页。
② 康有为：《南海朱先生墓表》，《康有为全集》（第五集），第1页。

籍及经说、小学、史学、掌故、词章，"兼综而并骛，日读书以寸记"。其早年撰写的《教学通义》《康子内外篇》《长兴学记》《与朱一新论学书牍》诸文，可见朱次琦学说之濡染。例如，《教学通义》是康有为早期撰写的一篇重要著作。在这篇文章中，康有为指出：老者传之幼者、能者告于不能者，是教之始；而幼学于长、不能学于能，则是学之始。他认为教、学重要，是基于这是区分人类与禽兽差别的重要凭借。礼教伦理、事物制作等人类文明，均由教、学而成。

（二）习古：定古经之正诠，屏群言之底滞

朱次琦既然提出学孔子之学，如何学，那就要落到实处。落实途径，在于习古。朱次琦提出："孔子之教何在？即在所作六经之内。故孔子万世师表，六经即万世教科书。"[①]朱次琦认为：

> 六经者，古人已然之迹也。六经之学，所以践迹也。践迹而入于室，善人之道也。所谓深造之以道，欲其自得之也。子张问善人之道，子曰："不践迹，亦不入于室。"陆子静，善人也，未尝不学。然始事于心不始事于学，而曰"六经注我、我注六经"。虽善人乎，其非善人之道也。[②]

首先，这段话中，朱次琦所称六经，又称六艺，指的是《易》《诗》《书》《礼》《乐》《春秋》[③]这六部典籍及其研究之道、学说主张。经学，指儒学经典及其研究。与陈献章、王守仁相悖，朱次琦反对静坐弃学与只求诸心，而强调读通古经。他认为："六经者，古人已然之迹也。"治学要追溯古代学术之精要，就要重视六经。

---

① 皮锡瑞：《经学历史》，中华书局，2004年，第6页。
② 简朝亮：《朱九江先生年谱》，《朱次琦集》（上），第37—38页。
③ 《乐》今失传，故又称五经。

　　关于经学，自先秦以来，就有记载，并且深刻影响着中华文化，成为传统文化之核心与关键。在《庄子·天下》中，已能看到经学："其在于《诗》《书》《礼》《乐》者，邹鲁之士、搢绅先生多能明之；《诗》以道志，《书》以道事，《礼》以道行，《乐》以道和，《易》以道阴阳，《春秋》以道名分。其数散于天下，而设于中国者，百家之学，时或称而道之。"到了《汉书》，第一次正式出现"经学"之称①。六经，并非孔子所著，而是属于周官旧典。孔子整理编定六经，并且用于自己的教学授徒实践当中。此后，又经由子夏、孟子、荀子等的努力，六经得以发展。汉朝实施"罢黜百家，独尊儒术"的治国策略与文化主张，儒学地位得到空前提升。汉朝在国家层面上，设立五经博士、置弟子员，从而组织一大批专门的人员从事大规模、成系统的经学研究，在《易》《诗》《书》《礼》《春秋》这五经之外，另外加上《论语》《孝经》，合而成为七经。逮及唐代，又以《易》《诗》《书》《仪礼》《周礼》《礼记》《春秋左氏传》《春秋公羊传》《春秋谷梁传》，统称九经。至唐后期，九经另加《论语》《孝经》《尔雅》，合称十二经；至宋，朱熹取《大学》《中庸》《论语》《孟子》合为四书，由此有了十三经。

　　两千余年来，经学关乎儒家纲纪、先圣微言，为历代儒者所重视、代代相传，有穷经为读书之本的说法。尤其到了清代，经学发展"超汉越宋，论者至欲特立'清学'之名"②。咸丰、同治时期，崇尚理学的风尚，已在朝廷与社会蔓延。重建道统、重建社会秩序，成为重中之重。文化事业的重建，受到人们的普遍关注。正人心、维世道，与教育更密切地关联在一起。理学渐兴之时，倭仁以大学士身份掌管翰林院，制定新学规，把《四书》《朱子语类》《朱子大全》这些理学经典尊为翰林学士的必修课业，官方教育机构也效而行之。研习程朱理学与科举考试相关联。

---

① 经学别称经术、经艺，《史记》《汉书》等诸书中有见之。

② 《清史稿·列传二百六十七·儒林》。

为经典作注，本来就是中国传统学术的基本取向，这时也成为晚清理学家所思考的重要问题。关于儒学统系如何辨正问题，晚清时期的理学家各有主张，学说由此极其复杂。朱次琦与当时汉学家、宋学家的治学区别，就在于他不是归宗程朱理学，也并非止步于汉学、小学的研习，而乃在融通治学、修学格物基础上复归孔子学说。在兼治汉学、宋学的同时，他把学说源头溯至孔子学说本身。而这也从根本上，决定了他对于汉学、宋学的不同态度，进而影响其治学的门径选择与精神皈依。朱次琦认为，六经记录了古人的思想行为，研习六经能体悟古人明理处事、辨析知识真伪的治学正途。他指出古时教育已重六经，孔子即以六艺授徒育才，提出"六艺之学不可无序"[①]。六经关乎儒家纲纪、先圣微言，要有序地研治。与以往治学的复古不一样，朱次琦进一步地梳理自孔子以来的学说演化，指出其中差异，将学孔子之学视为得古学正解，并从"古之实学"角度加以标榜。

其次，朱次琦认为，自孔子及七十子去世后微言断绝，学者或言汉学、或言宋学、或言心学，治学恓饤破碎、空疏浮泛，至晚清则学术风气衰败、士人品行低劣。"学术之变古未有其变也"[②]，要以复兴古学来去除时弊。要复兴古学，就要从孔子学说中寻求立论依据。他从善人之道、非善人之道这两方面，对治学方法加以论析。

善人之道，即善人所为。从《论语》可知，人有善人、君子、圣人、民人、小人等的差别，最高至境是圣人。善人，是介于常人与圣人之间的一种人。善人不依循前人思想，能独辟蹊径、有所创新，但由于不继承前人学说，学问也难以到家。再结合孔子所说"述而不作，信而好古"；"我非生而知之者，好古，敏以求之者也"。可知，从善人到圣人，重点在于习古、好古。朱次琦引用孔子关于善人之道的说法，借以说明陆九渊

---

① 简朝亮：《朱九江先生年谱》，《朱次琦集》（上），第66页。
② 简朝亮：《朱九江先生讲学记》，《读书堂集》卷一，第85页。

"仁义者人之本心也""宇宙便是吾心，吾心即是宇宙""六经皆我注脚"诸说，均非古学之道、善人之道。陆九渊作为心学开山之祖，其学说既然已非善人之道，那么，王守仁学说之弊端就自然有害于道，需辩证观之。

复次，朱次琦以陆子静为例，论析善人、善道之间的关系，以此强调修学复古。

陆子静，即陆九渊（1139—1193），抚州金溪人，南宋哲学家、教育家，世称存斋先生。因讲学于象山书院（今江西贵溪西南），又称象山先生、陆象山。陆九渊与朱熹齐名，但两人的学术见解多有不合。陆九渊主张"心即理"之说，尝言："宇宙便是吾心，吾心即是宇宙。"又谓："学苟知道，六经皆我注脚。"他认为，人只要认识本心，就能认识宇宙的本来面目。朱次琦认为，陆九渊是善人，也讲究修学，但"始事于心不始事于学"，是其学之弊病所在。

在《格物说跋》一文，朱次琦表达自己对于心学的看法：

> 《格物说》三篇，定古经之正诠，屏群言之底滞，匡谬正俗，辨伪得真，使程朱确诂，复明天壤，泰山可移，此案不动矣。中明阳明王氏倡致良知之说，不求诸事而求诸心，由是心学盛兴，波荡天下三百年，余风未殄，可谓烈矣。谨案：《汉书》注，良，实也。孟子良能良知，不过与良贵之良同义，本无深解，不闻以此为七篇宗旨也。况摘去良能，专称良知，谓千古圣贤传心之秘在是乎。大约王氏言："吾人为学，不资外求。[1]

晚清理学家中，相当一部分人士倾向于从学理上将自己的理学研习与

---

[1] 朱次琦：《格物说跋》，《朱次琦集》（上），第139—140页。

陆王心学区分开来，倭仁即"拒绝王学甚严"①。但是，与一般理学人士的严守程朱家法而排斥陆王心学不一样，朱次琦治学相较融通，不持门户之见。摒弃时俗言论、辨伪求古求真，是朱次琦治学的鲜明风格和学说坚守。

得孔子学说真传、通六经以得正解，既为朱次琦所坚守，反对主观解读、误读经学由此则为其所强调。他批判心学之误，主要基于心学的不切实际，误人子弟而非止于门户分立：

> 良知之体，皦如明镜，妍蚩之来，随物见形，而明镜曾无留染。"无所住以生其心"，佛氏曾有是言，未为失也。明镜之应，一照皆真，是"生其心"处，妍者妍，蚩者蚩，一过而不留，即"无所住"处。其平日论学指归，往往如是。然试问：良知作此解说，果有当于孟子论孩提爱亲之仁否？萧梁之世，达摩西来，始厌弃经梵，直指本心，不立文字。阳明祖述其说，并称佛氏之言，亦不之讳，欲使儒释相附，害道甚矣。此说中篇历剖心学之误，条辨如稼书、桴亭，而出以名通证明如清澜、北海，而去其侨激，儒者有用之言，所谓阐道树教，悬日月而不刊者也。②

朱次琦批判求学的不资外求而求诸心，是欲使儒、释相附害道。他认为王守仁致良知学说存在空泛无物、远离古道之嫌，因此可以兼采其长，而必须扬弃其短。溯源朱次琦学说的发展历程，他的先辈数代以治经为业，朱文锦《五经讲解》、朱学业《诗经正义》、朱宴《礼记四十九篇》、朱尧勋《周易例》等即研治经学。朱次琦离开朱氏塾学后，所入读

---

① 吴廷栋：《与方存之学博书》，《拙修集》卷9，同治十年六安求我斋刊本，第14页。
② 朱次琦：《格物说跋》，《朱次琦集》（上），第140页。

的羊城书院、越华书院，也以经学为重。他以治经为本，以修学习古之儒自任。他辞官襄陵时，就认为世难方殷，靡知所底但天命民彝不可以绝，不绝则宜有所寄，"寄者巨者，宜在修学好古之儒"①，朱次琦规划自己的研究计划，提出要编撰《国朝名臣言行录》《国朝逸民传》《性学源流》《五史实征录》《晋乘》《国朝儒宗》《蒙古见闻》②诸种著述，他身体力行，习古扬古。朱次琦也以复兴古学指引弟子。此后，简朝亮、康有为对他的学说进行不同程度的传承，但无一不强调复归古学，以学孔子之学的复古形式从不同角度展开对传统儒学的探研与追寻。康有为指出："今天下治之不举，由教学之不修也。今天下学士如林，教官塞廷，教学恶为不修？患其不师古也。今天下礼制、训诂、文词皆尚古，恶为不师古？曰：师古之糟粕，不得其精意也。盖言古者，必切于今；善言教者，必通于治。"③在强调教、学对于人类文明、社会道德的重要性的同时，康有为指出：修学，就要习古师古；师古，才能得古学。他进一步对师古进行具体区分，认为社会所谓礼制、训诂、文词皆为尚古，但如果所师法的是糟粕，就无益于当世，因此师古还得师古时学说之精意。

二、治学旨归：实学达变

道光四年（1824），学海堂创建，这使岭南学术迎来又一个重要转折。学海堂倡朴学而废章句课式，岭南学风为之一变。然则，社会之剧变与时代之危机，呼唤学风进一步转型。突出表现，是关于实学、达变的呼吁与强调。其中，又以朱次琦为典型代表。朱次琦推崇顾炎武，认为其为学为人皆讲求致用。他服膺亭林所谓"君子之为学，以明道也，以救世

---

① 简朝亮：《朱九江先生年谱》，《朱次琦集》（上），第282—283页。
② 简朝亮：《朱九江先生年谱》，《朱次琦集》（上），第89页。
③ 康有为：《教学通义》，《康有为全集》（第一集），第19页。

也，徒以诗文而已，所谓雕虫篆刻，亦何益哉"①之说，肯定其"凡文之不关于六经之旨、当世之务者，一切不为"②主张。朱次琦认为，治经要打通经学意蕴，"会通汉宋之功，诚学人之津涉"③。他反对专注一经、专执一端，对汉学、宋学之争加以批判，主张"以经世致用为主，穷理治事，刮磨汉、宋纷纭之见，惟尚躬行"④。这成为朱次琦的治学特色。实学、通用、济世，为朱次琦学孔子之学之旨归。他的学说，近宗朱子、兼采阳明、远祧孔子。康有为在《朱九江先生佚文叙》一文中就指出："以经世救民为归。古之学术有在于是者，则吾师朱九江先生以之。"⑤简朝亮在《读书堂集》中，亦载曰："闻先生（朱次琦）讲学山中，约'十三经'之义，博'二十四史'之事，明古人治天下之本，大今人治天下之用，则自喜也。"⑥

（一）通学：会通汉宋之功，诚学人之津涉

复古宗经，本来就是中国数千年文化中的一种普遍现象，名为复归远古，实为创新济世。诚如郑观应所说："我中国教养之道，自三代以后渺矣无闻，政治民风江河日下……今日之计，宜废八股之科，兴格致之学，多设学校，广植人才，开诚布公，与民更始。庶百王之敝可以复起，而三代之盛可以徐复还也。"⑦朱次琦倡导修学好古，以学孔子之学引领学生探寻真正学问，为世所用、为国所用。

朱次琦在梳理学说体系基础上，提出通变：

---

① 顾炎武：《与友人书》25，《顾亭林诗文集》卷四，中华书局，1983年，第98页。
② 顾炎武：《与友人书》3，《顾亭林文集》卷四，第91页。
③ 简朝亮：《朱九江先生讲学记》，《读书堂集》卷一，第96页。
④ 钱基博等：《现代中国文学史》，上海书店出版社，2004年，第243页。
⑤ 康有为：《朱九江先生佚文叙》，《康有为全集》（第一集），第8页。
⑥ 简朝亮著，梁应扬注：《读书堂集》卷三，第2页。
⑦ 郑观应：《盛世危言·教养》，《郑观应集》下册，上海人民出版社，1988年，第340页。

今之学者，宁为其介，毋为其通。①

　　首先，朱次琦肯定朱熹对孔子学说弘扬与发展之贡献，认为朱子为百世之师。进而，他指出，明代以来，以阳明心学为宗进而攻击朱子，以良知为要而反对格物；而到了清代，尊汉抑宋，以考据为宗，认为朱子学说空疏。自明至清，朱熹学说思想备受争议与攻击，孔子学说由此不得彰行于世，学术因此大变，德因此不修、学因此不讲。这种社会现象，令人担忧。朱次琦认为，孔子删述六经，即伊尹、太公救民水火之心，故曰"载诸空言，不如见诸行事"。他提出对顾炎武经世思想的重视与发扬，顾炎武说"愚不揣有见于此，凡文之不关于六经之旨、当世之务者，一切不为。"②这表现的，正是日趋衰败的国家政局之下，有识之士的学术反思与振起救世。

　　当时，相当一部分学者已清醒意识到败坏浅薄的文风与社会风尚之关系。曾国藩对桐城派文章的变革及对义理、考据、辞章、经济的倡导，就表现出以学说救人事、救人心、厉风俗、兴教化的主张。朱次琦强调以六经救世济民，强调学说通达，认为"'通经者，致用之方。经术必明，儒修乃裕，而因及夫古今传经诸家之得失。'此诚学于古训之要图也"③。他主张读书要明理、治学要融通，读经要放下零碎文义，掌握其中要义。具体要求是：通过《易》掌握万物变化尤其是治理国家之理，通过《书》察觉治乱之法，通过《诗》辨别雅正狎邪之道，通过《礼》分别圣人为人处世之理，通过《春秋》而见圣人刑政狱讼之法。他也指出，《乐》已佚却不亡——乐章存于《诗》，乐节存于《礼》。因此，读书要善于体悟、理解和思考。

---

① 简朝亮：《朱九江先生年谱》，《朱次琦集》（上），第45页。
② 顾炎武：《与友人书》3，《顾亭林文集》卷四，第91页。
③ 简朝亮：《朱九江先生年谱》，《朱次琦集》（上），第29—30页。

朱次琦最为世人关注并且产生最重要影响的，是贯通与提炼经学，倡之以四行五学：

> 学孔子之学，无汉学无宋学也。修身读书，此其实也。二三子其志于斯乎？修身之实四：曰惇行孝弟，曰崇尚名节，曰变化气质，曰检摄威仪。读书之实五，曰：经学，曰史学，曰掌故之学，曰性理之学，曰词章之学。[①]

钱穆指出，宋学精神，一是表现为革新政令，一是表现为创通经义；前者止于王安石变法，后者止于朱熹学说[②]。朱次琦学说，既溯源古学、复归孔子，又传承宋学精神、阳明心学。依他所言，读书人要做到四行五学，就要重视修身读书。具体要求，是以惇行孝弟、崇尚名节、变化气质、检摄威仪为修身之实，以经学、史学、掌故之学、性理之学、词章之学为读书之本。四行五学的提出，表现了对《论语》精要的承继，也表现了对宋儒创通经义、实用于世的精神传承，具有明确的针砭时世用意，矛头直指汉学、宋学之争与强分汉学、宋学之误。基于通学达变，一方面，朱次琦肯定汉儒整理经典的贡献；另一方面，他也尊重宋儒释经的成就。他指出："汉学具有根柢，讲学者以浅陋轻之，不足以服汉儒也。宋学具有精微，读书者以空疏薄之，不足以服宋儒也。消融门户之见，而各取所长，则私心祛而公理出，公理出而经义明矣。"[③]故而，四行五学说，是建基于调和汉学、宋学主张基础上的。

在未完成的殿试卷中，朱次琦提出："通经者，致用之方。经术必明，儒修乃裕，而因及夫古今传经诸家之得失。"他的主张，是学古训之

---

① 简朝亮：《朱九江先生年谱》，《朱次琦集》（上），第57页。
② 钱穆：《中国近三百年学术史》，商务印书馆，2005年，第7页。
③ 简朝亮：《朱九江先生年谱》，《朱次琦集》（上），第69页。

要图。他征引刘勰所说"三极彝训谓之经。经者常也。万古不易之常道也。《诗》《书》所载,皆古人名言至论,小可为身心行习之资,大可为帝王治化之本",进而明确指出:

> 汉、晋、唐、宋诸儒传注疏义,条分缕析,各抒所见。虽有醇疵之不同,然其阐发义理,羽翼经传,则皆孔孟之功臣也。且夫汉儒说经,确守家法,论者每病其支离,不知名物象数及训诂之属,非有师傅者莫能通其曲折。所谓吴人之音,越人知之,他邦不知也;高曾之容,祖父知之,子孙不知也。然则诵汉儒之说,亦取其近古,信其专门而已。宋儒说经,究心义理,论者议为空疏,不知训故已明,不复更求邃诣。是犹仅得门庭,不臻堂室,未足以为至也。然则会通汉宋之功,诚学人之津涉也已。皇上稽古右文,表明正学,则古称先之士,其谁不争自濯磨哉![①]

调和汉学、宋学的主张,贯通于朱次琦的治学过程。他强调既不能只在纸上争训诂形声,又不能仅为破碎之学。他不仅反对专攻一经专学一门,而且反对学问饾饤止于虫鱼。治学要正本清源、融会贯通、有用于世,这是朱次琦所坚持的,也是渐被重视的治学风尚。当时治学风范与主流倾向,虽仍就经学句读、抄录、评校、著述作研究但已不固于汉学、宋学之争。例如,钱仪吉治学宏达,并不持门户之见;方东树、曾国藩等人,对汉学"反之身己心行,推之民人家国,了无益处,徒使人狂惑失

---

① 朱次琦:《朱九江先生未完殿试卷》,《朱九江先生诞辰二百周年纪念特刊》,第18—19页。

守，不得所用"①"游衍而不得所归"②的弊端，也多有批判。朱次琦成为调和汉学、宋学的大将，其学说既代表近代岭南学说通达的一面，又展现着晚清民初学风渐次走向融通的一面。与朱次琦并称岭南两大儒的陈澧③，作《汉儒通义》一书，也提出调和汉学、宋学。该书序言称："汉儒说经，释训诂、明义理，无所偏尚。宋儒讥汉儒讲训诂而不及义理，非也。近儒尊崇汉学，发明训诂，可谓盛矣。澧以为汉儒义理之说醇实精博，盖圣贤之微言大义往往而在，不可忽也，谨录其说以为一书。汉儒之书十不存一，今之所录，又其一隅，引申触类，存乎其人也。节录其文，隐者以显，繁者以简，类聚群分，义理自明，不必赞一辞也。"④这是目前可见文献中，陈澧主张调和汉学、宋学的最早尝试。整本书要表达的，是汉儒不仅训诂独步，而且义理也醇实精博的思想，此书创作于咸丰四年（1854）而于四年后刊刻。十余年以后，陈澧回顾自己编纂此书的意图，谓"著《汉儒通义》七卷，谓汉儒善言义理，无异于宋儒。宋儒轻蔑汉儒者，非也。近儒尊汉儒，而不讲义理，亦非也"⑤。陈澧的思想基础，也是根于宋儒，也欲振兴经学。他在中年以前，"每有疑义，则解之考之。其后幡然而改，以为解之不可胜解、考之不可胜考，乃寻求微言大义、经学源流正变得失所在，而后解之，考之，论赞之"⑥。相较来看，朱次琦却从治学一开始，即有纠正清儒只重考证而轻义理的明确治学旨归。他不取门户争胜之说，驳斥汉学、宋学偏见，认为宋儒究心义理，论者议为空

---

① 方东树：《汉学商兑》卷中之上，《续修四库全书》（951），上海古籍出版社，2002年，第559页。

② 曾国藩：《朱慎甫遗书序》，《曾国藩诗文集》，上海古籍出版社，2005年，第261页。

③ 咸丰时期东塾学派略具雏形，直至菊坡精舍的创建才成为东塾学派形成和发展的重要时期。

④ 陈澧：《汉儒通义·序》，番禺陈氏东塾丛书本。

⑤ 陈澧：《自述》，《东塾读书记》，上海古籍出版社，2012年，第356页。

⑥ 陈澧：《复刘叔俛书》，《东塾集》卷四。

疏，不知训故，已明不复更求邃诣，是犹仅得门庭，不臻堂室。汉晋唐宋诸儒，传、注、疏、义，条分缕析，各抒所见。虽有醇疵之不同，然其阐发义理，羽翼经、传，则皆孔孟之功臣也，治学要"会通汉宋之功"。这既予汉学家、宋学家公允客观认识与评价，又予一己治学以真正津涉。就此而言，朱次琦既祛门户之偏见，又不取琐碎之考订，尤得学说融通风气之先。

朱次琦对于通学的强调，同样为其入室弟子所继承。以简朝亮一系为例。他认为："夫俗儒，小人类也。汉宣帝云：'俗儒不达时宜，好是古非今，使人眩于名实，不知所守，何足委任。'……明太祖云：'听儒生讲论，可以开发神智'。盖儒之俊杰而识时务者也，君子类也。"①有关俗儒、君子儒的讨论，简朝亮衡量的标准，是能否识时务知通变。他肯定以经学来达通变知时务，认为经学与时务当下可以结合并且有用于现实。简朝亮另有一段话，讨论学术与国家、人亡与国亡的问题。他在祭奠弟子李节文时提出："呜呼！国将亡之际，子未亡之前，议者屡言小学废读经……今子亡矣，国亡而子未亡。乃子亡矣，虽然子亡而子之道不亡也。子之道不亡则子之学不亡也。"②又以康有为一系为例。在超越半个世纪里，康有为关心中国政治和社会，提出高尚人格的理想与标准。康有为鼓吹的保教、保国、保种，在他流亡后也并未中断。相反，这个三位一体的救亡口号，得到更进一步发展与充实。流亡他国十六年间，康有为联同弟子在东南亚、美洲、欧洲各地，进行广泛且持久的孔教复兴运动。康有为重新审视中华文化与晚清现实，其《中庸注》《论语注》《礼运注》诸种论著，既表现对传统儒学的反思，又发展三统三世说，表现出其对大同世界道德体系构建的思考。康有为在注重建立道德体系的同时，尊重与满足人的自我本性与客观需求。他强调国民性的改造与民众智力的开发，认为

---

① 简朝亮述疏：《论语集注补正述疏》，第162页。
② 简朝亮：《祭李学子文》，《读书堂集》卷六，第32—33页。

《中庸》"系孔子之大道，关生民之大泽，而晦冥不发，遂虑掩先圣之隐光，而失后学之正路"①。以人道论说为中心，康有为的《中庸注》倡导从电气、电力角度观察人类本性，以累生学道为孔教之本，塑造现代精神与形成高尚人格。其中内容，典型反映出中国近代士人既坚守本国优良传统文化，又积极与时共进，努力构建古为今用、洋为我用的学说。

（二）实学：学之而无用者，非通经

朱次琦认为，经学寓含了万古不易之理，治学也需要通达、尚实。他所理解的孔子之学，重实；他的学说，也以实为本，小则用以修身读书、大则用以经世致民。他以对用的强调，作为对通的呈现以及对上古儒学的承接与延续。

对实学的强调，在《汉书·河南献王刘德传》中，班固提到："修学好古，实事求是。"他将实事求是与修学好古结合，以表彰皇子刘德，长期辛勤劳作，以严谨的态度收集、整理、校勘了一大批正本古籍。颜师古作注时，也肯定刘德的治学精神，认为其"务得事实，每求真是也"。是，指事物的本质、真理的本原，亦即事物中的那个本有的理。实事求是，就是从事物本身的情况出发，老老实实地探寻当中表现的内在规律与联系变化。张居正在《辛未会试程策二》中提出："其所以振刷综理者，皆未尝少越于旧法之外。惟其实事求是，而不采虚声。"②程颐在《颜子所好何学论》中提出"力行求至"："君子之学，必先明诸心，知所养，然后力行以求至。"③意思是说，君子治学，首先要有明确的目标，然后为这个目标努力实践、身体力行，直到达到极致境界。"汉学无用"论，通常是宋学家对考证学派的批评，谓"经学之书汗牛充栋，而世人绝不闻经书

---

① 康有为：《中庸注》，《康有为全集》（第五集），第369页。
② 张居正著，张嗣修、张懋修编撰：《张太岳集》（下），中国书店，2019年，第274页。
③ 程颐：《颜子所好例学论》，《二程集》，中华书局，1981年，第577页。

义理。此世道所以衰乱也"[①]。与"汉学无用""朱学空疏"相抗衡,朱次琦在四行五学中,倡导五学,即以实用为明确旨归:

> 经则万世修身而治国家之要道也;史则以证经也;掌故则自经史逮当时之故实也;性理则本乎经、征乎史,察乎异学他求者,失其性也。辞章,则酌经史文言而济当时也。[②]

百年来,治经学者训释甚精,考据甚博,而绝不发明义理以警觉世人,训释考据之类学说又皆世人所不能解、难以解,学说为此无用于世。就此问题,当时身于汉学阵营中的陈澧亦起而批评。朱次琦则起而矫之。从如上这段话可以看到,朱次琦认为经学可以修身治国,史学可以佐证经学,掌故之学又为史学的补充与说明,性理之学则本源自经而证于史,辞章之学则是以经史话语用于时世。五学具有摒弃空疏浮泛学风的明确导向,重实修、实践、实功,救治佛学、心学弊病,与自先秦以来的儒家实学主张遥相呼应。

据《汉书·艺文志》载:"后世经传既已乖离,学者又不思多闻缺疑之义,而务碎义难逃,便辞巧说,破坏形体,说五字之文至于二三万言。后进弥以驰逐,故幼童而守一艺,白首而后能言。安其所习,毁所不见,终以自蔽,此学者之大病也。"顾炎武《日知录》,对明代空疏学风加以针砭和纠正。朱次琦肯定其中的批判意义。在阐释四行五学时,他对五学的实用意义与实际运用,加以重视并具体论说:

> 夫经学其理,史证其事,以经通经,则经解正;以史通史,则经术行;掌故者,古今之成法也。本经史之用以参成法,则用

---

① 《陈兰甫先生澧遗稿》,《岭南学报》1931年第3期。
② 简氏门人编纂:《简朝亮年谱》,1934年刻本,第1页。

法而得法外意矣。性理，非空言也。易曰："翰音登于天，何可长也。"性理者，所以明吾学之大，皆吾分也。用之无所骄，不用无所歉。[1]

朱次琦之所以重视朱熹学说，是以对朱学的倡导来践行实学，对抗阳明心学空泛的弊端。从用的角度来看，五学关乎儒学得失、世事盛衰。以经通经、以史通史，有用于世而不能才大器小、矜伐自用，这是朱次琦教导学生的。四行五学中的五学，通过经学、史学、掌故之学、性理之学、辞章之学，来具体贯彻汉学宋学调和立场并复归到关于孔门义理、经世有用之学的研习。五学融通发展而不互相代替，也不能分立门户，相轻相诋。

一是经学。王国维在《经学概论》指出："《论语》多言立身行己之事，较六经之言经世者，尤于人为切近，故历代皆以为通经之门户。汉人受经者，必先通《论语》《孝经》。"[2]朱次琦即认为：经学处五学首要位置，六经是"古人已然之迹，六经之学所以践迹"[3]。通过研读六经掌握经世道理，这是实践孔子实学精神的首要要求和重要保证。

二是史学。中国是一个重史的国度，"中国古人称'史'为'记事者也'，揭示了人类的这种'记忆特征'，这实在是一个言简意赅的定义"[4]。中国各种学问中，"惟史学为最发达。史学在世界各国中，惟中国为最发达"[5]。故之，朱次琦认为："史之于经，犹医案。"[6]《书》

① 简朝亮：《朱九江先生年谱》，《朱次琦集》（上），第36页。
② 王国维：《经学概论》，谢维扬、房鑫亮主编《王国维全集》（第6卷），浙江教育出版社，2010年，第311页。
③ 简朝亮：《朱九江先生年谱》，《朱次琦集》（上），第69页。
④ 冯天瑜：《中华元典精神》，第10页。
⑤ 梁启超：《中国历史研究法》，《饮冰室合集》专集之七十三，第1页。
⑥ 简朝亮：《朱九江先生年谱》，《朱次琦集》（上），第41页。

与《春秋》是经之史、史之经也，百王史法，其流也；正史纪传，《书》也；通鉴编年，《春秋》也；"盖纲目存焉矣"①。故而，治经、治史不可偏废，学者当予以重视并身体力行。朱次琦作《五史实征录》，研究宋、辽、金、元、明史，是为总结前代的经验得失，给当朝提供借鉴。他认为士人应当研读典章制度之学的"九通"，以利实用。为贯彻主张，他推崇经世致用之学的倡导者顾炎武，认为《日知录》"由体及用，简其大法，当少行于天下，而先王之道必不衰"。康有为深明其师思想之奥秘，认为其学"主济人经世，不为无用之清谈高论"②，讲究经世致用，克服理学家高谈性天不重践履的弊病。

三是掌故之学。朱次琦认为："古今之成法也，本经史之用以参成法，则用法而得法外意矣"。掌故之学，"至赜也，由今观之，地利军谋，斯其亟矣"③。以掌故之学，得知古今政治、经济、军事、教育、水利、文物制度并用以经世。光绪六年（1880），朱次琦与弟子讨论兵道。有称："兵莫患于不坚，上下军民联为一体，我之坚也。管子曰：'攻坚则瑕者坚，攻瑕则坚者瑕。'敌虽机器，不有瑕者在乎？彼谍谍者，何为也？"④他讨论战争与兵道，重视谋略与用兵，重视将士上下一心，而非一味执于器械的或强或弱。他认为真正的用兵，是要避实就虚、避坚就瑕，而非其他无谓之论。他乃至主张："泰西水法，而不必自泰西而为之也，我用泰西也。非泰西而不必可为之者。泰西机器也，漏卮也，泰西用我也。"⑤这种主张为弟子继承。简朝亮提出："今天下之边既未安，和议数更，以逼大臣远虑招俊称作'机器'，所费不赀，日以学艺，师长技以

---

① 简朝亮：《朱九江先生年谱》，《朱次琦集》（上），第42页。
② 《康南海自编年谱》，中国史学会主编《中国近代史资料丛刊·戊戌变法》第4册，神州国光社，1953年，第112页。
③ 简朝亮：《朱九江先生年谱》，《朱次琦集》（上），第43页。
④ 简朝亮：《朱九江先生年谱》，《朱次琦集》（上），第52—53页。
⑤ 简朝亮：《朱九江先生年谱》，《朱次琦集》（上），第52—53页。

谋……然将不忠、士不勇，犹且水陆失守、步骑溃亡，敌人深入，恃机器其何有？"[1]

四是性理之学。朱次琦认为：古无所谓理学，经学即理学，性理非空言，修身养性要付诸实践而非冥想玄思，性理诸书，剪其繁枝，固经学之佐。他强调先以自治其心，随而应天下国家之用。

五是辞章之学。朱次琦以治经学的方法治文学，提出创作要"睥睨今古，傲然自谓与古人并存"[2]。他推重司马迁志在传事，务宜将三千年之事迹，"纬之以文理，绘之以笔墨，善于序事，易于动听，使千秋万世，永垂不朽"[3]。

从上可见，朱次琦通过经学、史学、掌故之学、性理之学、辞章之学这五类学问，调和汉学、宋学。四行五学，表现三点坚守与倡导：一是孔门义理不可偏废；二是经世有用、是为所长；三是德行、言语、政事、文学，皆是圣人之学，皆要兼而备之。五学可融通发展而不能互相代替，不可各立门户，相轻相诋，否则不能学孔子之学，亦无法与圣人同出一途，治学即是徒费笔舌、徒耗心力。与其同时之陈澧，在做汉学、宋学调和时，重道学、辞章、政事、经学此四科之学，亦同样关心于世道衰乱，强调"言语、政事、文学，固断不可无德行，而德行、言语、政事，又断不能不由学而人。德行、文学，即宋学、汉学两派也"[4]。陈澧要说明的是：汉儒之长，不仅在训诂考订，而且也善义理；宋儒之长，不仅在义理，而且也善于训诂考订。与朱次琦四行五学相较，可知彼此区分。综而论之，五学既与数千年来中华文化中的儒家实学文化一脉相承，又代表了晚清民

---

① 简朝亮著，梁应扬注：《读书堂集》卷一，第38页。

② 康有为编注，蒋贵麟辑：《康氏先世遗诗朱师九江佚文合集》，成文出版社（台北），1983年，第81页。

③ 康有为编注，蒋贵麟辑：《康氏先世遗诗朱师九江佚文合集》，第81页。

④ 陈澧：《与徐子远书》，《东塾读书记》，第342页。

初对实学的倡导及通经躬行来寻求救治之道的倾向。清初重考证、士人埋头故纸而漠视经世的现象，被晚清救亡图存的时代主题所替代，以对实学的重视为归，朱次琦学孔子之学是应时而倡，四行五学亦应运而生，尤具时代典型，反映时运世变、士夫情怀与其品性坚守，为朱次琦弟子、再传弟子所接受。

以简朝亮一系为例。《简朝亮年谱》中，载述五学主张。其中曰："经，则万世修身而治国之要道也；史，则以证经也；掌故，则自经史逮当时之故实也；性理，本乎经，证乎史，察乎异学他求者失其性也；辞章，则酌经史、文言而济当时也。五者皆宜备也。先生（简朝亮）遂终身从事于斯矣。"①简朝亮阐释的一番话，可以帮助理解朱次琦提出四行五学的根由。一方面，简朝亮言："呜呼！吾中国之学果不足为也哉？今以《论语》言之，《论语》之经，吾中国万世之师也，能强中国者也。"②站在为时所用角度，他强调孔子的学说，能够起到救中国的实用价值与济世意义。基于这种实用价值，简朝亮在朱次琦学说基础上进一步推扬，用四十余年，撰写《论语要义》《论语或问》《尚书集注述疏》《论语集注补正述疏》等作品。另一方面，简朝亮继续强调种践行。其谓："朱子之方理也，《六经》之实理也。行之皆实，事也。汉学攻朱子，曰：'宋学言空理尔。'四学攻朱子曰：'中学言空理尔'。呜呼！此学术之大变也。彼于其理不知所以行之，斯不以为实而以为空矣。"③

又以康有为一系为例。《南海康先生口说》，是康有为弟子整理的万木草堂讲学记录稿，记录了康有为对五学的传承：从《洪范》到《明国朝学派》，以经、子为内容；自《正蒙》《通书》以下，涵括格物、励节、变化气质、检摄威仪等义理内容；《汉书·百官公卿表》《史记·儒林

---

① 简氏门人编纂：《简朝亮年谱》，第10页。

② 简朝亮述疏：《论语集注补正述疏》，第23页。

③ 简朝亮著，梁应扬注：《读书堂集》卷一，第30—31页。

传》等，是史；文章、文学、八股等，是词章；谈律历乐学等，是掌故。康有为在讲学中，将五学统摄于"游于艺"条目下，出之以义理之学、经世之学、考据之学、词章之学四分目。

对义理之学，康有为加以阐释："义者，人事之宜；理者，天道之条。本于天，成于势，积于人，故有天命之理，有人立之义。天命之理，天下共之，凡人道所不能外者也。人立之义，与时推移，如五行之运，迭相重轻重也。原于孔子，析于宋贤。然宋贤之义理，特义理之一端也，今但推本于孔子。"[①]康有为认为义理本于孔子，表现人事之宜、天道之条，源于自然客观，又因时而变，所以经世之学要通变宜民。他强调："今本之孔子，上推三代，列为沿革。到其损益，则自汉至国朝，各有得失。"[②]所以征之孔子、求之上古时，无征不信，则当有据，需要考据之学。但是"经学、史学、掌故之学，其大者也。琐者为之，务碎义逃难，便辞巧说，则博而寡要，劳而鲜功。贤者识其大，是在高识之士"[③]。

对经世之学，康有为强调学与时异，诸学欲复古制，均需要切于人事，便于经世，六艺之学"皆以致用也"。实用、致用，成为他衡量学说是否有价值与意义的标准。康有为指出："后世学术日繁，总其要归，相与聚讼者，曰'汉学'，曰'宋学'而已。若'宋学'变为'心学''汉学'变为名物训诂，又歧中之歧也。至于今日，则朱、陆并废，舒、向俱亡，而新歆之伪书为经学，荆舒之经义为理学。于是，'汉学''宋学'皆亡。盖晦盲否塞极矣。"康有为并不反对汉学、宋学，而是认为汉学、宋学产生变异，导致学说晦盲。"先师朱先生曰：古之学术歧于道外，今之学术歧于道中。董子曰：正天地者视北辰，正嫌疑者视圣人。尝推本二

---

① 康有为：《长兴学记》，《康有为全集》（第一集），第345页。
② 康有为：《长兴学记》，《康有为全集》（第一集），第345页。
③ 康有为：《长兴学记》，《康有为全集》（第一集），第345页。

学，皆出于孔子。孔子之学，有义理，有经世。"①

就考据之学，康有为从学术歧于道外、歧于道中两方面梳理。他认为，宋学本于《论语》，而《小戴》之《大学》《中庸》及《孟子》佐之，朱子为之嫡嗣，凡宋、明以来之学，皆其所统，宋、元、明及国朝《学巡查》，其众子孙也，多于义理者也。汉学则本于《春秋》之《公羊》《谷梁》，而《小戴》之《王制》及《荀子》辅导之，而以董仲舒为《公羊》嫡嗣，刘向为《谷梁》嫡嗣，凡汉学皆其所统，《史记》、两汉君臣政议，其支派也，近于经世者也。余有《汉儒学案》，别今古之学，以配宋、明《学案》，"二派昭昭，以此求之，二学可得其统矣"②。要学习孔子，就要推本六经，"而一归于孔子，譬犹道水自江河，则南北条皆可正也"③。与时俱进、有用于时，成为康有为溯源学说沿革的重要标准。切于人事、便于时世的思想，使其学说产生更大的社会效用与历史影响。

---

① 康有为：《长兴学记》，《康有为全集》（第一集），第345页。
② 康有为：《长兴学记》，《康有为全集》（第一集），第346页。
③ 康有为：《长兴学记》，《康有为全集》（第一集），第348—349页。

第七章

学归孔子，四行五学，修身要略，冰清襟怀

文历史化

　　文化的教化功能，为各个时代、各个国家所重视。中华礼乐文化，源远流长。《尚书》即称："道洽政治，泽润生民。"孔子又曰："谁能出不由户？何莫由斯道也。"道，载于经，关乎治世修德，故董仲舒曰："道者，所繇适于治之路也。" 道德，调节着个人与个人之间、个人与社会之间的关系，治道之自觉，又重在对学问、道德的修炼。宋元时期的书院讲学，虽然受到官方的影响，但仍能保有一定的独立性。比及明清两朝，书院教育进一步以官方意识为主导，办学性质从读书修身、敬己养德，转向应试科考、考取功名。

　　黄宗羲《明夷待访录》对明代教育之弊，进行尖锐的批评：

　　　　士之有才能学术者，且往往拔于草野之间，于学校初无兴也，究竟养士一事亦失之矣。于是学校变而为书院。有所非也。则朝廷必以为是而荣之；有所是也，则朝廷必以为非而辱之。伪学之禁，书院之毁，必欲以朝廷之权与之争胜。其不仕者有刑，曰："此率天下士大夫而背朝廷者也。"其始也，学校与朝廷无与；其继业，朝廷与学校相反。不特不能养士，且至于害士，犹然循其名而立之何与？①

　　黄宗羲批评明代的书院"不特不能养士，且至于害士"。但是，宋明理学所倡导修炼，更在于纯儒人格之修炼与气节之培育。白沙立世，尤重

------

① 黄宗羲：《明夷待访录》，《黄宗羲全集》第一册，浙江古籍出版社，1985年，第10—11页。

名节，"淡声华而薄荣利，不失为暗修独行之士"①。而到了有清一代，一方面，书院由官方督建，受到统治者思想的深刻影响；另一方面，考据学盛行。比如，岭南学海堂倡导汉学，成为嘉庆、道光、咸丰三朝时期，岭南学术文化的重镇。黄节指称："陈、王、湛三家之学，尽于阮元，惟其著书考据之风盛，则讲学之事亦微。讲学之事微，而名节、道德遂不可复问。"②黄节所言，有过于偏颇的一面，但亦指出当时汉学盛行，导致读书人对于宋学的否定以及对心性修炼的忽略。朱次琦"博及群书，厉节行于后汉，探义理于宋人"③，进而远祧孔子，将读书修身、品性涵养看作治学之实、人生之本。他倡导的四行，既重读书之实，也重修行之实，以惇行孝弟、崇尚名节、变化气质、检摄威仪四方面规范德性。一方面，四行仍以传统伦理规范为要，表现数千年儒家仁义礼智、忠孝信节主张；另一方面，四行作为学孔子之学的关键，既表现对才德文艺双修的主张，又突出对存心养性、冰清襟怀的强调，将德政德行与修身养性结合。四行表现，注重规范性、实践性、传承性，是朱次琦本人的立身行事的准则根基。他以此为人生规范，贯穿于教学当中，经由二十四年实践，对门内弟子的立身处世、学说主张起到深远的影响，成为这一群体共同的修身要略。例如，简朝亮于同治十三年（1874）拜朱次琦为师，此后六十多年来，"论学之要，在明孔门'四教'为万世学术之宗，而九江所讲读书以修身者，实宗焉"④。而康有为与沈曾植通信，谈到朱次琦学说："仆先师朱先生鉴明末乾、嘉之弊，恶王学之猖狂，汉学之琐碎，专尚践履，兼讲世用，可谓深切矣。"⑤

---

① 仇兆鳌：《明儒学案序》，《明儒学案》（上），第5页。

② 邓实、黄节主编：《国粹学报》，广陵书社，2006年，第4491页。

③ 孙海波：《朱九江学记》，《中和》1940年第2期。

④ 简氏门人编纂：《简朝亮年谱》，第21页。

⑤ 康有为：《与沈刑部子培书》，《康有为全集》（第一集），第236页。

一、惇行孝弟

孝，作为一种中国传统社会的基本行为规范与文化核心要义，自先秦时期的《礼》开始，就已列为中国人立身之本。《论语·学而》中，孔子提出："弟子入则孝，出则弟，谨而信，泛爱众而亲仁，行有余力，则以学文。"孔子与学生谈修身实践之事，提出在家要孝顺、出外要悌爱，为人说话要谨慎守信、仁爱众人和亲近仁者。他认为只有做到这些要求，才可以谈各种技巧本领的学习。朱熹也强调，善事父母者，是为孝；善事兄长者，是为弟（悌）。在朱次琦论四行的主张中，孝悌是摆在第一位的，与国家治理、社会风化密切关系。他提出惇行孝弟之学。

首先，朱次琦强调，孝是"德之本"。君仁臣忠、父慈子孝、兄爱弟敬、夫和妻柔、姑慈妇听，皆缘于孝这一根本。孝，许慎《说文解字》释为"善事父母者"。弟同悌，指兄友弟恭，即弟弟尊敬兄长、兄长爱护弟弟。孝与悌关联。惇行孝弟，意即敦促、勉励人们孝顺父母、敬爱兄长。孔子重视孝悌，认为孝悌是做人、做学问的根本。《论语·学而》中，孔子称："父在，观其志；父没，观其行。"孔子以孝行观察一个人的品行、志向。是否遵循父志，可以看出一个人修身立德的水平。所以，孔子的弟子有子称："其为人也孝弟，而好犯上者，鲜矣；不好犯上，而好作乱者，未之有也。君子务本，本立而道生。孝弟也者，其为仁之本与。"（《论语·学而》）有子的意思是说：一个人如果孝顺父母，敬爱兄长，却喜欢触犯在上位的人，这种人是很少见的；不喜欢犯上却喜欢作乱，这种人是不会有的。君子行事致力于根本，确立根本，道也就产生。孝弟，就是仁道的根本。朱熹在《小学·立教》当中，也征引《礼记》称："二十而冠，始学礼，可以衣裘帛，舞《大夏》。惇行孝弟，博学不教，内而不出。三十而有室，始理男事，博学无方，孙友视志。"①意思是，一个人在二十岁的时候，要笃行孝悌、要博学而穷理，但还未可为师教人。这一时期，还要蓄积美德于心中，而不自我表现才能。等到三十岁，成婚有妻室了，就要开始治理事情，如受田、政役等。但至此，还是学习无常师，应付朋友谦逊，观察他们的志向而自我勉励。朱熹重视《礼记》所载孝悌教育，朱次琦也传承了这种孝悌主张，强调孝悌是人德性的具体表现，决定德性根本。孝悌为立身之本，诚信为行己之要、忠厚为存心之基、勤俭为谋生之道，是朱次琦向弟子反复强调的。

朱次琦以孔子、朱熹有关孝悌的主张为标准，批评时人对孝的态度。他指出：人们虽然知道自古以来孝悌的重要性，但不一定躬行，而往往以"吾心固如此也，其事则不能矣。及其有失也，则曰：事如此，吾心不如此也"为托辞。人们有孝悌之心、无孝悌之行，皆因为不愿意履行孝的义务与职责：

> 然则汝心则是，汝事则非，孰使汝心不能达于事邪？抑汝心未诚耳。诚以行之如古之孝弟也，家人且化焉。郑濂举治家之道，曰："不听妇言而已。"夫有言而不听，岂若化之而无言乎？且骨肉之间，学者动以理争也。夫乌知争财者罪、争气者罪、争理者亦罪。礼曰：门外之治谊断恩，门内之治恩掩谊。盖不可以理争，有变则以仁术全之可也。②

朱次琦看到人在履行孝悌时，可能面临的矛盾心理及其客观存在的挑战。他要求"不可以理争""有变则以仁术全之"，指引人们自我克制、修炼心性。他提出的问题，并非个案，而是当时社会存在的普遍现

---

① 朱熹撰，朱杰人、严佐之、刘永翔主编：《朱子全书》（第13册），第379页。
② 简朝亮：《朱九江先生年谱》，《朱次琦集》（上），第35—36页。

象。明代经济与商业发展，中国社会的道德、文化，就进入深刻的转型。嘉靖初年，"文人墨士虽不逮先辈，亦少涉猎，聚会之间言辞彬彬可听。今或衣巾辈徒诵诗文，而言谈之际无异村巷。又云，嘉靖中年以前犹循礼法，见尊长多执年幼礼，近来荡然，或与先辈抗衡，甚至有遇尊骑又不下者。又云，嘉靖初年市井极僻陋处，多有丰厚俊伟老者，不惟忠厚朴实，且礼貌言动可观。三四十年来，虽通衢亦少见矣。又云，嘉初脚夫市口或十字路口，数十群聚……人家有大事，一呼而至。今虽极庶富市口，不过三五鹜瘦之人，衣衫褴褛，无旧时景象。嘉靖十年以前，富厚之家多谨礼法，居家不敢淫，饮食不敢过，后遂肆然无忌，服饰器用宫室车马僭疑不可信"[①]。可以看到：明末社会道德与民间风俗发生变化。人们言谈举止由彬彬有礼，变而为粗野不拘；礼乐风俗由原来的井然有序，变而为混乱无序；为人做事由原来的忠厚宽仁，变而为圆滑世故；人际关系由原来的互助互利，变而为冷漠无为；消费方式也由原来的勤俭朴素，变而为豪奢攀比。朱次琦将学说推至上古，提出为政与修身，皆始自孝悌。如何做到孝悌？具体的表现，就是要以惇行为根基，以诚心实意的修行为途径，而不能口是心非。孝，就要懂得敬重、感推恩、能报答、会退让、懂付出、能包容。孝，始于父母给予孩子的身体，也终于孩子以扬名后世表示对父母生养恩情的报答。只有老老实实地践行孝悌之道，才算是真正地学孔子之学。

朱次琦本人身体力行，惇行孝弟，他对继母的孝悌，尤其突出。道光二十四年（1844），朱次琦三十八岁。这一年，他与兄弟在京城参加会试。会试结束后的七月，他舟车劳顿，终于回到家。到家后他才得知，继母关氏在半年前已经去世了。《朱九江先生年谱》中，记载了朱次琦、朱士琦离开家乡时，与关氏分别的最后一幕，以及后来朱次琦对家里突变的

---

① 瞿宣颖纂辑：《中国社会史料丛钞》（甲集上册），上海书店，1985年，第108页。

心有所感：

> 继母关太宜人于其行也，簪发饮酒命二子曰："予宿羸疾，
> 犹自适也，行矣，毋予忧。"既行，久之疾革。春正月丁酉，关
> 太宜卒，未葬，待公车之二子也。都门既远，凶问又纤，不相直
> 焉。邑闉拜日，先生心悸，小憩，梦衣冠髯丈夫数谓之曰："君
> 胡不归？"先生异之，已而报罢，伯兄旅都门，先生南归。①

关氏（1744—1844），南海九江大申翘南社人。她待人友善、持家勤俭。她虽然是继室，"抚诸子如腹出"②，待朱次琦三兄弟如同己出。有一次，朱次琦生了一场大病，关氏亲自照料，几个月里，汤药不断，"闵鬻忘劳，体为之敝"③。朱氏兄弟三人，对关氏十分敬重和爱戴，视若生母。于此之前的道光十三年（1833），九江洪水，朱次琦侍奉继母关氏逃难，身体受伤，不让关氏知道，怕她伤心。道光二十三年（1843），他寓居于南沙陈氏宾馆授学："陈氏岁馈饼，先生举以诒所知而不归其家人。所知问之。先生曰：'是不宜母疾者也。妇子独饷，母虽安之，吾何以自安乎？'"故先生之事关太宜人也，继母如母，动于其天。一器一役，喜躬亲之，如嬉儿之争承，母不以壮佼眠也。母疾有所求，虽风雨跣足，衣短后，皇皇而赴其求也。"④关氏病逝时，因为朱士琦、朱次琦仍在北京赶考，一直没有被安葬。朱次琦回到家里，听闻关氏病逝之事，如同遭受晴天霹雳。"及门闻丧，呼号哀绝，三日勺水不入口，咯血殡前。"⑤他难以

① 简朝亮：《朱九江先生年谱》，《朱次琦集》（上），第21页。
② 简朝亮：《朱九江先生年谱》，《朱次琦集》（上），第8页。
③ 简朝亮：《朱九江先生年谱》，《朱次琦集》（上），第8页。
④ 简朝亮：《朱九江先生年谱》，《朱次琦集》（上），第22页。
⑤ 简朝亮：《朱九江先生年谱》，《朱次琦集》（上），第22页。

接受事实，跪倒在殡前，放声大哭，乃至昏厥。家人吓坏了，赶紧将他抬起，并且延请族叔中懂医术的人。等到醒来，朱次琦仍然不吃不喝，如此三天三夜，直至悲痛而口吐鲜血。他不能原谅自己，深深痛责："背景图荣，即于大故，不孝之人，人天斯绝，尊者何用生之乎？"[1]朱次琦认为自己在母亲生病的时候，扔下她，博取功名，不孝至极。由于哀伤过度，他的头发在几天之内，就变白了。亲友们见状，纷纷劝导，让他节哀顺变，他却没有办法止住悲伤。最后，亲友们不由得批评起来，说丧葬还没有办完，你就这样不爱惜身体，这又是孝道？这不是为子之道！听闻这番话以后，朱次琦起来进食。

安葬关氏以后，亲戚朋友渐次离开。朱次琦却穿着孝服，住进为操办丧事而临时搭建的简陋草棚中。当时，洪水过后不久，天气湿热，蚊虫肆虐，家里人劝他回家。朱次琦执意不听，家人无奈，只好从家里抱来蚊帐、席子等日用品。朱次琦坚持不要，让家人仍带回去。在以后长达五个月多时间里，朱次琦每天只喝白粥、卧草垫。此后，他又搬进正觉寺里住了三年，并且食素三年。居丧三年，是中国古代制度的一部分，对亲人去世后的服饰、居处、饮食、言容等都有详细规定。《论语·阳货》中，孔子的弟子宰予问礼，有称："三年之丧，期已久矣。君子三年不为礼，礼必坏，三年不为乐，乐必崩。"[2]意思是说，父母死了，儿女要守丧三年。这样的制度从上古实行到现在，很古老了，三年什么都不能动，结果什么都坏了，像稻谷一样，旧的割掉，新的长出，钻燧改火，时令改变，岁月也变了。宰我提出，守丧一年就够了。孔子回答说："食夫稻，衣夫锦，于女安乎？"[3]他问宰予，父母死了，你认为过了一年就可以去听歌跳舞，这样能心安吗？宰予说可以心安。孔子说你心安，你就照你的办法去做

---

① 简朝亮：《朱九江先生年谱》，《朱次琦集》（上），第22页。
② 何晏等注，邢昺疏：《论语注疏》，《十三经注疏》（下），第2526页。
③ 何晏等注，邢昺疏：《论语注疏》，《十三经注疏》（下），第2526页。

吧！等到宰予出去之后，孔子说："予之不仁也！子生三年，然后免于父母之怀。夫三年之丧，天下之通丧也。予也有三年之爱于其父母乎。"①孔子告诉其他同学，宰予一点良心都没有。小孩子三岁才能离开父母怀抱。三年之丧，是对父母怀抱了我们三年，把我们抚养长大的一点点还报。对于继母关氏的去世，朱次琦谨遵古法旧制，以居丧三年，表达自己的哀痛心情。包括他的三日不食，进食后只食粥、寝睡服饰等举止，一律严守古时的居丧之礼。乡人认为，他的孝心，感动了上苍。"冬十月乙巳，有彩虹垂于其家鱼池，光华曛然，终朝乃已，观者叹曰'孝通之征'。"②

其次，孝的产生，与中华远古之前先人对祖先的崇敬与祭祀相关。孝，还表现传宗接代、赡养双亲、忠君敬官等主张。这种思想，源自《孝经》。作为专讲孝道的儒学经典，《孝经》对天子、诸侯、卿大夫、士、庶人如何为孝，进行具体阐释："孝，天之经也，地之义也，民之利也。""孝，始于事亲，中于事君，终于立身。"③《诗·周颂·闵予小子》称："于乎皇考，永世克孝。"④意思是说，多生子孙，延承不坠，光宗耀祖，就是一种孝。孝悌，是朱次琦用以规范人与人之间关系、变化社会风俗、培育人的优良品德的根基。他就《仪礼·丧服小记》中"王者祭其祖之所自出"，发表看法：

> 追远又追远，报本又报本，非仁孝诚敬者不能为，亦非仁孝诚敬者不能知。故夫子谓禘："知其说者之于天下也，其如视诸斯乎。"子思亦谓："明乎郊社之礼、禘尝之义，治国其如视诸掌乎！"言报本及祭其祖所自出也。故《生民》之诗，颂后稷，

---

① 何晏等注，邢昺疏：《论语注疏》，《十三经注疏》（下），第2526页。
② 简朝亮：《朱九江先生年谱》，《朱次琦集》（上），第21页。
③ 顾迁注译：《孝经》，中州古籍出版社，2012年，第1页。
④ 郑玄笺，孔颖达等正义：《毛诗正义》，《十三经注疏》（上），第598页。

追颂姜源，便是祭其祖所自出。①

　　古人主张"天人合一"，认为王者或诸族之始祖，多感天而生，因此要"谛天帝"。人们祭祀天（神），也祭祀祖先。天子建立高祖庙、曾祖庙、祖庙、称庙（即父庙），举行祭祀，既是为祖先，又是为上天。《诗·周颂·载见》就记载："率见昭考，以孝以享。以介眉寿，永言保之。"②这里的孝，指的就是奉献祭祀的物品或活动。意思是说，族长或大宗率领本族人，在庙里进行祭祀祖先的典礼。《礼记·祭统》也称："祭者，所以追养继孝也，孝者畜也。"③荀子在《礼论》中指出："祭者，志意思慕之情也。"④以孝，表示对逝去人的思慕与追念，这是祭的最善境界。孝悌，可见能协调个人与社会、个体与群体以及个体之间的相互关系。因此，在十三经的"三礼"《周礼》《仪礼》《礼记》中，以孝悌对礼作规范与要求。朱次琦认为，真正仁、孝、诚、敬之人，是懂得追远报本的。他对孝悌的重视，表现在对于家族凝聚力的关注，也表现在对世德家风绵延传承的重视。他在仿效范氏义庄做法的基础上，撰写《朱氏捐产赡族斟酌范式义庄章程损益变通规条》⑤。其中要略，大抵如下：

　　第一，族人必须效忠国家，各家各户不能拖欠国家税收。

　　第二，族人要祭祀先宜，缅怀宗亲，传承家族世德勋烈。

　　第三，族人要尊老。七十岁以上的老人，每年冬天要发放棉衣费，每人给予一两四钱的度岁银两。如果是八十岁老人，给予二两一钱银两；九十岁，则给以二两八钱银两；百岁，则给钱七两。这些老人如果去世，

---

① 朱杰勤：《朱九江先生经说》，《朱次琦集》（上），第303页。

② 郑玄笺，孔颖达等正义：《毛诗正义》，《十三经注疏》（上），第596页。

③ 郑玄笺，孔颖达等正义：《礼记正义》，《十三经注疏》（下），第1602页。

④ 荀子著，杨倞注，耿芸标校：《荀子》，上海古籍出版社，2014年，第245页。

⑤ 朱次琦：《朱氏捐产赡族斟酌范式义庄章程损益变通规条》，《朱次琦集》（上），第176—180页。

则给他们的家人发放丧事费。

第四，族人要济贫。族内孩子有父母双亡的，如果亲属没有能力收养，族长绅耆要帮助处理，避免失孤者流离失所。族中男女如果有去世而又没有能力购买棺椁或坟地的，要帮助购买下葬。

第五，族人要爱幼，重视教育族中子弟成材成人、学以致用。开设家族塾学，每年敦请甲乙科中学行兼备的老师进行教育，族中的孩子都要读书。十五岁以下的学童，每年仲春时分，在祠堂内举行背经会，族中长辈进行认真的面试，优秀者，给予不同钱两以鼓励。每年读书优秀者，也要进行奖励，勉励族中孩子通过修身养性、学习知识，成为有用的人才，随时报效社会。族中孩子赶考应官，也资助一定的路费。

第六，管理义仓，荒灾时期，积极赈济四方灾户难民。

第七，鼓励族人勤奋致富、积极有为。

孝悌的精神，是家族传承久远的关键和保家安族之道。朱次琦指出家人相聚，晚辈、小辈需要敬其所尊。家族的兴睦，首要在于孝悌。为了表现儒家的孝治思想，促进孝治的家族化，更好地管理家族，更好地落实礼治，《朱氏捐产赡族斟酌范式义庄章程损益变通规条》具体规定十六项内容：完国课、增祠祀、优耆老、端蒙养、教成材、广登进、恤悖騺、收孤露、施棺椁、施坟地、筹意外、留推广、防亏空、建义仓、劝族居、修条例。[①]

朱次琦对于惇行孝弟的倡导及身体力行，是对中国传统社会以孝治天下思想的传承，这为入室弟子、再传弟子传承。

以简朝亮一系为例，其《与陈文学言师儒书》一文称道："师儒之法，以先王经术之教孝、友、中、和之德，宜其民而通其用。不以招揭于

---

①　朱次琦：《朱氏捐产赡族斟酌范式义庄章程损益变通规条》，《朱次琦集》（上），第176—180页。

众为贤，不以名高为道，虽义烈之士，犹将裁之。"①简朝亮在晚年作《孝经集注述疏》一书，论析千余年以来《孝经》研究史上的重要问题。他强调，《孝经》在儒家经典中，起到非常重要和独特的导引作用："夫《五经》之教，以序授之，皆宜。其古训宜于《尔雅》焉，而以《孝经》《四书》导之，尤宜。《孝经》，则导而先导也。"②《孝经》不是一般的导引，而是"导而先导"。这种导，尤其在于它是一部"导善而救乱之书也"③。在每一章节的训诂释义中，他都强调用《孝经》以"顺天下"。比如，在《开宗明义章》，简朝亮提出："《论语》称有子言人之教必不乱者，则曰'而好作乱者，未之有也'，言不顺者亦顺也。"④又比如，《卿大夫章》释曰："'先王之德行'者，谓其行，皆行要道，以成至德而顺天下也。非是，则不敢行。斯立身行道焉。"⑤

以康有为一系为例。康有为同样重视孝悌仁义，认为依者如衣之附人，人而无衣则如倮虫，人而不仁亦为倮虫。孝悌是"依于仁"方面的重要表现。所谓"孝弟"，"其为人之本"。"属毛离里，具有至性，不待教学。若薄于所亲，是谓悖逆；其有较资财而不为养，纵乖戾而不为惧者，其本已谬，不足复与共学也。"⑥惇行孝弟，就要表现仁义、崇尚任恤、广宣教惠、同体肌溺。就"崇尚任恤"，康有为指出："史迁称'任侠'，然侠尚意气，恩怨太明。任恤则相救相赒，相亲相葬，周公之所尊也。其人能任于朋友，必能忠于其君也；能恤于乡党，必能惠于其国也。若坐视朋友，姻党之患难，甚或深言正色以阴搠之，则亦将卖国而不动其

---

① 简朝亮述疏：《论语集注补正述疏》，第207页。

② 简朝亮著，周春健校注：《孝经集注述疏附〈读书堂答问〉》，华东师范大学出版社，2011年，第7页。

③ 简朝亮著，周春健校注：《孝经集注述疏附〈读书堂答问〉》，第3页。

④ 简朝亮著，周春健校注：《孝经集注述疏附〈读书堂答问〉》，第7页。

⑤ 简朝亮著，周春健校注：《孝经集注述疏附〈读书堂答问〉》，第7页。

⑥ 康有为：《长兴学记》，《康有为全集》（第一集），第344页。

心也。其人不任者必不忠，不恤者必不厚，吾不欲观之矣。"①又就"广宣教惠"，康有为认为："后世以老、杨之学托于孔氏，于是下者营私，上者独善，出而任事者皆贪狡无耻之人，而生民无所托命，则教之中变也。今上原周、孔之意，推行仁道，期易天下，使风气丕变。先觉之任，人人有之，展转牖人，即为功德。推之既广，是亦为政。则志士仁人讲学之责也。"②孝悌的至尚，表现为德行，孟子谨庠序之教，不过修孝悌之义。人人宜学者莫如德行，人人宜讲者莫如德行，"至易至简，化民成俗，莫善于此，莫捷于此"③。

二、崇尚名节

儒家讲伦理，重视自律自觉。在中国古代，贤哲们对于道德价值、名节气节，就有着丰富的阐释与明确的解说。

信，是一个人立身处世的根本。《论语·为政》中，孔子提出："人而无信，不知其可也。大车无𫐐，小车无𫐄，其何以行之哉。"④人在世间，如果没有信用，就像是大车没有了𫐐，小车失去了𫐄，难以行驶。《论语·八佾》记录孔子对不宽厚、不恭敬、失礼之举的批评："居上不宽，为礼不敬，临丧不哀，吾何以观之哉。"⑤行礼尽意，是区别是真儒士、陋儒、俗人的标准。朱次琦以崇尚名节，救治时弊。所谓名节，是指一个人立身处世的名誉和节操。例如，《汉书·龚胜传》称："二人相友，并著名节。"⑥以名节肯定龚胜、龚舍二人的为人处世。后人多用"两龚"，指称高洁名士。以辛弃疾《念奴娇·赋梅花》为例，赞曰"看取香月堂前，

---

① 康有为：《长兴学记》，《康有为全集》（第一集），第344页。
② 康有为：《长兴学记》，《康有为全集》（第一集），第345页。
③ 康有为：《教学通义》，《康有为全集》（第一集），第47页。
④ 何晏等注，邢昺疏：《论语注疏》，《十三经注疏》（下），第2463页。
⑤ 何晏等注，邢昺疏：《论语注疏》，《十三经注疏》（下），第2469页。
⑥ 班固著，赵一生点校：《汉书》，浙江古籍出版社，2000年，第938页。

岁寒相对，楚两龚之洁"，以人品拟花品，赞扬龚胜、龚舍如梅花般高洁。可知，崇尚名节是爱惜名誉、自律自爱、洁身自好、保有节操。

首先，朱次琦认为，崇尚名节与孝密切相关，不能轻易毁坏。他以《孝经》为据，示人门径：

> 《孝经》曰：立身行道，扬名于后世，以显父母。立身也者，名节之谓也。今天下之士，其风好利而鲜名节，二百年于兹矣。学者不自立，非君子人也。昔者伊尹辨谊、武侯谨慎，辞受取与、出处去就之间，昭昭大节，至今照人如日月之在天也。[①]

如果说，孝主要代表家庭、家族、宗族等关系处理时，表现社会关系及伦理内容，那么，德主要表现在德政、德性、德行这些内在的道德性。《国语·周语》，提出"德艺双馨"，认为"其德足昭其馨香"。汉代王充在《论衡·命禄》提出"才高行厚""才高行洁"。《左传·文公元年》又提到："忠，德之正也；信，德之固也；卑让，德之基也。"德才兼备，是既具备德性又表现才智。朱次琦慨叹二百年来，读书人热衷于功名利禄，越来越少关注名节的培育。他举古人例子，说明崇尚名节的重要性。这段话中提到的"伊尹辨谊""武侯谨慎"，即分别征引故事，推崇名节。伊尹，商朝开国元勋，历事成汤、外丙、仲壬、太甲、沃丁五代君主，辅政五十余年。伊尹原本是奴隶。据《荀子·非相》载："伊尹之状，黑而短，背驼，首大颔尖，面无须麋。"意思是：伊尹脸黑个低，罗锅腰，大脑袋，尖下巴，胡子眉毛都很稀少。《孟子·万章章句上》："伊尹耕于有莘之野，而乐尧、舜之道焉，非其意也，非其道也，禄之以天下弗顾也，击马千驷弗视也；非其意也，非其道也，一芥不以为人，一

---

① 简朝亮：《朱九江先生年谱》，《朱次琦集》（上），第36页。

芥不以取诸人。"意思是说：伊尹在商汤三聘之前，在有莘国郊野种地，就用尧舜之道修养自身，对不符合尧舜之道、背弃义礼之事，即使把天下财富作为俸禄都送给他，他也不回头看一眼。朱次琦提到的武侯，指诸葛亮。诸葛亮深知"屋漏在下，止之在上，上漏不止，下不可居也"，把廉政作为一项重要的政治、法律建设，在蜀汉上层创造廉政奉公的政治氛围。诸葛亮认为："三纲不正，六纪不理，则大乱生矣。"他反复强调法对治理国家的重要："夫一人之身，百万之众，束肩敛息，重足俯听，莫敢仰视者，法制使然也。"[①]他勤勉谨慎，赏罚严明，鞠躬尽瘁。朱次琦援引伊尹辨谊、武侯谨慎，说明读书人要想成为真正君子，就要自觉修身修行，养成如日月一般光彩照人的昭昭大节。

朱次琦也援引西汉名臣汲黯的故事，说明名节对于立身处世的重要性：

> 虽有国贼，敢不畏直节之士哉。淮南王安，日夜为反谋，曰："汉廷大臣，独汲黯好直谏，守节死谊，难惑以非。至如说丞相宏等，如发蒙振落耳。"然则汉之丞相，苟有汲黯之风也，淮南必不动矣。[②]

古人将气与节结合。气节，指人的志气和节操。守节致苦、贞节不屈，才能达到做人做事纯正上尚的境界。《论语·卫灵公》中，孔子说："志士仁人，无求生以害仁，有杀身以成仁。"孔子强调为君子儒，勿为小人儒。气节，表现在对仁的坚守与信仰。孟子主张舍生取义："鱼，我所欲也；熊掌，亦我所欲也。二者不可兼得，舍鱼而取熊掌者也。生，亦我所欲也，义，亦我所欲也，二者不可得兼，舍生而取义者也。"墨子认为，古代明主圣君称王天下，是基于爱民、利民的节用之法，使天下轮、

---

① 诸葛亮：《威令》，《诸葛亮集》，中华书局，1960年，第101页。
② 简朝亮：《朱九江先生年谱》，《朱次琦集》（上），第44—45页。

车、鞼、匏、梓等百匠及饮食餐用等，以满足需求为要，既各用其能又不奢侈浪费。管子在《法法》中提出："君有三欲于民，三欲不节，则上位危。三欲者何也？一曰求，二曰禁，三曰令。"君子在追求欲望、制定禁令、颁布条令这三方面需要节制，不能没有度，没有节。因此，节指节用之节、伦理之节，气节之节等。有关气节，先秦时期就已讨论其德目，诸如：仁、爱、慈、孝、宽、恭、惠、敏、礼民、义、俭、让、温、良、贞、智、恕、廉、耻、诚、敬、公、信、直、勇，等等。汉代的贾谊作《道术》一文，另外提出友、端、干、清、正、度、洁、行、退、调、和、顺、比、雅、辩、察、威、严、必等德目。这些德目，重在对个体内在心气、志节的超越与变化。基于对节的认识，苦节原意指俭约过甚，后人引申为坚守节操，矢志不渝。例如，《汉书·苏武传》记曰："以武苦节老臣，令朝朔望，号称祭酒，甚优宠之。"班固以苦节一词，肯定西汉时期杰出的外交家、民族英雄苏武。陆游在《涟漪亭赏梅》一诗，以苦节称颂苏武："苦节雪中逢汉使，高标泽畔见湘累。"许慎认为，贞为占卜之意。贞由此又有了正、真、本、固等的丰富含义，从一而终之贞，表现在女子的不更二夫、臣子的不事二君。如此之贞节，表现德性节制、克制、隐忍、付出。孔子有称："三军可夺帅，匹夫不可夺志也。"曾子另谓："可以托六尺之孤，可以寄百里之命，临大节而不可夺也。君子人与？君子人也。"（《论语·泰伯》）为了强调名节的重要性，朱次琦征引了汲黯的故事，加以论析。汲黯，字长孺，濮阳（今河南濮阳）人，于汉景帝时任太子洗马，于汉武帝时期为东海太守，有政绩，被召为主爵都尉，列于九卿。汉武帝刘彻称其为"社稷之臣"，刘安则称："（黯）好直谏，守节死义，难惑以非。"司马迁另谓："（黯）好学，游侠，任气节，内行脩絜，好直谏"。汲黯正直，不畏强权，犯颜切谏，受到了人们的肯定。千年以来，人们认为汉有汲黯，以忠谏而屡出，救人以大义，当朝为之正色。朱次琦借汲黯的故事，说明一个国家即使有乱臣贼子，也会畏惧直节之士，不敢轻易造反谋权、祸害社稷。朱次琦还引用了宋代施德操的话："施彦执有言：'今人或处己廉，然掊克百姓，上以媚朝廷，下以诒权贵，辄得美官，虽不入己，其入己莫甚焉，此劫盗也。'"[1]意思是说，一个人如果通过盘剥削老百姓、讨好政府、巴结权贵来获得高官厚禄，他即使没有中饱私囊，也与大盗无异。朱次琦认为当今之世，天下士人好利而行，为二百年来学风之衰矣。他倡导坚强而不屈的义节，认为做人要坚定而有尊严，不向邪恶势力屈服，要做到"三军可夺帅也，匹夫不可夺志也"，希望人能在身陷困境、遭遇各种严刑凌辱时，视死如归、从容镇定、泰然自若，并且始终坚忍刚毅、不强初度。

朱次琦又作有《陈九明府走书借读二樵山人集却寄》，寄友人谓：

> 一盏寒泉供养来，楚骚余裔亦仙才。前身合是梅花骨，流水空山独自开。[2]

晋代时期，潘岳在《在怀县》一诗中，将老子思想总结为"宠辱易不惊，恋本难为思"。意思说，一个人经历过大宠大辱，就会淡定自若，不会再因迷恋物事而心惊肉跳、彷徨多虑。朱次琦诗中所提及的陈九，即陈梅坪；而他提到的二樵山人，则指黎简。诗作谓用杯子盛来清寒的泉水，去浇灌那高洁的梅花，表示对于黎简其人其诗之爱赏。

朱次琦推尊名节在其文章中屡屡表现，对于名节有疵之人，则多有针砭。《书赵瓯北年谱》一诗，对赵翼加以批判：

> 早年戎枢侧足来，海涵地负见天才。男儿自有千秋业，堪笑平生志大魁。徼倖科名意气纡，然灰难认此模糊。鸣狐篝火成何

---

①　简朝亮：《朱九江先生年谱》，《朱次琦集》（上），第45页。
②　朱次琦：《陈九明府走书借读二樵山人集却寄》，《朱次琦集》（上），第124页。

事，总是人间小丈夫。①

这首诗中的赵瓯北，指的是赵翼（1727—1814），清代文学家、史学家，字云崧（一字耘崧），号瓯北、裘萼，乾隆二十六年（1761）进士，官至贵西兵备道，长于史学，考据精赅，所作嘲讽理学，隐喻时政。他创作的《廿二史札记》，与王鸣盛的《十七史商榷》、钱大昕的《二十二史考异》，合称清代三大史学名著。赵瓯北治史，注重探究兴衰规律。但他慑于清政府的文字狱，写史时多有隐讳、多用曲笔，乃至对忠勇志士多有指斥，称其不知时势、难以审势。赵瓯北这种创作行径，为史家所讥。朱次琦认为，赵瓯北纵有海涵地负的才华，但志趣平庸，并非大丈夫、真君子。

朱次琦又有《与陈五二首》，其一曰："苍兕啸惊风，浩然满南山。岂为凭高力，声洪能自传。宛彼同舍子，欲达无由缘。夙夜亦劳止，将意何拳拳。襟抱各有适，挽推良独难。孤蓬托吹嘘，骤入浮云端。浮云无根蒂，一隳即深渊。君子崇令名，竖立靡所干。"②可见他看重名德，将立德修身看作治理天下之根本、个体立身之根基。他也征引宋代大臣卢秉的例子，进一步说明养育名节，就好比培植参天大树，是一个长期的过程，而不能指望用一两日工夫速成。他提出：

> 士之于名节也，终身之力，岂一日之幸乎？《宋史》卢秉谒蒋堂，坐池亭，堂曰："亭沼粗适，恨林木未就尔。"秉曰："亭沼如爵位，时来或有之，林木非培植根株弗成，大似士大夫立名节也。"③

---

① 朱次琦：《书赵瓯北年谱》，《朱次琦集》（上），第61—62页。
② 朱次琦：《与陈五二首》，《朱次琦集》（上），第56页。
③ 简朝亮：《朱九江先生年谱》，《朱次琦集》（上），第45页。

名节所立，非一日之功。正像浩气之养必赖于道义的长期涵蓄一样，名节也要着力修炼并以持续涵养为前提。这种思想，贯通于朱次琦的诸多文章著作中。例如，他的《岁暮怀人》组诗其三《冯太学炳文》：

> 冯生古长者，狐白无见美。兼抱强立性。万镒金不毁。识我自童齿，十载交若始。君温我质优，君简我辞多。郭生见叔度，三日为心死，顷求仕与友，携病走千里。金尽病亦失。所获良已侈。顷当背面时，素书两情跂。得书辄得梦，夜夜渡烟水。国人皆目贤，爱君好文理。温润玉界尺，帖妥乌皮几。曹好徒尔为，君心宁数此。金台高不极，髦俊高连轨。北风胡马鸣，定有相思子。①

以朱次琦的立身处世来看，其重修身立德。他任官期间始终以清廉自洁严格自律；即使辞官返乡，同样重视名节气格。例如，同治七年（1868），一位俄国人，久慕朱次琦的声名，想要拜访他，他拒绝了。朱次琦认为："子而忘经谊乎？古之大夫，非有君命，不私觌。《礼》曰：'为人臣者无外交。不敢贰君也。'今虽在藉，敢自贰乎？"②这也是对于名节的重视，所以中国传统中，另外有"大义灭亲"之说。《尚书·洪范》就称："无偏无党，王道荡荡。无党无偏，王道平平。无反无侧，王道正直。"③为了正义，即使是亲属，也不能徇私。这种道德观念，与"亲亲相隐"相较，是矛盾的，但恰恰表现出君子立身行事的辩证认识，以及大我高于小我、大公先于小私的传统精神。因此，朱次琦在讨论树立名节时，也就此问题提出意见：

---

① 朱次琦：《岁暮怀人》，《朱次琦集》（上），第75—76页
② 简朝亮：《朱九江先生年谱》，《朱次琦集》（上），第50页。
③ 孔安国传，孔颖达等正义：《尚书正义》，《十三经注疏》（上），第190页。

天于兆民之中，独畀一二人才。盖兆民苦乐，皆寄之矣。父传业而先长子，所以字幼也。徒竭吾才自为计，何异吞产弃亲伤其父命。天心不其然也。吉凶与民同患，圣者出之安，贤者体之勉，当官举其事，下士尽其心。又曰："人必思所以自居，衎衎度日，生无益于时，死无闻于后，虽活百年，犹殇子尔。"①

在以上这段话中，朱次琦提出的"吉凶与民同患，圣者出之安，贤者体之勉，当官举其事，下士尽其心"，是对亲人的情感基础上，对于爱民、爱人的倡导。儒家仁义与修己达人的实质，是要建立一个美好的大公、大同社会。这个社会有序有节、自由平等、大爱无疆。

朱次琦对于崇尚名节的主张，也为其弟子、再传弟子所传承。简朝亮、康有为在传授弟子学说时，都注重名节培育。

以简朝亮一系为例，有关士人节操的坚守，同样突出。简朝亮在《复友人言举主书》称道："然朝亮窃以方今士习，奔竞成风。今若有所走见，心虽如水，门同如市，概以相谅，其谓之何？古不轻趋举主之门，嫌也。嫌而行之，知人之明。"②他创设读书堂，教育弟子要甘于贫困、安于下位，在《三寄草堂诸学子书》一文中，他强调人生哪怕是不遇，也要"独善其身，以明大义于天下，使天下之人皆知道义之正而守之"③，从而保有自身洁白。简朝亮同时勉励弟子，如今时势衰败，要努力读书，报效国家。他在《自阳山寄草堂诸学子书》中提出："呜呼！外国之人，其虐中国人甚矣。数十年来，中国之人皆欲同仇。当事者苟因而用之，何不能强兵而战之。患而乃托于四海一家，翩翩而习西兵，使中国元气之民至于

---

① 简朝亮：《朱九江先生年谱》，《朱次琦集》（上），第17页。
② 简朝亮：《复友人言举主书》，《读书堂集》卷二，第7页。
③ 简朝亮：《三寄草堂诸学子书》，《读书堂集》卷二，第24页。

仇教焚杀，激为戾气，岂无其渐乎？"[①]他在《寄星海言兵书》一文中，还与梁鼎芬讨论"知兵大义"问题："古之知兵而思，今之知兵非知大义者，不能用。今天下之兵，有莫大者焉。以将才得死士，以吏治得义民，用我所可为之器，而不用外国所借于我之人。今天下之兵莫大于是矣。"[②]简朝亮认为，将士、军民一心，是用兵大义所在。培育将才、死士、义民，激励士气名节，敢于保家卫国，是战胜外国侵略者的最重要武器。其弟子黄节尝谓："夫疾风劲草，一代忠义之气培养于笃守理学之人。是故天下虽有材士，然性理学不霁，则名节、道德将扫地而尽。至于事不可为而当日之所谓材者，胥鹜学觊颜，于易姓之后其仗节死义仍在，此笃守理学之人。"[③]抗节之士，历来振发世代之志气，而成一国之风气。

又以康有为一系为例。康有为在《南海朱先生墓表》一文中，肯定朱次琦的品德为人："先生神明绝人，强识群书，而能综古今沿革损益之故，悉折之于经义；才气雄迈而能变化，节度其性质，而纳之于礼矩，浸润凝孰，驯之于自然，通达阖辟，冥合于无间。"[④]康有为深受四行五学中的崇尚气节的影响，在《朱九江先生佚文叙》一文中，他认为："先生硕德高行，博极群书。其品诣学术，在涑水、东莱之间，与国朝亭林、船山为近，而德器过之……其学平实敦大，皆出躬行之余。以末世俗污，特重气节，而主济人济世，不为无用之高谈阔论。"[⑤]《长兴学记》就"志于道"谓"志者，志于为仁义之道。《孟子》曰'居恶在，全是也；路恶在，义是也'，指点最为直捷"[⑥]，认为志表现在格物、厉节、辨惑、慎独四目。对于厉节，康有为认为节者，有所节止之谓，又引《礼记》"行

① 简朝亮：《三寄草堂诸学子书》，《读书堂集》卷二，第20页。
② 简朝亮：《寄梁星海言兵书》，《读书堂集》卷二，第8页。
③ 邓实、黄节主编：《国粹学报》，第4488页。
④ 康有为：《南海朱先生墓表》，《康有为全集》（第一集），第1页。
⑤ 康有为：《朱九江先生佚文叙》，《康有为全集》（第九集），第8页。
⑥ 康有为：《长兴学记》，《康有为全集》（第一集），第343页。

有格"、《论语》"临大节而不夺"，《传》"圣达节、次守节、下失节"诸说以及后汉、晚明之儒等为例，强调"皆以气节自厉，深可慕尚。劲挺有力，刚毅近仁，勇者强矫，务在任道。若卑污柔懦，终难振起，愿与二三子厉之"①。气节，有全节、死节、非全节区分。康有为与朱次琦一样重气节，在《实理公法全书》中，他专辟"死节"一节，加以具体论析。他认为："死节乃极爱斯民而人反害我，我仍守信而不变者。"②慷慨捐生，从容就义，横被残杀，暗被陷害，事各不同，若论今日身奉公法之人，则公法本诸实理，实理乃生命特重，由此说全节、死节、非全节问题：

一、奉万身公法之人，其行事既全不背万身公法诸书所有之义理，竟被他人杀害，果其事防无可防或防不及防者，是为全节。

一、公例不许人轻生，凡为道而横被困辱者，仍当以忍辱自任，俾得计其为道受苦之功，必俟他人杀之，乃始就刑，是为全节。若急遽捐生者，仍非全节。

一、为道而暗受他人之害忽然而死者，与身受传道之任、远适他方为水火杂灾致死者，虽无为道受苦之功，然皆是死节，既非不防备之议，便是全节。惟水火杂灾一项，若非远适他方者，不在此例。③

康有为称：论气节之人，当先分辨其死节、全节之时情况。以大道自任、忍辱自任，反对轻生、捐生，是与论人公法的一方面重要表现。他认

---

① 康有为：《长兴学记》，《康有为全集》（第一集），第343页。
② 康有为：《实理公法全书》，《康有为全集》（第一集），第159页。
③ 康有为：《实理公法全书》，《康有为全集》（第一集），第159页。

为，如果要养成这一方面品性，就需要先慎独："克己修慝，学之要也。然克修于已发之后，不若戒慎于未发之前，不费搜捕，自能惺惺。《中庸》首陈天性之本，极位育之能，而下手专在慎独。《大学》同之。此子思独传之心法。圣学无单传秘诀，如此发明，真是单传密旨。子思十字打开以告万世，功莫大焉。若能用此，过则有之，吾信其必不为恶矣。刘蕺山标为宗旨，以救王学末流，美哉！"[1]以慎独来修天性之本，是子思所传孔子心法，可救心学流弊。康有为也羼入佛学关于心力的主张，认为"盖佛以戒为第一功德，住处能持净戒，则能生诸禅，定寂灭。若智慧人能从其戒，是先有坚定金刚志矣"[2]。康有为在这一方面的论说，此后为其弟子所广泛接受。梁启超、徐勤、麦孟华、韩文举、欧榘甲、梁朝杰、梁翰芳等人的论著及行藏，都鲜明体现对于气节的重视与坚守。

三、变化气质

有关人性的讨论，构成中国传统儒学伦理的基础。《论语·里仁》中，孔子提出："见贤思齐焉，见不贤而内自省也。"[3]孔子主张修身养性，充分发挥一个人的主观自觉性，发自内心地将修己达人当成生命中的重要事情来做。他主张见到有德行的人，向他看齐；见到失德之行，就自我省察。《孟子》入经，学术界称之为"升格"[4]。孟子学说，构成深刻影响。孟子倡导的人性论，进一步奠定修己自克的学说基础。至清初时期，颜李学派更是注重"气质之性"，认为人性中的恶，乃由"引、蔽、习、染四字为之崇也"[5]。朱次琦发扬之，进一步提出变化气质之说。变化，是

---

① 康有为：《长兴学记》，《康有为全集》（第一集），第343页。

② 康有为：《与黄仲弢编修书》，《康有为全集》（第一集），第188页。

③ 何晏等注，邢昺疏：《论语注疏》，《十三经注疏》（下），第2471页。

④ 周予同：《孟子的作者与升格问题》，朱维铮编《周予同经学史论著选集》，上海人民出版社，1996年，第928页。

⑤ 颜元著，王星贤、张芥尘、郭征点校：《颜元集》，中华书局，2007年，第13页。

指事物在形态上或本质上产生新的状况。《易·乾》有称："乾道变化，各正性命。"孔颖达疏："变，谓后来改前；以渐移改，谓之变也。化，谓一有一无；忽然而改，谓之为化。"[①]贾谊《鵩鸟赋》："万物变化兮，固无休息。"气质，指风度、模样。变化气质，指通过修炼，使自己的风度、模样，在形态上产生新的状况，而这种形态的新变，又基于本质更改，而非一时之化。变化气质之学，乃在于自形态而至于本质的更变，既是风度模样的彰显，也是内心品性的涵养。

首先，朱次琦强调通过修炼而变化人性，用后天读书及自我克制，来达到对先天气质禀性的修正。他说：

> 朱子称吕伯恭变化气质，何哉？伯恭之少也，性暴怒，及读《论语》曰："躬自厚而薄责于人。"遂自克也。朱子称之，将以告吾学者也。读书自克，吾学者之事也。[②]

性，是与习相关系相对应的。一个人的性表现得如何，视乎一个人如何修习。自先秦儒家开始，就已经倡导，通过修养德性、变化气色来达到一个人的身心康宁。《论语》有谓："克己复礼为仁。一日克己复礼，天下归仁焉。"（《颜渊》）"不学礼，无以立。"（《季氏》）"少之时，血气未定，戒之在色；及其壮也，血气方刚，戒之在斗；及其老也，血气既衰，戒之在得。"（《季氏》）古者有"三宝"——"精脱者死，气脱者死，失神者死"，三者缺一不可。在道家养生理论当中，精、气、神是人体生命的原动力，"气生精，精生神，神生明"。人体的新陈代谢、吐故纳新，无不依赖于气化功能的维持。《难经》认为："气者，人之根本也，根绝则茎叶枯矣。"所以，儒家修身的内容，同样将精、气、

---

① 王弼等注，孔颖达等正义：《周易正义》，《十三经注疏》（上），第1页。
② 简朝亮：《朱九江先生年谱》，《朱次琦集》（上），第45页。

神这三宝视为缺一不可的存在。精，是人生命的起源与根本；气，是维持生命的动力；神，是生命的体现。精充足、气旺成、神刚健。精、气、神，构成了气质的生成与表现，是指人的相对稳定的个性特点和风格气度。

在孔子的主张基础之上，孟子此后又提出："尽其心者，知其性也。知其性则知天矣。存其心，养其性，所以事天也。"[1]要人养至大至刚和浩然之气，也就是说，"大丈夫"的境界，是通过气质的修养，变化出来的。气质变化之学，为儒家及士夫所重视，为修身立德之必要。孟子提出了一套完整系统的性善论，认为人有恻隐、羞恶、辞让、是非之心。孟子的性之善端，在程朱理学中，被视为天道。程颐提出"孟子之言善者，乃极本穷源之性"。朱熹进一步提出"性者，人生所禀之天理也"。就是说，性和理是同一个事物，在天则为理，在人则为五常之德。换言之，福也好，祸也好，成也好，过也好，都是一个人自己修为而来的。因此，朱次琦强调容颜仪态的修正。他说：

能自克而胜气质，则刚柔济事，是攸好德也，攸好德则宜在五福。不能自克而气质胜，则刚柔害事，是弱也，弱则宜在六极，此学者之元龟也。[2]

这句话当中出现的"五福"，与"六极"相对。中国人主张反对六极（凶短折、疾、忧、贫、恶、弱）。六极谓穷极恶事，个人对自己生活生逢五福或横遭六极，有直接而主要的责任。人们不能因为生活遇到艰难困苦，就怨天尤人。祸福既然与一个人的修炼相关，一个人的容颜仪态，在很大程度上，也同样与其品德修炼密切相关。所以，朱熹引《礼记》而

① 赵岐注，孙奭疏：《孟子注疏》，《十三经注疏》（下），第2764页。
② 简朝亮：《朱九江先生年谱》，《朱次琦集》（上），第36页。

提出："君子之容舒迟，见所尊者齐遫。足容重，手容恭，目容端，口容止，声容静，头容直，气容肃，立容德，色容庄。"由此可以看到，容色仪态的庄重，是一个人涵养品德时所必须要修炼出来的外在表现。换言之，容色仪态是否庄重，反映着一个人品德涵养是否到位。

其次，朱次琦将千余年以来，儒家有关变化气质的讨论，整合提炼于四行五学中。辞受取与、出处去就之间气质的修养与表现，就在于个体心性的克制与修炼。一个人在世间，面对各种诱惑与选择、困难与挑战的时候，如何辞与受、如何取与与、如何出与处、如何去与就，这是两难的问题，也是无处不在的挑战。这就涉及人的如何修身养性，变化气质。董仲舒在《春秋繁露·通国身》提出："气之清者主精，人之清者为贤。治身者以积精为宝，治国者以积贤为道。"保持应有气之清、人之贤，首先在性情的克制上。就此问题，朱次琦进一步援引古人的例子，加以说明：

> 吾闻西门豹性急，佩韦以自缓；董安于性缓，佩弦以自急。何古人之善变乎？吾宦晋所知者，有王令性急，五板即杀人也，人称之曰"王五板"；有阴令性缓，三年不瀚衣也，人称之曰"阴三年"。呜呼！若二令者，不自治而治人邪！①

《尚书·洪范》："沉潜刚克，高明柔克，变化之道也。""能自克而胜气质，则刚柔济事是攸好德也，攸好德则宜在五福。不能自克而气质胜，则刚柔害事是弱也，弱则宜在六极，此学者之元龟也。"②人能自克而胜气质，则刚柔济事，修炼得好的道德品质，而如果不能自克而任由天性行事，则刚柔害事，是为君子之弱处。以上这段话，是朱次琦在教学时，向学生说的。西门豹、董安于，都是历史上的名臣能才。西门豹，战国时

---

① 简朝亮：《朱九江先生年谱》，《朱次琦集》（上），第45页。
② 简朝亮：《朱九江先生年谱》，《朱次琦集》（上），第58—59页。

期魏国人。趁河伯娶妻惩治地方恶霸势力，颁布律令，禁止巫风，教育百姓。他又率人勘测水源，在漳河开围挖渠，发展农业生产，实行"寓兵于农、藏粮于民"的政策，使邺城民富兵强。董安于，春秋末年人，文韬武略，忠义仁爱。早年为赵鞅起草文告政令，才华出众，闻名诸侯。壮年时为赵鞅肱骨，协理军政，秉公执法，年长担任家宰，治下百姓毫无二心。朱次琦又列举了时人中的反例。其中一个，是一名姓王的知县，性子很急。他办案的时候，如果打了五板子犯人，犯人仍不招供，就直接下令杀人，当地人称他为"王五板"。另一个例子，是一个姓阴的知县，性子很慢，他穿的衣服，三年也不洗换。朱次琦以西门豹、董安于以及自己任官山西时所遇二令的性格表现，作为变化气质的例证。他告诉学生，人如果不自治，那么就将难以治人，这也是为什么君子要努力变化自己的气质。他具体指出，张子曰"形而后有气质之性，善反之，则天地之性存焉"，这说明自治自克的重要，以及不自治难于治人的道理。他认为一个人通过必需的学习与必要教育。他提出"导民之术，教化为先"，指出尧之时，雍于变，舜之敬，敷五典，皆正立于上而化成于下也。[1]

再次，朱次琦认为，养气养性的关键，在于用道义培养塞于天地之间的浩荡正气。

> 天生民而立之君，使司牧之，勿使失性，使师保之，勿使过度，此教化之自君者也。设之以学校，董之以师儒，以风俗为必可厚，而不敢置力田孝弟为缓图，以礼记为必可行，而不仅恃饮射读法之虚务，此教之在良有司者也。然或条教号令，视为具文而诚意不属，则虽悬书徇铎，三令五申，窃无当于风行之观。而潜移默运之功，不数数睹也。《周礼》以乡三物教万民而宾兴

---

[1] 朱次琦：《朱九江先生未完殿试卷》，《朱九江先生诞辰二百周年纪念特刊》，第19页。

之，而旌别淑慝、彰善瘅恶，于《周书》三致意焉。凡以使愚昧者知所劝，而顽戾者知所惩也，又何邪说之能惑哉！①

    《大学》规定修身的根本，就是"三纲领"，就是修炼光明之德、亲爱民众、止于至善。能够动机纯正、确立目标、定如磐石、身心淡定、周到思虑。《孟子·公孙丑上》中，弟子公孙丑问孟子的长处是什么，孟子说："吾善养吾浩然之气。"公孙丑问什么叫浩然之气，孟子说这是充满在天地之间，一种十分浩大、十分刚强的气，是用正义和道德日积月累形成的人间正气。这种气，浩然长存，使人足以面对外界一切的巨大诱惑，处变不惊，镇定自若。故而文天祥《正气歌》写道："天地有正气，杂然赋流形。下则为河岳，上则为日星。于人月浩然，沛乎塞苍冥。"意思是说，浩然正气寄寓于宇宙间各种不断变化的形体之中。在大自然，便是构成日、月、星辰、高山大河的元气；在人间社会，天下太平、政治清明时，便表现为祥和之气，而在国家民族处于危难关头时，便表现为仁人志士刚正不阿、宁死不屈的气节。朱次琦强调的变化气质，就是养育这样一种浩然之气。这正如熊十力阐述大丈夫独立之气性所说："一切皆顺真理而行，发挥自家力量，大雄、大无畏，绝无依傍，绝无瞻徇，绝无退坠，堂堂巍巍，壁立万仞，是谓大丈夫，是谓独立。"②

    再次，修身的内容，首要在诚。有了诚心，一切问题就有了解决的可能。朱次琦认为教育当从童蒙时抓起，他指出：

    小学非六书而已也，纪文达必从《汉志》，非也。朱子小学，小学之道也。《大戴礼》曰："古者年八岁而出就小学，学小艺焉、履小节焉，束发就大学，学大艺焉、履大节焉。"

---

① 朱次琦：《朱九江先生未完殿试卷》，《朱九江先生诞辰二百周年纪念特刊》，第19页。
② 熊十力：《示菩儿》，《熊十力全集》第四卷，湖北教育出版社，2001年，第366—367页。

（《尚书大传》略同）是故小学养大学。[①]

　　教育的目的，要培养"圣贤坯璞"。《礼记·学记》有称："君子之教喻也，道而弗牵，强而弗抑，开而弗达。道而弗牵和，强而弗抑则易，开而弗达则思。和易以思。可谓善喻矣。"《论语·述而》："子曰：'不愤不启，不悱不发。举一隅不以三隅反。则不复也。'"《皇疏》："愤，谓学者之心、思、义未得，而愤愤然也。悱，谓学者之口欲有所谘而未能宣，悱悱然也。愤与悱，求通未通、欲达未达。启和发是互文，启发、开导、教导。意思是老师施教的前提，是学生有求知欲望，求知欲越强，老师的施教效果就越好。人心的成长过程，是一个人性不断开发、发挥的过程。一个人的心灵、人格如何塑造，并且超越原初人性，这需要在认识、情感、意志、言行等方面进行引领。同时，人在观念、品质、习惯等方面彰显出来的特点，又是可以在年幼时期，就发挥其定势。这种漫长的过程，正如种子的生长。在孔子的时代，孩童要学会礼、乐、射、御、书、数。从身体、礼仪、音乐、书法、艺术等方面，培育技能，变化性情，培养德性。朱次琦指出，经师之法是日诵三百言，数以贯之，不及三年，虽在中人，五经皆辩。他也援引东方朔的例子，进一步说明修学对于养气的重要。其称："昔者东方朔年二十二，十六学诗书，诵二十二万言，十九学孙吴兵法，亦诵二十二万言，凡已诵四十四万言。"[②]致诚的关键，在于守住仁德与赤子之心。这就需要从小培育引领。

　　朱次琦在上述段落，讨论"小学"和"大学"的不同功能以及两者之间的关系。强调"小学养大学"。小学所学的小艺和小节，孕育和启引到十五岁（束发时），学大学，学习有关大艺和大节。朱熹著有《四书章句集注》《周易本义》《朱子语类》《近思录》等。宋淳熙十四年

---

① 简朝亮：《朱九江先生年谱》，《朱次琦集》（上），第63页。
② 简朝亮：《朱九江先生年谱》，《朱次琦集》（上），第66页。

（1187），他还编著了《小学》。《小学》分内外两篇：内篇包括《立教》《明伦》《敬身》《稽古》四部分，外篇包括《嘉言》《善行》两部分。外篇，以汉、唐尤其是宋儒诸贤的言行为引领和榜样。

小学的教育，教人以成人。这一时期所接受的小艺教育，包括礼、乐、射、御、书、数，以六艺为主。小艺教人以日常礼仪、思想信仰、社会规范、情感体验、知识技能等，因此称之为小节。在这种基础之上，继续进行大学教育。大学的主旨，在于教人以成贤及终身教育。这一时期的大艺和大节，主要在于修习《诗》《书》《礼》《乐》《易》《春秋》这六经及儒家其他重要经典，涉及道德、伦理、哲学、历史、文学、艺术、典章制度等更专业的知识与道德。从小学到大学，是一个人博学、审问、慎思、明辨、笃行不断发展和进步的过程，也是以治国平天下为目标不懈修身立德的过程。

朱熹的小学主张，自先秦确立的小学传统而来。所以，元代的许衡，在《小学大义》中说："先之以《小学》者，所以立《大学》之基本；进之以《大学》者，所以收《小学》之成功也。"①清人张伯行亦称："朱子以前，小学未有书，自朱子述之，而做人样子在是矣。"②朱次琦对朱熹的小学，加以肯定。他认为，小学涉及教育的根本原则和方向。朱熹从最基础的格物致知，引导七八岁至十五岁的青少年学习（古时成人年龄为十五岁，可行成人礼或成童礼，可走入社会、成家立业）。朱次琦也认为，一个人的教育，要树立幼教原则、学会基本礼仪、懂得离家外教、明确高远之志，同时，还要以气质的变化不断规范自己的德行，做到慎于交友、明己职责、知道礼让、参与劳作、齐家善处，等等。

朱次琦的变化气质主张，同样为其弟孔子、再传弟子所传承。

---

① 许衡著、王成儒点校：《许衡集》，东方出版社，2007年，第52页。
② 张伯行：《小学集解》，王云五主编《丛书集成初编》（2485），商务印书馆，1936年，第212页。

以简朝亮一系为例。在《再寄草堂诸学子书》一文中，简朝亮教导弟子，以复兴儒学、存续学说，来为国尽一己之所能："盖自曲学方兴，中国之籍几以不亡亡矣。况今北望涕零，铜驼荆棘，斯文将丧，后死如何，文武之道，今夜尽矣。古之人不已悲乎？购三、二书藏山岗中，以遗后，死非直今之承乏已也。"他勉励弟子称："将来虽可用者或不得用，将以诸子志学。百世公义之在，由是而明，亦山中人之望也。"简朝亮在《三寄草堂诸学子书》一文中，又重申此意："至于今也，当其避地读书，屡迁其居。所至耕田以资其乏，与二、三学者且耕且读，既而为《日知录》，或写之以赠人。故其言曰：'张子云：'民吾同胞。'今日之民，吾与达而在上位者之所共也。救民以事，此达而上在上位者之责也。救民以言，此亦穷而下位者之责也。"他认为，无论是在上位、在下位，都可以为国家做自己能做的事，在上位者，救民以事；在下位者，救民以言。因此，读书人要沉潜读书，努力修身养性、变化气质，随时准备为了国事而贡献力量与智慧[①]。

以康有为一系为例。在《长兴学记》一文当中，康有为援引了《尚书·皋陶》之九德，《洪范》之三德及《周官》之六德诸说。他指出："德者，得也，即《大学》定静安虑而后能得也。得一善，则拳拳服膺，可谓据矣。"他认为，一个人要达到德的境地，就需要从主静出倪、养心不动、变化气质、检摄威仪这四个方面，认真加以修炼。他就此四个方面的要求，加以具体阐释。就变化气质，康有为加以例说："学既成矣，及其发用，犹有气质之偏，亟当磨砻浸润，底于纯和。昔朱子论谢上蔡，陆子静谓：无欲之上，尚隔气质一层。吕东莱少时气质极粗，及读《论语》，至躬自厚而薄责于人，于是痛自变改。故朱子曰：学如伯恭，始得谓之变化气质。"他指出，《大学》是正心修身之传，是变化气质之学。

---

① 简朝亮撰，梁应扬注：《读书堂集》卷二，第21—22页。

他也认为，《中庸》发而皆中节，也是变化气质之学。他强调，如果气质不和，发用偏颇，就会害事，所以需要以变化气质与诸子共勉共进。①

四、检摄威仪

《论语·学而》记载孔子对君子自我修养及为人威仪的强调。其称："君子不重则不威，学则不固。主忠信，无友不如己者，过则勿惮改。"孔子的意思是说，身为君子，如果言行举止不庄重，就不能够显示出应有的威严，所学也就难以稳固。为人要以忠诚守信为立根之本，不要与不如自己的人交往，有了过错就不要怕改正。《论语·里仁》中，孔子也提出："君子欲讷于言而敏于行。"基于威仪之重的重视，他主张君子要言语谨慎、行为敏捷。孔子认为，人如言花言巧语、仪容伪善，为了取悦他人而无所不为，是不可能具备真正的仁德之心的。在《论语·里仁》中，他认为："色厉而内荏，譬诸小人，其犹穿逾之盗也与。"意思是说：神色厉害而内心虚弱，用小人作为比喻的话，就好比是钻墙洞的盗贼那样行为鬼祟、心术不正。因此可知，孔子强调举止庄重威严，是从道德正直的修炼当中得来的，发自内心的威仪而非色厉内荏、徒有虚表。受孔子的思想影响，孔子弟子注重自我省察。例如，曾子就说"吾日三省吾身"。朱次琦强调检摄威仪，以品性、礼节、威仪立身，表现出一个人的昭昭才德、浩然正气。他认为，一个国家及其民众，只有检摄威仪，才不会出现不祥之征。其中，所谓检摄，指的是约束监督之意。例如，《三国志·吴志·薛综传》："次得南阳张津，与荆州牧刘表为隙，兵弱敌强，岁岁兴军，诸将厌患，去留自在。津小检摄，威武不足，为所陵侮，遂至杀没。"张津因为自我约束不足而被杀。《宋书·后废帝纪》另载："三年秋冬间，便好出游行，太妃每乘青篾车，随相检摄。昱渐自放恣，太妃不

---

① 康有为：《长兴学记》，《康有为全集》（第一集），第344页。

复能禁。"至于威仪，指的是一个人的服饰仪表。比如，刘祁《归潜志》称，张行信"为人简朴，不脩威仪"。检摄威仪合而称之，指的是一个人要在服饰、仪表上自律自省。

朱次琦将检摄威仪，与修身、立国相关联。他提出：

> 今之学者，辄曰不羁。威仪鲜自力。诗曰："不吊不祥，威仪不类。"言亡国征也。以言学者，亦亡身征也。故鬼幽鬼躁，管辂犹觇之矣。①

朱次琦提出，现在的学者，不愿意接受限制、拘束，难以在服饰、仪表上自律自省。他列举《诗》中的话语，进行观点佐证，以强调"检摄威仪"。他援引《诗·大雅·瞻卬》，其中有云："天何以刺？何神不富？舍尔介狄，维予胥忌。不吊不祥，威仪不类。人之云亡，邦国殄瘁！"② 意思是说：苍天为何责罚人间，神灵为何不庇护民众，是因为人们之间相互猜疑妒忌，遭受了宵难，人们不互相怜悯；纲纪败坏，人们也彼此装糊涂。这使得良臣贤士都逃离出国，国家危难之急而无人能够救助，人间频繁的危急之势因此越来越难抵挡抗拒。贤人君子，本来就是国家的栋梁，耆旧老成，也代表了邦国的元气所聚。但是，周幽王荒淫无道，祸国殃民。这使得国家长年累月遭受病虫之害、庄稼受毁，罪恶苦难久不太平，大祸戕民无以止境。诗人忧国悯时，疾恶如仇，仰望苍天，深沉发问。朱次琦以"不吊不祥，威仪不类"，一形容国家，代表一个国家元气已损、栋梁将倾的灭亡之迹；二形容个人，代表人在世间难以立身处世、等同行尸走肉。

为了进一步说明检摄威仪的重要性，朱次琦继续援引管辂的故事及道

---

① 简朝亮：《朱九江先生年谱》，《朱次琦集》（上），第36页。
② 郑玄笺，孔颖达等正义：《毛诗正义》，《十三经注疏》（上），第578页。

理。管辂（210—256），字公明，世称"管平原"，三国时期曹魏术士，精通《周易》，古代卜卦观相行业祖师。相传管辂每言辄中，出神入化。《三国志·魏志·管辂传》有载："闻晏、飑皆诛，然后舅氏乃服。"在《三国演义》第一百零六回 "公孙渊兵败死襄平司马懿诈病赚曹爽"中，管辂预言何晏、邓飑有杀身之祸，不久，二人果为司马懿所杀。裴松之注引三国魏管辰《管辂别传》云："何之视候，则魂不守宅，血不华色，精爽烟浮，容若槁木，谓之鬼幽。"鬼幽，指人将死前形体所表现的一种病态，魂不守舍、目光虚浮、气血亏乏。鬼躁之意，与鬼幽大致类同。裴松之又注引三国魏管辰《管辂别传》："夫邓之行步，则筋不束骨，脉不制肉，起立倾倚，若无手足，谓之鬼躁。"鬼躁，指人的筋不能控制骨骼，肌肉不能控制身体，东倒西歪，躁动不安。管辂借助观测一个人的精神、气貌，来分析他的生命际遇。司马光在《资治通鉴》中，用鬼幽和鬼躁，推断人的品相。梁启超《新民说·论尚武》则引鬼幽与鬼躁来说明，吸食鸦片对一个人身体与精神的戕害："吸食鸦片以戕其身体，鬼躁鬼幽，蹩步欹跌，血不华色，面有死容，病体奄奄，气息才属。"朱次琦在上述这一段话中，称"故鬼幽鬼躁，管辂犹觇之矣。虽然，修身者，不读书不可也"，正是为了说明，一个人如果不读书修身，就没有精神气血，缺乏气格风骨，难以独立于世，无有作为。

朱次琦对于检摄威仪的强调，是基于中国自上古以来的礼文化。古人有礼者，"国之仁也"之称。礼有既定的实现程序和道德的实施表现，对不同身份、不同人群作了言行举止、服饰着装明确的规约，不能违反。例如《礼记》有称：

夫礼，始于冠，本于昏，重于丧祭，尊于朝聘，和于射乡，此礼之大体也。①

① 郑玄注，孔颖达等正义：《礼记正义》，《十三经注疏》（上），第1231页。

夫礼者，所以定亲疏，决嫌疑，别同异，明是非也。[①]

可知，礼的内容规定，包括婚嫁、祭祀、丧葬、朝聘，等等。而礼的作用，表现为确定亲近、疏远、判断、裁决、同异、是非等区别。一旦离开了社会既定的礼，人就失去了立根之基，威仪严肃的仪表、精神，自然就没有了着落之处。因此，礼是经国家、定社稷、序民众、利后代的作用规范。

对于君王、士夫应该怎么行身处世，父与子、夫与妻、姑与嫂应该怎么相交共处，才能表现出检摄威仪的一面，中国先秦以来同样已有传述。如《左传》中提出具体的说法：

君令臣共，父慈子孝，兄爱弟敬，夫和妻柔，姑慈妇听，礼也。君令而不违，臣共而不贰，父慈而教，子孝而箴，兄爱而友，弟敬而顺，夫和而义，妻柔而正，姑慈而从，妇听而婉，礼之善物也。[②]

人的天性，本就有着趋利避害的一面。所谓饥而欲食、寒而欲暖、劳而欲息，是人性的自然表现。好色、好声、好味、好利，骨体肤理好愉佚，也是人的天性使然。道德、教育、修身对人的约束，表现在人向善的一面的发展以及对天性的有节制、善克制。所谓"君子和而不同"，修养有道的君子，不必在具体言行主张上，轻易苟同他人观点，勉强自己或他人屈从彼此。君子重视人与人之间的和谐友善关系，但同时保有自己的修身处世之道，能够"周而不比"，遗世独立。而且，君子有别于小人，还在于容貌、仪表、内心的不断修炼提升，能够容止威仪，成为人们的榜

---

① 郑玄注，孔颖达等正义：《礼记正义》，《十三经注疏》（下），第1681页。
② 杜预注，孔颖达等正义：《春秋左传正义》，《十三经注疏》（上），第2115页。

样。朱次琦强调，自惭形秽、唯唯诺诺为亡身之征、不祥之兆，士人当戒惕自重。换言之，人生在世，没有一项事情可以离开礼。人的庄严容貌、克制态度、谨慎言行等，都需要礼来规范与调整。但是，礼发展到宋明时期，表现为宗法伦理及相应的繁文缛节、等级森严，这束缚了人的言行、违背了人性的自然、扼杀了人的自由，导致人们的反抗与抵制。尤其基于商业经济的发展、阳明心学的盛行，礼受到冲击，狂妄不羁之徒陡增，科举制度的僵化更使大量士子迷心于功利名禄。有基于此，朱次琦进行批判：

> 今之子弟所志者，科名而已。所力者，八股、八韵、八法而已。故今之所谓佳子弟，皆古之所谓自暴自弃之尤者也。[1]

八股禁锢了人的头脑，读书不再是个人思维和才能发挥的利器，更不再是充满品德与气格的修炼提升。远离现实、缺乏实用、扼杀人才等弊端，更使科举成为博取科举功名的敲门砖。朱次琦注重通过读书来检摄威仪、修行品德。对为功名而用力于八股、八韵、八法之学的读书人，他深恶痛绝，乃至认为这就是"所谓自暴自弃之尤者"。

朱次琦提出，"君子藏器于身，俟时而动，艰贞之志，有待而行，究亦无所容心耳"，也认为"君父之身，既不敢自屏宽闲，偷安于昕夕；平生之学，又不敢苟图徼幸，自隳其廉隅"[2]。他倡导要修身克己，锤炼光明大德：

> 君子立身行事，当昭昭如日月之明，离离若星辰之行，微特较然不欺其志而已，安能随波靡，犯笑侮，招逆亿，以察察之

---

① 简朝亮：《朱九江先生年谱》，《朱次琦集》（上），第39页。
② 朱次琦：《抵山西寄兄弟书》，《朱次琦集》（上），第145页。

躬，为当世所指目邪。且即不敢自作身分，而世既未能免俗，一概以相量矣。将或枋柄在手，又安能昌言正色，直己而直人邪？[①]

在《澹泊斋记》等一系列文章中，朱次琦从不同角度指出淡泊明志的重要，说明自古名臣德行，建竖不必一途但无不本于淡泊，自我抑制才不至萌动嗜欲，才可能检摄威仪、不怒自威。朱次琦《典衣绝句》谓："典衣原不损丰裁，荩箧筠笼取次开。我喜池家收拾好，未因金尽降颜来。"《陈九明府走书借读二樵山人集却寄》谓："一盏寒泉供养来，楚骚余裔亦仙才。前身合是梅花骨，流水空山独立开。"生活难以为继，只好打开箱笼，检点旧衫以兹典当。生活应该随遇而安，不喜不忧，家中庭院也仍需到处收拾干净堂正，不要使外人看出寒酸破绽；而且，还当坚守品性、不改初心。他也时常以"处子耿介，守身如玉，谷暗兰薰，芳菲自远"[②]规劝众弟子。其弟子乃至诸多再传弟子，多以气节名世，具凛然风范。

概而论之，《尚书·尧典》即已提出："曰若稽古帝尧，曰放勋，钦明文思安安，允恭克让，光被四表，格于上下。"[③]其中钦和恭，指谨慎、敬重；允，指诚信；让，指谦让。意思是说，诚信、恭敬、礼让这三者，是人的美德表现，尧正是因为具有这三种品德，而成为楷模。修养心性，是中国先人早自远古就已经注意到的人与宇宙中万事万物的不同。作为万物之灵的人，心使人能化育、能作为。作为传统道德范畴与伦理判断标准尺度的惇行孝弟、崇尚名节、变化气质、检摄威仪，被朱次琦整合提炼为四行。四行重人性涵养与心性修炼，展现关于美与丑、善与恶、正与邪的认识。尤其是变化气质、检摄威仪，表现了对人之本性的教育、净化的重视。朱次琦要求一个人要自律自省、举止文明、讲求仪表，自内而外透出

---

① 朱次琦：《抵山西寄兄弟书》，《朱次琦集》（上），第145—146页。
② 简朝亮：《朱九江先生年谱》，《朱次琦集》（上），第20页。
③ 孔安国传，孔颖达等正义：《尚书正义》，《十三经注疏》（上），第118—119页。

一股凛然不可轻侮的浩然正气。这种持静克己，为朱次琦治学及言行所奉持，实际上也是对朱熹学说主张中的心性存养方式的传承与发展，并自孟子养浩然正气论说而来，源远流长而又与时俱进。

朱次琦所倡导的四行五学之四行，强调一个人要养成良好的品德修养，就必须把精、气、神作为修身的基本要素，把谨慎求学、交友、为人、处事作为基本点，在实践中不断自我变化、自我超越。律己、恭行、修身，以心为本。修身、实践、实学，以修心为本。修心，古人立身处事之本，亦是当代人、未来人同样必不可少之本。人只要是人，只要想真正成为人，修身就是必由之路——修身是人从潜在的人，成长为成熟的人、真正的人。德福与智慧，是辩证统一的。所以，朱次琦所倡导的四行，是与五学在一起的。四行五学，共同构成了朱次琦有关修身养性的主张。而这样一种主张，又为其受业弟子、再传弟子所传承。无论是简朝亮一系，还是康有为一脉，均涌现大量有气有节的慷慨之士。在清末民初，简朝亮、康有为、梁启超、黄节、邓实、麦孟华、陈焕章、徐勤、伍庄等一大批仁人志士，尽一己之力，或以学术，或以政治，或以教育，或以外交等方式，为中国社会的发展与转型，表现激昂气节、付出卓越贡献。

以简朝亮为例。从同治八年至光绪三十四年（1869—1908），三十多年时间里，简朝亮执教于顺德、广州、清远等地，教育了一大批弟子。他作《读书草堂上梁文》云："愿今而后栋隆食吉，鄙远敦安，彼亦君子遗绢，闻太邱之风，勉为古人，守剑畏彦方之行。"①栋隆食吉，《易·大过》谓"正梁不向下弯曲"。他以栋隆食吉，表达自己的遗世独立、忠贞刚烈。他在论中国有关礼节、死节问题时，亦提出："国语曰：'民生于三，事之如一：父生之，师教之，君食之。唯其所在，则致死焉。'报生以死，人之道也……夫师者，教以忠君孝亲者也。民致死于其师，民必致

---

① 简朝亮：《读书章堂上梁文》，《读书堂集》卷六，第25页。

死于其君亲矣。国之民皆致死之民，是天下莫强也。故致死之礼，事师者不可不明也。如事师而事其非，我可常师者将致死于彼乎。将非致死于彼乎，则违我师也。"①一个人活在世间，分别受到了父母、老师、君王的生育、教导、供食之恩。老师教之以忠君孝亲，一个人如果能为其师而死，也同样能为父母君王而奉献生命。国家如果有这样的致死之民，就将成天底下最强大的国家。所以教师要以致死之礼，教导学生，以能使后辈们知道死节大义，养成浩然正气。

以康有为为例。康有为同样认为，威仪自内修养而表现于外，风仪、威仪是外在的一种展示，二者在社会交际中同样重要。他指出：威仪为身外事，之所以要看重是因其与养心直接相关。他援引孔子"动之以礼"、曾子"动容貌，正颜色"诸说，以及霍光出入有度不失分寸和何晏行步顾影鬼幽鬼躁而不得其死等例，具体强调："诸君子共学，当暑不得袒裼，相见必以长衣，容止尚温文，语言去朴鄙，出入趋翔，尤宜端重。鄙人虽非安定，二三子于元发、仲车，岂有让焉？朋友攸摄，仆夫敢告。若城阙佻达之行，见刺于子衿；床第媒渫之言，不逾于门阈。蒲博为牧奴之戏，筐箧乃家人之事。至于罂粟，尤为妖物。此皆士类所不齿，宜有郊遂之移流，吾党自能远绝，无烦忠告也。"②他在《实理公法全书》当中，进一步指出："威仪者，所以表其爱者也，无威仪则吾虽甚爱重其人，亦不能骤达吾之意于彼也。其必定之以节，无取过与不及者，则欲其大众通行之故也。盖此乃二人相约之事，若一人独处一室，则无所用乎威仪，但能自安其魂魄足矣。"③威仪，表现在人与人的具体交际之中。就威仪之不及和过之两个不同面向，康有为作了进一步的详细阐释。他指出："威仪之不及者宜有罚，所以杜人之生其恶也。威仪之过者，谓之失礼。盖既非通

---

① 简朝亮：《读书章堂上梁文》，《读书堂集》卷六，第25页。
② 康有为：《长兴学记》，《康有为全集》（第一集），第344页。
③ 康有为：《实理公法全书》，《康有为全集》（第一集），第154页。

行之道，且用爱而无节，固必不可行之事也，犹之吾爱某人，则吾之所有，举凡一丝一粟，皆以与之，则明日吾即冻馁矣。"[1]他认为，前者宜当罚，后者则失礼。中节为其中准则。无论爱人、行事，当合之中节，方且威仪。他本人就"品行方峻，其威仪严整，其授业也，循循善诱，至诚恳恳"[2]。

---

① 康有为：《实理公法全书》，《康有为全集》（第一集），第154页。
② 梁启超：《南海康先生传》，《康有为全集》（第十二集），第426页。

第八章

观文体势，内蕴道心，
润物无声，化人襟抱

文学是人学。文学创作描写的对象，是人的行为、人的关系、人的情感，涉及人内心的美丑善恶、高尚卑鄙，也涉及道德与礼乐的评价与约束问题。而诗歌，是心物交融之结晶。宇宙万物、山川河流、春花秋月……如与作者心性结合，即表现出文字的书写与诗意的融合。就中国古典文学发展史来看，以抒情诗开端，重视情景构建之美学，又重视人伦、道德的教化作用。大约成书于春秋战国之交的《论语》，除了因收录孔子的言论，在经学研究中具有重要意义以外，又是一部集哲理性、文学性于一体的艺术奇珍，在中国文学史上同样具有独特价值。《论语·阳货》中，孔子提出："小子，何莫学夫《诗》，《诗》可以兴，可以观，可以群，可以怨，迩之事父，远之事君，多识木鸟兽草木之名。"①孔子主张兴观群怨的文学观，反映了他对诗歌本质及其社会作用的充分认识。这一论断，对于中国文学产生数千年的深远影响。而自孔门设立了德行、言语、政事、文学这四科起，经学与文学一直并行发展。因此，经学与诗学并治，也为历来儒家与中国传统文论所共同倡导。诗言志与诗言情的悠久传统，影响中国文学两千余年。

美学的范畴和美学的命题，"是一个时代的审美意识的理论结晶"②。朱次琦的文艺观是古典的，与四行五学相关，文学是用以实用经世和存心养性的重要凭借和手段。他的文学观与经学观并行，四行五学中的五学之一，就是辞章之学（文学之学）。学孔子之学为本、四行五学为归，他以治经学的方法来治文学，表现文以载道的传统主张，要求体现诗言志的传统，并且强调诗言情这一人性使然的创作特质。他主张文学复古，诗学回

---

① 何晏等注，邢昺疏：《论语注疏》，《十三经注疏》（下），第2525页。
② 叶朗：《中国美学史大纲》，上海人民出版社，1985年，第4页。

归到《诗》（即后人所称《诗经》）的传统，以合于古道、合于圣意。他也主张文学创作要表现人的心灵和胸襟怀抱，文学要起到变化人的气质、完善人的情性的效果。这种文学观念，使他倡导文学创作不仅要关怀现实，表现道德，体现礼乐治理，而且要真正对于修炼心性、标举灵性起作用。这使他的学说表现出对人性、人情的尊重，既倡导文学要复归上古时的创作风格，又要尽量融合打通，打破门户，不执成见，在形式体裁上不分唐宋、不分骈散。朱次琦的文艺思想，受理学之影响，亦实受心学的潜在沾溉。一方面，他继承了孔子、朱熹等人代表的传统诗学教化主张；另一方面，他也接受了陈献章、王阳明静养修心思想。重涵养重性情，在"思无邪"基础之上，认为："道者，文之根本；文者，道之枝叶。惟其根本乎道，所以发之于文，皆道也。三代圣贤文章，皆从此心写出，文便是道。"①这使其文艺观区别于一般的文以载道思想。朱次琦统摄文与道，从五学表现存心养性的践履出发，重视文学对于性情的抒发，这对此后康有为、梁启超等人进一步推动文学变革，具有一定的启引作用。在考察康有为、梁启超等人文学主张的学说渊源与思想传承时，朱次琦是一个坐标。学孔子之学虽经康有为、梁启超等人推扬发生裂变，但四行五学为这一脉三代学人所光大。在朱次琦去世后的二三十年间，中国社会发生深刻变革，康有为、梁启超等人以对四行五学的实际践行，扮演了重要的社会角色。区别于以陈澧为代表的东塾学派更为纯粹的学术研究，四行五学强调经世主张与济世情怀，推动着中国近代学说强化致用功能，也使文学不断介入现实社会和政治活动，影响着晚近的学风走向与文学流变。梳理朱次琦的学孔子之学和四行五学主张，是为必要。

---

① 朱熹：《朱子语类》卷一百三十九，崇文书局，2018年，第3305页。

一、复古与风雅

在中国两千多年的文学史中，六经被视为中国文学的源头，清代的儒士，同样持此看法。朱次琦治学，特别着重学说体系的构建与思想源流的梳理。考察朱次琦的诗学观，"与古人并存"是他对文艺创作的一种自觉追求。他有关复古的主张，也重在对"古谊"的强调。在《籑金集序》一文中，朱次琦谈及自己的创作心得。"傲然自谓与古人并存"，是他的自觉的文艺追求与文学实践，也是他对自己创作的一种体认。他认为："有古谊，然后有古文。"这是就内容与精神上的复古做重视，而并非仅仅从形式上做复古。他以孔门诗学为依归，以复古来统辖、规范文学创作。包括他的诗文创作、诗文批评，都强调复归到古时的创作方式与创作精神上。他对于自《诗》以来所表现的诗言志和诗言情主张，有复古也有创变，在志与情当中，将情置于志之前。

（一）余事论风雅，襟怀冰雪清

首先，与孔子一样，朱次琦重视《诗》，将诗学上溯自《诗》之传统。

朱次琦从文体形式上，对《诗》的源头意义进行解说，明确地提出"后人之诗，体无不备，而其源皆自三百篇"：

> 后人有一字之诗以为奇矣，而不知三百篇早已有之。如：缁衣之诗："敝，余又改兮"，敝字是也。又，二言之诗：如《吴越春秋》中"断竹，续竹，飞土，逐肉"，而三百篇又有之，如"祈父""相鼠"等是。汉魏乐府三字为句者极多，而三百篇早已有之，如"绥万邦""麟之趾"等句。四言之诗，三百篇最多。五言之诗后世极盛，而三百篇亦不少，如"谁谓鼠无牙"之类。六言之诗，汉人渐有之，至唐人有六言绝句，亦自三百篇来。如"谓尔迁于皇都""曰予未有室家"等句是也。七言诗，

三百篇已开其端,如"自今以始岁其有。君子有谷贻孙子"等句便是。八言诗,三百篇亦有,如"我不敢效我友自逸"。至于九字以上之句,三百篇所无,后人亦卒不能成为诗体。[①]

《诗》作为六经之首,共三百零五篇,又称"诗三百""三百篇",产生于西周至春秋时期,是中国第一部诗歌总集,分为风雅颂三类,所代表的诗学传统,深刻影响了几千年的中国文学与中国文化。后人一般把孔子一生在学术方面的主要成就,总结为"删诗书、定礼乐、系易辞、著春秋",这里的"删诗书"其中的诗,就是《诗》。孔子对《诗》的保存流传,以及其在中国文化史上重要地位的形成,都起到了非常关键性的作用。朱次琦同样重视《诗》。他在与弟子讲说诗歌创作法度时,溯源中国诗学的起源与流变,将中国诗歌列归为"古人之诗""后人之诗"这两类。他又将历代的诗歌文体,分列为如下数种:骚体、赋、乐府、律诗、绝句。他的所谓古人之诗,实则专门指的是《诗》三百零五篇。他重视《诗》的特殊地位与重要影响,突出《诗》在中国文学创作中的源头性意义。在这一段文字中,他历数各体诗体,并且从《诗》当中寻找对应的承传关系。他认为无论是一言诗、二言诗,乃至三、四、五、六、七、六言诗,在《诗》当中已做实践,后人诗歌创作的范式,在《诗》里面已然出现。

其次,与孔子一致,朱次琦重视诗之兴。

对于情的表达与修身敬己关系,朱次琦主张诗歌要表现自孔子以来强调的兴之优秀传统。他作《宫保卢制府遣吏人征写拙诗述德撼情赋呈四律》组诗,表达看法:

---

① 朱杰勤:《朱九江先生谈诗》,《广州学报》1937年第1期。

儒术能经世，曾钦卢尚书。文孙千载后，迈绩八州余。转粟萧丞相，筹兵陆敬兴。清时南顾重，好是护储胥。

余事论风雅，襟怀冰雪清。万间开厦屋，午卷馈侯鲭。元老谋谟地，诸生弦颂声。渊源从古数，陶尉继刘宏。

著作千秋事，销沈几辈才。因公怜郑璞，引我哭秦灰。岭峤扶兴尽，韩苏风气开。登峰观海意，今古一徘徊。

自信潜夫论，观投光范门。龙宫翻索实，马磨遽称尊。古者酬知己，从来胜感恩。海王收万派，何脉出昆仑。①

中国早期的诗，是配乐唱出来的，跟音乐有着密不可分关系。《尚书·舜典》就记载了舜帝即位后，命主管音乐的大臣夔（传说中一种叫夔的神兽，击石拊石，百兽都能跟着起舞）主持音乐，教导太子做一个正直而温柔、宽厚而庄重、刚强而不严苛、简易而不傲慢的人。古人非常重视诗教，将诗与礼乐、教化关联起来。诗歌可以提高道德修养、性情品位，所表达的心意绝不是一般的内心想法，而是关乎道德修养。《诗》作为经学之一，有着不容置疑的经典地位。诗歌表现的兴、观、群、怨，发展成诗言志、诗言情。诗言情也与志关系，与道德教化相连。所以，孔子不喜欢靡靡之音，对"郑声"作了删减，以正社会风俗、人心人情。历来儒家重视诗言志的教化，强调诗要表现王政、废兴，要能"事父""事君"。《汉书·艺文志》称："《书》曰：诗言志，歌咏言。故哀乐之心感，而歌咏之声发。诵其言谓之诗，咏其声谓之歌。故古有采诗之官，王者所以观风俗，知得失，自考正也。"朱次琦以组诗的形式，指出儒学能以经世，文章关系千秋。又谓弦颂新声，皆源于古数。源于古数，实指"诗三百"而来之载道传统。他提出"儒术能经世""著作千秋事"，表达

① 朱次琦：《宫保卢制府遣吏人征写拙诗述德撼情赋呈四律》，《朱次琦集》（上），第88—89页。

了以儒家学说建功立业、以文学服务社会、创作不朽的愿望与宏图；"余事论风雅，襟怀冰雪清"，则表达了他以文学经世表现良风美俗的创作倾向，以及品行上的坚守高洁。

在《春怀八首》中，朱次琦又提出以"兴"发挥文学的劝诫意义。如其三：

> 匆匆枯烧动陈亥，渐渐飞花落酒杯。有用年华虚掷镜，不胜今昔强登台。流连佳日供多病，省识名心愧不才。文字起衰思七发，向来那遽薄邹枚。[1]

孔子主张兴观群怨，把兴放在第一位。兴者，朱熹指出是感发志意；王夫之进一步说明，兴是"性之生乎气者也"，因此"能兴即谓之豪杰"[2]。兴而为诗，是一种创作，也是一种读者阅读过程中心灵净化、荡涤浊心的艺术审美。朱熹主张："诗者，人心之感物而形于言之余也。心之所感有邪正，故言之所形有是非。"他认为"思无邪"在于能正人心，在于"思在人最深，思在心上""安能'思无邪'乎？只是要正人心"。[3]此诗作中"七发"，指的是汉代辞赋家枚乘所作赋文《七发》。这是一篇讽喻性作品，赋中假设楚太子有病，吴客前去探望，通过互相问答构成七大段文字。吴客认为楚太子的病因在于贪欲过度、享乐无时，一般用药和针灸无法治愈，只能"以要言妙道说而去也"。吴客分别描述音乐、饮食、乘车、游宴、田猎、观涛等六件事，一步步诱导太子改变生活方式，最后要向太子引见方术之士——"论天下之精微，理万物之是非"，太子乃霍然而愈。《七发》传承了《诗》之风雅颂手法，更表现了自《诗》以来的

---

① 朱次琦：《春怀八首》，《朱次琦集》（上），第107页。
② 王船山：《俟解》（第2版），上海泰东图书局，1927年，第9页。
③ 朱熹：《朱子语类》卷二十三，第538页。

兴之精神。通过兴这种美感活动，人们得到感发、激励、净化、升华。朱次琦征引《七发》，强调诗歌并非雕虫小技，文字有讽刺时政、劝诫人心功用。写得一手好诗，就可以批评时政、裨益社会、经世实用。这是自孔子以来，中国美学所传承的优良传统与创作技艺，朱次琦进行再次加以强调与引申，以发扬学孔子之学主张。

最后，与孔子一样，朱次琦发挥了艺术审美追求"大"之主张。

朱次琦尊重人之内心的"骚"情正义；《谢张十二》一诗谓：

> 百妄纷纭不自芟，须眉磊磊语喃喃。古人不作吾安放，世路将深骨已凡。每苦儒风侵任侠，久因骚雅惜彭咸。多君远惠长生诀，啥糇羹藜劝老馋。①

《左传》中，记载季札观乐之事，就已经对美学之大作强调。季札评价《秦》乐，称："此之谓夏声。夫能夏则大，大之至也，其周之旧乎！"②孔子传承了这种大的审美。《论语·泰伯》称："大哉尧之为君也！巍巍乎，唯天为大，唯尧则之。荡荡乎！民无能名焉。巍巍乎！其有成功也。焕乎！其有文章。"③孔子认为，效法天，即是大，尧效法天，乃为大。所以，大的美学主张，首先是一个"道德的范畴"④，孟子即把孔子所说的大区分成大与圣（神）两个等级。依孔子所示，大表现的是"巍巍乎""荡荡乎""焕乎"的崇高之美。这种美阳刚、奋发，有力量、有激情，充满向上、宏大、悲壮的让人景仰敬畏之气势。朱次琦同样继承了这样一种美学范式与艺术主张。这首诗"久因骚雅惜彭咸"一句中的彭

---

① 朱次琦：《谢十二》，《朱次琦集》（上），第60页。

② 杜预注，孔颖达等正义：《春秋左传正义》，《十三经注疏》（下），第2007页。

③ 何晏等注，邢昺疏：《论语注疏》，《十三经注疏》（下），第2489页。

④ 叶朗：《中国美学史大纲》，第54页。

咸，据王逸《楚辞章句》谓："彭咸，殷贤大夫，谏其君不听，自投水而死。"①王逸并没有讲明注释的根据，但彭咸在屈原写的《楚辞》里反复出现。如《离骚》说："既莫足与为美政兮，吾将从彭咸之所居！"②《悲回风》又说："凌大波而流风兮，托彭咸之所居。"③从此分析，彭咸应该是像《庄子·盗跖》里的申徒狄一样，皆"自拥石负河"④。屈原出身高贵，是"帝高阳之苗裔兮，朕皇考曰伯庸"，又"纷吾既有此内美兮，又重之以修能"⑤，是一位近乎完美的人物，他以彭咸作为自己的崇拜对象，最后也是效法彭咸赴水而死。彭咸自此，成为美君子的代称。朱次琦为人正气耿介，以古君子仪自励，作诗亦不为无病呻吟、无聊干谒，平生"不轻为人作，人亦无敢滥干之"⑥，钱仪吉为其诗作序时，即指出"其为人伟瞻，视巍巍然，气纯以方"⑦。在诗中，朱次琦以"惜彭咸"三字，表达了对儒风渐衰之时风的感叹，也表达了世路如冥之下，对于磊落耿介、高洁性情的追慕。他的《是汝师斋诗》别集，多表现民生国事，也表现出高尚胸襟、孤洁人格，"可厚人伦"，"为年谱之风"⑧，正是对于大这样一种儒家传统美学范式的继承与发扬。

（二）有古谊，然后有古文

孔子主张"述而不作"，朱次琦同样重古谊和古文。

在文章学上，朱次琦同样精于古文，所作"不取桐城而上言秦汉，因从学文而周及诸子。先生甚称韩昌黎之文，因取韩柳集读而学之，亦遂肖

①　王逸撰，黄灵庚点校：《楚辞章句》，上海古籍出版社，2017年，第11页。

②　屈原：《离骚》，王逸撰、黄灵庚点校《楚辞章句》，第9页。

③　屈原：《悲回风》，王逸撰、黄灵庚点校《楚辞章句》，第140页。

④　姜亮夫：《楚辞通故》（第2辑），《姜亮夫全集》，云南人民出版社，2002年，第117页。

⑤　屈原：《离骚》，王逸撰、黄灵庚点校《楚辞章句》，第1页。

⑥　清光绪《九江儒林乡志》卷十四。

⑦　钱仪吉：《诗序》，《朱九江先生集》，第117页。

⑧　简朝亮：《朱九江先生诗集序》，《朱次琦集》（上），第5页。

焉"①；"于转掖顿挫处，得古大家神解"②。他评论文章之学，重上古风范，提出"有古谊，然后有古文"：

> 有古谊然后有古文。明之七子，学古文而未能，无古谊也。韩子读三代两汉之书，志其谊，法其文，文成古文，谊求古谊也。学者为文，志过其师，乃及其师，故学文不徒自韩子始。韩子以来，名家辈出，皆有可师，然莫如韩子。唐以前之文多华，唐以后之文多朴；唐以前之文多曲，唐以后之文多平；唐以前之文句多短，唐以后之文句多长。散文骈文、古无别出，《尧典》申命，孔传《系辞》，可类明也。故曰骈文有气即为古文，寿文非古也，君子谓之谄。③

在这一段话当中，朱次琦讨论文学创作的复古与创变、因袭与沿革这一重要问题。诗中所指"明之七子"，即明前七子，指李梦阳、何景明、徐祯卿、边贡、康海、王九思、王廷相这七位有名的文人，他们的文学活动，出现在弘治正德年间。明七子皆为进士，多负气节，对腐败的朝政和庸弱的士气不满，强烈反对当时流行的台阁体诗文和"啴缓冗沓，千篇一律"的八股习气，大力提倡"文必秦汉、诗必盛唐"，以复古的形式改造文风，迅速风行天下，掀起文学复古运动。但是，以李梦阳为代表，在复古模拟上主张"刻意古范"，句模字拟，文学的创造性显不足，有的甚至沦为"高处是古人影子耳，其下者已落近代之口"，给文坛带来新的流弊。所以，朱次琦认为，前代七子研习古文却不得古人精神。唯韩愈的古文创作，既法古人之法，又法古人之神，真正得古谊。

---

① 康有为：《我史》，《康有为全集》（第五集），第64页。
② 钱仪吉：《诗序》，《朱次琦集》（上），第56页。
③ 简朝亮：《朱九江先生年谱》，《朱次琦集》（上），第43页。

何谓古谊？从字面上来理解，古谊即"古义"，指古代典籍之义理，亦指古代贤人之风义。朱次琦对于古谊的强调既在义理，又在风义。朱次琦认为唐以前的文章多华、多曲、多短，其后的文章多朴、多平、多长，可见他是从内容形式两方面加以论说，推崇文章表现上古的义理、风义。为了强调复古，复古人之形式又复古人之精神，朱次琦从《文心雕龙》《昭明文选》中寻求依据：

> 刘勰《文心》，明诗先列，昭明《文选》，备录诗歌，盖诗即文也。尔后《文粹》《文鉴》诸书，禀承靡异。但姚氏惟取古风，吕氏兼遴近体，同源各委，稍别衡裁。窃谓五言、七言，造端三百，排比声韵，具体梁陈。谓唐律不与汉魏同风，则汉魏亦未与风骚合派，径途日辟，运会攸开，观其会通，理无偏废。[①]

《文心雕龙》是中国南朝文学理论家刘勰创作的一部理论系统、结构严密、论述细致的文学理论专著，是中国文学理论批评史上第一部有严密体系的、"体大而虑周"（章学诚《文史通义·诗话篇》）的文学理论专著。全书共十卷，五十篇，刘勰在书中继承和发展了宗经征圣的观点，认为文"本乎道，师乎经，体乎经"；并以孔子美学思想为基础，认为道是文学的本源，圣人是文人学习的楷模，经书是文章的典范。把作家创作个性的形成归结为才、气、学、习四个方面。不仅系统论述了文学的形式和内容、继承和革新的关系，而且在探索研究文学创作构思的过程中，强调了艺术思维活动的具体形象性这一基本特征，并初步提出了艺术创作中的形象思维问题。在探讨文学之道时，全书以《原道》《征圣》《宗经》《正纬》作为开篇。在作为第一篇的《宗经》中，刘勰首先明确交代了经

---

① 朱次琦：《朱氏传芳集凡例》，《朱次琦集》（下），第343—344页。

学与文学的关系。他认为："故论说辞序，则《易》统其首；诏策章奏，则《书》发其源；赋颂歌赞，则《诗》立其本；铭诔箴祝，则《礼》统其端；纪传铭檄，则《春秋》为根：并穷高以树表，极远以启疆，所以百家腾跃，终入环内者也。"刘勰强调，文学均从经学而出，论说辞序、诏策章奏、赋颂歌赞、铭诔箴祝、纪传铭檄这些文体，均出于《易》《书》《诗》《礼》《春秋》这五经。朱次琦同样以治经学的方法治文学。他的文学观念受其经学思想的深刻影响，同样表现宗经征圣、追步古人的思想。他的诗学，以实用为旨归，进一步强调中国传统诗学的"言"，并通过宗经复古的方式，于传旧中创始。

受朱次琦治学精神的影响，康有为对修学习古精神进一步传承与推扬。《南海朱先生墓表》有述：

> 后人圣孔氏，奉袚饰之以为教，尊之曰"经"，演之曰"史"，积其法曰"掌故"，撢其精曰"义理"，行之远曰"文词"，以法古人道治也。圣人殁而学术裂，儒学纷而大道歧，有宋朱子出，实统圣人之道，恢廓光复，日晶星丽。然而心学树一敌，考据一盗，窃易朱子之绪萼，而侧戈逞攻，□干窃大之统，招党属徒，大嚣而横呼，巨子□哗，随流而靡亡，风俗殆至嘉、道而极矣。①

康有为尊古重古、重视教学，受朱次琦影响。至其《教学通义》《康子内外篇》《长兴学记》《与朱一新论学书牍》诸文，也仍见朱次琦学说之濡染。例如，《教学通义》是康有为早期撰写的一篇重要著作。在这一篇文章中，康有为指出老者传之幼者、能者告于不能者是教之始，而幼学

---

① 康有为：《南海朱先生墓表》，《康有为全集》（第五集），第1页。

于长、不能学于能则是学之始。他认为教、学由此重要，是区分人类与禽兽差别的重要凭借，包括礼教伦理、事物制作等人类文明，均由教、学而成。继而康有为指出："今天下治之不举，由教学之不修也。今天下学士如林，教官塞廷，教学恶为不修？患其不师古也。今天下礼制、训诂、文词皆尚古，恶为不师古？曰：师古之糟粕，不得其精意也。盖言古者，必切于今；善言教者，必通于治。"①在强调教、学对于人类文明、社会礼仪、道德进步的重要性的同时，康有为指出：修学就要习古师古，师古才能得古学。他也对师古作具体区分，认为社会所谓礼制、训诂、文词皆可尚古，但如果所师法的是糟粕，就无益于当世，因此师古还得师古时学说之精意。在《教学通义》中，康有为就古时教、学从公学、私学、国学、大学、幼学、六艺等三十一个方面进行具体论析与区分。他又在《原教第一》中，就"古者教学之法"进行具体阐释。他从教、学、官三者角度，加以区分，认为古时三者分立，教民与教士、公学与私学的内容性质都不一样，由此也有了虚学、实学的区分。康有为指出，"公学者，身心之虚学；私学者，世事之实学"②。而当今教、学、官合而为一，又以章句词章教士，无分浅深、精粗、次第，非复上古教学之法。康有为进而以担负道统、恢复周公之治为己任，从外王之治、内圣之教两个方面，倡导对于孔子学说的倡明，这是对朱次琦礼山草堂时期学孔子之学思想的一种明确延续与正面阐发。而更进一步的，康有为同时将学孔子之学引向对于《春秋》的关注。在《教学通义·春秋第十一》中，他提出"诸经皆出于周公，惟《春秋》独为孔子之作，欲窥孔子之学者，必于春秋"③。正是基于朱次琦对学孔子之学的强调及其影响，康有为进一步推导，谓"欲窥孔子之学"而至于《春秋》："《春秋》者，孔子感乱贼，酌周礼，据策书，

---

① 康有为：《教学通义》，《康有为全集》（第一集），第19页。
② 康有为：《教学通义》，《康有为全集》（第一集），第21页。
③ 康有为：《教学通义》，《康有为全集》（第一集），第39页。

明制作，立王道，笔则笔，削则削，所谓微言大义于是乎在。"①基于对"追孔子讲学之旧"②的倡导，康有为写作《长兴学记》一文时，同样提出要门生治学融通汉学、宋学，而"一归于孔子"。朱次琦就曾提出"学孔子之学，无汉学，无宋学也。修身读书，此其实也"③，康有为则认为"今与二三子通汉、宋之故，而一归于孔子，譬犹道水自江河，则南北条皆可正也"。

二、变通与实用

朱次琦的文艺主张，体现了"观其会通，理无偏废"。这是针对当时学术界汉宋之争提出。

清代学术，以乾嘉之学考据为鼎盛，尤其在乾隆、嘉庆两朝达到顶峰。其学术研究，采用汉代儒生训诂考订的治学方法，与着重理气心性抽象议论的宋明理学有所不同，所以有汉学之称。因其学派的文风朴实简洁，重证据罗列而少理论发挥，又有"朴学""考据学"之称。乾嘉学派以明末清初的大儒顾炎武为主要创始人，其后阎若璩、钱大昕、段玉裁、王念孙、王引之等人搜集钩沉，辑佚文献典籍，上至天文地理，下至各朝规章制度。避免涉及与明清有直接关系的研究，这使学者面临内忧外患却只知经典不问世事。新思维受到压抑，学说也脱离社会。这主要因为清代文字狱盛行，研究前朝或当朝可能引来杀身之祸。梁启超就指出："考证古典之学，半由'文网太密'所逼成。"魏源也说，乾隆以后的士大夫只知"争治诂训音声，瓜剖釽析"；"锢天下聪明智慧使尽出于无用之一途"。焦循亦指出："近时数十年来，江南千余里中，虽幼学鄙儒，无不知有许、郑者。所患习为虚声，不能深造而有得。"段玉裁致书陈

---

① 康有为：《教学通义》，《康有为全集》（第一集），第39页。
② 康有为：《长兴学记》，《康有为全集》（第一集），第343页。
③ 简朝亮：《朱九江先生年谱》，《朱次琦集》（上），第35页。

寿祺，认为："今日大病，在弃洛、闽、关中之学不讲，谓之庸腐，而立身苟简，气节败，政事芜。天下皆君子而无真君子，未必非表率之过也。""专言汉学，不治宋学，乃真人心世道之忧。"古文界则有汉魏六朝、唐宋之分；至于唐、宋，不分派。而诗坛不然，尊唐宗宋各树一帜，另有汉魏六朝一派，鲜明析为三大宗。他们之同交相攻评，纷争不已。与此同时，另有一批文士采取比较超然或调和的态度，呼吁打破门户，不执成见，以求诗文的根本之道。较早的如张履、陈澧、黄式三、朱次琦等都倾向于此。①

朱次琦在《答谈太学子粲见诒四十五韵》一诗中，明确反对树宗立派，互相是非：

> 惭君道我诗，诗拙莫如我。梦得长于论，斯则我亦颇。系惟我朝杰，二百年磊砢。唐声开国吹，宋派中流簸。求取于古人，均称析薪荷。譬彼观水术，岂必寄一舸。固扬沧海帆，亦鼓潇湘柁。譬读种树书，菁英归摩揣。既获拏云根，讵弃簪瓶花。云何昵门户，遽分祖左右。彼我相是非，议论益从臾。何殊抱异姓，咒使成螟蠃。又如哭佗坟，勉强呼公爹。此事元气中，无大无幺么。时地异媾接，哀乐各惧瘅。或体闳以奄，或羡小而椭。曜或阊阖朝，九宾粲青琐。怆或宫娃怨，雨泣梨花斛。訇或铿鲸钟，悄或义鱼火。软或游空丝，劲或没石笴。汇之为汪洋，澄之得潾沱。导之泉斯注，铃之铁以里。肆恣百篇放，斟酌一字妥。当其冥运时，万怪困趺坐。忽从天外飞，下士哄尘堁。有觳率绳墨，无羁靮缰锁。始焉践迹合，其后化身可。赴敌数生死，证佛百因果。世俗是末师，谬种流已伙。竟使灶下姬，涂抹诧娇婧。扇烛

① 黄霖：《中国文学批评通史》（近代卷），上海古籍出版社，1996年，第271页。

无余清，积微恐将隋。念之轸我怀，力薄愁无那。安得光明丝，
盖尔祖裼裸。安得六骥足，负尔山鳖跛。先生天机富，人老诗璨
瑳。以诗通诸画，落笔春袅娜。与我无尽谈，滑稽发炙輠。我今
键户牖，万事付懒惰。庶几便诗遁，亦用避酒祸。甸人饷稻米，
园官供果蓏。惜乏耦耕侪，世味终曳挞。会当从君居，接篱围粉
垛。我歌君则听，勿用嘲饭颗。土风阅荏苒，人烟增慊俉。高立万
松岗，长啸山月坠。①

诗中"訇或铿鲸钟，悄或乂鱼火""汇之为洸洋，澄之得澹沱"句，
借指荡漾貌；而"肆恣百篇放，斟酌一字妥"句中肆恣又作恣肆，谓放纵
任情，用以指代诗文和言论的气势豪放，曾巩《墨池记》即有"方羲之之
不可强以仕，而尝极东方，出沧海，以娱其意于山水之间；岂有徜徉肆
恣，而又尝自休于此邪"之说。"肆恣百篇放，斟酌一字妥"，强调为文
要有能放能收的自如状态。朱次琦这方面思想为弟子所接受，此后康有为
替自己的诗作序时，亦尝谓其"自是久废，无所用，益肆力于诗，上感国
变，中伤种族，下哀生民，博以寰球之游历，浩渺肆恣，感激豪宕，情
深而意远"②。其中将肆恣视为文高妙之一种。"惜乏耦耕侪，世味终曳
挞。""世俗是末师，谬种流已伙。竟使灶下姬，涂抹诧娇婧。"诸句则
表现文章分立的无谓纷争将加速"谬种流已伙"的旧诗界走向没落。所谓
"扇浊恐将坠"则是他反对树宗立派、互相是非，主张不傍门户、转益
多师。

就具体文学体裁，朱次琦反对强行区分散文、骈文。他认为：

昌黎古文，尊曰起衰，王杨时体，亦云不废。曰骈曰散，两

---

① 朱次琦：《答谈太学子綮见治四十五韵》，《朱次琦集》（上），第87页。
② 康有为：《〈人境庐诗草序〉》，《康有为全集》（第八集），第409页。

艺分驰，全椒吴氏，为一奇一偶，数相生而相成，尚质尚文，道日衍而日盛。旸谷幽都之名，古史工于属对，觏闵受侮之句，葩经已有丽言。道其缘起，略见源流，沿流似分，叩源即合。所谓古文若肤，不如骈体，骈体有气，即是古文，信也。萧选浑合不分，于义为古，谨循往蠋，不复分门。①

所谓骈文，又称骈体文、骈俪文、骈偶文。这是一种起源于汉代，盛行于南北朝的文体。因常用四字句、六字句，故称"四六文"或"骈四俪六"。骈文由于迁就句式，堆砌辞藻，往往影响内容表达，韩愈、柳宗元提倡古文运动之后，骈文首遭一挫；韩、柳去世之后，影响又起，李商隐、温庭筠、段成式皆此中好手，三人皆排行第十六，故世称"三十六体"。入宋之后，在欧阳修等人率领之下，古文运动掀起第二轮高潮，散文大家迭出，而骈文自此渐衰。朱次琦认为，诗即文。他指出《昭明文选》收入大量的诗歌不仅诗文不分，而且骈体散体均收入其中。韩愈文章所以能起八代之衰，王杨卢骆的骈文以及杜甫的文章能万古长传，均是与时俱进不断会通创新。流派作风虽然与前代不同，但是源头均自古。骈体有气就是古文。古文、散文并非截然区分，而应该融通汇合，不复分门立争。从文体学发展角度来看，这是一种历史倒退式的认识，但从实际创作角度来说，不强分骈散体，亦不失为一种创作从容、通达的认识。

朱次琦对于史传类文章的评议，尤其可见其对文章创作不胶着于一事一体，而融通创新的重视。他认为四史为史之冠不能不讲，在论史书体例同时，也赞扬其表现文体创新："后世史家虽多，而《史记》之通史，《汉书》之断代，因是自开其体例，而文章之妙，亦超绝千古。故杜牧有云'高摘屈宋艳，浓薰马班香'。"②具体就《史记》之文章所妙，他

① 朱学勤：《朱九江先生学述》，《学术研究》1987年第4期。
② 朱学勤：《朱九江先生学述》，《学术研究》1987年第4期。

指出：

> 　　史公之著书也，志在传事，务宜将三千年之事迹，纬之以
> 文理，绘之以笔墨，善于序事，易于动听，使千秋万世，永垂不
> 朽。
>
> 　　又史记之为传，错综其事，彼此互见，如陈平世家附入王陵
> 事，张苍附入赵尧任敖事，旁见例出，以见文章之妙。①

　　《史记》是西汉史学家司马迁撰写的纪传体史书，是中国历史上第一部纪传体通史，记载了上至上古黄帝，下至汉武帝的历史，共一百三十篇，规模巨大，体系完备，对此后的纪传体史书影响很深。其首创的纪传体编史方法，为历代正史传承。刘向等人认为，此书"善序事理，辩而不华，质而不俚"；鲁迅誉之为"史家之绝唱，无韵之《离骚》"。朱次琦一方面肯定《史记》著书传事之重要性，另一方面也指出其文理、笔墨之重要。为文所在，即使是史传记文章，仍需要讲究文法技艺，以使之错综其事、旁见例出、动听感人。

　　除在行文结构上体现创新性之外，朱次琦还倡导内容的创见、识见。他指出《史记》中对个别有条件入传的人物，而司马迁不为其立传的疏忽；也指出《汉书》既为断代史，然其载白圭、子贡等事失于限断的错误，并将二书加以比对，进而指出：

> 　　《史记》序事，经术不如《汉书》之多。于名臣之传，汉朝
> 一代风气都见。
>
> 　　凡大疑难，皆引经据典。断大事，释大疑，亦孟坚之特识。②

---

① 朱学勤：《朱九江先生学述》，《学术研究》1987年第4期。
② 朱学勤：《朱九江先生学述》，《学术研究》1987年第4期。

　　《汉书》是中国第一部纪传体断代史，由班固编撰，共一百篇，开创"包举一代"的断代史体例。《汉书》把《史记》的本纪省称纪，列传省称传，书改曰志，取消世家，汉代勋臣世家一律编入传。这些变化，被后来一些史书沿袭。《汉书》记载时代与《史记》有交叉，汉武帝中期以前的西汉历史，两书都有记述。这一部分，《汉书》常常移用《史记》。但由于作者思想境界的差异和材料取舍标准的不尽相同，移用时也有增删改易。司马迁不完全以孔子思想作为判断是非的标准，是值得肯定的。而班固的见识却不及司马迁。从司马迁到班固的这一变化，反映了东汉时期儒家思想作为封建正统思想，已在史学领域立稳了脚跟。据此，朱学勤认为："今朱先生认为提倡以经断大事是班固的特色，我们不敢苟同。这可能是朱先生的时代局限性和好古尊经的片面观吧。"[1]但朱次琦赏析班固"断大事，释大疑"之胆识，这不失为其对于为文胆识的一种强调。关于范晔《后汉书》，朱次琦给予相当高的赞誉：

　　　　范蔚宗南朝刘宗人，维时纪东汉一朝之事，不传之书不知其数。自范史一出，而诸书遂亡，即著名之籍，至唐时犹未亡者不数十余，而范史卒驾其上，可知其精也。[2]

　　《后汉书》，是南朝历史学家范晔编撰的史类文学作品，属"二十四史"，大部分沿袭《史记》《汉书》的现成体例，但在成书过程中，范晔根据东汉一代历史的具体特点，又有创新变动。《后汉书》结构严谨，编排有序。如八十列传，大体是按照时代的先后进行排列的。最初的三卷为两汉之际的风云人物，其后的九卷是光武时代的宗室王侯和重要将领。《后汉书》的进步性还体现在勇于暴露黑暗政治，同情和歌颂正义的行

---

①　朱学勤：《朱九江先生学述》，《学术研究》1987年第4期。

②　朱学勤：《朱九江先生学述》，《学术研究》1987年第4期。

为，其一方面揭露鱼肉人民的权贵，另一方面又表彰那些刚强正直、不畏强暴的中下层人士。例如，在《王充王符仲长统传》中，范晔详细收录了八篇抨击时政的论文。朱次琦认为范晔《后汉书》在"其精也"，又就其体例之精密加以阐释，强调其创造性表现，谓"大凡著书之体，视其时之风会，前人所有而后人无者不妨删，前人所无而后人所有者不妨增"，其间关于有无、删增的处理，着眼点就在于是否"新"问题上。为此，就范晔及其《后汉书》所撰内容，朱次琦同样推举道："范氏当六代昏无天日之时，而为此直笔，亦可谓特识矣。"特识，再一次为其肯定与强调。乃至关于陈寿及其所撰《三国志》之取向，朱次琦亦以相类认识评之：

> 寿自国亡入晋，当时相重，荐以为官于晋，终身未有之改，乃晋臣也，既为晋臣，不得不尊晋，晋之天下受之于魏，然则魏者晋之祖宗，陈寿所事之君，所北面事之者也。若以魏为伪，伪魏是伪晋也。如何行得？[1]

《三国志》是由西晋史学家陈寿所著，记载三国时期曹魏、蜀汉、东吴三大政权的纪传体断代史，是三国分立结束后文化重新整合的产物。此书完整记叙了自汉末至晋初近百年间中国由分裂走向统一的历史全貌。《三国志》也是二十四史中最为特殊的一部，因为其过于简略，没有记载王侯、百官世系的表，也没有记载经济、地理、职官、礼乐、律历等的志，不符合《史记》和《汉书》所确立下来的一般正史的规范。朱次琦认为《三国志》以魏为正统，实有难言之隐，不得已也。朱学勤据此进一步加以推断：

---

[1] 朱学勤：《朱九江先生学述》，《学术研究》1987年第4期。

　　朱先生对于陈寿《三国志》极为推崇，认为体例严谨，文字简洁，立论有识，书中无神异之说，稗官野史之言，胜于《后汉书》。后人批评《三国志》以魏为正统，不帝蜀而帝魏，失史裁之正。其实正统是指帝王在宗亲中求适当的人作为嗣位之选。这种传子不传贤的王家世袭之法，就所谓正统。我们知道，天下者非一人之天下，唯有德者才可居其位。正统之争发生于统治阶级之间，老百姓从不注意。《三国志》以魏为正统，是不得已之举。朱九江先生极力为之辩护，认为论人者当知其世，立说者当观其微。[①]

　　就文章撰写方面，朱学勤指出朱次琦所推尊其的原因，在于《三国志》体例严谨、文字简洁、立论有识；又认为朱次琦极力为陈寿辩护，在于其认为"论人者当知其世，立说者当观其微"，从而指出为文之胆识的重要性。就《三国志》何以体现作者布局谋篇之高妙与行文运笔之胆识，朱次琦具体指陈：

　　　　且观其书，称先主后主不称名，正所以见其尊蜀。蜀之妃四，谓之甘王后、张王后、敬哀王后、穆王后。吴称吴主权，吴王亮，又吴主权夫人、吴主亮夫人。先立即位武担山南，告天之文，图谶之书，尽皆载入，如光武即位告天一样相同。又曹丕之篡，观裴松之注，群臣上表称贺不知凡几，寿皆不载，至武帝载一篇九锡、文帝载一篇禅位诏书而已。又魏书所有册立王后，册立王子、王侯，皆不载。至蜀，则甘王后、张王后、敬哀王后，载其册；王子永、刘理有册，王子璇亦然。车骑将军张益德、骠

---

① 朱学勤：《朱九江先生学述》，《学术研究》1987年第4期。

骑将军马超，皆载其册，又册诸葛亮为丞相，后因败自贬为左将军，复丞相册。而陈寿于其册封之词，一一载之，而吴人无，魏亦然。①

陈寿是蜀人又是晋臣，迫于时局而对魏篡位之事不能直笔书写，只好曲笔行之。陈寿之书，"一片恻怛低徊故国旧君之情，正符合《春秋》微而显，志而晦，婉而成章的笔法"。可见，即便书史，笔法创新，亦为朱次琦强调。

三、重情与清心

文学意境的美学，在于研究人类审美活动，表现审美的本质、特点和规律。兴的活动，首先起于物使心感发，所谓"兴而比""兴而起"，都在于情感的感发。朱次琦从内容上、精神上，对文学创作进行解说，明确提出诗歌的创作要做到"首言性情，次言伦理，终言学问"：

> 古今诗人，车载斗量；诗集之多，汗牛充栋，而千古不朽者，只有数端：首言性情，次言伦理，终言学问。诗可以兴、观、群、怨，性情之事也；迩事父、远事君，伦理之事也；多识于鸟兽草木之名，学问之事也。外此而可传者未之有也。②

中国古典美学，以审美意象为中心。意象的创作，是情与志的彰显，也是内容与形式的统一。《诗大序》有言："诗者，志之所之也，在心为志，发言为诗。"叶嘉莹先生指出："中国诗歌原是以抒写情志为主的，情志之感动，由来有二，一者由于自然界之感发，一者由于人事界之感

---

① 朱学勤：《朱九江先生学述》，《学术研究》1987年第4期。
② 朱杰勤：《朱九江先生谈诗》，《广州学报》1937年第1期。

发。"①朱次琦一方面表现"与古人并存"的思想，另一方面是将情性放在首位进行强调。他认为，《诗》表现的兴观群怨，本来就是人情使然。古今以来无以计量的诗歌作品，首要任务也在于人的性情表达，其次才是伦理、学问的承载。朱次琦将诗言志与诗言情融合，推扬历来诗学典范。他溯源《诗》的影响，认为"李、杜、韩、苏，诗之四维，得于诗三百者尤多"②。他将李白、杜甫、韩愈、苏轼四人，视为诗学发展中的"诗之四维"，支撑起了自《诗》以后中国千余年的诗坛发展。这四维所以为四维，又皆在于"得于三百者尤多"。通过这样的诗学关系梳理，朱次琦将诗学溯源到《诗》以来的诗言志与诗言情，他尤其推尊韩愈及其文章。韩愈诗学，是在中唐诗坛上孕育出来的，同时也是自《诗》的兴观群怨而来。他提出"不平则鸣"之论、拈出"笔补造化"之说，在重视诗学言志及道统的同时，强调诗歌的抒情特质，用险奇光怪的诗境开一代诗风，产生深远影响。朱次琦推崇韩愈及文章道统，推尊诗者，史也，强调诗歌非雕虫小技，并将其纳入道统与学术领域，以表现教化以实用内容为旨归——对他而言，诗歌这一项"余事"，仍须契合"实用"。何以实用？在于"余事论风雅，襟怀冰雪清"③——将兴观群怨与性情结合。

朱次琦在参拜韩愈祠时，尝作《乐昌韩泷祠》一诗，谓：

> 台殿锁焄蒿，悬湍万仞高。江山有迁谪，文字走波涛。津吏留相语，村沽饮不豪。排云阊阖远，天末首重搔。④

---

① 叶嘉莹：《迦陵谈诗二集》，生活·读书·新知三联书店，2016年，第145页。
② 朱次琦：《朱九江先生集》，顺德简氏读书草堂刻，1897年，第18页。
③ 朱次琦：《宫保卢制府遣吏人征写拙诗述德摅情赋呈四律》，《朱次琦集》（上），第88页。
④ 朱次琦：《乐昌韩泷祠》，《朱次琦集》（上），第86页。

这是一首吊古伤怀诗。其中所指韩泷祠，位于粤北乐昌九泷十八滩罗家渡河段的老泷口西岸，始建于汉朝，为纪念东汉伏波将军马援而建。至汉灵帝熹平年间，桂阳太守周昕南下，见河水狂虐，于是组织民工整治河道。乡民为纪念周昕，将其塑像也安放在庙中，改称为周府君庙。至唐宪宗元和十四年（819），韩愈被贬赴潮州经过此地，写下"鸢飞鱼跃"四字牌匾（今已流失），并写有《泷吏》和《题临泷寺》，后人将此庙改称为韩泷祠，将马援、周昕、韩愈三尊圣像置庙内一并供奉。朱次琦在这首诗中，表达了对韩愈的敬佩，也抒发了"不平则鸣"之意。诗中焄蒿二字，来自《礼记》。其曰："众生必死，死必归土……其气发扬于上为昭明，焄蒿凄怆，此百物之精也，神之著也。"朱次琦用焄蒿，代指韩泷祠未绝于缕的香烟，也与"万仞高"，一起指称韩愈道德品行高尚。诗中的颔联二句，句奇语重，既写大文豪韩愈贬谪于此是江山有幸，又指韩文的影响如泷水川流不息。尾联隐括了《楚辞·离骚》中的"吾令帝阍开关兮，倚阊阖而望予"，代指韩愈遭贬岭南后的君门深远、搔首踟蹰，处江湖之远则忧其君之意。

（一）观其体势而见其心

中国传统诗歌创作，主张补察时政，也重视泄导人情。朱次琦强调诗歌书写内心的抒情特性。《朱氏传芳集凡例》中，他提出"后之君子欲观其体势而见其心灵，故别聚焉，名之为集"：

古人文字不以集名，《汉志》载赋颂歌诗一百家，皆不曰集。晋分四部（荀勖撰），四曰丁部，宋作七志（王俭撰），三曰文翰志，亦未以集名。文集题称始见梁阮孝绪七录。《隋书·经籍志》以谓别集之名，汉东京所创，属文之士日众，后之君子欲观其体势而见其心灵，故别聚焉，名之为集，然则古所谓集，乃后人聚集前人所作，非作者自称为集也。[①]

人心中的喜怒哀乐，应该得到合理表现。朱次琦指出，文学创作表现人的心灵，读者可以通过文章体势窥之。他又就书目之别集、总集，加以具体阐释：

> 书目集部有别集，有总集。其总集总当世之集，有总一家之集。总录当世者始于《文章流别》（晋挚虞撰），后来《集苑》（谢混撰），《集林》（刘义庆撰）其流也。李善所谓搴中叶之辞林、酌前修之笔海是也。总录一家者，著于《廖氏家集》（唐廖光图撰），后来《王氏文献》《陈氏义溪世稿》其类也。陆机所谓咏世德之骏烈，诵先人之清芬是也。[②]

基于文学传世思想，朱次琦注重文学的修辞，对语言雅俗与用事问题亦有论说，认为"喜造士经训外，未尝不留意诗古文辞"[③]。他又进一步指出，文章体势是能呈现心灵的，古人本不以集名，今所见某集、某集者也并非古人最初所为，为什么要加以集名？那是后人要通过文章体势看古人心灵。基于这样的认识，他对用事用典发表见解：

> 王渔洋谓诗主性情，何贵用事？此大不然。三百篇何尝不用事？如"燎之方扬，宁或灭之"乃用《盘庚》《箕子之歌》。墉风用之，郑风亦用之，《彼黍离离》篇亦用之。……或谓性情足以感人，用事曷足感人？则又不然，用事即性情也，性情不能正

---

① 朱学勤：《朱九江先生学述》，《学术研究》1987年第4期。
② 朱学勤：《朱九江先生学述》，《学术研究》1987年第4期。
③ 康有为编注，蒋贵麟辑：《康氏先世遗诗朱师九江佚文合集》，第82页。

言者，以旁敲侧击见之，则用事何尝不足以感人乎？①

就郭店简《性自命出》《语丛》及上博简《性情论》来看，在先秦，有一个对"情"展开大讨论的时期，尤其是讨论情与性之间的关系。《诗论》第一简"诗亡离志，乐亡离情，文亡离言"，是《诗论》开宗明义之论，也是《诗论》的纲要。"诗亡离志"与《礼记·孔子闲居》之"志之所至，诗亦至焉"相协，而"乐亡离情"则点明了孔子对诗与情关系的认识。此后，诗言志和诗言情主张，为中国文学重视与发展，成为数千年中华文学的两大传统。白居易就提出："感人心者，莫先乎情，莫始乎言，莫切乎声，莫深乎义。诗者：根情、苗言、华声、实义。"②而韩愈强调文章要"不平则鸣"。他在《送孟东野序》中认为："大凡物不得其平则鸣……人之于言也亦然，由不得已者而后言。其歌也有思，其哭也有怀，凡出口而为声者，其皆有弗平者乎！"韩愈指出自然中万事万物，在不平静的时候，就会发出声音。正如草木被风吹拂而发出摩擦声响、水面被风掠过而荡漾有声一样，人的语言就是人内心不平情绪的宣泄。朱次琦继承了这样一种观点，强调诗歌的创作本于人们要保有心平气和的性情需要。他用具体事例说明诗歌创作既主性情又可用事，而且用事也可以感人。从"性情足以感人，用事曷足感人"一句可以看到，他并非一味强调文学的道德目的与教化功能，而是同时尊重文学表现心灵的特性。他提出：

诗为心声，古人感情丰富，郁积中怀，不能自止，故发为诗。古人为诗，先有诗而后有题，何以知之？现《金縢篇》"名之曰鸱鸮"一句可知。后人先有题而后有诗，则性情已薄。三百

---

① 朱杰勤：《朱九江先生谈诗》，《广州学报》1937年第1期。
② 白居易：《与元九书》，傅东华选注、祝祚钦校订《白居易诗》，崇文书局，2014年，第128页。

篇之标篇：一字如《氓》之诗、《丰》之诗等，两字如《关雎》等，三字如《殷其雷》，四字如《野有死麕》，五字如《昊天有成命》，皆篇之一字一句，并无深意存在于其间，以为篇什目录。此皆为诗人信口吟成，后人随意加题，实可为先有诗而后有题之证。今人先命题而后有诗，有序，有跋，有失其本意者也。①

《论语·为政》中，孔子提出："《诗》三百，一言以蔽之，曰'思无邪'。"朱次琦关于"思无邪"的论说，重视个人心性修炼。"观其心""诗为心声"，他重视文章道统的同时，也强调与传承言情。他所编《朱氏传芳集》八卷本，收录明清朱氏族人及其交游亲友的诗文作品，计约百名作者，于咸丰十一年（1861）刊行，即是志于"咏世德之骏烈，诵先人之清芬"。康有为其后有《诵芬集》，承其诵先人清芬之传统。以余事论风雅，似也仍以《诗三百》为榜样，以诗言志、以诗言情并且余事做诗人，均似仍谨遵孔子诗教观、儒家文艺论，但更多已考虑到人的心性表现。又如对简朝亮之作，以朱次琦的批阅之语来看，其也重视观其心、扬其气：

朱次琦评简朝亮之作《中庸说》，称其"文品如玉梅拒霜，古香独绝，服其骨韵之高"②。梅花是中国十大名花之首，与兰花、竹子、菊花一起列为"四君子"，与松、竹并称为"岁寒三友"，代表了高洁、坚强、谦虚的品格，也象征了坚韧不拔、不屈不挠、自强不息等宝贵的精神品质。以"玉梅拒霜"来形容词简朝亮习作的"骨韵"，可想其中高洁。

另评简朝亮之作《书明史徐贞明传后》，称其："文笔苍雄遒劲，邈焉寡俦。"③遒劲这个形容词，一般是用在松树上，主要表达生命顽强、枝

---

① 朱杰勤：《朱九江先生谈诗》，《广州学报》1937年第1期。
② 简朝亮著，梁应扬注：《读书堂集》附录卷八，第3页。
③ 简朝亮著，梁应扬注：《读书堂集》附录卷八，第3页。

干挺拔。以苍雄遒劲评价一个人的文笔，注重肯定其中表现的大气磅礴、凝练遒劲，自有一番风骨；

又如评简朝亮之作《治盗论》，称其："行文一洗平弱，其俊桀之气，纡折奥衍之辞，得之《汉》《史》为多，成体之文也。"[①] 评简朝亮之作《六公篇》，谓其："融裁变化，老笔纷披，殆希作者矣。"[②]

（二）文乃在"襟怀冰雪清"

在肯定诗为心声的基础之上，朱次琦从先有诗后有题出发，强调性情抒发之自由与尽性，认为加之于题后"性情已薄"，先命题而后有诗有序有跋而有失其本意。从文体发展角度来说，这是一种倒退的认识；从文章表现灵性而言，却是另一种新的阐释与强调。《宫保卢制府遣吏人征写拙诗述德摅情赋呈四律》其二提出：

> 余事论风雅，襟怀冰雪清。万间开厦屋，午卷馈侯鲭。
> 元老谋谟地，诸生弦颂声。渊源从古数，陶尉继刘宏。[③]

朱次琦本人诗作多表现内心，其山水诗表现田野隐逸、萧散心情，亦见出高雅情调与内心旨趣。以《酬廷光见寄》一诗为例，他写山水游乐，实亦抒内心性灵：

> 一风三日吹倒山，鬼驿人家朝闭关。归鸿寄声不到地，长风送人怀袖间。故人知我狂落魄，三岁黄杨闰当厄。乞米虚投日下交，卖文岂壮床头色。童蒙绕案蝇鸣细，老瓦打头蜗寄窄。吹来题翰眼忽明，载读时篇舌尤咋。上言念子贫无憀，搔首欲问苍苍

---

① 简朝亮著，梁应扬注：《读书堂集》附录卷一，第3页。
② 简朝亮著，梁应扬注：《读书堂集》附录卷八，第1页。
③ 朱次琦：《宫保卢制府遣吏人征写拙诗述德摅情赋呈四律》，《朱次琦集》（上），第88页。

高。下言窥天天有说，聊疏前闻证一一。是谁卖畚长安道，是谁逆旅遭啁喝。九转轳轳内景铅，五瑞争从卜和血。先咷后笑稽古然，揖我谓我相颃颉。我闻此语三叹呼，乾坤橐龠真区区。摩厉庸虚使才杰，如扶穷挎追钱租。将毋本初翦奄竖，疑似乃及无须奴。芒芒宙合成今古，丰瘠彭殇竞谁主。七尺临风私自怜。寸丹照日知何补。不如痛饮兼吟哦，菀枯且勿争么么。曦月西滔东逝波，昨日漆发今为皤。典裘合办金叵罗，日归吾及春风和。招寻过汝山之阿，江流春酒笔悬河，蘧庐风雨酣高歌。①

这首诗作，描写两樵双瀑。诗人行文，一波三折，将自然风光描绘得活灵活现。西樵山、双瀑、云等自成一体，创造大自然之奇。云师、双瀑亦知之，故西樵双瀑延续至今，诗人以"醉余湿"侧写之，此是第三折。诗人飞上云端，以诗赠与双瀑，双瀑亦以水墨画馈赠，诗人亦随之远去，诗自此终，表现出自我性情之丰富。汪辟疆指出："岭南诗派，肇自曲江；昌黎、东坡，以流人习处是邦，流风余韵，久播岭表……虽指独漉堂而言，然雄直二字，岭南派诗人当之无愧也。"②

复如朱次琦的《春怀八首》其一至四：

孤生短褐走风尘，偶息蘧庐见在身。抱膝敢言天下事，论心长待眼中人。镫花耿照听鸡夜，驿柳将萦去马辰。只有缃梅解娱客，迎年饶放十分春。

赠履投簪迹岂疏，蓬蒿休学闭门居。题诗人日烦常侍，作赋童年拟子虚。近稿丛如牛绁大，远方书及雁归初。笔干气象吾何敢，多事群英载酒车。

① 朱次琦：《酬廷光见寄》，《朱次琦集》（上），第71—72页。
② 汪辟疆：《汪辟疆说近代诗》，上海古籍出版社，2001年，第40页。

匆匆枯烧动陈荄，渐渐飞花落酒杯。有用年华虚揽镜，不胜今昔强登台。流连佳日供多病，省识名心愧不才。文字起衰思七发，向来那遽薄邹枚。

人海波澜日夜浮，无心我自泛虚舟。饱经忧患豪怀减，吊遍兴亡古泪收。读易正须明损益，著书何必待穷愁。开编好趁花时节，古意今情一阐幽。①

再如朱次琦的《述怀二首》其一：

出处各有尚，讵云吾道非。中素诚靡夷，岂必知者希。
秦鞅三述钻，作法以自威。没没钧玉叟，一日苍乌飞，
炙手有消息，单寒宁久微。筊以造化枢，万族听指挥。
至竟谁主尸，为晦为光辉。龟策不告犹，况以小智几。
纤士利速化，通识重天机。严严岁莫霜，卉木凄已腓。
亮矣鸱夷子，微君谁与归。②

又赏其《消夏杂咏》七首前四：

长夏惰惰万绿垂，石栏点笔坐题诗。蕉烟榴火寻常见，最爱当阶向日葵。

方床七尺水周堂，露叶风枝竹万行。恰好吟成人倦后，半帘疏雨梦潇湘。

第一离枝荐绿醅，猩丸落手溆怀开。违心偏要争卢橘，博得苏髯捧腹来。

---

① 朱次琦：《春怀八首》，《朱次琦集》（上），第107页。
② 朱次琦：《述怀二首》，《朱次琦集》（上），第107页。

太古元都书窅冥，悄无人处碧坛扃。退心谱入归风操，弦满空山石气青。①

复赏其《柏林寺》：

万绿足凉色，修条生远音。道人日孤往，对此遥山岑。
钟磬有时响，鸡虫无俗心，欲参虎溪笑，流水发清吟。②

再赏其《寄廷光村居》：

村姑手爪软缫丝，新蛹香黄上馔宜。更是击鲜滋味好，鲥鱼卖趁苦瓜时。③

　　朱次琦诗学表现鲜明的道德伦理、实学功用色彩，同时也表现丰富性与复杂性。一方面，诗歌要表现社会、表现诗教；另一方面，又要抒写人的情感与表现内心的自由与修养。他关于文学功利与非功利、审美与非审美的主张，实则是彼此生成与叠加的，他强调诗歌道德规范与社会影响，同时也注重个体心灵呈现。传统儒学关于理想人格境界的表现，为他所重视并表现于文学观念中，他以"襟怀冰雪清"表达对完善人性的向往，以及对文学表现美与善的朴素追求与对文学审美转化问题的初步探寻。虽然其中之学理转换与特色生成仍有待进一步发展，但顺应了晚清学术会通的大趋势，为中国传统学说注入新的内容。但朱次琦并非止于对儒家早期文学价值观的认可与追随，经夫妇、成孝敬、厚人伦、美教化的主张为他所

---

① 朱次琦：《消夏杂咏》，《朱次琦集》（上），第84页。
② 朱次琦：《柏林寺》，《朱次琦集》（上），第67—68页。
③ 朱次琦：《寄廷光村居》，《朱次琦集》（上），第82页。

重视但又不止于此。如果联系四行主张，可见他关于古谊的倡导并非是对三纲五常的论说，而更多是思考仁政、礼治，以及如何治学处事，进行心性修炼。

概而观之，朱次琦的学孔子之学，肇始于学术。其于社会变革领域的实现，则由康有为及其弟子所推进。康有为将朱次琦学孔子之学，变而为"以人道为教""一归于孔子"之学。康有为一方面在学孔子之学的启引之下，将朱次琦四行五学说进一步学科化、体系化，于万木草堂期间将惇行孝弟、崇尚名节、变化气质、检摄威仪诸事与门生共同践行长达八年时间；另一方面，康有为就学孔子之学的承传问题，著《新学伪经考》《孔子改制考》，并且创设孔教，推进宗教儒学的诞生并与门生一起为之努力半生。康有为对于仁义、道德、人道等诸多重要文化命题，作了与传统儒学极为不同的阐释。这使学孔子之学进一步与时代精神、社会需求相契合，也使四行五学说落到实处。康有为的政治理想、哲学思想对其文学主张产生重要影响，他所倡导的"艺者亦人道之要"、文词以"人气之相属"、诗歌"固人道所不废"、小说是"人情所好圣不呵"等主张，成为梁启超、麦孟华、欧榘甲等人文学创变的重要渊源和依据，对于新学诗、新民体的诞生产生一定启导作用。这也促进九江学说济世救民之社会变革功效的进一步放大，对于近代中国人文社科建设具有重要价值及意义。康有为关于"孔子以人道为教"的主张，尤其深刻地影响了万木草堂授学及其门生此后的学说推导。

以朱次琦的受业弟子、再传弟子为主导，发动的"诗界革命"为例。在光绪十四年（1888）前后，康有为就已提出："文字何以生也？生于人之智也。"[1]他又认为："文贵适用，又宜阅世。若不合时宜，纵与上世同风，不过图书彝鼎。故孔子多闻于古，多见于今，然后无泥古之

---

① 康有为：《广艺舟双楫》，《康有为全集》（第一集），第252页。

弊。"①次年，梁启超在《夏威夷游记》一文中说："欲为诗界之哥仑布、玛赛郎，不可不备三长：第一要新意境，第二要新语句，而又须以古人之风格入之，然后成其为诗。"他将新意境、新语句以及古人之风格三者具备，视为"诗界革命"的衡量标准。推动诗界革命新诗与创造新学，仍然离不开旧。在梁启超看来，只有"以旧风格含新意境""熔铸新理想以入旧风格"②，诗文创作才能有效地为政治上的维新活动服务、为经世安邦服务。他主办的《新民报》从创刊号起，就鼓吹"新民为今日中国第一急务"。他提倡"小说界革命"的原因之一，就在于小说"浅而易解""乐而多趣"的艺术特点，以及小说具有"支配人道"的"熏""浸""刺""提"四种艺术感染力量。他发起的"文界革命"，目的也是为了"言文一致"，以达到"去塞求通"理想。梁启超实充分认识到自己创作的话语美。他自陈自己以宣传为业，为《新民丛报》《新小说》等诸杂志，畅其旨义，国人竞喜读之，清廷虽严禁，不能遏，每一册出，内地翻刻本辄十数，二十年学子之思想，颇蒙其影响。"启超夙不喜桐城派古文，启超为文，学晚汉魏晋，颇尚矜炼；至是自解放，务为平易畅达，时杂以俚语、韵语及外国语法，纵笔所至不检束，学者竞效之，号新文体；老辈则痛恨，诋为野狐，在其文条理明晰，笔锋常带情感，对于读者，有一种魔力焉。"1900年，梁启超发起"诗界革命"并强调：

> 吾虽不能诗，惟将竭力输入欧洲之精神思想，以供来者之诗料，可乎？要之，支那非有诗界革命，则诗运殆将绝。虽然，诗运无绝之时也。今日者革命之机渐熟，而哥仑布、玛赛郎之出

---

① 康有为：《笔记》，《康有为全集》（第一集），第215页。
② 梁启超：《夏威夷游记》，《饮冰室合集》专集二十二，第189页。

世，必不远矣。①

诗的表现有三境："物境""情境""意境"；诗又有三思："生思""感思""取思"②。在梁启超看来，意境尤为要务。诗歌创作要输入欧洲新精神和新思想，从而用来革新中国国民思想、提升素质。对真精神、真思想的传播，成为诗歌的时代使命与实用价值。除了理论倡导外，梁启超还加以实践，不但于《新民丛报》开辟《诗界潮音集》专栏、于《新小说》设立《杂歌谣》专栏，大量刊发新体诗作，而且于《新民丛报》第四号至第九十五号刊发《饮冰室诗话》凡一百七十四则。在其推动下，不仅有蒋智由、马君武、黄宗仰、高旭等人刊表新诗，亦带动《浙江潮》《江苏》《觉民》等刊物开辟诗词专栏。当然，当时社会接受得更多的是梁启超"革其精神"的诗学。形式的变革，最终目的是为内容表达的需要。而内容表达的受限，也决定着形式的必须变化。新体白话诗所要求的，即在于如何更好表达现代性问题。胡适尝强调："文学革命需要有先后的程序，先要做到文字、体裁的大解放，方才可以用来做新思想、新精神的运输品。""若想有新内容和新精神，不能不先打破那些束缚精神的枷锁镣铐。"胡适《五十年来中国之文学》一文，亦认为此过程中，"黄遵宪和康有为两个人的成绩最大"③。黄遵宪、康有为、梁启超及诗界革命诸多人士所做的，是精神的解放，接下来才迎来形式的进一步解放。而黄遵宪、丘逢甲、康有为、梁启超、邱炜菱等人诗学，一方面彼此沾溉影响，另一方面又关联诗界革命、南社诗坛，共同"下启"胡适的新体白话诗。由此，以丘逢甲为中心，考察从黄遵宪、丘逢甲、康有为、梁启超等人的"诗界

---

① 梁启超：《夏威夷游记》，《饮冰室合集》专集二十二，第190页。
② 王昌龄著，胡问涛、罗琴校注：《王昌龄集编年校注》，巴蜀书社，2000年，第319页。
③ 胡适：《五十年来中国之文学》，《胡适文存》（二集），黄山书社，1996年，第203页。

革命"，到马君武、柳亚子、高旭等人的"新雅颂"，再到以胡适为代表的"白话诗"，中国旧体诗向新体白话诗的发展过渡，脉络清晰可寻。

又以朱次琦受业弟子、再传弟子为主导，发动的"文界革命"为例。梁启超提出"文界革命"，这是政治上变法失败后的反思，也是多年从事文学创作的经验之谈，从中可窥见四行五学主张的影响。

梁启超在《夏威夷游记》中首次提出"文界革命"，对俗文学的倡导进一步具体化、系统化。而后，他在批评严复译笔时更是强调说："非以流畅锐达之笔行之，安能使学童受其益乎？"①遂主张"播文明思想与国民"，要求变原来之古文为文笔晓畅、通俗易懂之白话文学。此外，梁启超把艺术的美理解成面向社会大众的人生实践活动，注重的是生命之美的体现。他认为生活中无处不存在着美，也认为美不是少数人的专利，不是高高在上不食人间烟火的存在，而应该努力表现普通生活走向普通大众。梁启超对俗文学功利性的极度张扬和强调，虽然导致文学艺术性的丧失，但是凭借他自己惊人的能力，其文学主张与实践创作创造还是引起了轰动的社会效应。美国学者张灏曾经就他所产生的社会作用作如下评论：

> 在从传统到现代中国文化的转变中……这一过渡时期，梁是一位关键人物，他继承了晚清思想中传达有经世致用的传统，同时将这一传统固有的关切转变为以他著名的国民形象为标志的新的人格和社会理想，其思想成为20世纪中国意识形态运动的一个重要的和永久的组成部分。②

---

① 梁启超：《绍介新著〈原富〉》，《新民丛报》第1号，1902年2月。
② 张灏：《梁启超与中国思想的过渡（1890—1907）》，江苏人民出版社，1995年，第211、218页。

梁启超晚年曾说："吾二十年前所著《戊戌政变记》，后之作清史者记戊戌事，谁不认为可贵之史料，然谓所记悉为信史，吾已不敢自承。何则？感情作用所支配，不免将真迹放大也。"①其传记体散文为政治"托传"，是一种"现实之作"，而非"务实之作"——他借传记体散文来寄托经世之理想，以证明主张、树立榜样、启蒙民智、重建道德体系。这些传记体散文融入了启超本人的个性，焦点始终落在人物与政治时局等的关系上。这些人物或是爱国自立之士，或是改革图强的改革家，或是高洁品性的爱国之民。选择的素材也多为能表现人物价值和历史意义的事件或行为。由于阅历丰富、学养深厚，他的传记体散文说理、抒情、叙事丝丝扣合，熔于一炉，展现了"行神如空、行气如虹"的豪健劲挺文风，富于感染，独步一时。在他的传记体散文中，突出表现的，首先是对民族主义、民主主义、进步主义这三大政治思想要素的阐发。他礼赞共和思想、鼓吹开明专制、张扬君主立宪，这些矛盾冲突的思想中包含的始终是爱国的热忱与执着，以及为国家昌盛上下求索的不悔精神，由此形成一系列振聋发聩、惊世骇俗的文章，并激起思想解放的波涛巨浪。

变法失败后，梁启超成为通缉犯，亡命日本，开始与孙中山、章太炎等人交往，处于反省沉思与思想大变的前奏期，这时候的他对变法失败和中国国情有了更深的认识和思考，不再从武器上、制度上寻找失败的原因，而从国民弱点中寻找不足，强调"新民"的重要性，并在1903年前后迎来他生命中思想最突进的时期。流亡十四年时间里，在痛苦的思考与挣扎中，他依时之需创作了大量的传记体散文，仅1899年一年时间，梁启超就发表了四篇传记体散文。分别是《俾士麦与格兰斯顿》《伟人纳耳逊轶事》《加布儿与诸葛孔明》《祭六君子文》。而1901年②又发表了两篇轰动

---

① 梁启超：《中国历史研究法》，《饮冰室合集》专集之七十三，第1页。
② 这一年，梁启超先后创办《清议报》和《新民丛报》，除撰写李鸿章的传记外，他还为老师康有为写了《南海康先生传》，并开始自号"饮冰子"。

时局的传记体散文：《南海康先生传》和《李鸿章传》。此两篇雄文如风向标般代表了梁启超传记体散文的飞跃。此后的二三年时间里，梁启超收获甚丰，一系列中外名人传记相继出炉：《匈加利爱国者噶苏士传》《意大利建国三杰传》《近世第一女杰罗兰夫人传》《题东欧女豪杰代羽衣女士》《三十自述》《张博望班定远合传》《新英国巨人克林威尔传》《大哲斯宾塞略传》《明季第一重要人物袁崇焕传》等。徐志摩曾回忆其青年时受梁启超作品所感染："读梁先生之意大利三杰传，而志摩之血气之勇始见。三杰之形状固豪快之至，而先生之文章亦矫若神龙之盘空，力可拔山，气可盖世，淋漓沉痛，固不独志摩为之低首慷慨，凡举天下有血性人，无不攘腾激发，有不能自己者矣。"①他在《自由书》的《自叙》中曾说自己："每有所触，应时授笔，无体例，无次序，或议论，或讲学，或记事，或抄书，或用文言，或用俚语，惟意所之。"②他的传记体散文，的确也展现出他在文体变革上的得心应手与突破创新。他往往能通过细节描写、对话叙述、心理刻画以及极强的表现力、文体驾驭与创新能力，创作出具有浓厚文学色彩的出彩之作。

梁启超还将大大增加了传记体散文的容量与篇幅。"启超之文，篇幅之世，亦创前古所未有。古人以万言书以稀罕之称，而在启超无书不万言，习见不鲜也。"③他创作的系列传记体散文在当时即产生了较大的社会影响与意义：从内容上看，《近世第一女杰罗兰夫人传》一经发表，激起强烈的反响，罗兰夫人声名一路飙升，短短一年内在中国广泛传播，不胫而走，以至当年被称为"罗兰夫人年"，关于西方名人的传记体散文也不断涌现；《南海康先生传》的面世，冲破了为尊者讳的传统，使立体圆融的人物角色开始萌芽；《王荆公》发表后，关于王安石的研究自此成

---

① 徐志摩：《徐志摩未刊日记》（外四种），北京图书馆出版社，2003年，第233页。
② 梁启超：《自由书》，《饮冰室合集》专集之二，第1页。
③ 钱基博：《现代中国文学史》，第290页。

为一门显学，备受各界关注。从文体角度上看，《殉难六烈士传》的产生，标志着报告文学雏形的出现；《李鸿章传》全仿西人传记之体的创作，使评传这一西方文体为国人的接纳，评传体传记散文自此如雨后春笋；《亡友夏穗卿先生》的出现，令人领略到白话衰祭文的无限魅力与风采。夏晓虹说："只有经过文界革命大量引进新名词，现代思想才得以在中国广泛传播，现代白话文也才能够超越语言自身的自然进化过程而加速完成转变。"①梁启超是一位感情极其丰富之人，常常将激动于心的热烈情绪，以富有情感的文笔形诸纸墨，感情充沛外溢，行文踵事增华，奇文郁起，汪洋气势轻而易举地感染带动着读者。他在创作中从不压抑自己的情感而听其尽量发展，行文滔滔不断的议论使喜恶之情随时随处流露，立场分明，不带含糊，阳刚壮丽的风格气势别具一格。此外，他高超的写作技巧与语言表达能力，突破了文言与口语、单行与骈偶、散文与韵文的界限，灵活运用比喻、夸张、反复、递进等手法，使文章汪洋恣肆，神采飞扬，富有表现力，读之血沸心驰，心旌摇荡。章士钊曾说："从晚清至民初，二三十年间，以文字撼写政治，跳荡于文坛，力挈天下而趋者，唯严几道与梁任公二人。几道规模桐城，字栉句比，略带泰西主文律，使人望而生畏；任公有陶渊明之风，于政于学，皆不求甚解而至。行文信笔所之，以情感人，使读者喜而易近，因之天下从风而靡。"②谢飘云先生以阔、多、深、真、长、畅六个特点准确地概括启超的新文体散文，并以热情纵横的话语肯定了其在近代散文发展史上的影响和作用：

他的散文在内容上锋芒毕露，无所畏忌，字里行间，富于情

---

① 郑振铎：《梁任公先生》，夏晓虹编《晚清社会与文化》，湖北教育出版社，2001年，第137页。

② 章士钊：《柳文指要》下，中华书局，1971年，第22页。

感和蓬勃的战斗朝气，给人以思考，给人以警醒，给人以奋发向上的精神，表现出资产阶级文化的特征，显示了其包融万汇的胸怀与气度；在艺术形式上，不受框框束缚，表现出较大的变革，第一次真正意义上实现了散文的社会化。他那有声有色的文字，决不是枯槁朽败、死气沉沉的桐城派所代表的古文形式能比拟的。他创造的新文体，结束了桐城派的一统天下，开创了一代新文风。梁启超散文的特殊"魔力"，有力地影响与改变着当时的文章风气，推动着文学改革和白话文运动的到来。①

中国古代传记体散文几乎全是采用文言写成，而梁启超的传记体散文既有用古文、半文半白和文白相间的语言，也有纯粹的白话文，表现了文字处理上的通俗化、大众化追求。梁启超认为："在文字中，则文言不如其俗语，庄论不如其寓言。"②他的散文多以通俗易懂的白话文书就，气盛辞丽，文采飞扬，别有魔力。其中《情圣杜甫》更是写得形象生动、简明流畅、幽默风趣。在其他篇章中，他也努力以一种浅近的文言文体来写作，于行文中杂以俚语、韵语，并打破了汉语与外国语的界域，大胆吸收大量外来词语和外国语法入文，如地球、金字塔、波兰地、欧洲列强、玛志尼、意大利、法律、国民等，外来新词语与传统语言熔于一炉，浅易生动，极富表现力。同时他还灵活运用夸张、比喻、反复、递进等手法，使手法多样、句式活泼，形成平易畅达、文从字顺而又变化多端的行文特色，极富艺术魅力，风靡一时。郑振铎认为他的文字"是不粘着的、不枯涩的，不艰深的；一般人都能懂得，却不是没有内容；似若浅显袒露，却又是十分的华泽精深。他的文字的电力，即在这些论学的，仍不曾消失了

①　谢飘云：《论梁启超新文体散文的特征》，《中山大学学报》1998年第5期。
②　梁启超：《论小说与群治之关系》，汤志钧、汤仁泽编《梁启超全集》（第四集），中国人民大学出版社，2018年，第49页。

分毫"①。"任公文笔原是畅达，其自甲午以后，于报章文字，成绩为多，一纸风行，海内观听为之一耸。"②出色的白话文运用能力，使梁启超"之学说，之政论，布之于世，有所向无前之能，有唯我独尊之概，其所以震惊一世，鼓动群伦者，力可谓雄，效可谓速矣"③。

---

① 夏晓虹编：《追忆梁启超》，中国广播电视出版社，1997年，第71页。

② 见《学衡》第十二期。

③ 丁文江、赵丰田编：《梁启超年谱长编》，上海人民出版社，1983年，第301页。

第九章

九江学说，传承流衍，
学术救国，行与道俱

对九江学说进行辨正之前，需要对九江学派和九江学风之称加以认识，以就相关问题作更进一步的客观系统辨析。

学术文化为历史与环境之产物。中国传统学术流派的生成及确立，大多并非一开始就水到渠成。所谓开宗立派，多数乃后人就其事实与影响而"强为之名"。就此问题，桑兵等学者多有研讨，予人启引。具体就朱次琦及其学说来看，实则在晚清民初，时人已以九江学派称之。当时学界以及朱次琦的再传弟子，对九江学派这一称谓已加以肯定并作评论，但也存在争议。就目前学界研究成果来看：一种情况是认为，九江学派的开山者朱次琦临殁前自焚论著，存世文献虽经弟子、再传弟子整理刊行，研究却为此受到局限；况且其学说经由受业弟子、再传弟子，已发生递嬗，九江学派不能成立，只可视为一种学风。基于如此认识，对朱次琦与其受业弟子、再传弟子学说关系的系统勾连与深入考释，尤待展开。另一种情况是分别探论朱次琦、简朝亮的学说，一方面对朱次琦及其弟子的学说关系作基础梳理，另一方面用相当篇幅尝试论证九江学派可以成立，但此方向研究缺乏系统的深入性、辨证的学理性、论析的说服性，尚待开拓。当然，一个学派之成立，需要有学说传承、文献遗存为依据，而论定一个学派之成立，亦需要探寻其学说要旨与渊源流变，就其学说要点作客观系统的总结与呈现。晚清民初，社会动荡，对一个在时局巨变中、自身传承已裂变的学术群体进行论断并以一个特殊群体的学说递嬗管窥一个百年学说的传创，回到历史现场以客观事实说话，尽可能展现历史的本来面貌，毋庸置疑才是较为妥当的做法。

作为中国近代岭南一带具学术声望的大儒，朱次琦在汉学、宋学争辩大炽之时，在治学中传承了岭南文化尤其是岭南近代实学思想。他倡导复归上古实学，将学孔子之学看作治学根柢。他在对儒学的整合提炼中融入明朝心学及清朝朴学，而出之以四行五学说，对修学复古的入门途径、实学通用的治学旨归、存心养性的文学创作均作了规范。朱次琦是广东南海九江人，世称九江先生，他的受业弟子、再传弟子也多来自九江流域及珠江流域一带，如康有为是南海苏村人、简朝亮是顺德简岸人、梁启超是新会茶坑人、黄节和邓实皆顺德人。众多弟子的学术成长，在接受九江流域及珠江流域一带文化及朱次琦四行五学说的同时，又受中原文化乃至世界文化的浸润。所以，受业弟子康有为，再传弟子梁启超、陈焕章、麦孟华、黄节、邓实等人，在学习学孔子之学过程中，思想均有所发展与变化：康有为表面上倡导"一归于孔子"，实际是以学术救国，以托古来变法，以"复原孔教""孔子以人道设教"①等主张，对朱次琦学说作变化与添加；至梁启超、麦孟华、陈焕章、黄节等人，则进一步变化。梁启超作为新民巨子，既大力引进西学又倡导"古学复兴"；陈焕章既是进士又是留洋博士，创作数十万字的英文博士学位论文，几十年奔走于儒学推广。他们的学说，已非传统士人所治旧学、古学，而乃掺入新学、西学的新形态学说。康有为被视为新儒学的鼻祖，其与众多弟子被视为"康党"，原因之一正在于对千年儒学、道统的新变。这是对传统的一种偏离、歧出，恰亦是对旧学的一种新变与创始。

朱次琦自焚论著，其学说经口传及再整理的方式传至受业弟子、再传弟子，三代学人产生思想变异，似难复原祖师学说之本来面貌。以传统学派的确立标准来看，朱次琦的学术传承除了简朝亮之外，至康有为及其再传弟子后多所变化，表面上看似乎难以连缀成说，亦似难以成派。但是，人为的框定只会限制对历史事件、历史人物的真实还原与客观论定，既无济于后来学术，亦无功于前贤贡献。客观来讲，孔子本身述而不作，所传文献也经由弟子整理存世，研究者却不会因此质疑孔子学说及其价值。董

---

① 康有为：《中庸注》，《康有为全集》（第五集），第379页。

仲舒以"今文经学"传承孔子学说的同时，也做了添加与变化。中国近现代的学术处于古今、中西、新旧及易代递嬗当中，变与不变同时并存。"提倡政治改革和社会改革的先行者们，包括戊戌维新时期的康有为、梁启超，为了汲取救中国必须的战斗诗情，都既注目于近代西方，也注目于传统中国。"①立足中国又面向西方、面前现代又不忘传统，这是特定历史时期学说存在的普遍现象，也是任何一种学说与时俱进、获得生命力的必然条件。因此，既不能囿于研究传统学派的方式来看这一时期的地域性学说流变，亦不能就此摒弃对重要学人、学说的学缘溯源及递嬗梳理。对于朱次琦及九江学说的研究，或当作如是观。

退一步讲，九江学派是否成立暂可勿论，但在体用之间，朱次琦学说却一直为其受业弟子、再传弟子所推扬。例如，康有为在立身处世、教书育人中化入对四行五学的忠实践行并影响众多门人弟子。朱次琦及其受业弟子、再传弟子的学说，其影响所及也包括丘逢甲、胡适、王国维等人。因此，探究朱次琦学说的渊源及其传承与裂变，由此考察晚清民初儒学新变，不仅是对九江流域一带所形成学说的研究，也是对岭南乃至中国近现代学说的考察，无须为所谓"派"与"非派"问题所遮蔽而妨碍对其群体学缘关系的客观系统探寻；也无须为执着于派别论说而妨碍对重要理论问题的脉络梳理。亦即在以学孔子之学为体、以四行五学为用的视角下，不以人划界，而以学划界，不以学派命题，而以学说立论，对朱次琦始创的、包括康有为和梁启超三代学人的学说，进行客观系统探究。

从朱次琦学说的传承来看，简朝亮是最得其真传的，而传至康有为已然裂变。但从社会影响力来看，简朝亮坚守旧学，对中国近代社会转型的助力相对较弱，而康有为及其学系对中国近代社会转型则产生重要的、深远的影响。考溯九江学说流变，梳理其与时代变迁的关系，考辨其中变与

---

① 朱维铮：《走出中世纪》，第256页。

不变的问题，当以康有为学系为重点。当然，这并不代表可以忽略对简朝亮学系的考察。简朝亮及其弟子黄节、邓实等人在民国初期对中国社会也起到相当重要的作用。九江学说流变中，简朝亮学系、康有为学系同时并存。然而基于本书以九江学说流变为中心议题对朱次琦作评传，为了更具代表性地梳理其中特质，行文中仅顺带提及简朝亮学系，而专力于考辨康有为学系。

一、流变轨迹及其创变

就九江学说的传承来看，自朱次琦在南海九江礼山草堂开馆起至民国初年，大致划分三个时期：礼山草堂与南海求学时期、万木草堂与维新变法时期、走向世界与学说价值重估时期。三个时期彼此勾连、互为推进。新的时期对前一时期作传承、开拓、变革。上一时期的发展与下一时期的流变不可人为截断，当中既有传旧与守成，也有革新与创造。如果新的一个时期仍复是上一个时期的延续，那就不能成为一个新的时期，仍旧是上一个时期的继续与往复。当然，历史的发展不会是单调与简单重复。尤其中国近代面临千年未有之变局，新与旧、古与今、传统与现代、东方与西方处于博弈与张力中，社会万千巨变，处于这样一个大环境中的学说也随之流变。而之所以划分九江学说的发展为三个时期，是为了更好溯源并论析其中重要人物和关键递嬗，以此反映时变世运及文化更替。

以下逐一加以列述与考释。

（一）礼山草堂与南海求学时期：传承与裂变

这一时期，是九江学说传承与裂变的初始阶段，大致可以朱次琦1857年于南海九江礼山草堂开馆起，而至1891年康有为于广州开设万木草堂止。这一时期涉及朱次琦学说的形成与衍播。在此除了对朱次琦礼山草堂开馆二十四年的学说发展进行研究之外，还对朱次琦早年求学与仕途作考察，乃至对于南海九江之地理人文以及广府文化特色，也作历史概要与综合论说。所以，以"礼山草堂与南海求学时期"为名，并非止于礼山草堂

此二十四年，而将结合中国传统文化及岭南近代实学文化，对朱次琦人生及其学说进行综合探索与深入考辨，由此间接探寻康有为的治学经历与学缘关系。

概而论之，以复古尊孔为方向，以实学精神为指引，以四行五学为中心，朱次琦践行学孔子之学并在此后形成两支学系：一支是简朝亮，作为经学大师，上承其师继续治学和调和汉学、宋学；一支是康有为，作为先时人物，发起古文、今文之争和维新运动，深刻影响此后中国学说走向与文学流变。

朱次琦治学平实敦大，主张经世济民而反对高谈空论。他推崇学孔子之学，将之看作治学根柢并以此提炼儒学、旧学，出之以四行五学说。四行五学对宗经复古的入门途径、实学通用的治学旨归、通时达变的治学方法、存心养性的文学创作进行规范。具体而言，朱次琦提出治学正道在宗经复古，尤其要回到对孔子学说本身的研治。他认为以上古实学为旨归，就没有所谓的汉学、宋学区分，就能达至融通治学的境界。关于古学及孔子之学，朱次琦认为实质即为实学，并归结为修身、读书之实。他提出四实和五实标准，认为修身之四实是惇行孝弟、崇尚名节、变化气质、检摄威仪，读书之五实是经学、史学、掌故之学、性理之学、词章之学。在朱次琦认为，读书人如果掌握修身读书之实，治学就不会专攻一经、专学一门，也不会只向纸上与古人争训诂形声，为破碎之学、虫鱼饾饤。当中，既表现朱次琦对传统儒学精要的坚守与复归，也表现调和汉学、宋学的通时达变，这代表了晚清治学风尚与学说发展，也代表了朱次琦本人的学术思考与思想总结。而朱次琦的文学思想与学说主张密切相关，既倡"与古人并存"又主"观其会通"，强调"皆从此心写出，文便是道"。大致看来，体现在三方面：一是注重源流梳理基础上的复古倡议。朱次琦将诗歌列归为古人之诗、后人之诗两类，又分骚体、赋、乐府、律诗、绝句，认为后人之诗虽然体无不备但源皆自"诗三百"，李、杜、韩、苏是诗之四维，也得之于《诗》。他为此提出学诗当学《诗》，其本人诗作由杜、韩、陶、谢而上汉魏以溯风骚，直接源自《诗》，时人谓非今之诗作所可囿。二是注重有用于时的融汇变通。朱次琦在《答谈太学子粲见论四十五韵》一文中，明确反对树宗立派、互相是非。他又就具体文体反对强行区分散文、骈文，并以史传类文章的行文结构和用字用句为例来倡导创见、识见、新变。三是强调"余事论风雅，襟怀冰雪清"。朱次琦在主张诗言志的同时，以"观其心"和"雪其襟"为文学的重要标准，倡导文学既要表现社会治理，又要服务于存心养性和气质变化之需。从文化传承与学说立论来看，朱次琦学说体现传、创两方面的融合与变通。表面上看，其似乎仍然局限于中国传统旧学领域所作论说。但其入之以古之旧学，出之以四行五学说，既系统精要提炼了轴心时期儒学的核心要义，又将孔子思想中深刻影响数千年中华文化的修身立世思想进一步系统化、条理化，使上古实学的实质及内容有了一定充实，也使岭南实学有了丰富与发展。同时，他的学说使儒学精要具备进一步学科化、条理化的可能，不仅对调和当时的汉学、宋学之争，矫正阳明心学的空谈心性弊端起积极作用，而且预示着晚清民初儒学研治的一种方向与可能。因此，朱次琦的学孔子之学，是一种总结也是一种创造，是一种传承也是一种创变。所展现的四行五学，由此具备衍播变革的生命力与渗透力。

　　在礼山草堂授学的二十四年里，朱次琦深居简出，乃至朝廷征用也拒而不用。开馆时，他已届而立之年，学说趋于稳定。到招收简朝亮、康有为时，他已七十多岁，学说已成型。以学孔子之学为体、以四行五学为用的教学产生影响。其弟子名家辈出。比如：简朝亮、朱晋度、梁知鉴、凌鹤书、黄鲁逸、梁金韬、朱祛庐、梁绍熙、潘誉徵、何屏山、康达初、康达节、罗聘臣、刘秉文、胡景棠、方启华等人，均为岭南名儒；康有为、梁耀枢、朱方辉、卢庆云、陈如岳、罗传瑞、黄增荣、区德霖、梁士诒等人，均为进士。为此，虽然朱次琦临终之前自焚论著，但他的学孔子之学思想为弟子们传承和光大，四行五学广泛流传。简朝亮、康有为为朱次琦学说传人中之巨擘，时人谓薪火相传，有简有康，"或隐或显，一狷

315

一狂"①。

所谓"或隐或显，一狷一狂"，大略看来，显之所在，是简朝亮一支学说及其传承：简朝亮从朱九江先生游后，在广州、顺德、阳山等地讲学。他据朱次琦教学要旨而坚守旧学、调和汉宋，是最能继承朱次琦学说衣钵者，著有《尚书集注述疏》《论语集注补正述疏》《孝经集注述疏》《读书堂问答》等，并整编有《朱九江先生讲学记》《朱九江先生年谱》《朱九江先生集》等重要别集。隐之所在，是康有为一支学说及其传承。考溯康有为的学说渊源，南海康氏自九世祖惟卿公为士人始，其后世代以耕读为业。第十七世祖康辉与岭南大儒冯成修、冯敏昌以及劳潼、何文绮、朱次琦诸子均存在一定的学缘关系。康辉肄业于粤秀书院，是冯敏昌的弟子，也是冯成修的挚友；冯成修弟子劳潼及再传弟子何文绮，与康氏族人为故交。康赞修与朱次琦则为同窗挚交，其子达初，侄达节、达棻、有霖及孙康有为，先后拜朱次琦为师。康有为在苏村延香老屋度过青少年时期，追随康赞修数年，亲炙其益。康有为十五六岁时，师从杨仁山，其间再试童子试不第。经康家族人督责后，在相当一段时间里，康有为用力于八股应试文的研习及写作。但他对于袁枚诸人之诗文仍甚喜好，喜读说部、集部、杂史类文章。到了十八岁，康有为改从吕拔湖研习八股，"一切学皆舍去，但还乡则得披涉群书耳"。后他应乡试仍不中，在康赞修安排下，赴九江拜朱次琦为师，"从九江朱先生游，乃知学术之大"②。"理学政学之基础，皆得诸九江。"③考诸康有为学说，于修学与习古、通达与实用以及四行五学方面，尤其深得朱次琦之启导与引领。他将四行五学作创造性转换。在《南海朱先生墓表》一文中，他介绍四行五学并指出：经史各有所专，掌故为治国安邦之学，性理之学关乎安身立命、待人处事的

① 蒋志华：《晚清醇儒：朱次琦》，广东人民出版社，2007年，第146页。
② 康有为：《与沈刑部子培书》，《康有为全集》（第五集），第237页。
③ 梁启超：《南海康先生传》，《康有为全集》（第十二集），第426页。

原则，辞章之学陶冶情操。五学与六经、五学与四行相参，为治学与经世的实践方法与路径：

> 九江朱先生于海滨蜑獠之中，无哲师友之传，独反复千儒百士之说，较而于先圣之义，视其合否而去取之，尽得其瘠病之所在，举而复之。于孔氏圣之口，独睼其意，不从其迹，期足以善身而致旧。其治身之条目，惇行孝弟，崇尚气节，变化气质，检树风仪。其治用之章，曰经，曰史，曰掌故，曰义理，曰文词。其说平实敦大，皆出于□口心得之余，绝浮嚣，屏窈奥，学者由而行之，始于为士，终于为圣人。[①]

康有为认为，孔子"其反躬之学，内之变化气质，外之砥厉名节，凡此皆有基可立，有日可按"[②]，而朱次琦四行五学说所指在治身治用：治身之条目，为惇行孝弟、崇尚气节、变化气质、检树风仪此四行；在治用之章，则为经、史、掌故、义理、文词此五学。在《长兴学记》一文中，康有为提出"今与二三子剪除棘荆，变易陋习，昌言追孔子讲学之旧"[③]。他将孔子"志于道、据于德、依于仁、游于艺"作了衍发，将四行五学涵摄其中，进而提出：

> 志于道：格物、厉节、辨惑、慎独；
> 据于德：主静出倪、养心不动、变化气质、检摄威仪；
> 依于仁：惇行孝弟、崇尚任恤、广宣教惠、同体肌溺；

---

① 康有为：《南海朱先生墓表》，《康有为全集》（第一集），第1页。
② 康有为：《与朱一新论学书牍》，《康有为全集》（第一集），第317页。
③ 康有为：《长兴学记》，《康有为全集》（第一集），第342页。

游于艺：义理之学、经世之学、考据之学、词章之学。[①]

　　康有为倡导今文经学、维新变法，促使九江学说发生裂变。康有为的《新学伪经考》《孔子改制考》《春秋笔削大义微言考》《孟子微》《大同书》《论语注》《中庸注》《礼运注》等一系列论著，对学孔子之学和四行五学的传承，以隐之方式显示，但无全然割裂。一是从康有为家学与朱次琦的渊源来考察，康有为祖父、伯父、叔父均与朱次琦互通学说。康有为父亲拜朱次琦为师，其族人藏书楼二万余卷书籍则多由朱次琦代购，康氏家学融入朱次琦学说，而康有为本人又深受家学沾溉。溯源朱次琦对康有为的影响，以礼山草堂划段但又并非止于礼山草堂，而可追溯至更早时期朱次琦对康有为产生的间接但具实质性的影响。二是从康有为学说及其本人自陈来看，他拜朱次琦为师，捧手受教，如旅人得宿、盲者睹明，自此以为圣贤必可期，以一身必能有立，以天下必可为。时人即认为，康有为的理学政学基础，皆得之于礼山草堂时期。三是从对四行五学的传承来看，康有为衍播四行五学，并且身体力行。在《南海朱先生墓表》一文中，他指出四行五学为朱次琦学说精要，并在此后开设万木草堂时，加以推广。经由康有为的整理与提升，四行五学在治身治用主张上进一步具体化、学科化，并用以万木草堂授学八年，产生实际且深远的影响。

　　（二）万木草堂与维新变法时期：推衍与剧变

　　就事物发展的起承转合来看，这一时期处于九江学说"转"的时期。

　　与对上一时期的研探相似的，对于万木草堂和维新变法时期的论析，除了重点关注康有为开设万木草堂这八年间的学说传承与变化之外，还需要考察康有为家学及其早年的学说建构，才能对其在万木草堂、维新变法时期的学说作真正探本。另外，从康有为及其弟子维新变法改良到戊戌政

---

① 康有为：《长兴学记》，《康有为全集》（第一集），第342—345页。

变发生，这一群体的活动集中在1895年至1898年这三年间，此即维新变法时期。此一时期，与万木草堂时期存在重合处：维新变法时期，实亦为万木草堂开馆授学的后段，应当归入万木草堂时期。但考虑到这一时期，康有为的大部分精力已转移到行走游说和维新变法，大批康门弟子也追随其师，走出万木草堂，活动在社会各个领域，对于这一时期专列讨论，可予历史以客观还原，又可有针对性地重点研究。此外，为了更有针对性地对九江学说于万木草堂和维新变法时期的传与创、守与变问题作深入考衡，本论著着重介绍康有为及其弟子对朱次琦学说的传承及新变，同时周及简朝亮及其学说，以对九江学说流变有一个尽可能系统与全面认识。

就万木草堂和维新变法时期来看，随着时代的推移及国仇家恨的深化，康有为及其弟子所处社会已非朱次琦所处社会。异族凌辱、国仇家恨，大大促进了中国民众对变的渴望与对革的追寻。康有为开馆授业，虽仍以"草堂"命名，教学内容却已迥异时流与前贤。与传统士人坐而论道相较，此时康有为开始频繁行走游说。通过新兴的报刊媒介、学会倡设等方式，以更快速广泛的方式宣导学说和推广主张。由于早年对西学的接受，以及在上海、香港等地目睹西方文明的繁盛，康有为主动将西学融入学说构建中，传统儒学由于掺入西学，呈现现代性趋向。九江学说于推衍中进一步发展，当中有传有创。具体表现在：

一、传的方面。朱次琦学孔子之学为康有为所化用，以对治身治用两方面的强调，使四行五学进一步践行。在《长兴学记》的开篇序言中，康有为交代自己"尝侍九江之末席，闻大贤之余论"，由此课士：

> 鄙人戆愚，文质无底，虽尝钻励，粗知记诵，非能知学也……然尝侍九江之末席，闻大贤之余论，谨诵所闻，为二三子言之。二三子之来游，非为学耶！学者，效也。有所不知，效人之所知；有所不能，效人之所能。若已知、已能，共知、共能，

则不必学；不知、不能，而欲知、欲能，故当勉强也。①

　　康有为强调学的性质与重要性，认为学者，"效也"。人有不知，所以要效人之知；人有不能，所以要效人之能。他认为，天下道术至多，而以孔子为折衷为中庸；孔子言论至多，又以《论语》为可尊；《论语》之义理至广，又以"志于道，据于德，依于仁，游于艺"四言为至该。所以，《长兴学记》举"志于道，据于德，依于仁，游于艺"为纲，分注条目，以示门径。从《长兴学记》《万木草堂口说》《南海师承记》《南海康先生传》等载述来看，一方面，康有为将朱次琦推为圣人、奉为上贤，自陈是侍九江末席而得闻贤论，其学说就孔子学说做新的考释；另一方面，四行五学为其推衍于具体学科设置中。他强调自孔子而来的志于道、据于德、依于仁、游于艺主张，以此为纲，分注条目，示人门径：在志于道方面，提出格物、厉节、辨惑、慎独四目；在据于德方面，提出主静出倪、养心不动、变化气质、检摄威仪四目；在依于仁方面，提出惇行孝弟、崇尚任恤、广宣教惠、同体肌溺四目；在游于艺方面，提出义理之学、经世之学、考据之学、词章之学四目。②又就万木草堂的具体讲学来看，儒学仍居主体位置：以《洪范》到《明国朝学派》为经、子内容，以《正蒙》《通书》涵括格物、励节、变化气质、检摄威仪等义理内容，以《汉书》《史记》等为史类研习；词章方面则包括文章、文学、八股研习等，掌故方面则谈律历、乐学等。③可见四行五学所产生的实质性作用与影响。

　　二、创的方面。《康子内外篇》一文1899年刊载于《清议报》，康有

---

① 康有为：《长兴学记》，《康有为全集》（第一集），第341页。
② 康有为：《长兴学记》，《康有为全集》（第一集），第342—345页。
③ 康有为：《长兴学记》，《康有为全集》（第一集），第344页。

为自注系"二十岁前旧稿"①，亦即或为拜朱次琦为师时所作。可见，礼山草堂的学习传授，不仅使康有为重视学说的溯源与通变，更使之注重知识的经世与济用。朱次琦治学，虽然也接受陆王心学的浸润，但仍以程朱主张为主，又推尊韩愈学说。而康有为喜好陆王心学，认为韩愈道术浅薄，宋明理学则空疏无有、难以济世。康有为由研治古典转而专治汉学，又从专治汉学而重返古典。研学方式的转换中，他以新的眼光与格局新诂儒学、转换道统。传承四行五学的同时，也将西学涵摄进教育当中。根据康门弟子所作笔记，万木草堂授学内容，同时包括农业化学、商业、工学、土木学、电气学等现代学说。②这大大突破了传统旧学范畴，表现中体西用特色。以孔学、佛学、宋明学为体，以史学、西学为用，康有为构建起新的学说体系。其对于孔子学说的时代转换与学理变化，已然非复传统的今文经学，也并非真正"一归于孔子"的学孔子之学。又据弟子梁启超所理解的，康有为所指孔子学说，强调进步主义、兼爱主义、世界主义、平等主义、重魂主义，而反对保守主义、独善主义、国别主义、督制主义、巽懦主义、爱身主义。③康有为推衍的儒学产生变异，既表现浓厚的今文经学的解经特色，也彰显了鲜明的近现代学说特质。钱玄同在《重论经今古文学问题》中指出，一百年来的今文经学运动，成绩表现两个方面：一是思想的解放，一是伪经和伪史料的推翻，而康有为实是集一百年来今文学者考辨之大成而更加以精密的修正者。④

　　仅万木草堂时期，康有为招收弟子或已达数百上千。陈千秋、梁启超、麦孟华、曹泰、徐勤、韩文举、梁朝杰、王觉任、林奎、陈和泽，时

---

① 康有为：《康子内外篇》，《康有为全集》（第一集），第96页。
② 康有为：《长兴学记》，《康有为全集》（第一集），第344页。
③ 梁启超：《南海康先生传》，《饮冰室合集》文集之六，第72页。
④ 钱玄同：《重论经今古文学问题》，刘琅主编《精读钱玄同》，鹭江出版社，2007年，第98页。

人称之为"长兴里十大弟子"①。此后，康有为在北京、上海等地开展维新活动，又招收私淑弟子谭嗣同、唐才常、林旭等人。康有为招收学徒时，惯用大喝大棒之法作规训。受之者拜其为师，却之者拒于门外，由此保证其学说推衍，培育出一群较具规模、忠心耿耿的弟子。在康有为编撰《新学伪经考》《孔子改制考》等重要论著的过程中，梁启超、麦孟华、徐勤等弟子，长期参与其中；万木草堂开设八年时间里，康有为思想深刻影响了一大批弟子。例如：梁启超对于自己当年拜师康有为，谓一生学问之得力皆在于此；张伯桢自陈拜师康有为后，思想为之一变，始知世界公理、国家思想；陈荣衮坦言，如无康有为的教导，人生或茫然无径，虽十分勤勉亦无所用之；等等。康有为以学术救国，主张"复原孔教""孔子以人道设教"，也得到相当一部分弟子的拥护与追随。例如，陈焕章终身追随康有为，尊孔崇儒。他在东南亚、欧洲等地创设孔教会、创办《孔教会杂志》。他的博士学位论文《孔门理财学》，以英文推衍儒学，为儒学的海外传播作出重要贡献。

康有为以今文经学的治经方法，倡导学孔子之学、以维新变法来推扬实学济世主张。这为其诸多弟子接受与发展、推衍与创变。康有为的一大批门生受其影响与提携，登上历史舞台。例如，戊戌变法人物题名所记六百零二人中，就有康门弟子梁启超、梁朝杰、麦孟华、江孔殷、林缵统、潘焱熊、赵元杰、程式谷、林旭②。公车上书，由康有为、梁启超鼓动，康有为草拟奏折，梁启超、麦孟华二人誊写，梁启超领衔上书呈递都察院。自1895年至1898年间，全国各地五十多种主要学会中，由康有为弟子负责、创办的达十三种。1895年，在北京创设的强学会，列名会籍或参与会务者，除康有为本人之外，就包括梁启超、麦孟华。

---

① 陈汉才：《康门弟子述略》，广东高等教育出版社，1991年，第1—41页。
② 汤志钧：《乙未戊戌间全国各地主要学会负责人题名》，《戊戌变法人物传稿》（增订本）下册，中华书局，1982年，第688—697页。

　　康有为得风气之先，重视报刊言论的思想。这也为其弟子所追随。康有为明确提出天下移人最巨者，莫大于言议、觉议。他强调："明于时势、通于人心、顺而民之、曲而致之。"①在他的引领下，弟子们从事广泛的文化宣传、学说推广，于报刊领域开拓言论空间。例如，强学会所办《万国公报》，刊发重要文章如《地球万国说》《地球万国兵制》《各国学校考》等，多出于梁启超、麦孟华之手，着重宣传富国、养民、教民，基本延续康有为《上清帝书》中的维新变法主张。随着康门弟子策划或经营的《时务报》《知新报》及时务学堂等阵地的开辟，康有为学说经由康门弟子的衍播，形成潮流、渐次蔓延，启引戊戌变法的到来。九江学说发展至此，经历深刻的转变——朱次琦四行五学说以多元、复调的方式变化。朱次琦关于宗经复古、实学济世、通时达变的强调，被康有为推衍为维新变法的通权达变、报刊文学的新世济民，得到相当一批以康门弟子为代表的学术力量的拥戴。一方面，学孔子之学演变为"复原孔教"，又以四行五学中对于通时达变的强调而进一步疑古疑经，具体以孔子改制考来重新阐释孔子学说，进而提出"孔子以人道设教"，使儒学实现与西学的重要嫁接与现代转换，乃至以创设孔教来对抗基督教入侵；另一方面，四行五学所表现的读书修身之四实五实，被推导为强调治身治用两方面。读书、修身二事，被康有为合并为治身一事，出之以对治用的专门强调。康有为在教学中，将之系统化为条目规定。他对学孔子之学和四行五学的衍化与转换，体现出鲜明的通时达变、实学济世思想，与朱次琦所倡一脉相承，均代表着中华千年儒学精粹之流衍及传承。以《孔子改制考》《康子内外篇》《广艺舟双楫》为例，康有为反复申说"变"的必要，明确提出"酌古今之宜，会通其沿革，损益其得失，而后能治也"②；乃至康有为在阐释书法技艺时，也提出"变者天也，可著圣道、可发王制、可洞人理、

---

① 康有为：《康子内外篇》，《康有为全集》（第一集），第321页。
② 康有为：《康子内外篇》，《康有为全集》（第一集），第99页。

可穷物变之理"①。而在《实理公法全书》中，康有为更从进化与公理角度阐释人类立法要变，倡导"人有自主之权，民之立君者以为己之保卫者，须以平等之意用人立之法"②。

这一时期，朱次琦关于宗经复古、实学济世、通时达变的主张，同样表现在康有为及其弟子的文学论说中：就宗经复古来看，康有为从中华传统诗教中寻求论说依据，进而倡导重视俗文学，提出复原上古重视童谣、诗乐合一的主张。而就实学济世来看，礼山草堂时倾向于吟诗作对、修身立己的文学音乐等艺术，成为康有为及其弟子普遍使用的宣传工具。《时务报》《知新报》诸类报刊，使文字释放出更强大的启蒙实用功效。在以文学教育民众、启益民众的思想指导下，新学诗、时务体、时务文产生。又就通时达变来看，康有为及其弟子主动将西方文艺融入中国传统文学。以康有为本人为例，他在指导《日本书目志》的编撰时，强调要重视日本通俗文学，认为小说有重要的转移人心时俗的作用，"以经教愚民，不如小说之易入也"③。从列入"万木草堂丛书"的《教学通义》来看，康有为强调公学、通学，倡导礼乐合一以教化民众、美育人心。这一方面的思想，为康门弟子所推衍。例如，梁启超明确提出，要为觉世之文，而非传世之文。他与麦孟华、徐勤等人，身体力行践行新文体。以通时达变的思想，借助现代报刊等新兴渠道，康有为及其弟子不仅止于学馆草堂坐而论道，而是将文学的实用、启蒙、济世功用不断放大。四行五学蕴含的实用、通变、经世、修德、立身、济民主张，经由报刊媒体，于大江南北渐次传播，为下一步九江学说走向世界，打下坚实基础。

（三）走向世界与学说重估时期：合流与再造

九江学说在这一时期所谓的"转"，可划分为前、后两个阶段。大

---

① 康有为：《广艺舟双楫》，《康有为全集》（第一集），第252页。
② 康有为：《实理公法全书》，《康有为全集》（第一集），第159页。
③ 康有为：《日本书目志》，《康有为全集》（第三集），第484页。

致而言，前一阶段，是在戊戌政变后于国外完成的；后一阶段，至民国初年，于国内完成。前一阶段的转，表现在化合中西文化，典型反映为传统士夫向现代知识分子的身份转型，以及从"天朝人"向"世界人"的过渡、与世界对话的尝试。后一阶段的转，表现在回归本土、复兴古学和复兴中华文艺的努力。后一阶段在九江学说流变中，尤其复杂，尤具代表。本章以下内容将着重就此问题，加以考察与论析。

就前一阶段的转而言，由于维新变法失败，康有为及大部分康门弟子流寓海外。随着在墨西哥、南美洲、澳大利亚、东南亚、南非建立十一个保皇总会、一百七十多个保皇分会，他们足迹遍布世界各国。例如：在亚洲，梁启超、麦孟华、徐勤、韩文举、欧榘甲、林奎、陈和泽、潘之博、罗普、马君武、汤觉顿、陈子褒、卢子骏、陈涛、潘之博、梁朝杰、伍庄、罗普、欧榘甲、刘翰棻、陈介叔等人先后流寓日本。据梁启超本人述忆，在他出逃日本第一年，师友弟子眷属来相见者，前后共达五十六人。在北美，梁启超、伍庄、梁启田等人赴加拿大；梁启超、伍庄、梁启田、梁朝杰、欧榘甲、罗伯雅、陈继俨等人，又先后游历美国。在澳大利亚，梁启超是第一个到访悉尼的中国文人，与当地华人广泛接触，并举办多场演讲，等等。这一时期，这一群体聚合的保皇会会员，达至百万余人，形成十九世纪末二十世纪初中国未曾有之大政党，也带动儒学的世界性传播。

这一阶段，康有为及其弟子从坐而论道的传统士夫，进一步向行走游说的现代知识分子转型。他们也从传统士夫的家天下意识，进一步生成新的世界观与国家意识，向更深层级探寻中西文化对话的可能。他们关于孔子学说如何承续，自由、民主、进化等新学思想如何与中国传统思想融合嫁接等问题的思考，使其学说进一步逸出中国传统文化体系，也使其文化理论与文学创作进一步新变。但是，不管事物如何变异，若未发生质变，其本体与核心终归存在。内核依然存在，而以不同形式彰显。事物不会凭空产生，一定有其源头，或隐或显，一般均可追溯。以康有为为例，1901

年至1903年，是其思想的重要转捩期。其间，他从中国香港到新加坡，再到印度。于中、西文化的交汇中，他经历坎坷的人生变故，也发生复杂的思想变异。为了适应新变的人生、新变的挑战，他以不同视域审视中华文化，进行第二次大规模的注经工作。在海外，他完成了《中庸注》《论语注》《孟子微》《礼运注》《大同书》等重要论著的注解。他的注解内容，相当一部分已然区别于以往注经。以《论语注》《中庸注》为例，康有为提出"孔子以人为道""累生学道"，既延续前一时期关于今文经学、维新变法的主张，又对中华儒学作更深刻的再反思与再修正。而此一时期的康门弟子学说，渐次逸出康有为之笼罩。除了陈焕章、陈子褒等人忠实传承康有为思想之外，梁启超、欧榘甲等人，对孔教学说提出质疑。梁启超提出，孔子学说应该视为先秦诸子百家中的一家，而不应推行宗教儒学。此后，他更在中西化合基础上，倡导输入外学的同时整理国学，以使中华文化别添活气。

后一阶段的转，是至民国初年于国内完成的。这一阶段的衍化与发展，与前一阶段不能截然划分。但其重要的一个变化，是九江学说的两支学脉，共同推进儒学的发展与演变：一为康有为学系，凭借梁启超、伍庄、陈焕章、梁启勋等人，延续此前关于国学、儒学的思考与关于文学转型的探索，展开关于国学复兴、文学革命的活动，例如：潘之博强调易朔者一家之事，至于礼俗政教，倘若俱尽，则天下亡矣，必学亡而后礼俗政教乃与俱亡；梁启超明确标举古学复兴、文艺复兴，并着力于诸子百家之研究①。至于简朝亮这一支学系，有黄节、邓实、邓方、简又方、张启煌、林巽仿、陈汝廉、何龙、朱礼彬、冼玉清等弟子，以黄节、邓实为代表，推崇国粹运动、古学复兴。邓实（1877—1951），字秋枚，1902年在上海创办并主编《政艺通报》，1905年主持成立国学保存会并任《国粹学报》主编。他以发明国学、保存国粹为宗旨，既反对奴隶于同洲外族之学，也反

① 梁启超：《清代学术概论》，《梁启超全集》（第十集），第291页。

对奴隶于异洲外族之学。他积极宣传复兴古学，以印度学、中国学为二十世纪所当求之古学，认为国人瓦鼎康瓟，家有至宝而遗于路人，呼吁今日对于祖国之责任惟当研求古学，"刷垢磨光、钩玄提要，以发见种种之新事理，而大增吾神州古代文学之声价"[①]。

如果以民国的建立作为时段划分的话，又可以划分为前、后两个时期。前期，即1911年前，康门文人更多表现运用儒学以达致政治的维新改良；后期，即1911年以后，康门文人更倾向于文化上的"重构国学"，重新发现经中所具有的力量。而两个时期所贯通的一个重要共性是重视阐发儒学的人文精神。康门文人所关心的，也更多是从儒家具有涵盖性的人文精神出发，反思启蒙文化、济世救民。儒家关于仁、民本的主张，始终为这一群体所共同关注，而基于对儒学儒典的重视，他们多半拥护并响应康有为创设孔教的思想主张，并且将儒学向世界传播。例如：在中国港澳地区，卢子骏创办孔子圣堂（1928年）、陈焕章创办孔教学院（1929年）；在日本，徐勤发起大同志学会（1899年）、梁启超发起祀孔会（1898年），参与人员达到七百多名；在新加坡，邱炜萲举行祀孔子等一系列活动，也曾邀请康有为、丘逢甲等到此讲学，他本人著有《择讲孟子一章》《说仁》《海外兴建孔庙宜尊亲并重论》《实行孔教说》《孔教必先明伦说》等论著。而在众多康门文人中，梁启超三十岁之前推崇康有为今文经学及孔教学说，三十岁以后虽绝口不提孔教但仍受传统儒学儒典的深刻影响。他在海外期间创作的大量论著，也与中华传统文化息息相关。而徐勤、卢子骏、陈焕章等康门文人，更深刻受到康有为推尊儒学的思想影响。徐勤十数年辅助康有为推动维新改良。日本横滨大同学校创设时，徐勤任校长，大同学校"以孔子之学为本原"[②]；"以歌诗习礼，颂扬孔

---

① 邓实：《古学复兴论》，《国粹学报》1905年第9期。
② 梁启超：《日本横滨中国大同学校缘起》，《饮冰室合集》文集之十七，第14页。

圣"①。徐勤认为所学在立志、读书、合群、尊教、保国、尊嗣孔子，并提出：

> 今与二三子扫除诸弊，正厥要归：读宋、明诸书，为立身之基础；读周、秦诸子，考圣人之口说；至于历朝掌故之书，泰西政教之学，亦互相参考，以观正变；义理经世，略有端倪，然后归本于孔子，证之以六经，决其得失，定其行违，斯体用兼备，中外合并，他日礼教之昌，中国之强，其或有赖乎？②

与朱次琦的学孔子之学一样，徐勤同样重视"归本于孔子"，大同学校也以孔子之学为本原。以中西互参为设置，大同学校要求学生既要广泛接触与受容西方先进科学文明，又要求学生刻苦学习周秦诸子、宋明诸书并以六经、儒学为要。对西学的教育与引导，并不影响对儒典儒学的重视与对其重要性之认识。徐勤就曾提出尊儒学、尊孔子对于华族同胞之必要：

> 中国二千年来，知有君统，不知有师统，盖无教也久矣。然风流波荡，深入人心，义理制度，匪有差忒，君尊于上，教行于下，读书之种，科举之业，尚未绝也。若夫海外之民，远离故土，目不睹孔子之书，耳未闻孔子之名，习非成是，罔而弗察，日所尊奉而膜拜者，不流于异教，则惑于淫祀。其甚者，归心彼旅，弃我神州，谓孔子之教，足以弱人家国。呜呼！人心若此，视教若此，乌不得为人愚也。今夫西人之于教也，定以一尊，用以纪年，安息之日，举国祷颂，即经商之地，蛮野之岛，亦咸立

---

① 汤志钧：《日本康、梁遗迹访问》，《文物》1985年10月。
② 徐勤：《日本横滨中国大同学校学记》，《知新报》第五十二册，1898年5月11日。

教堂，以资诱化，我民工商外域，遍于五洲，曾不闻有倡祀孔
子、尊崇教旨之事者。①

　　徐勤指出：两千多年来的中国，因为只知有君统君权而不知有师统，
由此中国一直没有宗教。当然，由于制度与科举的推行，孔子学说及教主
张实则没有断绝。当今之世，西方宗教盛行，应该推崇孔教以兴国安邦。
徐勤推崇康有为的今文经学及大同说，认为"圣教可以存，国体可以立，
仇耻可以雪，身家可以保"②。徐勤的主张，也代表康门弟子所普遍共有的
思想认识与学说主张。

　　另以卢子骏为例。卢子骏于戊戌变法后流亡日本，任日本横滨大同学
校教席，1928年在澳门创办孔圣堂，弘扬以孔子学说为代表的传统中华文
化。孔圣堂直到1945年日军占领香港才被迫停办③。在办学过程中，卢子骏
同样注重儒学儒典的传播与推动。他以朱次琦的"惇行孝弟，崇尚气节，
变化气质，检摄威仪"十六字，德训、教励学生。卢子骏同时推崇儒学为
教，发扬孔子学说，认为"欲正人心、息邪说，必须尊重圣道"；"自非
提倡宗教，恢复道德，何以消弭杀机，而永保和平乎"④。自1924年始，卢
子骏任澳门孔教学院院长，每周举行儒学讲座，阐发《论语》等儒典的章
句精义。

　　而康门文人中，陈焕章"独专力于孔教，尤为特出"⑤。陈焕章与梁启
超同为万木草堂高材生，任《知新报》主笔。他传播儒学，主要表现在：
第一，陈焕章在世界各地创设孔学会一百三十多处。例如，1899年在高要

---

① 徐勤：《日本横滨中国大同学校学记》，《知新报》第五十二册，1898年5月11日。
② 徐勤：《日本横滨中国大同学校学记》，《知新报》第五十二册，1898年5月11日。
③ 孔圣堂，1934年改名为湘父中学。
④ 许衍董总编：《广东文征续编》，广东文征编印委员会，1986年，第427页。
⑤ 卢湘父：《万森草堂忆旧》，《追忆康有为》（增订本），第181页。

创立孔教会、1907年在纽约创立孔教会、1911年在上海创立孔教会、1923年在北京创立孔教大学、1929年在香港创立孔教学院，等等。这些学校大多曾创办《孔教会杂志》，并定期进行有组织的儒学宣讲。香港孔教学院成立后，陈焕章又开办孔教中学，设中学、小学两部并任校长；香港孔教学院延办至今，为中华儒学儒典的传播贡献甚大。第二，陈焕章在世界各地宣讲儒学、孔学。1907年，陈焕章在纽约被全体华侨推举为中华公所所长，负责联络华人并进行儒学讲演。1927—1928年间，陈焕章在美国、欧洲、东南亚各地进行广泛的儒学宣传，在美国更是受到当地数百名华侨的迎接。1928年，在日内瓦世界宗教和平大会上，陈焕章被推举为世界宗教和平大会副会长，用英语在大会上宣读《礼运·大同》，用英语演讲孔子学说，当时各国报刊转载刊登，陈焕章由此受邀分赴欧洲、非洲等地演讲儒学。1929—1933年，陈焕章任香港孔教学院院长，除负责管理日常教务、设定教学课程外，每周亲自宣讲儒学儒典，听者每次皆数百人。陈焕章也有相当的儒学论著存世。例如，1910年，在哥伦比亚大学留学的陈焕章以英文撰写数十万字的《孔子门理财学》一书，以倡明儒学。此书后编入哥伦比亚大学法政丛书，数次重印并流行于世界各地。陈焕章也发表《孔教论》《论孔教是宗教》《论中国今日当昌明孔教》《请定孔教为国教书》等文。他主张推行孔学、设立孔教、以孔子纪年等，认为"孔教者，中国之灵魂也；孔教存则国存，孔教昌则国昌"①。陈焕章又作有《儒行浅解》诸文，阐发儒家修养、儒孔修行的基本要义。梁朝杰为《儒行浅解》作序时曾指出："孔门救人扶身涉世之要义，概括于是矣。通经训而致时用，陈博士此作有焉。""今以儒行导人，养成良士。由三五而

---

① 陈焕章：《论中国今日当昌明孔教》，《民国丛书》第四编第2辑，上海书店，1996年，第29页。

千百，由千百而光亿，群治赖是以兴，世道赖是以隆。"①康有为尝谓："任甫为吾救中国，焕章为吾传孔教。吾门人龙象分治。"②

概而观之，此阶段康有为、简朝亮这两支学脉对于九江学说的推进，形式表现虽不尽相同，却在内质表现与实质要求上一脉相承。九江学说发展于此，出现"合"的趋势与走向：两支学脉均重视并致力于中国传统旧学的发展，希冀发掘传统的力量，以此对抗外来文化入侵和光大中华文化。

朱次琦及其弟子对国学、儒学的重视，也引起对中国文学内向性的进一步挖掘与重视：一方面，朱次琦关于文学实用、关注世事的主张被传承，以康门弟子的理论倡导与实践创作为例，伍庄《美国流记》和梁朝杰《出云馆文集》等论著倾向于中西文化的对话与融合，罗普《东欧女豪杰》《铁假面离魂病》等论著鼓吹革命，而韩文举《人肉楼》更被学者称为是《狂人日记》的前奏，欧榘甲《观戏记》则言欲善风俗莫如先善曲本主张。又以梁启超为代表，其倡导小说界革命，以发挥小说支配人道的熏、浸、刺、提等感染力量；他倡导文界革命，以达致言文一、去塞求通效力；他也倡导诗界革命，以能竭力输入欧洲之精神思想，以供来者之诗料。对真精神、真思想的传播，成为这一时期文学的时代使命、实用价值以及康门弟子的共同推举。这推动了中国文学界中小说界革命、诗界革命、戏界革命的发展，带来了中国文坛上新派诗、新民体、新剧，也表现九江学说共同的对实用济民的一贯追求。另一方面，在传统言情基础之上，朱次琦的诗为心声、康有为的元气说及"艺者亦人道之要"等主张，发展成梁启超的"趣味说"、黄节关于诗学学科发展的探索以及梁启勋关于词学学科发展等的追寻，这些共同推动着中国文学向纵深变化。当中，

---

① 梁朝杰：《〈儒行浅解〉序》，陈焕章《儒行浅解》，孔教学院（香港），1991年，第1页。

② 陈汉才：《康门弟子述略》，第59页。

发展尤其丰富、多元、复杂的，是儒家诗教及新旧文体、新旧文学观念的同时存在。例如，梁启超既是诗界革命倡导者，又是同光体的实践者。而以梁朝杰为例，他在美国生活数十年但仍坚持文学要正音、雅词，强调雅词为贵，贵乎其正。在走向世界与中西化合之后，中国学说回归到关注本土与现代转型问题上，进一步新生与再造。故之，康有为学系上承自朱次琦为代表的中国传统诗学，下启维新改良时的文学三界革命及此后的白话诗文运动，展现了中国文学现代转型之肇端、关键以及转型之丰富多元、复调共生。

综上，三个时期不断推进，新的时期对前一时期进行传承、开拓、变革，当中既有传旧与守成，也有革新与创立。当然，历史的发展不会是单调与相同的重复，尤其是中国近代面临千年未有之变局，新与旧、古与今、传统与现代、东方与西方处于博弈与张力中。处于这样一个大环境中的学说与主张，自然会随时流变与发展，显示本身的复杂与多变。考察九江学说流变轨迹及其创变，立基当于此。

二、传承特质及其典型

就中国学说发展脉络来看，明清之前岭南学术文化氛围尚未形成，仍以中原文化为主导。明清时期官学、私学渐兴，尤其自道咸以降，中国学术于江浙渐衰而南粤转盛，学术重心渐次向岭南地区转移。王世理等学者指出，岭南学派远宗陈白沙、湛甘泉，近由劳潼、胡方、李绣子等人开其端，希古堂诸子继其后，陈澧、朱次琦、侯康、金锡龄、杨荣绪等盛其事，东塾之学和九江之学张其势，自康有为、黄节等人而影响波及全国。于此基础具体就九江学说的发展来看，以礼山草堂为据，朱次琦课徒授业二十四年，其宗经复古、实学济世、通时达变的修身治学主张、致力于汉学宋学的调和和四行五学说的倡导，经入室弟子简朝亮、康有为的承传而分化；至再传弟子梁启超、伍庄、黄节、邓实等人，继续裂变并先后演变为推扬新学融入儒学、倡导整理国粹、复兴古学。其中，四行五学说为这一脉三代人所继承。以四行五学说为核心，九江学说三代传人均重学孔子之学，并经由对孔子学说的不同阐释，衍化成一个具有明确思想主张、鲜明时代特色并具相当规模的学术群体。他们由此开一代风气，影响着中国近现代的文化变迁及文学转型。

康有为及康门弟子一身两面，既接受中国旧学的深刻影响，又在接受西学新知的沾溉中变革传统儒学。他们既由政治回归文学，又竭力以文学服务政治。康有为及梁启超、麦孟华、潘之博等数百人，对经学、西学同时受容，作万千文章于社会、政治、教育、传媒各个领域，直接影响着转型时期的中国文化与文学。以中国文学由古典向现代转型的特征来看，康有为、康门弟子具有代表性，既展现着创造主体的时代身份变化，又呈现出创作文本在内容与形式上的转型。另外，简朝亮弟子黄节、邓实等人，在传承师说时同样承中有变，开始主张文学新变。基于这一群体对中国文化和文学的重要意义，对朱次琦、康有为、梁启超、黄节为代表的三代人学说新变与文学转型作梳理考察，不仅关乎九江学说的传承与新变，也关乎中国社会巨变及学术思潮变迁。

为此，考察九江学说，需要注意其代际更新与传承裂变，以辩证眼光于"变"中把握"不变"，于"不变"中考释"变"。从学说具体发展来看，九江学说于传承中裂变，但从内部运动及旨归来看，却始终传承共同特质：在旧学与新学之间，以旧学为基础，对学孔子之学通时达变；在入世与出世之间，以实学为旨归，积极入世、济世救民；在审美与功利之间，以修身为根本，变化气质并坚守士夫道德人格。这既代表九江学说的风范，又是岭南近现代学风的剪影，并且基于康有为及其弟子于此一时期所产生的影响而具有了全国性深远影响。

以下，笔者着重从旧学与新学、入世与出世、审美与功利三方面，对实际化用学孔子之学和具体推衍四行五学，践行实学济世和通时达变、坚守变化气质和检摄威仪这三个问题一一加以考释，以展现九江学说之传创流衍及独有特质。

（一）旧学与新学之间：对学孔子之学的化用

近代中国社会内忧外患，导致政治、思想、文化诸方面的裂变，文人面临的不仅是文化转型也是身份转型。尤其科举试事废除以后，传统士人的生活方式被颠覆，安身立命之所也被推翻。清朝灭亡之前，部分文人仍为仕宦，部分文人则选择以文字为生，或从事报刊传媒、或从事自由撰稿，对自我身份与素质要求表现有了新的标准。儒家传统修身立世标准面临挑战，现代知识分子群体渐次生成。朱次琦生当晚清民国，西风东渐，新学日炽。第二次鸦片战争爆发后，以魏源等人为代表的新学思想出现，朱次琦却反对西学、仇恨西人。弟子简朝亮，所处时代与康有为相仿佛，却固执坚守朱次琦学说，乃至将朱次琦仇恨西人西器的成分进行不恰当乃至迂腐地强化。其中有个人学说选择与性格坚持，也有对传统文化的固执传承及深层次对民族文化的坚守——朱次琦、简朝亮均看到西学对中学的入侵，简朝亮尤其看到西学细划学科带来的弊端。况且，西学东传是以强横与侵略姿态到来的。就此，知人论世，或更妥当。也为此，梁启超总结中国学术思想变迁之大势，认为清代二百余年是中国的文艺复兴时代，学说由复古而得以解放。复古求解放，是梁启超对中西方文艺复兴特征的基本认识，也是九江学说一脉三代的基本学说特征与时代共性。

九江学说第一代，以倡学孔子之学，调和汉学、宋学并复归到先秦之古，代表了所处时代的学术发展及社会风尚。此为九江学说与当时社会学说相较之第一次流变，并以朱次琦为开山。朱次琦认为古之言异学者畔之于道外，而孔子之道隐，今之言汉学、宋学者咻之于道中，而孔子之道岐。他指出考据者不宋学而汉学，猎琐文蠹大谊，丛脞无用，治学饾饤破碎、空疏浮泛，至晚清则学术风气衰败、士人品行低劣。他提出以复兴古学来去除时弊，主张学孔子之学，从孔子学说中寻求立论依据。他既认为学孔子之学是复兴古学、实学，又从善人之道、非善人之道两方面对治学方法加以论辩。[1]朱次琦认为践迹而入于室是善人之道、深造之道、自得之道，并以孔门具体事例指出有善人、君子、圣人、民人、小人的差别，其中最高至境是圣人。善人是介于常人与圣人之间的一种人，善人不依循前人思想，能独辟蹊径、有所创新但不继承前人学说，学问难以到家。结合孔子述而不作、信而好古诸类话语来理解，从善人到圣人，重点在于习古好古。朱次琦既借此以说明宗经复古和学孔子之学的重要，也由此在接受心学濡染的同时，批判陆九渊所谓"宇宙便是吾心""六经皆我注脚"诸说均非古学之道、善人之道，阳明心学为此有害于道。在此基础之上，他提出定古经之正诠、屏群言之底滞，要匡谬正俗、辩伪得真，得孔子学说真传而反对主观解读经学。他本人身体力行，其经学思想影响其文学主张，为文不取桐城而上言秦汉，表现古谊古风、推崇典雅真挚、重视为己修心。

九江学说第二代传人，于学孔子之学基础上提倡"一归于孔子"，在大规模注解中进行儒学新诂。以对今文经学、维新变法的倡导为归，这一代学说传人提出"复原孔教""孔子以人为道""艺者亦人道之要"，推动诗乐一体、语言浅易俗化。以康有为为代表，为九江学说之第二次流变，展示出学说新变及得时代风气之先。具体来看，朱次琦以旧学为据，漠视甚至抗拒西学。而至十九世纪末，中学、西学之争成为继汉学、宋学之争之后更大的社会思潮，也成为需要面对的更大的学说挑战。自冯桂芬、薛福成、郑观应等人倡中体西用，魏源倡师夷长技以制夷，康有为既意识到世界格局进入各国竞争时代，西方文明不得以古旧之夷狄视之，也意识到对传统儒学作新诂与新注之必要与紧迫。中华文化如何传承，儒学经典如何为我所用，成为亟须解决与深入思考的重要问题。一方面，康有为批评韩愈道术浅薄，乃至宋、明、国朝文学大家巨名也皆空疏无有，主

---

① 简朝亮:《朱九江先生年谱》,《朱次琦集》(上)，第35页。

张"一归于孔子"——治学复归到孔子学说本身，要著孔子之真面目，追孔子讲学之旧；另一方面，传统的治经方法无以应对当下社会之需而必须变革，故而所谓"一归于孔子"非复朱次琦学孔子之学，而要"复原孔教"，实质是打着孔子与复古的旗号进行儒学新诂，并以此寻求儒学变革依据。

康有为无论是于1888年上书皇帝倡导变法，或是于1891年刊布《新学伪经考》，均将西学纳入传统儒学并重新阐释孔子学说。康有为既指出《论语》《中庸》《孟子》等先秦典籍中早已蕴含的西方人道之义，以为复古提供凭借，也强调孔子学说表现几何公理、有益人道，是本乎天命、明乎鬼神，并以人道为教。他认为凡在饮食男女、别声被色而为人者皆在孔教之中，推行孔教势在必行。他也强调欲救人心、美化风俗则唯有亟定国教，欲定国教则唯有推尊孔子，把设立孔教与中华文化传承相关联，认为孔教如果可弃，中国一切文明可弃，一切文明随之而尽，一切种族也将随之而灭。包括对于孔子的文艺主张，康有为也作了新的阐释，认为孔子"游于艺"的说法是近之以应世、远之以穷理、内之以娱情性、外之以张治教，故"艺者亦人道之要"。他尤其强调诗歌是人道所不废，是艺术之彰显，要像古时一般恢复诗乐合一以启迪人心，使人在"游于艺"中能如鱼之在水，涵泳从容于其中，得其理趣而畅其生机。康有为从近、远、内、外四个层面对人的修身立世作规范，也从应世务、穷物理、娱情性、张治教这四个方面对艺术的效用作阐析。他将世务、物理、情性、治教这四者视为治学之要并重情性发抒。"得其理趣而畅其生机"的美学关照，使其在论说文学艺术时，强调浅俗文风及诗词与人气之相属，文体表现人性情所乐好之必要。这表现启蒙人道主义与世俗人道主义思想的交融，也彰显中国近代人学思想的过渡特性，是披着古装演新戏、以复古为解放的表现。

九江学说第三代传人，以倡"古学复兴"和"文艺复兴"，回归本土与复兴国学。梁启超、徐勤、麦孟华、欧榘甲等再传弟子推崇诸子百家之学、推扬西方新学与觉世新民。此后梁启超主张国学复兴、黄节与邓实倡导国粹运动，影响着当时并启益当下，此为九江学说第三次流变。朱次琦再传弟子梁启超、黄节、邓实诸人中学、西学知识深厚，身体力行于融通中西及复兴优良文化。黄节批评宋代以来的学术丧失维系立国之精神，而至近代国人又在西方和日本的文明冲击之下，一心向慕西学和醉心欧化，导致中华国学进一步消亡。他指出国人奴于外族之专制固奴，也奴于东西之学说，认为学亡则亡国，国亡则亡族。他也提出引进西学、新学固然重要，但维系学术与本民族风俗习惯、历史价值之间的关联，才是更为核心的文化问题与使命责任。黄节既给"国学"下定义，又揭示了国学研究的历史使命。

　　梁启超用"复古和解放"描述清代学说流变。在《近世文明初祖二大家之学说》一文当中，他提出近世史与上世、中世特异者不一端，而学术革新其最著，有新学术，然后有新道德、新政治、新技艺、新器物。他认为近世学术革新以复古为职志，在《中国学术思想变迁之大势》中提出"古学复兴"[1]，认为西方古学复兴而开近世之治，中国也当将古学予以恢复。在《欧游心影录》《清代学术概论》等论著中，他对中国文艺复兴问题作了更为集中思考与更为深入探索，提出"中华国学"——"把自己的文化综合起来，还拿别人的补助他，叫他起一种化合作用，成了一个新文化系统"[2]。他认为社会日复杂，应治之学日多，"学者断不能如清儒之专攻古典，固有之遗产亦不可蔑弃，须以用新的科学方法将旧学分科整治，以撷其粹存其真，续前儒未竟之绪而益加以精严，使后之学者既节省精力而亦不坠其先业"[3]，世界人之治"中华国学"者亦有此凭借与依据。

---

①　梁启超：《清代学术概论》，《梁启超全集》（第十集），第291页。
②　梁启超：《欧游心影录》，《梁启超全集》（第十集），第85页。
③　梁启超：《清代学术概论》，《梁启超全集》（第十集），第217页。

邓实则提出"周秦诸子犹希腊七贤"[①]之说。在《国学无用辨》《古学复兴论》等文中，他倡导重视国学研究，以"保种、爱国、存学"[②]，强调"今日对于祖国之责任在研求古学，刷垢磨光，钩玄提要以发见种种新事理而增吾古学声价，以保祖宗旧有声明文物，以复三千年中华文化光荣"[③]。他认为欧洲古学复兴于十五世纪，亚洲古学复兴于二十世纪，由此进行大规模的古籍校勘整理，编辑《国粹丛书》《国粹丛编》《神州国光集》《国学教科书》《国学讲义》《美术丛书》等籍刊，身体力行于古学复兴。

综上，从九江学说流变发展，我们可以看到中国近现代学说的变化更替及其代际更新之必然与迅疾。以学孔子之学和四行五学说为要，九江学说经过三代传承出现的裂变，一代甚于一代，当中经过许多周折并至最后达至一个"合"字，可见一种学说发展之流变与往复，也可见中华儒学的顽强生命力及其与时俱进。

（二）入世与出世之间：对实学济世安邦的践行

易代之际，于九江学说流变中，三代学人立于时代先锋、把握时代脉搏，表现着对孔子学说的传承与创变，以及对兴国安邦、济世救民实学精神的践行。朱次琦认为割裂汉学、宋学不足于济世，不满于考据训诂之学，由此他被选为学海堂优科生而拒不入学海堂；而朱次琦从开馆日始即非遁世避世，也非止于考据授以虫鱼，而是为了启引后学读书明理、通达致用、救济时艰。

至康有为、梁启超及戊戌变法前后，中国社会变化进一步加剧，时变世运，变化莫测，家国漂若孤舟。在灭国危机面前，康有为认为传统旧学汩没心灵、不足济世，由此促成他离开礼山草堂别寻去路；梁启超认为

---

① 邓实：《古学复兴论》，《国粹学报》1905年第9期。
② 邓实：《国学无用辨》，《国粹学报》1907年第30期。
③ 邓实：《古学复兴论》，《国粹学报》1905年第9期。

康有为的今文经学及孔教主张不足以救世与适应时势，由此促成他的"吾爱吾师，吾更爱真理"，扬弃与变革其老师学说；简朝亮学说也经历被其弟子黄节放弃的命运。其中代表着个人的文化选择，亦代表着时代的必然递嬗——朱次琦四行五学说至康有为、梁启超、黄节之后，融入了新的知识内容并出之以新的知识结构，其内核表现的实学精神共同体现在受业弟子、再传弟子身上。崇尚实学、有用于世的主张，为这一脉三代学人共同坚持与忠实传承。如何积极用世、济救苍生，成为这一群体共同关注与持续思考的重要问题。无论康有为的万木草堂、简朝亮的简岸草堂、梁启超的时务学堂，初衷均并非培育科举试事人才或止于传承文章之学，而是直指救世济民的现实之需。实学成为九江学说中共同且突出的特质，推动着他们学说通时达变、与时俱进。

九江学说三代学人对实学精神的重视与履行，体现在实学济世、通时达变两个方面。以下就此逐一阐释：

首先，九江学说三代学人重视实学济世，具体体现在如下方面：

第一代倡导古学即实学，标榜四行五学：朱次琦年轻时就以"栋材未必千人见，但听风声便不同"自许，又以"我辈常人，分阴当惜。儒者所耻，一物不知"自勉与他勉。他认为治学要尚实、重用，发古之实学来教育弟子，认为孔子之学重实，以实为本，小则用以修身读书、大则用以经世致民。他所倡导的四行五学中，五学即以实用为旨归，提出经则万世修身而治国家之要道，史则以证经；掌故则自经史逮当时之故实，性理则本乎经、征乎史，察乎异学，辞章则酌经史文言而济当时。五学具有摒弃空疏浮泛学风的明确导向，重实修实践实功，以对用的强调作为对通的呈现。而就五学之间关系来看，经学处首要位置，六经是古人已然之迹，践迹六经之学，是实践孔子实学精神的首要要求和重要保证；史学之于经犹医案，治经治史不可偏废；掌故之学可得知古今政治、经济、军事、教育、水利、文物制度并用以经世；性理之学非空言，剪其繁枝，固经学之佐；至于辞章之学，纬之以文理，绘之以笔墨，善于序事，易于动听，使

千秋万世，永垂不朽。从用的角度，他强调以经通经、以史通史。清初重考证、士人埋头故纸而漠视经世的现象，被晚清救亡图存的时代主题所替代。五学与数千年来儒家实学文化一脉相承，代表了晚清民初对实学的倡导及以通经躬行来寻求救治之道的学说主张。

第二代学说传人，将四行五学学科化、体系化，并以维新变法来实用济世。

四行五学的实用主张，尤其为康有为传承。《长兴学记》中学规分为学纲、学科、科外学科，设置义理之学、经世之学、考据之学、词章之学，以"志于道，据于德，依于仁，游于艺"为学纲，学纲下又设德育、智育、剖记，后者又有体操、游历；"游于艺"中另包括礼、乐、书、图、枪等内容。①四行五学说成为万木草堂授学中的重要组成部分。康有为认为"本原既举，则历朝经世之学，自廿四史外，《通鉴》著治乱之统，《通考》详沿革之故，及夫国朝掌故、外夷政俗皆宜考焉。宋、明义理之学，自朱子书外，陆、王心学为别派，《四朝学案》为荟萃，至于诸子学派、异教学派，亦当审焉。博稽而通其变，务致之用，以求仁为归。"因此，对今文经学、阳明心学、佛学的涵养，导致他倡导文学实用功能的同时，进一步将此强化落实到张扬心力这一实用功能上。他"与诸子日夕讲业，大发求仁之义，而讲中外之故，救中国之法"②。这既是培育与增进学识，亦是涵养与导引心力。

第三代学说传人，倡导实学，身体力行四行五学并以"无用"之文学来救世安民：此中以"新民巨子"梁启超及其对新思想、新文体的倡导为代表。考诸梁启超学说及其对文学的态度，可见其经历了一个从认为文学无用到有用、从有用到觉世之用的变化。早年他轻视词章，认为词章乃娱魂调性之具，偶一为文可也，若以为业则玩物丧志，与声色之累无异。

---

① 梁启勋：《长兴学记》，《康有为全集》（第一集），第341页。
② 康有为：《我史》，《康有为全集》（第五集），第82页。

以实用为向导，梁启超认为偶尔为之即可，若以之为业则等同于为声色所累，并就此劝导谭嗣同等人。随着《时务报》的运作成功及所引起的社会效应，梁启超的文学观念发生很大的变化。1897年在《湖南时务学堂学约》一文中，他明确强调文章觉世之实用功效，提出："学者以觉天下为任，则文未能舍弃。传世之文或务渊懿古茂，或务沈博绝丽，或务瑰奇奥诡，无之不可，觉世之文则辞达而已，当以条理细备，词笔锐达为上，不必求工。"①朱次琦虽注重实用，但倡导的仍是传统的文章传世。康有为虽然开始重视文学的功能，却更多地在于实践中国传统文体。与朱次琦、康有为这两代人相较，梁启超明确将文章分为传世、觉世二种，并倡导觉世之文，为文功能被强化到新民觉世高度。梁启超进而提出诗、词、曲三者"皆陈设之古玩，词章家是社会之虱"②，主张诗歌要由雅而俗，认为要将文章从陈设之古玩而变为觉世之文，这是文学进化一大关键。1896年在《论幼学》一文中，梁启超主张以歌谣俚语等通俗文体启蒙民众，这种思想同样反映于其诗学。1900年他发起诗界革命，强调输入欧洲之精神思想，以供来者之诗料，用以革新国民思想。传播真精神、真思想，成为诗歌的重要时代使命与现实价值。而除了理论倡导外，梁启超也加以实践。他将康有为诗学重视心力、棒喝的一面，与引介西学、新民觉世之实用功能进一步糅合，以英雄刚健的诗意书写来启益众生。他认为，诗歌当须发挥棒喝作用，如维摩说法一般饶益众生，以破群聋、起沉睡。振发国民精神的同时，也导致对人价值的重视、对人格完善的美学追求。鼓民力、开民智、新民德及新民为今日中国第一急务，梁启超认为，人之所以为人，必保持其高尚之品格，以受他人尊敬然后自存。个人之人格然，国家之人格亦然。而这与朱次琦美教化、厚人伦主张相通，也与康有为述国政、陈风俗的主张相承，就此，诗歌实用功能进一步强化。由此可知，经世实用

---

① 梁启超：《湖南时务学堂学约》，《饮冰室合集》文集之二，第27页。
② 梁启超：《湖南时务学堂学约》，《饮冰室合集》文集之二，第27页。

始终是九江学说的核心价值标尺，也代表当时中国社会共有的对文学实用风尚的推崇。

其次，九江学说三代学人重视通时达变，具体体现在如下方面：

三代学人，就"用"而言，从形而下层面观之，一代比一代学说变异更大，乃至第三代传人，其所倡导及践行的从旧学变成新学，从儒学变成西学。但是就"质"而言，从形而上层面论之，三代学人却始终有着不变的坚守——学孔子之学，始终未放弃对旧学、中学、古学的传创。在新旧、古今、中西的博弈中，起承转合，最终汇合，殊途同归。九江学说的独特魅力，也正在于其为中国近现代独有之流变学说，通过三代学人之对比互勘，恰恰反映中国近现代学说的流衍，以及其中不可忽略的历史动因、深层的民族文化心理及共同的文化选择。

可以看到，九江学说的后一代传人，不断否定前一代传人的学说，但这个变与破坏，又是建基于对前一代学人学说初始服膺与继承基础上。而且，当事人往往自陈一生学问多半来自前一代学人，此可谓否定中之肯定——无论是朱次琦之于康有为，康有为之于梁启超，还是简朝亮之于黄节。另外，考诸后一代学人对前一代学人学说之变革，往往与前一代学人之授业与教诲密切关联，而非只是外在力量的突然干扰与敌视抗衡。例如，康有为拜师朱次琦之后，产生"圣贤为必可期、天下为必可为"的思考，此后他离开礼山草堂，就是为了要像朱次琦期待的那样成为有用于世的圣人。又如，梁启超拜师康有为之后才得以接触西学，得知天下国家大事，此后他成为新民巨子、成为传播西学新知的时代弄潮儿，就是在康有为的深刻影响下，而此前梁启超的求学只止于旧学与帖括之学。又如，黄节拜师简朝亮之后，接受旧学并为此后倡导国粹运动打下学术基石；没有简朝亮的引导，黄节之国学根柢如何，无法估量。故此，三代学术之变，乃立基于对孔子之学与实学济世等思想不变的深层传承之上。而由于通变、独立治学的思想主张，他们往往在前一代基础之上，转而出新后一代的变。此中关系，典型展示出易代之际中国学术的复杂与矛盾、丰富与厚重，此也迥异于五四以后新一代学人的知识成长与学说发展。而如果将九江学说传承中的三代学人之学说作梳理，可以得知：变与不变实际上同时孕育于三代人的学说中。只不过三代学人均顺应不同的社会发展，各自完成自身学说使命与社会责任，接力棒传递给下一代人之后退居二位。但是，毋庸置疑，在破坏的废墟上所建立起的新一代学说及其传人，虽然比前一代学说及传人更能顺应时代发展与社会变化，却并没有彻底摆脱上一代学说及传人的深层思想影响。前一代学人的学说主张也成为下一代学人新变与创造的立基处与出发点。

九江学说的魅力，正在于其变与不变之间的选择、坚守及其中所表现出的张力。九江学说之流变，具体经由如下三次变迁：

第一次流变，以学孔子之学来调和汉学、宋学之争，以四行五学来救治心学之弊并雅化文学。朱次琦早年求学于广州羊城书院、越华书院，受上古儒学及岭南实学影响，此后又正逢汉学、宋学论争。汉学重"我注六经"，宋学重"六经注我"。清儒认为宋学过于重义理阐发而脱离其至歪曲经典原义，故而倡导汉学并重视训诂考证，乾隆至道光年间发生两次大争辩：一次为开四库馆编修，一次为阮元创学海堂、刊刻并序《汉学师承记》，由此汉学鼎盛，争辩大起。朱次琦被选为学海堂专课生却推谢不赴。他倡导学说融通，一方面肯定汉儒整理经典的贡献，另一方面也尊重宋儒释经的成就，明确提出要会通汉学、宋学，主张从不同角度认识五经，通过《易》掌握万物变化尤其是治理国家之理，通过《书》察觉治乱之法，通过《诗》辨别雅正狎邪之道，通过《礼》分别圣人为人处世之理，通过《春秋》而见圣人刑政狱讼之法。这种经学思想，也影响了朱次琦的礼乐观与文学观。他认为《乐》亡而不亡，存于《诗》存于《礼》，要善于体悟。他也认为文学创作应该向古人学习，既学习精神内容，也学习为文雅化。可知朱次琦的文学主张，仍更多传承"藏诸名山"的中国传统。

九江学说第二次流变，以"孔子改制"来疑古疑经，以今文经学来

维新变法，并推崇诗乐一体、文学俗化。儒家经典研究产生今文学派、古文学派二派并互相抗衡。康有为认为古文经学都是伪造的，对古文经学发起猛烈批判。为了还原孔子的经学原义，康有为认为应该从三个方面治经解经：第一，排斥宋学，以其仅言孔子修己之学，不明孔子救世之学也；第二，排斥歆学（刘歆之学），以其作伪，诬孔子误后世也；第三，排斥荀学（荀卿之学），以其仅传孔子小康之统，不传孔子大同之统。《孔子改制考》《孟子微》《论语注》《春秋笔削微言大义考》《大同书》等论著，强调孔子为受天命的素王并由此托古改制，将日渐式微的儒学与专制政体分离并融入西学新知，为中国维新变法奠定理论依据，其"能为大胆的怀疑解放，斯亦创作之先驱也"①。简言之，康有为把公羊说中的三世说、《礼记》中的小康大同说与近代西方的进化论思想融合，认为社会历史进化沿着据乱世到升平世再到太平世的轨迹，由君主专制向君主立宪再向民主共和发展，文明一世比一世进步，进而达到太平大同极乐世界。三世说打破了传统"天不变，道亦不变"的历史论调，将孔子神圣化与资产阶级化，认为孔子之道本在仁、本于公而与时进化，其三世说表现大道之真等等。在突出政治理念、实用济世的同时，康有为以"孔子以人为道"来倡导今文经学、维新变法，以"艺者亦人道之要"来推导文学普及、语言俗化。这代表康有为所处时代的学说新变，也展现康有为得风气之先与引领一代风潮，此为九江学说与当时社会学说相较之第二次流变。

九江学说第三次流变，以新民觉世为己任，打通古今，化合中西并推动学说与文学新变。梁启超、徐勤、麦孟华、欧榘甲等再传弟子推崇诸子百家之学、推扬西方新学与觉世新民，此后梁启超关于国学复兴的主张、黄节与邓实关于国粹的主张，均影响着当时并予当下以重要启益与表率，此为九江学说与当时社会学说相较之第三次流变。而在旧学与新学、中学

---

① 梁启超：《清代学术概论》，《梁启超全集》（第十集），第293页。

与西学问题上，梁启超迈出更坚定的步伐，专力以新民觉世为己任，所主办的《时务报》《新民报》《新民丛报》等报刊，大量宣传西学新知、维新改良。梁启超发表《变法通议》《论中国积弱由于防弊》等大量文章，不遗余力宣传西学、推扬变法，并且强调"变"之重要。他提出中国要强盛必须变法，必须要大力引介西学，学习西方政治、经济、文化制度。维新变法时所主张的改革政府机构、兴办工矿企业、开办新式学堂、翻译西书传播新知、创办报刊开放言论等新学主张，为梁启超进一步倡导与发展。梁启超新民觉世的治学主张，同样深刻影响九江学说的流变与发展。

（三）审美与功利之间：对士夫道德人格的坚守

就审美与功利之间的选择与变换来看，九江学说传承与流衍中之变化气质，尤其可见三代学人对中华千年儒学之内圣思想的传承，以及对于士夫道德、文人品质的坚守。

中国传统士人多秉承"隐居以求其志，行义以达其道""有道见，无道隐""存其心，养其性""穷则独善其身，达则兼济天下"的儒学思想，其中对仕与志的倡导，更多突出强调的是替民作主、代君分忧。近代中国，以门第血缘为维系的社会结构及身份认同机制被打破，士人处于由传统向近代的历史转型期，渐向现代知识分子过渡，承担了更多爱国救亡、思想启蒙的使命，也表现出更多对个体自由、民主、正义的呼唤与追求。以康有为及其弟子为代表的士，发起维新改良运动，促成近代中国思想解放。而这，使中国士夫关于气节品性的修炼与坚守，呈现出变与不变的双重特质，并体现于文学创作当中，影响着言志言情传统的书写与变革。

就中国文学发展史来看，自先秦而来的诗言志传统，奠定了中国传统文学基调。诗歌作为一种文体，与社会政治、思想、文化的发展密切相关。士以天下为己任影响着中国数千年文化，诗言志传统也影响着中国传统文学，学说肩负着经世安民的重要使命与责任，文学所充当的教化作用也远大于文学的审美影响。十九世纪末二十世纪初，中国社会处在一个重

要的历史转折时期，中国文学亦面临着重大变革。戊戌变法失败后，康有为、梁启超逃亡海外。从社会历史的发展看，变法为了维新，变法失败的原因也在于维新。在新与旧的较量中，作为领导潮流的先驱者康有为和梁启超，较之传统文人及同时代的一般文士，自然具有更为广阔开放的胸怀和革新意识。但是，为求一身两面，康有为、梁启超既由政治回归文学，又竭力以文学服务政治。因此，在文学活动上，康有为、梁启超的变革和创新，着眼点却仍在于旧——旧的形式与旧的风格。这就是创始必须传旧的意思。

在相当程度上，康有为及其弟子左右着时代的风气，他们是历史的产物，也创造着历史。作为政治家兼诗人，康有为及其弟子以诗人的眼光看政治，表现文学对政治的想象，也体现美学与政治的联系。作为儒学的承继与创变者，康有为及其弟子一方面着重诗以言志，一方面重视诗以言情。正如陆机《文赋》中以"诗缘情而绮靡"标举纯文学的唯美、严羽于《沧浪诗话·诗辨》中宣称"诗者，吟咏情性也"一般，康有为及其弟子以诗言志，表现对道德的追求、圣贤的向往。同时他们又表现言情的需要，强调个人觉醒所带来的对自由、民主、正义的向往。以关于士不遇主题的书写为例，这一群体一方面延续了士不遇主题的传统文化精神，另一方面展现出张扬自我、崇尚人本关怀的近代特性，以及强烈的忧生忧世情怀、不可为而为之精神。以士不遇主题考量康有为及其弟子的创作，是考察近代士不遇主题审美特征的重要维度，可以更好观照近代士人的身份认同变化。

大要论之，基于时代精神与社会变迁的影响，康有为及其弟子的创作沿革传统基本审美特征，呈现深厚的历史文化渊源，又接受近代思潮的影响，呈现个体对自由意志与独立精神的向往：一是意境新造，浸染与体现时代危机；二是为己而歌，表现为不遇人生哀叹与新变；三是人格呈现，表现为不可为而强为之顽强抗争。他们既在内容上为文学为己而作开拓了更大的变化空间，也同样带来实践上一定的形式新变。其中，言情为己之审美特征由传统向近代递嬗，士夫身份认同也发生时代变换。

第一，意境新造：时代危机的关注与书写。

九江学说三代学人中，康有为及其弟子梁启超、谭嗣同、林旭、徐勤、韩文举、邱炜萲、罗惇曧、梁朝杰、刘翰棻、麦孟华、潘之博等人，身份复杂、运命坎坷。这一群体大都曾遇于君主、遇于伯乐、遇于时世。例如，康有为获张延秋、张之洞之礼遇，也中进士并受主知令其维新改革。梁启超、谭嗣同、林旭、邱炜萲等人少年高中，为康有为引为得意门生。其中，梁启超先后受李端棻和袁世凯赏识；谭嗣同和林旭于戊戌变法时为光绪帝授予四品卿衔，参与新政。这是遇的一面。但另一方面，康有为及其弟子都曾经不遇于君、不遇于世、不遇于时，康有为三试童子试不售，六试乡试不捷；四十二岁参政变法，仍为守旧派仇视排挤；维新变法失败后亡命天涯屡受刺杀；辛亥革命后策动复辟，再次失败并再受剿杀。梁启超五试不售；变法维新时不受重用；变法失败后有心革命不得行施；辛亥革命后二度出任阁员，却只被利用。谭嗣同、林旭更为变法失败而抛洒头颅、捐献生命。余者如韩文举、刘翰棻、罗惇曧、麦孟华、潘之博、梁朝杰、陈涛、伍庄、陈焕章等人，戊戌变法及保皇事业失败后，或默默无闻以度日，或贫困凄清以终生，或仍于仕途却疲于奔命、抑郁难伸。

社会生活中本身就伴随着遇与不遇，士人阶层也面临仕与隐的思考。仕与隐，向来展现了中国文人复杂矛盾的处世观，也表现了中国文人对自我身份与价值的认同问题。以诗人之眼反观政治，康有为及其弟子以文学书写人生苦痛，所作虽各具特点但都呈现哀物悼世、沉郁苍凉的特质。他们抒发事业困阻、理想受挫的一己苦痛，鲜明彰显言情为己的士不遇主题，展现飞扬的人文情怀与身份认同。与一般文士的创作不同，康有为及其弟子以政治家兼诗人的身份进行文学创作。由于所念想非限于一身之功名利禄，也非止于一己之荣列天子门墙，而更多对异邦入侵、民族国家的深切忧患，因此他们的文学创作反映的题材丰富、内容开阔、意境雄浑。

而其中不遇书写除表现一己感愤外，更与时局紧密相连，表现了文学对政治的再现与想象，并区别于传统的意境呈现。因此，从康有为及其弟子不遇于时、不遇于世、不遇于君的遭遇，总结出这一群体的布衣之愤、逋臣之恨及遗民之忧，只是从表层意义上解读康有为及其弟子的一己之忧，其文学创作中士不遇主题所蕴含的深层生存危机、信仰危机与道德危机，具复杂的社会背景与典型的时代特性，表现出意境新造的一面，代表近代士群体的身心漂泊、事业缥缈、命运无定，或也折射出中国近代社会特有的生存危机与时变世运。

一是关于不遇之生存危机：家国苦难与异族入侵。家国兴亡之感，历来为文人重视并融入文学，中国近代文学中家国兴亡之感更被反复咏叹。而且，中国近现代所表现出的家国之感与传统迥异，是西方异族入侵后，带来的深重民族忧患与家国危机。同时代中，陈三立在《梁鼎芬诗集》中就说："吾不敢谓梁子已能平其心一比于纯德，要梁子志极于天壤，谊关于国故，掬肝沥血，抗言永叹，不屑苟私其躬，用一己之得失进退为忻悒，此则梁子昭昭之孤心，即以极诸天下后世而犹许者也。"[①]陈三立又有"国忧家难正迷茫，气绝声嘶谁救疗"[②]"归携亡国恨，就卧看云床"[③]一类诗句，诉说家国身世的痛苦与凄楚。康有为及其弟子所念想非限于一己之功名利禄，也非止于一己之荣列天子门墙，而更多忧患于覆巢之下无完卵；其不遇哀叹，非止于一己之忧生，而与异族入侵的痛楚紧密相连，承载着时代所共有的生存困境及家国苦难。而且，此类题材相较之下，在康有为及其弟子的文学创作中具相当篇幅。

二是关于不遇之信仰危机：意识重构与文化认同。康有为及其弟子

---

① 陈三立：《梁节庵诗序》，《散原精舍诗文集》，上海古籍出版社，2003年，第825—826页。

② 陈三立：《由峭庐寄陈黄谭》，《散原精舍诗文集》，第820页。

③ 陈三立：《雨霁崝庐楼寓兴》，《散原精舍诗文集》，第823页。

积极融通儒家、佛学、西学思想，以望积极救世。面对西方文化的先进与科学的发达，近代中国人除了感到震撼外，更多感受到文化的尴尬、思想的博弈。而于中西古今文化的差异与碰撞中，更易面临意识重构与文化重新认同问题。随着清廷的灭亡，传统儒家话语建构的失败，社会处于意识形态的空虚期，士夫陷入深刻的文化危机中。康有为作为中国古典哲学的殿军人物，虽早年具有强烈的反经叛道思想，亦一度醉心西学，但当儒家文化渐被边缘化时，康有为竭其所能，力而保之。其《补德国游记》等诸多论著，在肯定德法等国文化繁盛的同时，极力强调中国数千年文化远胜他国，认为有志之士应奋发图强，保护与发展中国传统文化遗产，使中国文物之冠于大地。随着清廷的灭亡，传统儒家话语重构的失败及半殖民地化的深入，中国近现代社会彰显出文化萎靡没落的空前危机。与以往遥思先帝、忠君保国的政治遗民不同，清朝灭亡后，士夫除了成为政治遗民之外，更成为真正意义上的文化遗民。如此，"生活在晚清与民国两个朝代，对于知识分子来说，就必然存在着一个文化认同的问题"[1]。在时代激荡复杂的中西古今、传统现代文化面前，其必然经历着文化认同的苦痛。康有为及其弟子文学创作中不遇主题的意境呈现，即表现出中西古今文化冲突与意识重构下的信仰危机。

三是关于不遇之道德危机：纲常沦失与道德重建。中国近代社会的生存危机、文化危机的出现，必然导致道德危机的到来。帝制终结代表权威"天命"的结束，原来靠人伦礼乐组织的国家被摧毁，取而代之的是对"民心""民意"的倡导。但现代政治国家的建立，民众权利与义务意识的形成都需假以时日。而新兴共和国的四分五裂，各地军阀的混乱争权，各派政客的党戕异伐，都使政治权威旁落，天下秩序崩溃，数千年中华民族的廉耻道德被毁弃。康有为及其弟子内心沉潜着深层的文化危机意识。

---

① 彭玉平：《王国维、陈寅恪文化遗民心态辨析》，《广州大学学报》2011年第1期。

但他们并非简单停留在对旧朝代灭亡后旧文化的悼亡伤逝，而更多站在建设与重构的立场，痛心于传统文化特别是以仁为核心的伦理道德的沦丧，以及由此产生的人心坏、世俗薄的局面。为此，康有为及其弟子诗词的不遇主题的意境呈现，又与纲常沦失与道德重建的社会道德危机紧密关联。康有为及其弟子深刻反思并清晰意识到，中国要想摆脱道德危机局面，走向社会有序治理，必须对人心进行改造。改造的核心，首要的就是重构社会道德。康有为生平虽多为人诟病之举，如妻妾满堂、西安窃宝、广置私产、浪用无节等，然以知人论世看，其大抵还是遵行了儒家"大行不顾细谨"的纲常准则：其"仪表端庄，举动凝重，从无文人不修边幅之陋习"①；重感情，为人"古道热肠""敢说大话，敢负责任"②。其亦守礼法古，于祖父逝世时"三日水浆不入口，百日内食盐菜""白衣不去身，不肉食，终是岁"③；他早期著述如《长兴学记》《万木草堂口说》《实理公法全书》等，就很注重德育教学，强调变化气质、检摄威仪、惇行孝弟、崇尚任恤等传统思想道德；门下弟子受其熏陶"皆容止可观，进退有度，无佻挞儇薄之状"④；流亡后所作《孟子微》《大同书》等书取西方道德之长，对社会新道德理想提出憧憬，并仍视"仁民爱物"为道德最高境界。而康有为所提出的虚君共和，在意的也并非清廷一家之兴衰，而是认为政制设计需要创新，但亦须尊重民族的现实与文化，从历史文化中获得合法性与延续性，以保持社会的稳定与人心的心定。因此，康有为主张重建权威，认为权威的重建能维续政治秩序与伦理秩序。所着眼的，仍在拯救人心陷溺，重建道德伦理。

第二，人格的呈现与书写：以社会良知自况。

---

① 夏晓虹编：《追忆康有为》（增订本），第379页。
② 夏晓虹编：《追忆康有为》（增订本），第276页。
③ 康有为：《我史》，《康有为全集》（第五集），第62页。
④ 夏晓虹编：《追忆康有为》（增订本），第379页。

文化与政治具有不同性，亦具有相通性。王国维在《人间词话》中就政治家之眼与诗人之眼进行过论析，认为政治家之眼"域于一人一事"，而诗人之眼是"通古今而观之"①。政治家以逻辑思维言说政治，故所作诗词域于一人一事，而诗人以形象思维观政治，所作诗词能突破一人一事，一时一地，所表达的情感也能穿越时间与空间，具有宇宙观与普适性。但诗人与政治家之间并非完全对立。例如，《离骚》的创作就表现出文学与政治的完美结合——虽行文和抒情都带有浓郁的政治色彩，但屈原以诗人之眼看政治，叙述美政理想并抒发理想破灭后的痛苦与悲怆，具有极高的文学审美价值。同样，康有为及其弟子以诗人的眼光看政治，以感性的诗词呈现丰富的内心世界，虽叙事和抒情带深重的政治色彩，参政的功利意识也浓得难以化开，但其不遇书写展现出人性真实的一面，具有深刻的人文理想与超功利的终极关怀。王国维曾评李后主之词乃"以血书者"②，康有为及其弟子诗词中的士不遇主题实亦以血书之，由此堂庑乃大。从为时为事角度看，以诗人之眼观政治，对政治与社会进行反观，表现作为先时人物、在逃逋臣、文化遗民的政治思想与文化意识；从为己为人生角度看，对运命与际遇中的生存危机、信仰危机及道德危机进行反思，表现自我之政治人格、伦理人格与审美人格，并寄予浓厚的"知其不可为而为之"的人格精神，以及对君子精神的追求与葆有。

萨义德《知识分子论》一书，曾对"知识分子"作过阐释与定义，指出知识分子是有能力向公众以及为公众来代表、具现、表明讯息、观点、态度、哲学家或意见的个人。在萨义德的定义里，知识分子是公众利益的代言人，应当对抗而不是制造正统和教条。在面对任何违反自由和正义的行为，知识分子不为政府或集团收编，而能勇敢指证、对抗。中国近代社会，传统的士之所以过渡成现代知识分子，正在于其不是为正统服务，亦

---

① 彭玉平：《人间词话疏证》，中华书局，2011年，第335页。
② 彭玉平：《人间词话疏证》，第364页。

不轻易被政府或集团收编，而是在捍卫个人意志与独立自由的同时，勇于代表公众指证、对抗任何违犯正义、自由的行为。康有为及其弟子这一群体从传统士夫向现代知识分子过渡，是近代新人学思想的代表者。他们曾积极倡导现代人格的建构，也曾勇敢地为己身、为民众捍卫自由与民权。康有为及其弟子的文学创作表现了以现代启蒙精神与人本意识，对自我身份及自我价值的反思与批判。而对人的启蒙与人的解放的追求，使他们在一己不遇面前，对书生报国之身份、一己生命之价值以客观审视、深刻反省。康有为及其弟子处于传统士向现代知识分子的转型与过渡期，他们在身份认同上处于复杂而矛盾的发展变化中。当康有为及其弟子以现代启蒙精神与民主意识审视自我身份及自我价值时，往往对平生经历予以怀疑与否定，陷入矛盾与痛苦中。前后观照康有为及其弟子的不遇，作为个体主动的人生选择与事业追求，其知其不可为而为之的用世理想与建功渴盼，决定了其人生悲剧命运的必然发生。但在传统良知理性与现代国家民族意识面前，康有为及其弟子又始终难以忘情社稷，坚守士之为社会良知的使命，明知不可为而为之。

杏坛遗芳，绵泽百年，
学归孔子，求志达道

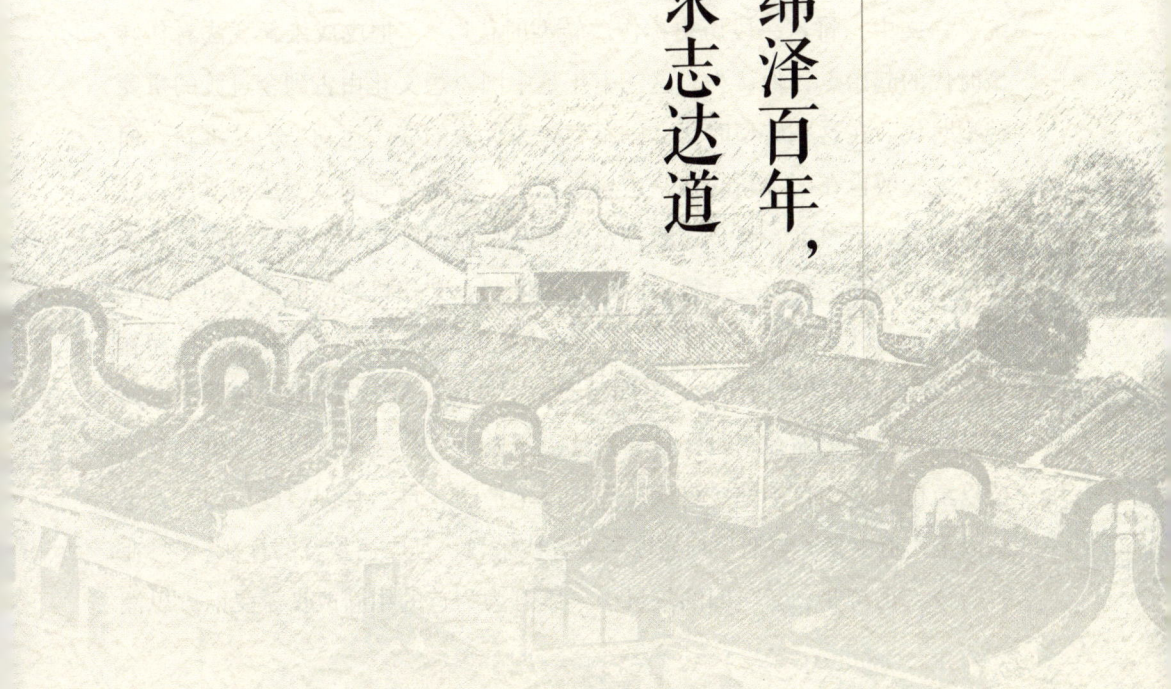

十九世纪末二十世纪初，中国社会处于重要的历史转折时期，中国文化、传统价值观念也面临着千年未有之大变局。有学者指出："无论儒家建制在传统社会具有多大的合理性，自辛亥革命以来，这个建制开始全面地解体了。儒家思想被迫从各个层次的建制中撤退，包括国家组织、教育系统以至家庭制度等。"①对于辛亥革命发生之前，戊戌维新运动及中国社会转型问题，李泽厚、张灏、王汎森、黄克武、许纪霖、桑兵等学者，有过系统深入研究，予人以重要启益。其中，张灏在《幽暗意识与民主传统》一文中，将这一段历史称作"转型时代"②，把戊戌维新变法看作转型时代的起始点，他认为，这三十年是中国思想文化由古到今过渡的重要转型时代。在这一转型时代，以康有为为代表的变法运动是为了维新，而变法之失败也在于维新。在一定意义上讲，维新与守旧，变法与改良，并非仅仅是对于政治、经济、教育、军事及官僚制度等多个层面的改革或者改良，而是有关宪政乃至整个国家政治体制、文化机制等的重大问题。正如冯天瑜先生指称："近代化是一个传统的转轨过程，充满着变异和新生。"③也诚如鲁迅描述的，五四运动发生之前："中国社会上的状态，简直是将几十世纪缩在一时：自油松片以至电灯，自独轮车以至飞机，自镖枪以至机关炮，自不许'妄谈法理'以至护法，自'食肉寝皮'的吃人思想以至人道主义，自迎尸拜蛇以至美育代宗教，都摩肩挨背的存在。"④在古与今、正与变、新与旧的较量中，康有为为首的维新改良派受西方思潮

① 余英时：《现代儒学论》，上海人民出版社，1998年，第242页。
② 张灏：《幽暗意识与民主传统》，四川教育出版社，2013年，第16页。
③ 冯天瑜：《中华元典精神》，上海人民出版社，1994年，第18页。
④ 鲁迅：《随感录》，《鲁迅全集》第一卷，人民文学出版社，1981年，第344页。

与文化的影响，在文化认同、身份认同上发生重要改变，较之传统文人及同时代的一般文士，以更为广阔的开放胸怀、更为强烈的革新意识和更为先进的宣传工具引发社会巨变，使戊戌维新运动成为中国社会转型时代的起始点。

钱穆在《中国学术思想史论丛》中，提出："是子襄虽亦主融汉、宋，而与陈东塾之见复异。东塾之旨，在融朱子于康成；九江之论，则在纳康成于朱子。"[①]熊十力在《与燕大明》一书中，评价朱九江是真醇儒。冯炳奎在《六祖传灯至中山建国——岭南学脉自六祖白沙甘泉九江至中山先生的一贯》一文，以"创复儒家人格"[②]，来评价朱次琦的学术思想与影响。1918年，严复给时任江西教育厅厅长的熊纯如去信，有云："不妄垂老，亲见……民国与欧罗巴四年亘古未有之血战，觉彼族三百年之进化，只做到'利己杀人，寡廉鲜耻'八个字。回观孔孟之道，真理同天地，泽被寰区。此不独吾言为然，即泰西有思想人亦渐觉其为如此矣。"[③]严复又提出："今夫社会之所以为社会者，正恃有天理耳，正恃有人伦耳！天理亡，人伦堕，则社会将散……往自尧舜禹汤文武，立之民极，至孔子而集其大成，而天理人伦，以其以垂训者为无以易……为国家雨过天晴者，与之同道，则治而昌，与之背驰，则乱而灭。"[④]正人心、沥德性，仍是提升人们道德水准的重要事项。从朱次琦到康有为、简朝亮，再到黄节、邓实、梁启超等人，学孔子之学所产生的九江学说，是一条致力于中华儒家伦理道德转换与传承之路。在这一条漫长的传承与创新之路中，他们显然意识到了建立国民道德品性、社会礼仪德性的必要，并且以对学术的探

---

① 　钱穆：《中国学术思想史论丛》（卷八），第314页。

② 　冯炳奎：《六祖传灯至中山建国——岭南学脉自六祖白沙甘泉九江至中山先生的一贯》，《广东文献》第1卷第1期。

③ 　严复：《与熊纯如书》七十五，《严复集》第三册，中华书局，1986年，第692页。

④ 　严复：《论教育与国家之关系》，《严复集》第一册，第168页。

讨、救世的探索，作出自己在特定时代的一定努力。他们要构建的，是一种能适合当时社会发展、人心救治的儒家伦理纲常。

概而论之，以文人身份参政，朱次琦及其弟子康有为，以及其再传弟子梁启超等人，既由政治建设回归到文化建设，又竭力以文化服务政治。尤其康有为、梁启超等人的努力，对于中国近现代社会产生深刻影响。对于康有为及其弟子的文学改良运动，关爱和、袁凯声的《论中国文学的近代转型》[1]一文提出自己的看法，认为在这一场文学改良运动中，中国文学借助新引进的西方文学理念与范式，对几千年来中国古代文学形态的发展与内容的新变问题进行思考，最终对旧的文学体系进行了有选择性承继与发展，使近代文学由此呈现出新旧杂糅的特性：古与今、新与旧交汇，多重意识与多重形式混合。"不断粉碎传统的旧文学体系"所展示的，是转型过程中面对传统的强大以及未来的不确定时，思考的痛苦、选择的艰难。也正是由于传统与守旧势力的强大，康有为及其弟子无论是对政治的经营还是就文学革命的提倡，都脱不了传统的影响，呈现由传统到现代，承上启下的鲜明过渡色彩：政治上变法以维新，文学上创始而必须传旧。这就使得他们在提倡维新的同时，仍然将着眼点放在旧的形式与旧的风格上。

古与今、新与旧的演变与交织，无非是正与变、分与合的博弈。正，即是中华传统文化及其文学中所谓的大雅正声；变，则是相较于正之外的别调。就思想文化的创作与主张而言，相对于正的概念是合，相对于变的概念是分。合，是为着维护其正统地位，往往表现出保守的一面；分，则是对正统地位的挑战。因此，对于近代转型时期，有学者称，这"既是新的进步的文学萌发、生成、不断探索前进的过程，也是旧的封建正统文学延续、挣扎，逐渐萎缩、收束的过程"[2]。

---

① 关爱和、袁凯声：《论中国文学的近代转型》，《文艺研究》2013年第11期。

② 关爱和、袁凯声：《论中国文学的近代转型》，《文艺研究》2013年第11期。

就中国传统思想文化的发展历史及其近现代转型来看，所谓正与变、合与分，所指即是守旧与始创二事。而中国近现代思想文化的正变合分，蕴含在内容与形式两个方面。当中，所谓现代性的转型，主要是在思想内容上，以所谓的现代性对传统思想文化、道德观念进行转换及新变。而每一种思想文化、价值观念都有其独特的传统、基本的范式，使之区别于其他民族文化而独立存在与表现。

一种国民思想文化的创造，实际是一种综合基础上的提炼与创变。为了实现这样一种综合与创变，"所需要的文化因素必须是现成的和可资利用的，否则便不可能形成这种综合"①。作为思想文化、道德观念、文学创作的起点，对于传统思想的尊重和把握，是首要的，也是必需的，这就要求传承者具备基本的民族文化传承意识。所谓"民族文化传承意识"，大抵来说，指的就是传承者在创作过程中，自觉地意识到一种思想、文化原本有的审美规范、基础传统、优秀基因，以及其与其他民族思想文化、观念主张、人伦思想等的区别所在，进而尊重它和自觉地运用它。

思想道德、文化观念、价值传统的变革，需要历经漫长的社会历史进程。朱次琦、康有为及其弟子、简朝亮及其弟子生在中国社会千年未遇之转型时期，在时代风云急剧变化下，他们经历和而不同的人生遭遇、拥有和而不同的身份认同、形成和而不同的思想主张与文艺倾向。这一群体的学说，虽然存在变化却始终贯穿着一些共同的特性：学孔子之学和四行五学。学孔子之学自朱次琦所授受，经由康有为、简朝亮这二支重要学系的广泛衍播。学孔子之学及其中复古主张为康有为所承继，经由廖平等人的今文经学启迪后发展为对孔子改制考、大同说的主张。康有为所推尊的孔教立国，虽然已然异于朱次琦，但从学说思想与发展脉络来看，仍是对学孔子之学的一种传承和发展。朱次琦的四行五学，所指向的学说义理，也

---

① 　[美]莱斯利·怀特著，曹锦清等译：《文化的科学》，浙江人民出版社，1988年，第33页。

与立德、立言、立功为代表的中国数千年儒学密切相关，自先秦而来，且又被康有为、简朝亮所承继与发展。

诚如冯天瑜指出："以往的近代化理论，多强调近代化过程及其结果与传统的巨大差异，强调近代化与传统间的鲜明对照，这当然是十分必要的，缺乏这种对照则无以确立近代与古代——中世纪之间质的区别，也就失去前进的目标；但是，在论及近代化时，我们如果忽略今与古的血肉相关性，便会失去前进的依据。"①审视九江学说的传承与流衍，当作如是观。而大致说来，自维新变法失败，以康有为、梁启超、徐勤、麦孟华、欧榘甲、梁朝杰、伍庄为代表的康门文人走向世界。他们遭受传统文化价值观念受西学新知的冲击，以及身份从传统士人向知识分子的转型、从天朝人向世界人的过渡。"学术之事，每转而益进，途穷而必变。"②由于出游海外，康有为及其弟子的知识结构、治学思路及价值评判发生新变，学识胸襟、视域眼界也进一步开阔。儒学儒典虽然不能成为这一群体的学术思想核心，但此前所产生的深远巨大影响，却不可能被人为截断。在十数年乃至数十年的游历四大洲七大洋的经历中，康门文人身处世界文化融合大环境中，继续发扬学孔子之学。他们将经学与西学进一步接轨，对儒学作进一步深入的反思与重构，这一时期的九江学说也彰显着构建中华古学复兴的努力。反映到文学领域，既建构了以改良变革为手段、以觉世新民为旨归的文学观念，也表现了对传统儒家文艺观的延续与发展，以及以之为基础的对西方文艺之受容与转换。无论是康有为的创设孔教，还是梁启超、黄节等人的古学复兴，其"实质都是要为中国文化寻找源头上的（实际是合乎时代需求的）重新解释"③。这一时期，随着倡导新学、文学界革

---

① 冯天瑜：《中华元典精神》，第10页。

② 钱穆：《钱宾四先生全集》第22册，联经出版事业公司（台北），1998年，第592页。

③ 张勇：《梁启超与晚清"今文学"运动：以梁著清学史三种为中心的研究》，北京大学出版社，2017年，第214页。

命、史学界革命及国学复兴的提出，传统经学进一步产生巨大分裂，启导着新学术体系进一步构建。以康有为为代表，强调学孔子之学应用于世，救世济民。他们主张："必须取法域外，有所选择，取法是大势所趋，选择则要根据国情。"①康有为在流亡时，进行大规模的注经工作，以进一步传承孔子学说、变革儒学。康有为对中国传统哲学进行了系统反思，他将孔子学说与时俱进，成为"近代中国第一个试图建立哲学系统的思想家，第一个用西学来扩大和充实中国哲学的思想者"②。

综上观之，九江学说影响之下的康有为及其弟子、简朝亮及其弟子这一个群体兼有学者与诗人身份，他们以文化人的眼光看待与书写政治，忧生忧世，知其不可为而为之。具体就思想文化发展来看，在西学东渐的背景及西方启蒙思想影响下，康有为及其弟子继承发展源自"诗三百"的言志言情传统，既关注为时为事创造，亦关注个体价值、人生体验及个人情性的抒发。康有为及其弟子有关文学变革的主张在实践中带来不遇主题、佛禅主题等新变，带来关于自由、民主、平等、进化等主题的书写，在新与旧、中与西的文化认同基准上，表现深层心理嬗变与共同传承。

从文化观念、理论倡导与创作实践看来，九江学说体现在对传旧与创始、内容与形式、意象与符号等问题的处理与变化上。

首先，须以源与流关系，对待九江学说传承中的传旧、创始问题。中国文化的发展，牵涉正与变、新与旧、分与合等一系列问题。诗词、散文、小说、戏曲的发生及独立成科，乃文学体裁于正与变交替发展中的一种历史客观结果。在讨论中国文化转型问题时，传旧、创始问题问题及二者的发展转变尤其值得关注。从这个角度来说，九江学说三代学人对传统文学所进行的现代转换与新变，是在尊体基础上，以传旧方式开始对中国

---

① 桑兵：《辛亥康有为的虚君共和论》，《中山大学学报》2018年第4期。
② 萧公权著，汪荣祖译：《康有为思想研究》，新星出版社，2005年，第94页。

文学创始。诸如："诗界革命"之"第一要新意境，第二要新语句，而又须以古人之风格入之，然后成其为诗"；"三长"用意所在及意义所系，即在传旧基础上创变。又诸如梁启勋、黄节等人，对中国文学的学科建设问题作开拓性尝试，同样值得关注并加以肯定。其间递嬗，可从家学渊源、师门风范、身份转换、传播新变、学缘交往等方面溯源与追踪，以窥中国诗歌于近代社会重要发展阶段的融合。总体来看，自朱次琦而后的康有为及其弟子、简朝亮及其弟子的文化变革，既促使中国古代文化内容的革新，为中国现当代文化的创作注入新的生命力量，又在形式上为文化创作提供规范。他们的倡导与实践，带动中国文化格局转型，表现出审美与功利、言志与言志、为己与为他的对峙与融通，是历史的产物亦创造着历史，具有积极且重要历史价值。

其次，须以文化之新与旧的关系，对待内容与形式问题。从文学题材的分配看，风、雅、颂的排列，形式因内容而决定；从诗歌体裁的构建看，赋、比、兴的组合，内容因形式而决定。在形式上如果没有相对固定的标志，难以在中国文学的古今演变中留下印记。而体裁的变革、科目的确立首先体现在形式的创造上。因此，"于形式上导入"来看康有为及其弟子为首的维新改良派的"三界革命"，能获知其如何处理内容与形式的关系问题。九江学说三代传人的文学创作，虽然仍是对旧风格的坚持，但也有表达新意境所要求的新语句的使用，这使这一群体发展至康有为及其弟子，所创作的文学在形式上发生了新变。

最后，注重康有为及其弟子在文学意象与符号的转换与新变使用上。意象与符号是文学的一种语言。与通常所说语言所不同的是，意象与符号是经过归纳概括，以至于抽象提升所出现的语言。在中国文化史尤其是诗歌史中，意象与符号是寓意深刻或者经过运思而构成的形象。康有为及其弟子诗歌创作之内容与意境的新变，是与其所使用之意象与符号的变化密切相关的。这一群体的创作表现出近代诗歌创作中，对于个体自由、平等、民主的强烈思考与思想诉求，使得通过意象与符号加以呈现出现的意境，具有由具象到抽象、由个别到一般的提升过程，或为诗歌下一步的形上之思创作，提供有效示范。

概而论之，在中国文化近现代的正变、分合问题上，王国维与胡适是两名重要人物。王国维及其《人间词话》"标志着中国新词学的开始"，开辟新的诗学世纪。胡适则以盘古开天地的气魄和方法评判中国千年词学，以大气魄、大勇气倡导新体白话诗，以填词与新诗制作结合方式成功创作新体白话诗。王国维、胡适等人的创作非从天而降、凭空发生，而是沿着康有为及其弟子在诗学创造上开辟道路前进，于此基础上充分吸取西方文艺思潮所体现的诗学思想，借鉴外来诗歌形式，实现以新体白话诗代替旧体格律诗的重要转型，迎来中国诗歌发展及文化变革的新局面。这是康有为及其弟子对于中国文化在内容与形式上新变的结果。关于诗歌之发展与变革，如是说；关于小说、戏曲、散文等文体，亦当作如是观；进而以进一步探寻九江学说流变与中国近代思想文化、道德观念转型之关系问题，仍当作如是观。因此，研究朱次琦，是为必要。

附录一　《清史稿·朱次琦传》[①]

朱次琦，字浩虔，南海人。道光二十七年（1847）进士，分发山西，摄襄陵县事，引疾归。

次琦生平论学，平实敦大。尝论："汉之学，郑康成集之；宋之学，朱子集之。朱子又及集汉学而稽之者也。宋末以来，杀身成仁之士，远轶前古，皆朱子力也。然而攻之者互起，有明姚江之学，以致良知为宗，则攻朱子以格物；乾隆中叶至于今日，天下之学，以考据为宗，则攻朱子以空疏。一朱子也，攻之者又矛盾。呜呼！古之言异学也，畔之于道外，而孔子之道隐；今之言汉学、宋学者咻之于道中，而孔子之道歧。果其修行读书蕲之于古之实学，无汉学，无宋学也。"凡示生徒修行之实四：曰惇行孝弟，曰崇尚名节，曰变化气质，曰检摄威仪；读书之实五：曰经学，曰史学，曰掌故之学，曰性理之学，曰词章之学。"一时咸推为人伦师表云。

官襄陵时，县有平水，与临汾县分溉田亩，居民争利构狱，数年不决。次琦至，博询讼端，则豪强垄断居奇，有有水无地者，有有地无水者。有地无水者，向无买水券，予之地，弗予之水；有水无地者，向有买水券，虽无地得以市利。于是定"以地随粮、以水随地"之制。又会临汾县知县躬亲履亩，两邑田相若，税相直也。乃定平水为四十分，县各取其半。复于境内设"四纲"维持之：曰水则，曰用人，曰行水，曰陡门。实得水田三万四百亩有奇，邑人立碑颂之。系囚赵三不棱，剧盗也，越狱逃。次琦未抵任，先出重赏购知其所适。亟假郡捕，前半夕疾驰百二十

---

① 录自《清史稿》卷四百八十《列传二百六十七·儒林》。

里，至曲沃郭南以俟。盗众方饮酒家，役前持之，忽楼上下百炬齐明，则赫然襄陵县镫也，乃伏地就缚。比县人迎新尹，尹已尺组系原贼入矣，远近以为神。每行县，所至拊循姁姁，老稚迎笑。有遮诉者，索木椅在道与决，能引服则已，恒终日不笞一人。其他颁读书日程，创保甲，追社仓二万石，禁火葬，罪同姓婚，除狼患，卓卓多异政。在任百九十日，民俗大化。

先是，南方盗起，北至扬州。次琦犹在襄陵，谓宜绸缪全晋，联络关、陇，为三难、五易、十可守、八可征之策，大吏不能用。居家时称说浦江郑氏、江州陈氏诸义门，及朝廷捐产准旌之例。由是宗人捐产赡族，合金数万。次琦呈请立案，为变通范氏义庄章程，设完课、祀先、养老、劝学、矜恤孤寡诸条，刊石世守之。

同治元年（1862），与同邑徐台英奉旨起用，次琦竟不出。光绪七年（1881），赏五品卿衔。逾数月卒。著有《国朝名臣言行录》《五史实徵录》《晋乘》《国朝逸民传》《性学源流》《蒙古闻见》等书。疾革，尽焚之，仅存手辑《朱氏传芳集》五卷，撰定《南海九江朱氏家谱》十二卷、《大雅堂诗集》一卷、《燔馀集》一卷、《橐中集》一卷。

附录二　《朱次琦未完殿试卷》①

臣对：臣闻通经者，立教之方；正俗者，坊民之要；藏富者，厚征之道；戢暴者，和众之厚。载稽往籍，诗咏将就，易言教思，礼谨盖藏之令，书传刑诘之文。伊古帝王，斟元御宇，锡极临宸，以勤教育，则鼓箧有仪也；以启颛蒙，则徇路有典也；以裕仓储，则如栉有颂也；以饬法纪，则击柝有占也。懿纲酰化，侯其祎而用是。庠序设芹藻被其麻，井里安而梓材亦变其俗；坻京咏茨梁丰其积，亭障肃而蓬荜亦乐其生。所由廓帝，纮信景铄，宏五福而集庶征音，胥是道也。

钦惟皇帝陛下，道侔帱载，治炳威怀，超乎鸟纪之时，轶乎云官之代，固已四术有崇而万邦作义，千仓广备而八表归仁矣。乃圣怀冲挹，犹切勤求，撮细壤以崇山，导涓流而益海。进臣等于廷，而策之以明经、化俗、阜民、诘奸诸大政。臣赋质庸愚，曷足以知体要，顾当对扬伊始之时，敬念拜献先资之仪，敢不即平日所诵习者，竭其葵藿之忱用，效刍荛之献乎？

伏读制策有曰：通经者，致用之方。经术必明，儒修乃裕，而因及夫古今传经诸家之得失，此诚学于古训之要图也。臣谨案：刘勰云："三极彝训，谓之经。"经者，常民，万古不易之常道也。《诗》《书》所载，皆古人名言至论，小可为身心行为之资，大可为帝王治化之本。自孔子云："吾志在《春秋》，行在《孝经》。"于是乎始有经之名，而《戴记》因有经解之篇。经自孔子传授以后，引证推明其义，如日月之经天，汉、晋、唐、宋诸儒传注疏义，条分缕析，各抒所见，虽有醇疵之不同，

---

① 又名《朱九江先生未完殿试卷》。

然其阐发义理，羽翼经传，则皆孔子之功臣也。且夫汉儒说经，确守家法，论者每病其支离，不知名物象数及训诂之属，非有师传者莫能通其曲折。所谓吴人之音，越人知之，他邦不知也；高曾之容，祖父知之，子孙不知也。然则诵汉儒之说，亦取其近古，信其专门而已。宋儒说经，究心义理，论者议为空疏，不知训故已明，不复更求窜诣，是犹仅得门庭，不臻堂室，未足以为至也。然则会通汉宋之功，诚学人之津涉也已。皇上稽古右文，表明正学，则古称先之士，其谁不争自濯磨哉。

制策又以风俗为治平之本，而教化实风俗之原，而欲使薄海之民桀黠者革面而洗心，愚儒者守份而循法，臣窃惟《周官》始有比闾族党之制，管子遂创轨里连乡之法，无授无节则弗纳，异言异服则有讥，凡以重邪民之禁也。夫导民之术，教化为先。尧之"时雍于变"，舜之"敬敷五典"，皆正立于上而化成于下也。然教固于君，亦分寄其责于良有司。盖继天立极者，君也；承流宣化者，臣也。天生民而立之君，使司牧之，勿使失性，使师保之，勿使过度，此教之自君者也。设之以学校，董之以师儒，以风俗为必可厚，而不敢置力田孝弟为缓图；以礼让为必可行，而不仅恃饮射读法之虚务，此教之在良有司者也。然或条教号令，视为具文而诚意不属，则虽悬书徇铎，三令五申，窃无当于风行之观。而潜称默运之功，不数数睹也。《周礼》以乡三物万民而宾兴之。而旌别淑慝，彰善瘅恶，于《周礼》三致意焉。凡以使愚昧者知所劝，而顽戾者知所惩也，又何邪说之能惑哉。圣天子德本日新，治征风动，而民久已怀忠抱悫，比户可封矣。

制策又以积贮者生人之大命，而一一讲求夫转轮之法、槀枲之宜、久贮之方、平价之道。臣考《王制》曰："三年耕必有一年之食，九年耕必有三年之食。"《周礼》仓人遗人之制，即后人常平社仓所自昉。然而昔人行之，或享其利，而或滋其弊，则非法之不善，行法之不得其人也。汉耿寿昌设常平仓，增价减价，因时以济民缓急，意非不善。但出入在官，易生流弊，不若社仓义仓，使民间自为经理之为得。夫王者爱养重黎

元，勤求积储，务令州县计地之广狭以定常平之额。所谓法良意美矣，乃日久弊生。地方有司贤愚不一，仓正不无偷卖，州县不无亏移，胥吏不无侵蚀，甚至日就歉缺，徒有空名，惟在督抚诸臣随时核实，则仓储自无不足之患。乃若偶逢歉岁，米价稍昂，即当设法平粜，而商贾之居积为害实深，此又地方所宜加意稽查，使市人绝其居奇而粒食皆相通，易此稽积储，即以救荒者也。若夫《元史》所载，河西务十四仓，京师二十二仓，通州十三仓，即今制作所由昉，而天庾转输，丁胥业杂其中，掺和之弊，必宜有以杜之。夫然后旱涝有资，仓储无缺，绰绰乎有备而无患也已。国家三时不害，万宝告成，蔀屋之民，孰不庆穰穰之满家哉。

制策又以安民必先弭盗，弭盗莫如保甲，而欲以耳目至近之事，寄之于里闬相习之人，此尤绥靖群黎之至意也。臣惟保甲之法，实本《周官》比闾之遗意。汉有亭长、啬夫、游徼，凡为此者，皆能修行率民为善之人。唐时里正、坊正，免其课役，亦与唐初贞观、开元之治相为表里，此行之前代而有效者也。惟是营汛、堡墩之设，不能不寄之弁兵；寺院、庵观之察，不能不责之胥吏。赏罚不明，则兵或纵盗；稽查不力，则吏或藏奸。同此保甲也，王安石行之，而民不胜扰；王守仁行之，而民借以安。则治法尤贵有治人也。且夫盗之发也，其始或出于一时射利之意，其后或狃于一时好胜之心。古之善于治盗者，龚遂守渤海以散为弭，张敞守京兆以用为弭，尹赏治长安志在诘奸，郭伋治颍川意存安抚，此皆除暴安良之善则也。至于洋面辽远，宵小易生，迫之则潜踪伺隙，缓之则肆掠商旅，是在绝夫接济之源，穷其险要之窟，然后可期清晏也。夫衣食足而礼义生焉，我皇上仁育天下，义正万民，光天之下，皆寰海镜清、方隅砥平矣。

若此者，研经以裕儒修，训俗以端化本，储粟以充国用，禁暴以安民生。唐哉皇哉，固迈鸿轩而超巢燧矣。臣尤伏愿皇上治益求治，安益求安，宛委已民探而犹如切讨求，民气已淳而更勤导，仓储已实而更求积贮，方隅已靖而列切乂安。稽古论功，合咸五登三之治；案经校德，成袭六为七之书。骏发开启远祥，保定固其……

附录三　朱次琦弟子略举

陈如岳（1842—1914），字峻峰，号镇南，南海人，同治十一年（1872）举人，光绪九年（1883）进士，授翰林院编修，出任贵州乡试主考官。

胡景棠（1841—1892），字少恺，南海人，邑学廪生，师从朱次琦十六年。朱次琦去世后，为其守坟三年。

何屏山（1847—1925），一称炳堃，号屏山，南海人，光绪元年（1875）中举人，任教于广州八旗官学，与他人共同编撰《宣统南海县志》《续桑园围志》，有《清故京卿朱九江先生祠堂之碑》等传世。

黄增荣，原名黄作荣，字云孙，广东南海人，光绪十五年（1889）己丑科举人，次年中进士，授江西万年知县。

简朝亮（1852—1933），字能己，又字季纪，号竹居，顺德简岸人，人称"简岸先生"，经学家、教育学家、谱学家、文学家。黄节、邓实、邓方、伍庄等人，均出其门。一生著作甚丰，遍治群经，编《礼记子思子言郑注补正述疏》《毛诗说习传》《酌加毕氏续资治通鉴论》《读书堂集》《读书堂集续》《读书草堂明诗》《所托山房诗集》《朱九江先生集》《朱九江先生年谱》《读书堂答问》《粤东简氏大同谱》《顺德简岸简氏家谱》。

康达节，字仁荪，南海丹灶苏村人，康有为叔父。

康达棻，南海丹灶苏村人，康有为叔父。

康达初（1839—1868），广东南海丹灶苏村人，字植谋、康有为父亲。

康有为（1858—1927），原名祖诒，字广厦，号长素，又号明夷、更牲、西樵山人、游存叟、天游化人，南海丹灶苏村人，人称"康南

海""南海先生"。政治家、思想家、教育家，资产阶级改良主义的代表人物。光绪十四年（1888），第一次上书光绪帝请求变法，受阻未上达。光绪十七年（1891），在广州设立万木草堂，收徒讲学。光绪二十一年（1895）得知《马关条约》签订，联合1300多名举人上万言书，即"公车上书"。光绪二十四年（1898），开始进行戊戌变法，变法失败后逃往日本，组织保皇会。辛亥革命后，溥仪复位。民国六年（1917），和张勋发动复辟，拥立溥仪登基，不久失败。晚年始终宣称忠于清朝。事业成就多，皆有惊人建树，仅著述就700多万字，辑成《南海先生诗集》。学贯中西古今，其政论文打破传统古文程式，汪洋恣肆，骈散不拘，开梁启超"新文体"先河。主要著作有《康子篇》《新学伪经考》《孔子改制考》《日本变政考》《大同书》《欧洲十一国游记》等。

康有霖，南海丹灶苏村人，字沛然，康有为从兄。

刘秉文，字漱芳，高明人，光绪十六年（1890）恩贡生，任高州府儒学教授，著有《学庸讲义》《漱芬集》。

罗传瑞，字西林，南海人，光绪十一年（1885）中举人，光绪十五年（1889）中进士，授兵部主事，辞官后主讲佛山汾江书院。撰有《中外大略》《小湖山堂诗文集》。

凌鹤书（1854—1918，一说1891），字孟徽，番禺人，光绪十四年（1888）被选为学海堂专课肄业生、光绪十五年（1889）中举人，终生从事教育，长期任八桂中学校长。撰有《海阔天空簃诗钞》《瀛海论笺正》。

梁金韬，字缉碬，南海人，同治六年（1867）举人、同治八年（1869）选为学海堂专课肄业生、光绪十四年（1888）中举人，长期从事教育。《南海县志·朱次琦传》的撰写者。有《北征日记》（八卷）、《爱古堂文集》（五卷）、《爱古堂诗集》、《古今钱录》（一卷）。

梁尔煤，终生从事教育，佛山学堂的创办者，著有《教育学》《清沙策》等。

梁知鉴，字保三，广东三水人，与康有为同年中举，有"岭海硕儒"

之称。《四书日课》传承九江学说精神。

梁士诒（1869—1933），字燕孙，广东三水人，梁知鉴之子（自幼从其父从学于朱馆，受朱次琦一定影响）。光绪十五年（1889），与梁启超同学于佛山书院，本年中举人。光绪二十年（1894）中进士，授翰林编修，后任中国铁路总局局长、中华民国总理等要职。著有《敬述朱九江先生学行政绩之大概》、编有《花之证果》、辑有《重印总税务司赫德筹饷节略》等传世。

梁耀枢（1832—1887），字冠棋，号斗南，晚号叔简，广东顺德人，同治二年（1863）中举人，同治十年（1871）考取状元（广东最后一位状元），授翰林院编修，掌修国史。同治十二年（1873），出任顺天乡试同考官。光绪六年（1880），任会试同考官，后出任山东学政。光绪十三年（1887），授詹事府詹事。有《无题联》《大佛寺善会碑》《朱氏传芳集序》等传世。其为人，有"金玉君子"之称；为文，则"嶻岭分综，虽处天涯归净土；屿山寄迹，独超尘界峙中流"。

梁耀藜，梁耀枢四兄，同治三年（1864）举人。

梁耀宸，梁耀枢六弟，光绪元年（1875）举人。

卢达渠，新会人，邑学廪生，其子卢湘父，后成为康有为弟子。

卢庆云（1842—1902），号杏樵，顺德人，光绪五年（1879）中举，光绪六年（1880）中进士，任职福建屏南、侯官、晋江等县，政绩突出。

潘誉徵，字弼廷，南海人，同治十二年（1873）中举人，任职户部，后回乡协助广东海防团练。

区德霖，撰有《河源辩证》《黑水考》《读书随录》。

朱方辉（1853—1916），字羲晋，广西平南（或为朱次琦学生中，唯一一名外省人），同治十二年中举，光绪六年中进士，授刑部主事，晚年任广西桂林县知事。去世后，奉祀于景贤阁。

附录四　朱次琦与中国近代文学变革的缘起

　　"九江学说"①的产生，与中国晚清民国社会出现的根本性变革密切相关。中国历史文化发展的两次根本性变革，一次在春秋战国时期，一次在晚清民国時期。后者变革及转型非止于中华传统文化内部的蜕变，亦基于中西文化碰撞。当时岭南得风气之先，变革及转型处于全国最前列，人称九江先生的岭南名儒朱次琦倡导"学孔子之学"②，以"四行五学"③提炼儒学精要，倡导复古宗经、实学济世、融通达变，在修身、治学、处世方面示人门径，其弟子学术在传承中裂变，衍生以简朝亮、康有为为代表的两支学系。其中，康有为以儒家道统传承者自任，又以先知启蒙者身份立世。在学孔子之学和四行五学思想濡染下，康有为于师古和法古问题上有重大修正与变革，以中学为本而融入西学，建构有别于传统的学说体系，并经由招生授徒形成相当规模的学说群体。

---

① 中国传统学术流派的生成及确立，大多并非一开始就明确标榜。所谓开宗立派，即其某派或某某派之称谓，多数乃后人就其事实与影响而冠之以某派或某某派。就此问题，桑兵等学者多有研讨。一个学派所以成立，需要有学说传承、文献遗存为依据，而论定一个学派是否成立，亦需要探寻其学说要旨与渊源流变，就其学说要点作客观、系统的总结与呈现。就朱次琦及其与受业弟子、再传弟子的学说传承，在晚清民初时已以"九江学派"称之。探究其中传承与裂变，不仅是对九江流域一带所形成学说的研究，也是对岭南乃至中国近现代学说的考察。本文在以学孔子之学为体、以四行五学为用的视角下，不以人划界，而以学划界，不以学派命题，而以学说立论。

② 简朝亮：《朱九江先生讲学记》，《读书堂集》卷一，第88页。

③ 简朝亮：《朱九江先生讲学记》，《读书堂集》卷一，第85页。

一

朱次琦（1807—1882），广东南海九江人，字效虔，一作浩虔、子襄，号稚圭，半生以教学为业，世称"九江先生"，有《蠡金集》《大雅堂诗集》《是汝师斋集》等述作。其临殁前尽焚之，门人收录其遗著，集得《焚余集》《朱九江先生燔余集》《朱九江先生集》《康氏先世遗诗·朱师九江佚文合集》数种。

朱次琦治学平实敦大，主张经世济民而反对高谈空论。他推崇学孔子之学，将之看作治学根柢并以此提炼传统儒学，出之以四行五学说：

> 吾今为二三子告，薪至于古之实学而已矣。学孔子之学，无汉学无宋学也。修身读书，此其实也。二三子其志于斯乎！修身之实四，曰：惇行孝弟、崇尚名节、变化气质、检摄威仪。[①]

四行五学对宗经复古的入门途径、实学通用的治学旨归、通时达变的治学方法、存心养性的文学创作进行规范。朱次琦提出治学正道在宗经复古，回到对孔子学说本身的研治。他认为以上古实学为旨归，就没有汉学、宋学区分，能达至融通治学境界。关于古学及孔子之学，他认为实质即为实学，并归结为修身读书之实。其对孔子学说总结与提炼，将之归结为四实和五实标准，认为修身之四实是惇行孝弟、崇尚名节、变化气质、检摄威仪，读书之五实是经学、史学、掌故之学、性理之学、词章之学。朱次琦认为，掌握修身读书之实，治学就不会专攻一经、专学一门，也不会只向纸上与古人争训诂形声，为破碎之学、虫鱼饾饤。尤其突出的，是他对心学的批判：

---

① 简朝亮：《朱九江先生讲学记》，《读书堂集》卷一，第88页。

既不读书，何以致良知也。不读书而致良知，宜姚江不以佛氏明心为非也，此心学之弊也。子路佞于孔子曰："何必读书，然后为学？"则孔子之读书为学，其常也。昔者姚江谪龙场，忆其所读书而皆有得。姚江之学，系读书始也。故其知且知兵，其能且能御乱。①

心学作为儒学的一派，南宋陆九渊启其门径，明朝陈献章导其先河，王守仁将良知看作心的本体，认为没被物欲遮蔽的心无善无恶，是天理，是最高境。学问以知"心"为要，以实践和自省达到知行合一。从人性角度论说心的无善无恶及行事的反求诸己、知行合一，是没有错的，但由此放弃读书却失之偏颇。客观事物的理不能靠空悟空谈获得，而要格物致知。致知在格物，格物以致知，是自先秦来就倡导的朴素但正确的理念。朱次琦推崇读书格物、修身养德，陈白沙倡导的"自得""自然而得"主张，四行五学有所参鉴与吸取。朱次琦不满的是心学流弊及不读书、恶读书现象，认为不读书难真正究理，无法获得良知良能。他指出陈献章、王守仁学说不是无水之源、无本之木，也得通过读书获得并在融通中生成。陈献章自谓古圣贤之书无所不读，但写过"吾道有宗主，千秋朱紫阳"②这样的诗句，说明自己受儒家学说的深刻影响。朱次琦一方面指出"陈文恭之学，非不宗朱子"③，而朱熹又法孔子；另一方面批判陈献章的端坐澄心主张，"未读书而静养，则所养未必端倪之正"④。同样地，王守仁学说也以读书为基础，他的良知良能说法就是源自孟子

---

① 简朝亮：《朱九江先生讲学记》，《读书堂集》卷一，第61页。
② 黎业明：《陈献章年谱》，第22页。
③ 简朝亮：《朱九江先生年谱》，《朱九江先生集》，顺德简氏读书章堂刻，1897年，第60—61页。
④ 简朝亮：《朱九江先生年谱》，《朱九江先生集》，第60—61页。

学说。但孟子所指"良"为"实"，王守仁只讲良知不讲良能，出现偏颇。

晚清岭南学术由两位著名学者来扛大旗，一位是陈澧，一位是朱次琦。朱次琦倡导学孔子之学，除批判心学流弊外，重点还在强调修学与习古、实学与通用，将古学、孔学推陈出新，古为今用，创建四行五学的学说体系，以融合汉学、宋学。他认为经学寓含万古不易道理，治学重通达也尚实、重用。他所理解的孔子之学重实，其学说以实为本，小则用以修身读书、大则用以经世致民，以对用的强调作为对通的呈现。四行五学中的五学，即以实用为旨归：

> 经则万世修身而治国家之要道也；史则以证经也；掌故则自经史逮当时之故实也；性理则本乎经、征乎史，察乎异学他求者，失其性也。辞章，则酌经史文言而济当时也。①

实，《说文解字》注为货贝，桂馥《义证》引《六书故》指出实之义，儒家一般将实学引申为"对儒家主要的道德和社会关注有实用意义的学问"②，析出心性之学、经世有用之学二义③。从上面这段话可以看到，朱次琦认为经学可以修身治国，史学可以佐证经学，掌故之学又为史学的补充与说明，性理之学则本源自经而证于史，辞章之学则是以经史话语用于时世。五学具摒弃空疏浮泛学风的明确导向，重实修、实践、实功，救治佛学、心学弊病，与自先秦来的儒家实学主张遥相呼应。朱次琦所处时代，考据学盛行，他倡导修学格物并身体力行。他中进士后以知县签发山

---

① 简氏门人编纂：《简朝亮年谱》，第1页。
② ［美］费正清著，刘广京译：《剑桥中国晚清史》，中国社会科学出版社，1985年，第383页。
③ 熊十力：《读经示要》，《熊十力全集》第三卷，湖北教育出版社，2001年，第849页。

西，但短暂仕宦后改而课徒授业。他的读书格物主张为简朝亮、康有为接受，两人分别创办简岸草堂、万木草堂，培育一批经世致用之人，将读书以致知格物广泛传承，指引晚清民初学风走向。王璨在《稚圭先生画像记》一文指出：

> 先生之学，平实敦大，不涉丛碎，亦不为性命高谈。居家则孝友，届官则惠慈。以及物为功，以忘己为大，以无欲为至，器量闳邃浑浑然，喜怒不形当辞。受取与去就之交，则介然有执。处众中尤简重。及夫谈经世大略，则援证今古，会文切理，鸿邕疏析，听者心目为开。璨尝妄测先生谓行古道而不固，用儒术而不疏，高峻似河汾而笃实过之，豪迈似永嘉而深稳过之。[1]

王璨肯定朱次琦学说的平实敦大，不计较琐碎、不究心性命高谈而以及物为功、以忘己为大、以无欲为至，彰显博大、开阔、融通的治学格局。钱穆认为朱次琦学说"即观其书目，其学盖本性理以通之史，尤要在人物。即其所标修身读书之实也"[2]。概而论之，朱次琦不仅在调和汉学、宋学之争中起重要作用，且在治学入门途径、修身养性要略诸方面对传统儒学进行学理转换，以实用济世、经国安邦为旨归，上承明清经世实学，远祧程朱理学，最终遥宗孔学，这使其成为从传统学术走向近代学术的重要连接人物。

二

朱次琦学说影响其文学思想。他论诗肯定"诗为心声，古人感情丰

---

① 王璨：《稚圭先生画像记》，《朱九江先生集》，第413页。
② 钱穆：《中国学术思想史论丛》（卷八），第322页。

富，郁积中怀，不能自止，故发为诗"①，但更强调复古与实用，主张即使余事为诗也要反映现实，有用于世。他将诗歌列为古人之诗、后人之诗两类，又分骚体、赋、乐府、律诗、绝句，认为后人之诗虽体无不备但皆自《诗三百》，李、杜、韩、苏是诗之四维，也得之于《诗三百》。他提出学诗当学《诗三百》，其本人诗作由杜、韩、陶、谢而上汉魏以溯风骚，直接源自《诗三百》，时人谓非今之诗作所可囿。他也认为兴观群怨、事父事君、识鸟兽草木之名才能为不朽之作，乃至主张将诗与文列归同等位置，指出"刘勰《文心》，明诗尤列。昭明《文选》，备录诗歌。盖诗即文也。尔后《文粹》《文鉴》诸书，禀承靡异。但姚氏惟取古风，吕氏兼选近体。同源各委，稍别衡裁"②。他从《文心雕龙》《昭明文选》中寻求依据，认为诗文并存、诗即文，将诗纳入学术领域以达致实用。

复古同时，朱次琦注重有用于时的融汇变通。在《答谈太学子棨见诒四十五韵》一诗中，他明确反对树宗立派、互相是非。所言"或铿鲸钟，悄或义鱼火""汇之为洸洋，澄之得澹沱"③，借指荡漾貌；而"肆恣百篇放，斟酌一字妥"④句，所指肆恣又作恣肆，谓放纵任情，用以指代诗文和言论的气势豪放，强调为文要有能放能收的自如状态。这方面思想为其弟子接受，此后康有为替自己诗集作序，自陈"自是久废无所用，益肆力于诗，上感国变、中伤种族、下哀生民，博以寰球之游历，浩渺肆恣、感激豪宕，情深而意远"⑤，将肆恣视为文高妙之一种。而"惜乏耦耕俦，世味终曳拕""世俗是末师，谬种流已伙。竟使灶下姬，涂抹诧娇婿"诸句，认为文章分立门户，加速旧诗界走向没落，所以他反对树宗立派，互相是

---

① 朱杰勤：《朱九江先生谈诗》，《广州学报》1937年第1期。
② 简朝亮：《朱九江先生讲学记》，《读书堂集》卷一，第18页。
③ 简朝亮：《朱九江先生讲学记》，《读书堂集》卷一，第45页。
④ 简朝亮：《朱九江先生讲学记》，《读书堂集》卷一，第45页。
⑤ 康有为：《人境庐诗草序》，《康有为全集》（第八集），第409页。

非，主张不傍门户，转益多师。

朱次琦又就具体文学体裁，反对强行区分散文、骈文，认为"散文骈文，古无别出，尧典申命，孔传系辞，可类明也。故曰骈文有气即为古文，寿文非古也，君子谓之谄"①。他提出：

> 昌黎古文，尊曰起衰，王杨时体，亦云不废。曰骈曰散，两艺分驰，全椒吴氏，为一奇一偶，数相生而相成，尚质尚文，道日衍而日盛。旸谷幽都之名，古史工于属对，觏闵受侮之句，葩经已有丽言。道其缘起，略见源流，沿流似分，叩源即合。所谓古文若肤，不如骈体，骈体有气，即是古文，信也。萧选浑合不分，于义为古，谨循往蠋，不复分门。②

朱次琦认为诗即文。他指出《昭明文选》收入大量诗歌，不仅诗文不分，而且骈体散体均收入。韩愈文章所以能起八代之衰，王杨卢骆的骈文及杜甫的文章所以能万古长传，均是与时俱进、会通创新，流派作风虽较前代有变，但源头均自古而来。骈体有气就是古文，与古文、散文并非截然区分，而应融通汇合，不分门立争。从文体学发展角度来看，这是一种历史倒退式的认识，但从实际创作角度来说，不强分骈散体，亦不失为一种从容、通达的认识。就此看朱次琦对史传类文章的评议，尤其可见其对创作不胶着于一事一体而重视融通创新。他认为四史为史之冠不能不讲，在论史书体例同时，强调文体创新并指出："后世史家虽多，而《史记》之通史，《汉书》之断代，因是自开其体例，而文章之妙，亦超绝千古。故杜牧有云'高摘屈宋艳，浓薰马班香'。"③具体就《史记》的高妙，他指出：

---

① 朱学勤：《朱九江先生学述》，《学术研究》1987年第4期。
② 朱学勤：《朱九江先生学述》，《学术研究》1987年第4期。
③ 朱学勤：《朱九江先生学述》，《学术研究》1987年第4期。

> 史公之著书也，志在传事，务宜将三千年之事迹，纬之以文理，绘之以笔墨，善于序事，易于动听，使千秋万世，永垂不朽。
>
> 又史记之为传，错综其事，彼此互见，如陈平世家附入王陵事，张苍附入赵尧任敖事，旁见例出，以见文章之妙。①

朱次琦一方面肯定《史记》著书传事的重要性，另一方面指出文理、笔墨的重要。即使历史传记文章，仍要讲究文法技艺，以错综其事、旁见例出、动听感人。

除行文结构上体现创新外，朱次琦还倡导内容的创见、识见。他指出《史记》对个别有条件入传的人物而不为其立传是有意"疏忽"，也指出《汉书》既为断代史，然所载白圭、子贡等事失于限断，进而将二书加以比对："《史记》序事，经术不如《汉书》之多。于名臣之传，汉朝一代风气都见。凡大疑难，皆引经据典。断大事，释大疑，亦孟坚之特识。"②据此，朱学勤认为，"今朱先生认为提倡以经断大事是班固的特色，我们不敢苟同。这可能是朱先生的时代局限性和好古尊经的片面观吧"③。但从朱次琦赏析班固"断大事，释大疑"之胆识而言，或亦不失对为文胆识的一种强调。虽然，加之于记史失之主观。就此再看朱次琦对范晔《后汉书》的评价，他认为《后汉书》之"驾其上"在"其精也"④，又就其体例精密加以阐释，强调："大凡著书之体，视其时之风会，前人所有而后人无者不妨删，前人所无而后人所有者不妨增。"⑤其中关于有无、删增的处

---

① 朱学勤：《朱九江先生学述》，《学术研究》1987年第4期。
② 朱学勤：《朱九江先生学述》，《学术研究》1987年第4期。
③ 朱学勤：《朱九江先生学述》，《学术研究》1987年第4期。
④ 朱学勤：《朱九江先生学述》，《学术研究》1987年第4期。
⑤ 朱学勤：《朱九江先生学述》，《学术研究》1987年第4期。

理，着眼点就在于是否"新"。为此，朱次琦推举范晔："范氏当六代昏无天日之时，而为此直笔，亦可谓特识矣。""特识"再次为其强调。乃至关于陈寿《三国志》，朱次琦以相类言语评之：

> 寿自国亡入晋，当时相重，荐以为官于晋，终身未有之改，乃晋臣也。既为晋臣，不得不尊晋，晋之天下受之于魏，然则魏者晋之祖宗，陈寿所事之君，所北面事之者也。若以魏为伪，伪魏是伪晋也。如何行得？[①]

朱次琦认为《三国志》以魏为正统，实有难言之隐。朱学勤据此进一步推断，指出朱次琦所以推尊在于《三国志》体例严谨、文字简洁、立论有识，又认为朱次琦极力为陈寿做辩护，在于"论人者当知其世，立说者当观其微"[②]，指出为文胆识的重要。又就《三国志》何以体现为文布局谋篇之高妙与作者行文运笔之胆识，朱次琦具体指陈：陈寿是蜀人又是晋臣，迫于时局而对魏篡位之事不能直笔书写，只好所采忌讳方面也曲笔行之。陈寿之书，"一片恻怛低徊故国旧君之情，正符合《春秋》微而显，志而晦，婉而成章的笔法"[③]。可见即便书史，笔法之创新处理，亦为朱次琦所重视。

三

倡导复古、有用同时，朱次琦强调"余事论风雅，襟怀冰雪清"[④]，以"观其心""雪其襟"为标准，倡导文学既要表现社会治理，也要服务于

---

① 朱学勤：《朱九江先生学述》，《学术研究》1987年第4期。
② 朱学勤：《朱九江先生学述》，《学术研究》1987年第4期。
③ 朱学勤：《朱九江先生学述》，《学术研究》1987年第4期。
④ 朱次琦著，简朝亮编：《朱九江先生集》，第164页。

存心养性、变化气质。

朱次琦强调诗歌要书写内心，在《朱氏传芳集凡例》中提出：

> 古人文字不以集名，《汉志》载赋颂歌诗一百家，皆不曰集。晋分四部（荀勖撰），四曰丁部，宋作七志（王俭撰），三曰文翰志，亦未以集名。文集题称始见梁阮孝绪七录。《隋书·经籍志》以谓别集之名，汉东京所创，属文之士日众，后之君子欲观其体势而见其心灵，故别聚焉，名之为集，然则古所谓集，乃后人聚集前人所作，非作者自称为集也。[1]

朱次琦又就书目之别集、总集、家集加以具例阐释：

> 书目集部有别集，有总集。其总集总当世之集，有总一家之集。总录当世者始于《文章流别》（晋挚虞撰），后来《集苑》（谢混撰），《集林》（刘义庆撰）其流也。李善所谓搴中叶之辞林、酌前修之笔海是也。总录一家者，著于《廖氏家集》（唐廖光图撰），后来《王氏文献》《陈氏义溪世稿》其类也。陆机所谓咏世德之骏烈，诵先人之清芬是也。[2]

基于文学传世思想的影响，朱次琦注重文学的修辞，对语言雅俗与用事问题，他认为"喜造士经训外，未尝不留意诗古文辞"[3]。他指出文章体势能呈现心灵，古人本不以集名，今所见某集某集者也并非古人最初所为，为什么要加以集名？那是后人要通过文章体势看古人心灵。他用具体

---

① 朱学勤：《朱九江先生学述》，《学术研究》1987年第4期。
② 朱学勤：《朱九江先生学述》，《学术研究》1987年第4期。
③ 康有为编注，蒋贵麟辑：《康氏先世遗诗朱师九江佚文合集》，第82页。

事例说明诗歌创作既主性情又可用事，而且用事也可以感人。从"性情足以感人，用事曷足感人"[1]来看，他并非一味强调文学的道德与教化功能，而且同时尊重文学表现心灵。他提出：

> 诗为心声，古人感情丰富，郁积中怀，不能自止，故发为诗。古人为诗，先有诗而后有题，何以知之？现《金滕篇》"名之曰鸱鸮"一句可知。后人先有题而后有诗，则性情已薄。三百篇之标篇：一字如《氓》之诗、《丰》之诗等，两字如《关雎》等，三字如《殷其雷》，四字如《野有死麕》，五字如《昊天有性命》，皆篇之一字一句，并无深意存在于其间，以为篇什目录。此皆为诗人信口吟成，后人随意加题，实可为先有诗而后有题之证。今人先命题而后有诗，有序，有跋，有失其本意者也。[2]

朱次琦关于"思无邪"的论说，重视个人心性修炼。"观其心""诗为心声"，成为他重视文章道统的同时，对言情主张的另一传承。他所编《朱氏传芳集》志于诵先人清芬。康有为其后亦编《诵芬集》，承其诵先人清芬。以余事论风雅，似也仍以《诗三百》为榜样，以诗言志、诗言情且余事做诗人，均似谨遵孔子诗教观、儒家文艺论，但实际已考虑到人的心性表现。朱次琦从先有诗后有题出发，强调性情抒发之自由与尽性，认为加之于题后"性情已薄"，先命题而后有诗、有序、有跋而失其本意。从文体发展角度来说是一种倒退的认识，从文章表现灵性而言却是另一种新的阐释。其于《宫保卢制府遣吏人征写拙诗述德摅情赋呈四律》提出：

> 余事论风雅，襟怀冰雪清。万间开夏室，午卷馈侯鲭。元老

---

[1]　朱学勤：《朱九江先生学述》，《学术研究》1987年第4期。
[2]　朱学勤：《朱九江先生学述》，《学术研究》1987年第4期。

谋谟地，诸生弦颂声。渊源从古数，陶尉继刘宏。

朱次琦本人诗作多表现内心，其山水诗表隐逸心情，可见其高雅情调、内心旨趣。以《咏西樵双瀑诗》一诗为例，写山水游乐亦抒内心性灵，表自我情感之丰富，艺术成就颇高。为此，汪辟疆指称："岭南诗派，肇自曲江；昌黎、东坡，以流人习处是邦，流风余韵，久播岭表……虽指独漉堂而言，然雄直二字，岭南派诗人当之无愧也。"[1]

朱次琦的文艺思想受理学影响，实则也受心学沾溉——诗歌是心物交融之结晶。山川万物与作者心性结合，表现为文字书写与诗性语言。就中国古典诗歌发展史来看，以抒情诗为主，重视情景构建美学。自《诗三百》始，已建立言情传统。一方面，朱次琦继承孔子、朱熹等人为代表的传统诗教主张；另一方面，他也接受了陈献章、王阳明等人的静养、修心思想。他的诗学表现鲜明的道德伦理、实学功用色彩，也呈现丰富性与复杂性。诗歌要表现社会、表现诗教，也要抒写人的情感与表现内心自由。他关于文学功利与非功利、审美与非审美主张，实则彼此生成与叠加。

由于重涵养重性情，在"思无邪"基础上，朱次琦认同朱熹之言："道者，文之根本；文者，道之枝叶。惟其根本乎道，所以发之于文，皆道也。三代圣贤文章，皆从此心写出，文便是道。"[2]这表面看仍似属中国传统诗教言说范围，传统政治与伦理因素也仍介入其中；但细加考察，还是有变化——对人心关注更多。对此，康有为说朱次琦"鉴明末乾嘉之弊，恶王学之猖狂，汉学之琐碎，专尚践履，兼讲世用"[3]。学者乃至认为朱次琦名义上尊崇朱子但知朱子义理不深。实际上，朱子尊德性及发明性

---

① 汪辟疆：《汪辟疆说近代诗》，第40页。
② 朱熹：《朱子语类》卷一百三十九，第3305页。
③ 康有为：《与沈刑部子培书》，《康有为全集》（第一集），第383页。

理之说，所以绝口不谈，应当并非知之不深，次琦名尊朱子，反而受白沙濡染，尤其受白沙淡薄荣利"无欲则静虚而动直，然后圣可学而至矣"[1]主张的影响。白沙学派追求主体自得，应当正契合其深心。黄尊生在《岭南民性与岭南文化》一书中加以裁断：

> 白沙这种（心学、静养）思想，一路绵延至嘉道以后，到了最后，做殿军的，有一尊柱石，这便是朱九江。朱九江以后，还有一个人物，这便是简竹居（朝亮），是朱九江的弟子。简竹居以后，便是广陵散了。[2]

朱次琦学说并非止于对儒家早期文学价值观的认可与追随，经夫妇、成孝敬、厚人伦、美教化的主张是他所重视的但又并非止于此。如果联系四行五学主张，可见他关于古谊的倡导并非是对三纲五常的论说，而且关乎更多仁政、礼治的思考以及如何治学处事的人文关怀与心性修炼。黄尊生或可谓知次琦者——反对批评陆王心学的朱次琦，恰正如一尊柱石，成为心学、静养思想之殿军，然谓"广陵散"或又失之偏颇。以此后朱次琦受业弟子康有为、再传弟子梁启超（尤其是后者）关于静养的践行来看，白沙学说并未止于简朝亮。传统儒学关于理想人格境界的表述，为朱次琦所重视并表现于文学观念，他以"襟怀冰雪清"表达对完美人性的向往，表现对美与善的朴素追求与文学审美转化问题的探寻。虽然其中学理转换与特色生成仍有待进一步发展，但他顺应了晚清学术会通大趋势，为中国传统学说注入新内容。

---

[1] 陈献章：《复赵提学佥宪》，《陈献章集》（上），中华书局，1988年，第147页。
[2] 黄尊生：《岭南民性与岭南文化》，第36页。

四

　　在礼山草堂授学二十四年，朱次琦深居简出，乃至朝廷征用也拒而不出。开馆时他已届而立之年，学说趋于稳定。招收简朝亮、康有为时，他已七十多岁，学说成型。他以学孔子之学为体，以四行五学用。弟子中名家辈出：简朝亮、朱晋度、梁知鉴、凌鹤书、黄鲁逸、梁金韬、朱祛庐、梁绍熙、潘誉徵、何屏山、康达初、康达节、罗聘臣、刘秉文、胡景棠、方启华等人均为岭南名儒，康有为、梁耀枢、朱方辉、卢庆云、陈如岳、罗传瑞、黄增荣、区德霖、梁士诒等均为进士。朱次琦思想为弟子承传，其中又以四行五学广泛流传，以简朝亮、康有为为其传人之巨擘，时人谓缵火传薪，有简有康，"或隐或显，一狷一狂"①。

　　所谓或隐或显，一狷一狂，概而论之，以复古尊孔为方向，以实学精神为指引，以四行五学为中心，朱次琦践行学孔子之学形成了两支学系：一是简朝亮，经学大师，上承其师继续治学和调和汉学、宋学；一是康有为，先时人物，发起古文、今文之争和维新运动，深刻影响此后中国学说走向与文学流变。显之所在，是简朝亮一支学说及其传承：简朝亮（1851—1933），字季纪，号竹居，1875年赴考实录科，从朱九江先生游，先后在广州、顺德、阳山等地讲学。简朝亮据朱次琦教学要旨而坚守旧学、调和汉宋，是最能继承朱次琦学说衣钵者，著有《尚书集注述疏》《论语集注补正述疏》《孝经集注述疏》《读书堂问答》等，并整编有《朱九江先生讲学记》《朱九江先生年谱》《朱九江先生集》等，又有弟子黄节、邓实等人承传学说。隐之所在，是康有为一支学说及其传承：康有为（1858—1927），字广厦、号长素，1876年赴礼山草堂，拜朱次琦为师，1879年离开朱次琦而游学问道。康有为将四行五学创造性转换，倡导

① 蒋志华：《晚清醇儒：朱次琦》，146页。

今文经学、维新变法，使九江学说裂变，著有《新学伪经考》《孔子改制考》《春秋笔削大义微言考》《孟子微》《大同书》《论语注》《中庸注》《礼运注》等，又招收梁启超、梁启勋、陈焕章、麦孟华、徐勤等数百上千弟子。

康有为对学孔子之学和四行五学的承传，以隐的方式显现，但非割裂。从康有为家学与朱次琦的渊源来考察，康有为祖父、伯父、叔父均与朱次琦互通学说。康有为父亲、叔伯等人拜朱次琦为师，族中藏书楼二万余卷书籍则多由朱次琦代购，康氏家学融入朱次琦学说，而康有为本人又深受康家家学沾溉。溯源朱次琦对康有为的影响，以礼山草堂划段但又并非仅仅止于此，更早时期朱次琦就对康有为产生间接但具实质性的影响。另外，从康有为学说及自陈看，他拜朱次琦为师时捧手受教如旅人得宿、盲者睹明，以为圣贤为必可期，以一身为必能有立，以天下为必可为，时人认为康有为理学政学基础皆得于礼山草堂。再者，康有为也对四行五学广为传播并身体力行。他在《南海朱先生墓表》一文指出四行五学为朱次琦学说精要并阐释道：

> 九江朱先生于海滨蜑獠之中，无哲师友之传，独反复千儒百士之说，较而于先圣之义，视其合否而去取之，尽得其瘠病之所在，举而复之。于孔氏圣之口，独睹其意，不从其迹，期足以善身而致旧。其治身之条目，惇行孝弟，崇尚气节，变化气质，检树风仪。其治用之章，曰经，曰史，曰掌故，曰义理，曰文词。其说平实敦大，皆出于□口心得之余，绝浮嚣，屏窈奥，学者由而行之，始于为士，终于为圣人。①

---

① 康有为：《南海朱先生墓表》，《康有为全集》（第一集），第1页。

康有为认为孔子"其反躬之学，内之变化气质，外之砥厉名节，凡此皆有基可立，有日可按"①，而四行五学在治身治用：治身之条目为惇行孝弟，崇尚气节，变化气质，检树风仪此四行；治用之章则为经、史、掌故、义理、文词等五学。《长兴学记》将孔子"志于道、据于德、依于仁、游于艺"衍发并将四行五学涵摄其中：

志于道：格物、厉节、辨惑、慎独；

据于德：主静出倪、养心不动、变化气质、检摄威仪；

依于仁：惇行孝弟、崇尚任恤、广宣教惠、同体肌溺；

游于艺：义理之学、经世之学、考据之学、词章之学。②

万木草堂学纲，则包括如下四方面：

义理：孔学、佛学、周秦诸子、宋明理学、泰西哲学；

考据：中国经学、史学，万国史学、地理学、数学、格致科学；

经世：政治原理学、中国政治沿革得失、万国政治沿革得失、政治实际应用学、群学；

文学：中国词章学、外国语言文字学。③

就以上内容看，康有为"一归于孔子"并非复古而是托古。万木草堂授学也兼中学与西学、新学与西学：中学包括义理、考据、经世、词章，涵摄孔子学、诸子学、宋明理学等；西学囊入泰西哲学、万国史学、经济学、语言学、科学等。康有为一方面重视旧学传承，另一方面重视旧学创

① 康有为：《与朱一新论学书牍》，《康有为全集》（第一集），第317页。
② 康有为：《长兴学记》，《康有为全集》（第一集），第342—345页。
③ 张伯桢：《康南海先生讲学记》，《康有为全集》（第二集），第105页。

变，强调学习真正的孔子学说及掺入西学新知提升学说，其"博综群籍，贯穿百氏，通中西之邮，参新旧之长"①。"上下三千年，纵横九万里，康先生尽之矣。"②"每论一学、论一事，必上下古今，以究其沿革得失，并引欧美事例以作比较证明。"③正基于对实用济世的强调及西学新知的引入，康有为以"一归于孔子"承传、变革儒学。梁启超在《清代学术概论》指出："有为、启超皆抱启蒙期'致用'的观念，借经术以文饰其政论，颇失'为经学而治经学'之本意，故其业不昌，而转成为欧西思想输入之导引。"④康有为以"孔子主仁，注心大同"和"变化气质之学"启导弟子，将四行五学在治身治用上进一步具体化，用以授学八年，产生实际且深远影响。尤其在传统诗言志、言情基础上，康有为对文学的阐释进一步导向对人心、人情的表现。他对六艺、诗乐、修心的看法引领弟子，其主张"艺者亦人道之要"更深刻影响门生。康门弟子此后进一步变革，倡导文学启蒙，新学诗、新民体、学堂歌获得发展。

概而论之，朱次琦作为中国近代岭南具学术声望的大儒，在汉学、宋学争辩大炽之时，传承岭南文化，倡导复归上古实学，将学孔子之学看作治学根柢。他在对儒学的整合提炼中融入前朝心学及本朝朴学，出之以四行五学说，对修学复古的入门途径、实学通用的治学旨归、存心养性的文学创作加以规范。以此，他开创九江学说，尤其对南海康氏族人产生影响，也对康有为的童蒙年少教育起重要作用。

此外，朱次琦的受业弟子、再传弟子多来自九江流域及珠江流域，如康有为是南海苏村人、简朝亮是顺德简岸人、梁启超是新会茶坑人、黄节和邓实皆顺德人。众多弟子的学术成长，在接受九江流域及珠江流域文

---

① 张伯桢：《康南海先生讲学记》，《康有为全集》（第二集），第105页。
② 卢湘父：《万木草堂忆旧》，《追忆康有为》（增订本），第179页。
③ 梁启勋：《"万木草堂"回忆》，《追忆康有为》（增订本），第189页。
④ 梁启超：《清代学术概论》，《梁启超全集》（第十集），第219页。

化及朱次琦四行五学说影响的同时，又受中原文化乃至世界文化浸润。朱次琦受业弟子康有为，再传弟子梁启超、陈焕章、麦孟华、黄节、邓实等人，在学习学孔子之学过程中均对之有所发展与变化：康有为表面倡导"一归于孔子"，实际托古变法，以"复原孔教""人道设教"①对朱次琦学说加以变化与添加。梁启超、麦孟华、陈焕章、黄节等人进一步加以变化：梁启超作为新民巨子，既大力引进西学又倡导"古学复兴"；陈焕章既是进士又是留洋博士，创作数十万字的英文博士学位论文，几十年奔走于儒学推广……他们的学说已非传统士人所治旧学、古学，而是掺入新学、西学的新形态学说。康有为之所以被视为新儒学鼻祖，之所以与众多弟子一同被目为"康党"，原因之一正在于对千年儒学的新变。这是对传统的一种偏离歧出，恰亦是对旧学的一种新变与创始。朱次琦临终前自焚论著，其学说经口传及再整理的方式传至受业弟子、再传弟子，早已产生变异，似难回复开山祖师学说之本来面貌。以传统学派确立标准看，朱次琦的学术传承除简朝亮之外，在康有为及其再传弟子身上多有变化，似难以连缀成说，亦似难以成派。虽然如此，但人为框定只会局限对历史事件、历史人物的真实还原与客观论定，既无济于后来学术，亦无功于前贤贡献。客观来讲，孔子本身述而不作，所传文献也由弟子整理存世，研究者却不会因此质疑孔子学说及其价值。董仲舒以今文经学传承孔子学说的同时，也有所添加与变化。中国近现代的学术处于古今、中西、新旧及易代递嬗当中，变与不变同时并存，这是特定历史时期学说存在的普遍现象，也是任何一种学说与时俱进、获得生命力的必然结果。因此，既不能囿于研究传统学派的方式来看待这一时期地域性学说的流变，亦不能就此摒弃对重要学人、学说的学缘溯源及递嬗梳理。对朱次琦及九江学说的研究，或当作如是观。九江学说使中华儒学精要具备进一步发展延伸的可能

---

① 康有为：《中庸注》，《康有为全集》（第五集），第379页。

与论说的基础，不仅对调和当时汉学、宋学之争及矫正阳明心学空谈心性起积极作用，而且预示晚清民初儒学研治的一种方向与可能，是一种总结也是一种创造，是一种传与守，也是一种创与变，所展现出的四行五学由此具衍播之生命力与渗透力，至今仍具借鉴与承传可能。

参考文献

一、原典

（一）朱次琦

［1］朱次琦撰，简朝亮编：《朱九江先生集》，顺德简氏读书草堂刻，光绪二十七年刊行。

［2］朱次琦、朱宗琦编：《朱氏传芳集》，咸丰十一年刊行。

［3］朱次琦监修，朱宗琦纂修：《南海九江朱氏家谱》，同治十年刊行。

［4］朱次琦撰：《是汝师斋诗》，学海堂刻，光绪十一年刊行。

［5］朱次琦述，邱炜蒉校：《朱九江先生论史口说》，光绪二十六年刊行。

［6］朱次琦撰，张启煌注：《朱九江先生集注》，1930年刊行。

（二）简朝亮

［1］简朝亮著，梁应扬注：《读书堂集》，顺德简氏读书草堂刻，光绪二十七年刊行。

［2］简朝亮：《读书草堂明诗》（铅印），中华书局，1929年。

［3］简朝亮：《礼记子思子言郑注补正述疏》，《续修四库全书》（第932册），上海古籍出版社，1996年。

［4］简朝亮：《尚书集注述疏》，《续修四库全书》（第52册），上海古籍出版社，2002年。

［5］简朝亮述疏：《论语集注补正述疏》，北京图书馆出版社，2007年。

（三）康有为

［1］康有为著，上海市文物保管委员会文献研究部编：《万木草堂诗

集》，上海人民出版社，1996年。

［2］康有为著，姜义华、张荣华编校：《康有为全集》（全12册），中国人民大学出版社，2007年。

［3］康有为编注，蒋贵麟辑：《康氏先世遗诗朱师九江佚文合集》，成文出版社（台北），1983年。

（四）梁启超

［1］梁启超著，林志钧编：《饮冰室合集》（全12册），中华书局，1989年。

［2］梁启超著，夏晓虹编：《饮冰室合集集外文》（全3册），北京大学出版社，2005年。

［3］梁启超、梁启勋著，中华书局编辑部、北京匡时国际拍卖有限公司编：《南长街54号梁氏档案》，中华书局，2012年。

［4］梁启超著，汤志钧、汤仁泽编：《梁启超全集》（全20册），中国人民大学出版社，2018年。

（五）梁启勋

［1］梁启勋：《中国韵文概论》，商务印书馆，1938年。

［2］梁启勋：《海波词》，1947年铅印。

［3］梁启勋：《词学诠衡》，上海书局，1964年影印。

［4］梁启勋：《词学》，中国书店，1985年影印。

［5］梁启勋：《稼轩词疏证》，中国书店，1985年影印。

［6］梁启勋：《曼殊室随笔》，上海书店，1991年影印。

（六）麦孟华、潘之博

［1］麦孟华、潘之博：《粤两生集》，1921年铅印。

［2］麦孟华：《蜕庵集》，1936年铅印。

［3］麦孟华著，马以君主编：《麦孟华集》，顺德县志办公室，1990年。

（七）邱炜菱

［1］邱炜菱：《菽园居士诗集》，1949年排印。

［2］邱炜萲：《菽园著书三种》，香港中华印务局，1897年铅印。

（八）罗惇曧

［1］罗惇曧：《瘿庵诗集》，1928年刊行。

［2］罗惇曧著，张昭芹编：《岭南近代四家诗》，1954年刊刻。

（九）狄葆贤

［1］狄葆贤：《平等阁诗话》，有正书局，1910年刊行。

二、论著

［1］陈永正选注：《岭南历代诗选》，广东人民出版社，1993年。

［2］陈永正主编：《岭南文学史》，广东高等教育出版社，1993年。

［3］陈谷嘉、邓洪波主编：《中国书院史资料》，浙江教育出版社，1998年。

［4］邓洪波：《中国书院史》，东方出版中心，2004年。

［5］仇江选注：《岭南历代文选》，广东人民出版社，1993年。

［6］衷海燕、徐旅尊：《珠江近古学说学派：千年南学灿烂期》，广东旅游出版社，2018年。

［7］丁宝兰主编：《岭南历代思想家评传》，广东人民出版社，1985年。

［8］［美］费正清著，张沛译：《中国：传统与变迁》，世界知识出版社，2002年。

［9］冯栻宗编纂：《九江儒林乡志》，光绪九年刊行。

［10］冯天瑜：《中华元典精神》，上海人民出版社，1994年。

［11］冯天瑜：《中国文化生成史》，武汉大学出版社，2013年。

［12］冯尔康：《中国宗族社会》，浙江人民出版社，1994年。

［13］佛山市南海区九江镇地方志编纂委员会编：《南海市九江镇志》，广东经济出版社，2009年。

［14］管林、钟贤培主编：《中国近代文学发展史》，中国文联出版公司，1991年。

［15］广州市越秀地区地方志办公室、广州市越秀区政协学习文史委员会编：《广州越秀古书院概观》，中山大学出版社，2002年。

［16］广东省地方志史编纂委员会主编：《广东省志》，广东人民出版社，2004年。

［17］［日］宫崎市定著，马云超译：《科举史》，大象出版社，2020年。

［18］关殊钞、余敏佳等编辑：《朱九江先生行谊辑述》，旅港南海九江商会（香港），1976年。

［19］郭延礼：《中国近代文学发展史》，高等教育出版社，2001年。

［20］郭棐撰，黄国声、邓贵忠点校：《粤大记》，中山大学出版社，1998年。

［21］广东省地方史志办公室编：《广东历代方志集成》，岭南美术出版社，2007年。

［22］侯外庐主编：《中国古代社会史论》，河北教育出版社，2000年。

［23］侯外庐主编：《中国近代哲学史》，人民出版社，1978年。

［24］黄节著，马以君编：《黄节诗集》，中国人民大学出版社，1989年。

［25］黄佐著，陈宪猷疏注点校：《广州人物传》，广东高等教育出版社，1991年。

［26］九江中学校编：《朱九江先生纪念堂落成特刊》，1936年。

［27］冯栻宗等纂：《九江儒林乡志》，光绪九年刊行。

［28］简氏门人编纂：《简朝亮年谱》，1934年刊刻。

［29］景海峰、黎业明编：《岭南思想与明清学术》，上海古籍出版社，2017年。

［30］戢斗勇：《广府先贤》，暨南大学出版社，2011年。

［31］蒋志华：《晚清醇儒：朱次琦》，广东人民出版社，2007年。

［32］刘伯骥：《广东书院制度沿革》，商务印书馆，1935年。

［33］黎春羲编纂：《南海九江乡志》，顺治十四年刊行。

［34］李辰点校：《朱次琦集》，上海古籍出版社，2020年。

［35］李锦全、吴熙钊、冯达文编著：《岭南思想史》，广东人民出版社，1993年。

［36］楼宇烈整理：《康南海自编年谱》（外二种），中华书局，1992年。

［37］罗一星：《明清佛山经济发展与社会变迁》，广东人民出版社，1994年。

［38］罗检秋：《近代诸子学与文化思潮》，中国社会科学出版社，1998年。

［39］毛庆耆主编：《岭南学术名家》，广东人民出版社，2004年。

［40］［美］麦哲维著，沈正邦译：《学海堂与晚清岭南学术文化》，广东人民出版社，2018年。

［41］钱穆：《中国学术思想史论丛》，安徽教育出版社，2005年。

［42］钱穆：《中国近三百年学术史》，商务印书馆，2005年。

［43］钱仲联等主编：《中国文学家大辞典》，中华书局，1996年。

［44］任建敏、温春来：《西樵山与岭南理学的传承》，广东人民出版社，2017年。

［45］孙文光主编：《近代文学大辞典》，黄山书社，1995年。

［46］［美］施坚雅主编，叶光庭等译：《中华帝国晚期的城市》，中华书局，2000年。

［47］桑兵：《晚清民国的国学研究》，上海古籍出版社，2001年。

［48］汤志钧：《近代经学与政治》，中华书局，2000年。

［49］汤志钧：《康有为与戊戌变法》，中华书局，1984年。

［50］王惠荣：《陈澧思想研究》，中国社会科学出版社，2008年。

［51］王森然：《近代名家评传》，生活·读书·新知三联书店，1998年。

［52］萧公权著，汪荣祖译：《康有为思想研究》，新星出版社，2005年。

［53］谢光辉、刘春喜编著：《商衍鎏商承祚藏朱次琦康有为信翰》，文物出版社，2008年。

［54］叶朗：《中国美学史大纲》，上海人民出版社，1985年。

［55］余英时：《现代儒学论》，上海人民出版社，1998年。

［56］许衍董等编纂：《广东文征续编》，广东文征编印委员会，1986年。

［57］赵尔巽等撰：《清史稿》，中华书局，1977年。

［58］赵所生、薛正兴编：《中国历代书院志》，江苏教育出版社，1995年。

［59］朱君毅：《中国历代人物之地理的分布》，中华书局，1932年。

［60］朱维铮：《走出中世纪》，上海人民出版社，1987年。

［61］朱谦之著：《文化哲学》，商务印书馆，1990年。

［62］朱熹著，黎靖德编，王星贤点校：《朱子语类》，中华书局，2007年。

［63］张纹华：《朱次琦研究》，广东高等教育出版社，2012年。

［64］张鉴等撰，黄爱平点校：《阮元年谱》，中华书局，1995年。

［65］张希清、毛佩琦、李世愉主编：《中国科举制度通史》，上海人民出版社，2015年。

［66］张灏：《幽暗意识与民主传统》，四川教育出版社，2013年。

三、期刊之部

［1］《国粹学报》，广陵书社，2006年。

［2］《时务报》（5册）影印本，中华书局，1991年。

［3］《清议报》（6册）影印本，中华书局，1991年。

［4］《知新报》（2册）影印本，上海社会科学院出版社，1996年。

［5］《庸言》（12册）影印本，全国图书馆文献缩微复制中心，2006年。

［6］《晨报》（105册）影印本，全国图书馆文献缩微复制中心，2006年。

［7］《新民丛报》（14册）影印本，中华书局，2008年。

［8］《民报》（6册）影印本，中华书局，2008年。

［9］旅港南海九江商会编：《报告及儒林乡声（合订本）》，1946—1951年。

［10］李玉江等编：《九江侨刊》，1985—2011年。

［11］广东省南海市政协文史和学习委员会编：《纪念朱九江先生诞辰一百八十九周年特辑》，1995年。

三、论文之部

（一）学位论文类

［1］白红兵：《中国近代文学观念的传承与裂变——以朱次琦、康有为、梁启超为线索》，中山大学2008年博士学位论文。

［2］杨翔宇：《朱次琦学术思想研究》，华东师范大学2005年硕士学位论文。

［3］张惠雁：《论朱次琦及其诗文创作》，华南师范大学1995年硕士学位论文。

（二）期刊论文类

［1］［日］别府淳夫：《朱次琦和康有为——晚清的朱子学研究》，《孔子研究》1987年第2期。

［2］邓芬：《南海鸿儒朱次琦》，《广东史志》1995年第3期。

［3］丁宝兰：《简论朱次琦》，《中山大学学报》1983年第4期。

［4］冯友兰：《中国哲学遗产的继承问题》，《中国哲学史问题讨论专辑》，科学出版社，1957年。

[5] 方志钦：《当官百九天好事办十件——朱次琦先生在襄陵》，《广东史志》1996年第4期。

[6] 关汉华：《简朝亮〈朱九江先生年谱〉文献价值初探》，《图书馆论坛》2008年第6期。

[7] 关殊钞：《朱九江先生纪念史话》，《九江侨刊》1996年。

[8] 关殊钞等编：《朱九江先生行谊辑述》，旅港南海九江商会（香港），1976年。

[9] 蒙培元：《中国的天人合一哲学与可持续发展》，《中国哲学史》1998年第3期。

[10] 蒋志华：《朱次琦札记补正》，《广东社会科学》2007年第6期。

[11] 季羡林：《天人合一方能拯救人类》，《东方》（创刊号）1993年。

[12] 孙海波：《朱九江学记》，《中和》1940年第2期。

[13] 王明德：《试论康有为的学术传承》，《深圳大学学报》2010年第1期。

[14] 冼玉清：《朱九江先生对外正义感》，《大风（香港）》1939年第51期。

[15] 朱杰勤撰述：《朱九江先生经说》，中山大学，1936年。

[16] 朱杰勤整理：《朱九江先生谈诗》，《广州学报》1936年第1期。

[17] 朱杰勤：《朱九江先生学述》，《学术研究》1987年第4期。

[18] 朱杰民：《岭南人文图说之二十四——岭南大儒朱次琦》，《学术研究》2005年第12期。

"佛山历史文化丛书"已出版书目

第一辑

第二辑

第五辑

第六辑

第七辑